微观经济学

王　英　刘碧云　江可申　主编

东 南 大 学 出 版 社
·南京·

内容提要

本书以资源配置效率命题为逻辑主线系统研究了微观经济主体的理性行为。在产品市场，首先，分析了反映市场最基本特征的供求关系及解释与预测这种关系变化的弹性工具；其次，通过效用理论和生产成本理论的分析，揭示了单个经济主体的行为过程特征及其所遵循的经济规律；最后，深入研究了不同市场环境中的厂商的利润最大化决策。在要素市场，通过联系产品市场研究要素价格的决定因素，表达了厂商产出决策与投入决策之间的对应关系，并且具体分析了工资、利息、地租等生产要素价格的决定问题。最后一部分，通过对福利经济学、帕累托最优境界等规范经济学范畴的理论解析，阐明了微观经济活动引入政府经济政策的必要性及其赖以存在的理论基础和现实背景。

本书可作为高等学校经管专业微观经济学课程的教材。

图书在版编目(CIP)数据

微观经济学/王英，刘碧云，江可申主编. —南京：东南大学出版社，2011.8(2017.6 重印)

ISBN 978-7-5641-2947-7

Ⅰ. ①微… Ⅱ. ①王…②刘…③江… Ⅲ. ①微观经济学—高等学校—教材 Ⅳ. ①F016

中国版本图书馆 CIP 数据核字(2011)第 173891 号

微观经济学

出版发行：东南大学出版社
社　　址：南京市四牌楼 2 号　邮编：210096
出 版 人：江建中
网　　址：http：//www.seupress.com
经　　销：全国各地新华书店
印　　刷：虎彩印艺股份有限公司
开　　本：700mm×1000mm　1/16
印　　张：18.5
字　　数：373 千字
版　　次：2011 年 8 月第 1 版
印　　次：2017 年 6 月第 3 次印刷
书　　号：ISBN 978-7-5641-2947-7
定　　价：38.00 元

出 版 说 明

江苏省外国经济学说研究会

改革开放以来，西方经济学在我国逐步普及，并对有中国特色的社会主义市场经济的建立、发展与完善发挥了很大的作用。因此，越来越多的人希望了解西方经济学，越来越多的高校开设了西方经济学课程。

考虑到以下三个方面的因素：一是西方经济学对于中国社会主义市场经济建设的借鉴作用不但需要与时俱进，而且必须正确地解读和分析；二是中国的高校体系至少可以分为研究型院校、教学科研并重型院校、职业技术教育型院校等三类，或者分为一本、二本、三本、专科等类型，每一类型的高校对于经济学理论的教学要求截然不同；三是能够进入高等学校继续学习的学生在专业上又分为理、工、农、医、文、史、哲、经、管等不同的学科，很难有适用所有专业的教材。所以，组织一批富有西方经济理论素养和长期从事西方经济理论教学实践的高校老师，根据不同类型学校和学生对于西方经济学课程的教学与学习需要，集体编写具有较强针对性和适用性的教材，就成为江苏省外国经济学说研究会多年考虑并且付诸实施的一件大事。为此，经过多方交流和会议讨论，我们决定商请南京审计学院汪祖杰教授、南京航空航天大学江可申教授、南京工业大学刘碧云教授、金陵科技学院杨凤祥教授担纲，组织力量成立编写组，首先就教学科研并重型院校的西方经济学教学基本要求，兼顾不同层次和专业学生的特点，编撰相应的《宏观经济学》、《微观经济学》教材。

经过四位教授的精心组织和编写组全体成员的辛勤劳动，这两本教材已经定稿，并由东南大学出版社列入“21 世纪国家人才培养规划经济学系列教材”正式出版。综观全书，其具有以下明显特色：

第一，体系完整，逻辑思路清晰。两本教材按照分工，各自涵盖微观经济学和宏观经济学的全部内容，并且相互支撑。

第二，贴近现实，包容最新进展。两本教材不但关注西方经济学的最新理论进展，而且注重运用西方经济学的理论分析中国社会主义市场经济发展所面临的现实问题，如国有企业的改革、经济发展方式的转变、通货膨胀的控制等当前的热点问题等，都进行了很好的有深度的分析。

第三，简明通俗，评述客观准确。两本教材对于所涉及的西方经济学原理在全面介绍的基础上，都进行了一定的评述。作者们无论是对经济理论还是对经济政策所作的评述，都能够本着“偏听则暗，兼听则明”的心态，充分考虑理论和政策形成的具体特定情境，辩证地动态地进行分析，因而具有较高的客观准确性。

第四，精选方法，预留拓展空间。两本教材以教学科研并重型全日制院校的西方经济学教学基本要求为准，考虑到不同层次和专业学生中有相当一部分人的数学背景薄弱或者对数学推导不感兴趣，因而精心选择理论的表述方法，在正式的篇章结构中尽量避免微积分等比较复杂的数学公式，而是多采用一些示意图表，同时对一些重要的数理分析推导过程则以各章附录的形式保留并加以设问，这就为那些学有余力的同学深入学习提供了拓展空间。

当然，作为一种尝试，两本教材的编写工作和最终成果的质量，肯定还是存在某些问题的，但这并不妨碍其主流和基调。我们期待经过一段时间的使用实践后，对其进一步加以修正和完善，使全省各高校的西方经济学教学和研究更上一层楼。

写在前面

中国是一个文明古国，有着几千年的辉煌历史。中国博大精深的哲学社会科学思想，源远流长，影响远播于世界。然而，从思想理论的发展历史看，可谓是“经史语富贫，乏善可陈”。在经济思想和经济理论方面，中国对世界的贡献是极其微少的。“物产供需谁识得？夷有高论。”西方经济学对世界经济活动的贡献是毋庸置疑的。市场经济作为一种社会经济活动的基本形态，在西方发达国家已有三百年的历史，而解释这种经济活动的经济理论即使从古典学派开始，发展至今也走过了两百多年的历史进程。市场经济及其经济理论创造了历史进程与逻辑进程的完美统一。历史证明，用市场机制和手段配置资源获取福利是人类进行经济活动的最有效行为，因此，反映这种活动的经济理论也就成了全人类的共同财富。世界上的国家和民族在发展自己经济的过程中，可以吸收或借鉴这种理论。中国的改革与发展离不开现代经济学理论与知识的指导。

中国经济社会经过 30 多年的改革开放，已达到相当成熟的发展阶段。首先，市场经济体制取代了计划经济体制，取得了配置资源的主导地位，并随着经济实践的不断推进而引向深入。其次，中国取得了举世瞩目的巨大经济成就，主要经济指标如 GDP、FDI、进出口总额和外汇储备等居世界前列，综合国力大大提升。第三，经济学在许多领域获得了前所未有的发展，大学讲坛、政府和企业家论坛都成了经济学捷足先登的表演舞台。国内称经济学为“显学”，国外称经济学为“社会科学皇后”，两种称谓，一样的赞誉。

经济学教材如秋天的果实，借助于快捷的互联网、多媒体等现代通讯手段，不断地从出版社流向书店，流入大学，使年轻一代的大学生群体随时有机会学习经济学，感悟经国济民，见微知著，掌握和运用“工具箱”里的工具，以求终身受益。我们编著这套微观经济学与宏观经济学及其习题集，就是要加入经济学的“书流”中去，为增加供给，满足需求，做点自己的贡献。若能是，已足矣。

目　　录

市场经济是唯一自然、合理和能够带来繁荣的经济，因为它是唯一能反映生活本质的经济。生活的精髓就在于它无穷无尽和神秘多样，因而，就生活的完美性和变幻性而言，任何中心人物的智慧都无法加以涵盖和设计。

——维克拉夫

第1章　导　　论

本章重点提示

◇ 微观经济学的产生与发展

◇ 经济学与资源稀缺性

◇ 生产什么、怎样生产和为谁生产

◇ 微观经济学的边际分析与厂商最优决策

◇ 经济模型及其应用

作为经济学的分支，微观经济学重点研究单个的决策主体的经济行为，系统研究家庭和厂商如何通过市场机制协调它们之间的经济关系。斯蒂格利茨说："微观经济学集中于研究构成整个经济制度的各个单位的行为——厂商、家庭和个人的行为。它研究单个的单元如何做出决策以及影响这些决策的因素。"微观经济学是一门高度抽象的理论经济学，它的意义不仅仅在于描述真实世界中可能出现的经济问题，更为重要的是，它为人们认识和研究现实问题构建了一种理性决策的经济思维方式。

第一节　微观经济学的由来和演变①

1. 经济学的原始涵义是涉及"家庭财产管理"的学问。大哲学家苏格拉底每天黎明即起，披上大氅，特地到中心广场与人们进行谈话与讨论。在簇拥着他

① 摘改自王东京等：《与官员谈西方经济学》，广西人民出版社，1998年版，第1页。

的弟子中，有一个贵族后裔，名叫色诺芬。他是一个有心人，把每天从苏格拉底那里听来的一些有关奴隶主应该如何增加财产的思想片断记录下来，结合自己管理庄园事务所积累的经验，编写成了一本书，题名为《经济学》。从此“经济学”作为一个专有名词，开始出现在人类的言谈和文献中，我们现在使用的“经济学”(economics)一词，也就是由此处的希腊文(oikonomos：oikos 是家庭，nomos 是管理)转译而来。

尽管经济学最初所要解决的问题是有关家庭财产的管理，但当时思想家已经在思考财富的社会属性，即物质产品在市场经济系统内的价值运动及其变化问题。例如，色诺芬说：“笛子对于会吹奏的人是财富，但对于不会吹奏的人不是财富，只是一块没用的石头，除非他把它卖掉。”表达了物质财富是使用价值和交换价值的统一的现代经济学思想，是市场交换的产物。当然，有关商业、货币流通、国家财政等涉及整个国家的经济问题，通常被学者们放在政治学或伦理学的著作中进行讨论(中国古代“经济”一词从“经邦济世”而来，也属于政治学的范畴)。一直到 15 世纪末期，封建自然经济瓦解，商品货币关系建立，国内统一市场形成，中央集权的君主政体出现，才使得整个国家的致富问题、政府的财政税收问题日益重要起来。在这以后几代人的时间里，以亚当・斯密、大卫・李嘉图和斯图亚特・穆勒等为代表，无数学者致力于这项专门研究，并不约而同地把他们讨论整个社会经济问题的论著冠以“政治经济学”的名称，以区别于研究家庭财富管理的经济学。经济学作为系统的独立的社会科学从古典学派开始。

2. 马歇尔是现代微观经济学体系的创建者。萨缪尔森说：“亚当・斯密通常被认为是微观经济学(microeconomics)的创始人。”萨氏的解释理由是：第一，斯密在《国富论》中考察了如何确定单个商品的价格以及土地、劳动与资本的定价问题；第二，他精辟地论述了市场机制的优缺点，特别是肯定了市场的效率特征，指出其本源在于行为个体的逐利动机。但是，作为现代意义的“经济学”一词，由来于 1890 年一本后来被西方经济学界赞为“划时代的著作”——《经济学原理》。这位名传四方的作者，是英国剑桥大学的经济学教授马歇尔。他一反传统思路，不再像古典经济学家那样只重视对生产领域的研究，而是广开理论视野，在沿用生产费用论的基础上，吸收 19 世纪 70 年代以来的最新研究理论与方法——边际效用论，把研究的重心转向了消费、需求以及资源的优化配置上，形成一个“折中的理论体系”，使经济学面貌为之一新。马歇尔这一转变逐渐使经济学由一门主要研究整个国家如何致富的学问，转变为主要研究个别消费者行为、个别厂商行为以及这两方面行为对价值价格决定机制的作用的学问了。“经济学”一词也正式取代“政治经济学”而被广泛接受。在马歇尔那里，经济学所要解决的问题，是如何更有效地提供种类繁多的物品和劳务，以满足人们多种多样的需要和欲望，使人类过得更快活。这种从个别消费者、个别厂商等微观层次上的利益最大化分析，其实是研究资源如何配置才能使全社会生产的财富极大化，这种经济理论就是“微观经济学”。

3. 微观经济学的发展。马歇尔经济学体系以供求论、节欲论、生产费用论和效用论为综合理论基础，再加上庇古、克拉克等人提出的新论点，从而形成了所谓新古典经济学思想。但是，在该理论体系的框架下，市场结构处于完全竞争状态，缺乏对市场垄断因素的研究，或者仍然把现实中的垄断当作“例外的现象”。显然，理论对现实的解释力和理论本身都有待于进一步的完善。1933 年，英国经济学家罗宾逊的《不完全竞争经济学》和美国经济学家张伯伦的《垄断竞争理论》相继发表，填补了传统的垄断例外论的不足，建立了不完全竞争条件下的厂商理论和市场经济理论，现代意义上的微观经济学经典体系真正得以建立。

当代微观经济学的面貌好比“丰富而变动的盛宴”。就像马歇尔体系缺乏非完全竞争一样，微观经济学体系的厂商理论也有其局限性，有待作进一步的发展。市场经济在不断发展，它呈现的复杂过程已超出了早期概念工具所解释的范畴，因此需要新理论、新方法的补充。例如，经典理论在考察行为主体的决策之时，总是习惯于最优化原则，即在交易的另一方不做出反应的假设前提下追求利润最大或亏损最小，这种理论缺乏在市场信息不对称环境下，行为人如何进行“交互决策”问题的研究。而信息经济学和博弈论的加入就能有效地解决“交互决策”问题。博弈论考察的是相互影响、相互制约、相互关联的个体如何在你来我往的“推手”中制定有利于自己的策略，实现彼此互利的盈利目的。新理论关于局中人的“交互决策”假设，比起传统理论的“一静一动”假设更能反映市场的实际情况。另外，现代企业理论、产业组织理论、制度经济学的兴起，进一步丰富了微观经济学的内容，更加全面地反映了企业、个人之间的关系及其在市场中的相互作用。

从微观经济学产生和发展的过程看，核心理论即市场有效性和决策主体最优化一经确立，其研究内容不断地得到丰富，结构体系越来越趋于完善，解释和预测真实经济的能力不断增强，始终贯穿了“稀缺资源作优化配置”的中心思想。

第二节　微观经济学要解决的问题

1. 资源稀缺性(Scarcity)问题是人类生存条件的特性之一。经济生活，即物质资料的生产和消费，是人类社会赖以生存和发展的基本的物质基础。从这个层面上来说，人们之所以要进行生产活动，是为了获得更多的物品和劳务来满足自己的需要和欲望。然而人的欲望和由此引起的对物品和劳务的需要，是无限多样永无饱和的，即具有无限性。另一方面，用来满足无限需求的物品和劳务是通过生产资源的投入而获得，而用来提供这些物品和劳务的生产资源是稀缺的。

经济学研究的是人们和社会怎样处理稀缺性问题。人们欲望的无限性和资源的稀缺性这对矛盾如何解决？方法有二：一是压制人们的欲望和需求，用有限的资源生产有限的物品和劳务来满足人们一定的需求；二是保持人们的欲望，充分利用稀缺的资源，生产尽可能多的物品和劳务来满足人们的欲望和需求。两种方法都可以缓解这对矛盾。但经济学是使人类过得更快活的学问，而不是压制人性。因此，在经济学上解决这一矛盾的方法只能是后者。经济学的研究对象就是人们如何使用相对稀缺的资源来进行生产，提高资源的使用效率。

这里有两个概念需要交代：一是什么是生产资源；二是生产资源的稀缺性含义。生产活动中投入的物质有两类：一种是不需要支付代价的“自由取用品”(Free Goods)，另一种是需要支付代价的“经济物品”(Economic Goods)。前者如空气、阳光、海水等“取之不尽，用之不竭”的自然物品，可能不具有稀缺性；后者就是所谓的生产资源，也叫生产要素或社会资源，具有“用得越多就越少”的稀缺性特征。生产资源通常包括三个部分：第一，自然的赋予，如土地、森林、矿藏、河流等，用土地代表，其价格是地租。土地的面积是有限的，世界的原材料的数量同样是有限的。第二，劳动或人力资源，即人的体力和智力的总和，其价格是工资。人力资源无论在数量上还是在技能上，其供给都是有限的。第三，由前两种原始生产要素生产出来再用于生产过程的东西，如生产工具、机器设备、厂房建筑等等。我们用它们的货币形态——资本来代表，其价格是利息。这些人造资源不仅其存量是有限的，而且在技术状况既定情况下，足以显示企业竞争力的资本生产率也是有限的。简单地说，生产资源包括土地、劳动和资本。后来，特别是 20 世纪，随着管理科学的发展，发现在相同的技术水平下，投入相同的生产要素，产出并不相同。那么多出的产出是什么生产要素的贡献呢？这样，企业家的才能也被列入到生产资源中来，它的价格就是利润。这就是现在所说的生产要素“四分论”。

生产资源具有稀缺的特点，是说人类有许多需要欲望得到满足，但是现有的社会资源不足以实现这些欲望。因此，相对于人类无限的欲望，社会资源是稀缺的；同时在给定时期内，与需要相比，其供给量是相对不足的。稀缺性存在于人类社会的任何时期和各个社会。因此，稀缺性是人类社会永恒的问题，具有绝对性，只要有人类社会就有稀缺。稀缺现象不仅存在于像埃塞俄比亚和苏丹这类国家，即使在英、美、日、法等世界上的发达国家也存在稀缺性问题。两者的区别只在于稀缺对象的不同而已。例如前者国家可能是物质资本和技术条件的短缺，后者国家可能是闲暇、拓展空间等非物质资源的不足。由于人类需要实质上是无限的，而满足这些需要的可利用资源是有限的，因此，我们把稀缺定义为“人类需要超过现实的生产能力”。

【案例 1】航班时刻与寻租

古语云:“天无私覆,地无私载,日月无私照。”但是,广袤无垠的空域一旦转换为民航市场的航路、航线、飞行高度层、停机坪、航班时刻等生产要素,一任机场和航空公司运送人货,自然资源就转变为经济资源,就创造出价值,从而为企业带来盈利。航班时刻是指飞机被允许在民航机场起飞、降落的时间。对于航空公司来说,航班时刻是非常重要的资源,是各航空公司的“最稀缺资源”。任何一家航空运输企业,要想在一个机场开辟航线,就必须申请相应的时刻。同时,由于机场的时段有限,因此好的航班时刻对于航空公司来说直接决定盈利状况。“航空公司能否盈利取决于你所拥有的航线和航班时刻,这样说一点不为过。每家航空公司都有强大的公关团队来做这个事情。”

在中国,全国机场的航线航班和时刻申请,都由中国民航局和空管局负责审批。航空公司要申请航线,除按照正常流程外,还需要拥有其他途径。申请到航线只是第一步,更关键的是申请航班时刻,民航公司需要向民航局下设的一个时刻管理办公室递交申请,但要拿到黄金时刻资源就必须通过其他途径。在这里,包机商扮演了重要角色。包机公司本来是航空公司的分销商,但现在却成了权力寻租的中介。某些包机商神通广大,与管理层的关键人物关系深厚,能够拿到黄金时刻资源,从而成为各航空公司的合作对象。包机商租用航空公司飞机,在保证基本客座率前提下,按照一定的比例分享收益。例如,原民航华北地区管理局局长黄登科就是把富余的航班时刻先“藏”起来,再算作计划外的时刻给包机商——日美航空旅游包机有限公司总经理庞汉章。

北京首都国际机场是中国最繁忙、空域资源最紧张的机场,拥有首都机场航班管理权的民航华北局,也就被认为是民航局最具实权的地区管理局。2003年,黄登科入主民航华北局局长后,日美航空在获取北京航线的航班时刻方面似乎显得得心应手。甚至有业内传言称,凡是想增加经过民航华北局管辖范围航线航班时刻的航空公司都必须先找庞汉章,即使直接找到黄登科,他也会推到庞汉章的日美航空。拥有了此资源,庞汉章甚至选择国内拥有飞机最多,但北京航线较少的某国内大型国有航空公司作为他的主要合作伙伴,从而从中攫取丰厚的商业利润。据媒体报道,从 2005 年至 2008 年,这家航空公司下属 12 家分(子)公司与日美航空共签署了 52 份包销航班或合作经营业务的协议。至 2008 年,有其下属的 9 家分(子)公司与日美航空在北京往返三亚、北京往返长沙、北京往返郑州等 13 条航线开展包销业务,其中北京航线 11 条。

2. 经济学要回答的基本问题。人类社会的无穷欲望有轻重缓急之分。各种资源又有不同的用途,即可以用于生产不同的经济物品。这样,在解决稀缺性问题时,人类社会就必须做出选择,就是如何利用既定的资源去生产经济物品,以便更好地满足人类的需要。具体来说,选择中包含了这样三个方面。

第一，总量为既定的生产资源用来生产哪些物品，即生产什么和生产多少。这主要取决于厂商和消费者之间的相互作用，因为价格因素在决定生产什么产品上起关键作用，例如美国20世纪80年代计算机价格上升诱使厂商增加生产以增加利润。现代经济社会不断地实现着消费物和消费方式的推陈出新。经济从不断地推出录像机到视频手机这样的新产品，再到不断地推出自动银行取款机这样的新服务设施。服务经济把生产什么的“总量”成果推向新的时代。虽然，在决定生产什么和生产多少主要取决于厂商和消费者之间的相互作用，但是政府的作用也是不可或缺的。政府有时可以影响或决定某种产品产量供给与需求的变化。例如中国在城市化过程中，随着人口的集中与积聚，城市农副产品的供给必须得到保障，而地方政府的“菜篮子工程”就是为满足不断增加的城市居民基本生活需要而提供的有力措施。

第二，用什么方法来生产所选择的物品，即如何生产。生产是将劳动、资本和土地以及其他物质资料等生产要素组合起来进行产品或服务的创造。生产产品或服务的方式往往很多，每种生产要素一般可有多种用途，而任一种物品也可采用多种生产方法。如何组织生产使生产要素能够最有效率地被使用是厂商决策中的重要问题。例如，农作物的产量可以在所用土地不增加的前提下，农民通过给每亩土地施用更多的肥料而实现，以便把额外的土地另作他用，比如筑路、建厂、造房。再比如，工业品或矿产品可以用最先进的机器生产，使生产过程更加迂回，从而提高生产效率，节省更多人力。总之，在多种可供选择的资源组合中，究竟应选择哪一种方式，主要取决于各种生产要素的价格比例。例如，假设土地给定，生产是劳动与资本的组合模式，厂商是用更多的劳动还是使用更多的资本呢？取决于劳动的价格即工资与资本价格即利息的比例(w/r)。从长期看，由于工资(w)具有刚性，而利息(r)富有伸缩性，因此厂商更倾向于采用更多的资本，减少劳动投入，从而降低成本。

第三，生产出来的物品如何分配，即为谁生产。在微观经济学中，要素的价格决定是对“为谁生产”的理论描述，从理论上解析了收入形成的物质基础。一般来说，劳动所有者的收入是工资，土地所有者的收入是地租，资本所有者的收入是利息。收入的分配取决于资源所有权的分配。有些人拥有比其他人价格更高的劳动力资源，因为他的智力较高或经过良好的培训；有些人拥有比其他人更多的资本和土地。在实际生活中，人们可能扮演着以上三种资源的所有者角色。上班领取工资，存款取息或炒股赚钱，出租房屋获得租金，利出多孔，益其家室；巧者有余，拙者不足。收入水平越高，消费能力就越高，因此就能够占有更得物品和服务。

但是，分配问题直接关系到社会的稳定和生产的再进行。应选择怎样的分配原则和分配方式，什么样的分配才是合情合理的，个体既满意，又有利于生产和社会的发展呢？这涉及效率与公平问题。很多经济学家主张用一定的收入差距来激励人们从事工作，认为这是保证效率的有效手段；但是，美国经济学家詹姆斯通过对企业的大量调查，得出的结论恰恰是企业的公正、公平环境是促使人们努力工作的原动力。可见，分配理论不可以忽视对公平问题的研究。

以上三个方面的问题，即生产什么、怎样生产和为谁生产，是西方经济学两大分支学科之一的微观经济学所研究的中心问题。微观经济学所构筑的经济系统，必须能够体现资源稀缺性的客观规律，把经济资源在有竞争性的各种不同用途之间做出选择，进行优化配置和组合，从而使之转化为理想的产出水平及其构成。

3. 机会成本与生产可能性边界。在"生产什么和生产多少"的问题上，当人们把有限的资源用于某种产品或服务的生产时，就意味着这笔资源不能再用来生产其他的产品或服务。在这种情况下，社会减少了获得该种产品或服务的供给，厂商也失去了从它们那里获得收益的机会。微观经济学把这种选择的代价赋予"机会成本"(Opportunity Cost)的涵义。"实质上，某种商品的机会成本即是为了获得它而放弃的东西。"例如，一块可以生长多种农作物的中等地，如果农夫决定用来种植玉米，而放弃种植大豆或高粱，那么被放弃的任何一种植物都可能成为玉米的机会成本。但是究竟算哪一种呢？从资源优化配置与决策的关系看，必须是被牺牲掉的最大的部分。假设大豆的收益高于高粱，则玉米的机会成本是大豆而不是高粱。所以，机会成本被定义为"所放弃的最大收益的代价"。中国成语"权衡利弊"，主张两利相权取其重，两弊相权取其轻，就是对机会成本的巧妙理解及应用。机会成本是理性的行为主体进行决策的指导思想，成为单个厂商的经济思维方式。

生产可能性边界是与机会成本相关联的另一个重要概念，它是指在技术水平不变的条件下，用一定量的稀缺资源生产的两种产品最大数量的不同组合。受现有资源和技术水平的制约，一个社会无法拥有其所想要的一切东西。一个国家将有限的资源更多地投放在军品的生产上，势必减少民品的生产；产出中用于国防开支的比重越大，用于消费和投资的比重就越小；生产的投资品越多，生产的消费品就越少。而且，资源在某种产品上投放的数量越多，它所能带来的产品收益则越来越小，换言之，它所放弃的另一种产品的收益则越来越大。因此，生产可能性边界线在坐标系中呈现上凸特征(见图 1.1)：图中 AB 线即生产可能性边界线，表明生产军品与民品之间的替换关系，随着民品的增加，必然伴随着军品的减少；而且，民品每增加一个单位，军品减少的单位量越来越大，这

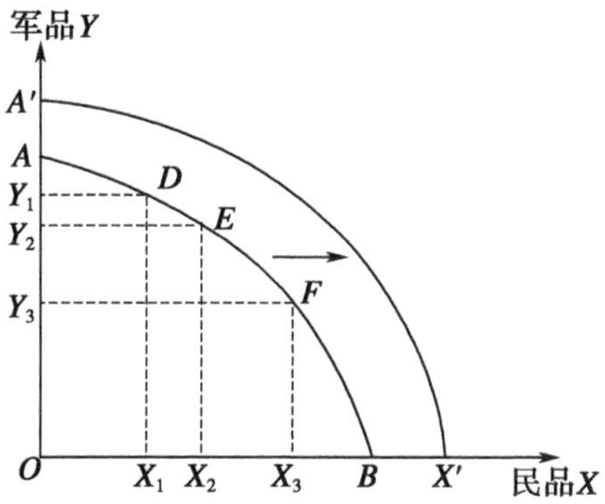

图 1.1　生产可能性曲线

说明生产受到边际收益递减或边际成本递增规律的支配。因此，生产决策要有一个合理的选择，决策要适应经济规律的客观要求。

特别指出，经济学范畴是在一定的假设前提下做出的。例如生产可能性边界因受现有资源和技术水平的制约，从而形成图 1.1 生产可能性曲线即 AB 曲线。但是，如果前提条件发生变化，即假设资源供给额外增多了，或者发生了明显的技术进步，则生产可能性边界将发生变化，即生产可能性曲线向右移动至 $A'B'$。随着生产可能性曲线的移动，社会能够生产的产品组合也相应发生变动。

4. 实现资源配置的经济制度供给。通过什么规则来解决资源配置问题，什么制度更有利于资源优化配置的实现程度？这涉及经济制度安排或制度选择问题。当前最基本的资源配置的经济制度有两种，一种是市场经济制度，另一种是计划经济制度。市场经济制度通过市场上的价格来反映商品和资源的稀缺性，利用经济活动中经济主体的“经济人”特点，在追求自身利益最大化的同时，实现资源的有效配置。这种经济制度，是依靠市场价格通过市场机制，让经济活动的微观主体分散决策生产什么、如何生产和为谁生产。计划经济制度通过中央计划来决定生产什么、如何生产与为谁生产，资源的充分利用依靠中央计划的集中决策来实现。集中决策的长处是选择性好，中央计划令行禁止，能将有限的资源投到国家急需的领域；但其弊端更为突出，主要集中在微观效率的缺乏方面。历史证明，市场经济较之计划经济更具有效率性和持续性，在反映资源稀缺规律的客观要求上做得更为精细，因此更适宜于以微观基础为中心的社会经济活动。微观经济学主要研究市场经济制度下资源的配置，反映的是竞争市场环境下单个经济主体之间发生于生产、消费、交换和分配诸环节的经济关系。

【案例 2】亚当·斯密与“看不见的手”

人们把 18 世纪的哲学家亚当·斯密看作是现代经济学之父。他清楚地知道，仅有很少一点(如果有的话)外界管制的分权化的市场经济是怎样发挥作用的。特别是他看到，只要这种经济的每一个参与者都谋求自身利益的最大化，他们就能取得符合社会需要的结果。他在《国富论》中有这样的描述：“我们期待得到晚餐，不是根据屠夫、酿酒商或面包师的仁德，而是因为他们都关心自己的利益。”

市场经济中的协调机制(价格体系)被亚当·斯密描述为一只“看不见的手”，它指导着每个人都能按照对社会有利的方式进行决策：“他被一只‘看不见的手’所引导，实现着他自己原本未予考虑的目标。通过追求他自己的利益，他常常能够(与有意去促进相比)更有效地促进社会的公益。”

《国富论》中关于制针行业的“针”的分工生产，是人所共知的经济学史上的著名案例。除了不受外界(政府)影响和控制的市场体系的原理外，斯密关于“针”的大规模生产带来高效率的例子，也加深了我们对市场经济中企业的作用和大量生产的优点的认识。总之，早在1776年，亚当·斯密就已经看到了建立在每个参与者自我利益基础上的经济体系的优点，也看到了为了实现低成本的大规模生产，把工人和资本组织起来建立企业的优点。

斯密的“看不见的手”反映了市场机制在配置资源方面的优势所在和基础作用，指出了市场经济是资源配置方式中最为有效的制度安排，是人类经济活动经过数千年积累磨炼而形成的智慧结晶，是对经济学理论和社会实践的巨大贡献。

应该指出，完全的市场经济和完全的计划经济只是经济制度的两个极端。在现实经济社会中，许多国家的经济制度都是市场与计划的不同程度的结合。根据国外学者的统计，按政府支出占GDP的比重，12个发达资本主义国家的国家支配能源的集中程度都相当高。以2005年为例，瑞典的集中度最高，政府消费占GDP 27.2%，政府支出占56.6%；韩国的集中度最低，政府消费只占GDP 13.5%，政府支出占28.1%；美国处在靠后的位置，略高于韩国和爱尔兰，略低于日本、西班牙和澳大利亚。可见，即使在资本主义经济中也是市场中有计划，分散中有集中。西方经济学家把这种经济制度称为“混合经济”。

【案例3】个人决策与政府干预

在美国，由个人做出决策反映经济学家的信念，认为这种决策方式对于保持经济效率是适当的和必要的。但是，经济学家同时也认为，政府进行干预也是需要的。政府制定法律来监管经济生活，提供教育和治安服务，并管制污染。找到公共部门与私人部门在经济上的适度平衡，是经济分析的中心问题之一。当今各国社会大部分都实行混合经济制度。

比如，在国防部获得新式武器的过程中，就不能用通常的价格体系，而是通过以下方式对卖主实行控制：成本审计以及政府代理机构对卖主的内部管理和经营上的直接参与；再者，政府对卖主的设备拥有相当大的所有权，而且由政府决定开发和生产什么样的武器。

第三节　微观经济学的研究方法

与其他学科尤其是宏观经济学相比较，微观经济学在理论面貌和研究方法上有如下一些主要特点。

1. 以个量分析为基本方法。个量分析又称为微观分析，指的是在宏观变量和宏观背景既定的假设前提下，着眼于微观主体和微观变量等的分析，以此为出发点，研究资源在全社会中如何配置才能使全社会生产的财富极大化。当然，微观经济学有时也涉及经济总量，但只是在分析延伸意义上让个量简单地加总，而且不会去分析各总量之间的相互关系。由于个量分析所描述的对象是市场中的厂商、消费者或资源的所有者，他们的行为主要受价格信息的引导，“看不见的手”如何发挥作用成为理论研究的中心命题，因此，微观经济学又称价格决定理论(宏观经济学又称收入决定理论)。

2. 以个人利益最大化为目标。微观主体在作经济选择时遵循的标准是个人利益最大化。经济学赖以建立的一个基本理论假定，便是人们的经济行为是合乎理性的。经济学把现实社会中的人看作“经济人”，即人在经济生活中都受利己心或个人利益所驱使，不会去干那种于己无利或于己有害的事情，也不会在可得大利的条件下都只从事那种只得小利的活动。经济个体都会在既定条件下追求自身利益的最大化，这便是经济行为的理性化。例如，经济学通常假设作为理性的消费者，其经济行为是为了获取最大的效用满足，作为理性厂商则是为了获取最大的经济利润，作为理性的资源所有者则是为了获取最大的个人收入。如何保证经济活动中每个个体追求自身利益最大化的行为？这就要求“经济人”在追求自身利益最大化的同时，不能伤害别人追求利益的权力，即“利己不损人”。但在现实生活中靠“经济人”自律很难做到，因此只有通过规则、法律来约束个体的理性行为。从这个层面上说，市场经济离不开法制，市场经济是法制经济。另一方面，“经济人”假定，主要既定于经济活动分析，不包括其他领域，如人们的“理想”、“信仰”、“道德”等。而且，此处的“利益”、“好处”的内涵，也不仅仅限于金钱或物质利益。因此与我们平常理解的“自私自利”也不完全相同。例如一个人捐资兴建一所学校，从而感到某种心理上的满足，这种就不仅仅是物质利益了。所以，经济理性主义假设与利他主义思想并不是一对矛盾的范畴。

3. 以边际分析为主要工具。所谓“边际”(Margin)，就是边缘、额外、附加的意思，在经济学分析中指的是一个微小的增量带来的变化，即数学中微分函数的含义，表达的是总量与其变化率的关系。

例如，已知线性总成本函数为 $TC = 40 + 3Q$，则其边际成本函数为 $MC = \frac{\mathrm{d}TC}{\mathrm{d}Q} = 3$；已知非线性总收益函数为 $TR = 21Q - Q^2$，则其边际收益函数为 $MR = 21 - 2Q$。

边际分析(Marginal Analysis)贯穿于整个微观经济学结构之中，应用领域包括消费者理论、生产理论、成本理论、市场结构理论和要素价格决定理论等。边际分析既是实现资源优化配置的准确的定量方法，也是指导行为主体进行理性决策的经济思维方式(The Economic Way of Thinking about Business Decisions)。厂商决策一定要考虑边际变动，因为决策通常会引起收益与成本的同时变动。若收益超过成本，决策者的境况变好；反之，若成本超过收益，决策者的境况变差。进而推知，若边际变动使得决策者的境况变好，则最初的选择显然不是最优的。可以说边际分析在经济学分析中再怎么强调也不为过。

再以成本函数 $TC=40+3Q$ 和收益函数 $TR=21Q-Q^2$ 为例。根据利润最大化原则即边际收益等于边际成本($MR=MC$),厂商实现最大利润的决策产量为 $21-2Q=3$,即 $Q=9$,意味着企业把产量确定为 9 个单位时,代入到成本与收益函数,通过计算比较,可以确定企业获得的最大的利润是 41 个货币单位,说明企业做到了最优决策。

4. 以均衡状态分析为依托。均衡是物理学的概念,指的是物体内由于所受各方面外力作用正好相互抵消而处于平衡状态。在经济分析中,均衡指的是这样一种状态:各个经济决策者(消费者、厂商等等)所做出的决策正好相容,并且在外界条件不变的情况下,每个都达到个人利益的最大化,都不会愿意再调整自己的决策,从而不再改变其经济行为。此时,该经济的所有重要变量处于平衡状态,因而能够继续维持该种状态,这便称之为均衡(Equilibrium)或均衡状态。均衡分析方法,就是假定外界诸因素(自变量)是已知的和固定不变的,然后再研究因变量达到均衡时应具备的条件。由于在现实中,外界条件不断在发生变化,均衡可能是转瞬即逝的一刻,也可能永远达不到。但尽管如此,我们仍考察达到假想中的均衡时的情况。因均衡能描述经济变量的"最优"变动方向和状态,所以是经济分析中的依托。那么这种"最优"是如何达到的呢?这就是前面提到的边际分析。通过考察外界条件的微小变化,如何带来因变量的变化,各决策主体再寻找一个均衡,使自己处于最优状态。

与均衡分析紧密相联系的还有静态分析和比较静态分析。一般假定自变量是已知的和既定的,考察因变量到均衡状态的条件和在均衡状态下的情况,被称作静态分析。对同一个问题,考察自变量的变化会引起相应的因变量的均衡值发生什么变化,称作比较静态分析。因它不考察从原均衡状态到新均衡状态的变化过程,仍然属于静态分析的范畴。如果考察两个均衡状态之间的变化过程,这种方法称为动态分析。微观经济学当中主要用到静态分析和比较静态分析的方法,只是蛛网模型中用到动态分析的方法(蛛网模型见第 6 章)。

5. 以实证分析为主要手段。实证分析(Positive Analysis)指的是关于纯事实的叙述和因果关系的描述分析。分析经济状态或经济变量是怎样变化的,为什么会这样变化,人们从事某些经济活动的后果会怎样,主要回答"是什么"和"为什么"的问题。实证分析的一个基本特征就是它提出的命题是可以测试真伪的,如果这个命题是正确的,那么,它必须在逻辑上站得住,并且还要与经验证据相符。

规范分析(Normative Analysis)是对经济状况、经济现象进行价值判断的描述,它主要回答"应该怎么样"的问题。该做什么和不做什么,实证分析的结果值得赞赏还是不值得赞赏,是规范分析的基本特征。"对富人比对穷人收取更多的税","中国人均 GDP 已达到甚至超过 1 000 美元,与此同时各种社会矛盾也开始集中凸现”,“提高青年人的一次就业率是各级政府的当务之急”,这些都是规范命题的例子,实证分析是无法证明其是正确还是错误的。

微观经济学中主要采用实证分析的技术手段,这是因为市场经济中,经济个体的行为是分散决策的,首先分析经济主体的行为本身及其后果,影响经济主体行为的因素,市场本身的运行机制等就成为当然之举。只有了解了是怎样一回事后,才能对它做出评价并进而设计优化措施。可以说,实证分析是规范分析的前提和基础,后者则是前者的延伸。微观经济学中的边际分析就是属于实证分析的范畴。

6. 经济模型的运用。经济模型是对经济现象的抽象描述,是对从现实世界的具体事件中抽象出来的现象的简单描述。真实世界是一个庞大而复杂的经济综合体系,经济研究不可能也没必要究其全貌。运用抽象分析,建立经济模型,有意识地略去与事物本质无关紧要的细节,集中精力关注真正的要素,则有助于对客观规律的认识,把握事物的本质。正如斯蒂格利茨所言:“模型是设计用来反映所研究的某个具体现象的基本特征的。”

经济模型通过函数关系、公式或图形等形式,用以表达一个经济学原理,解释一种经济现象,或预测某些变化的经济意义。例如在一个微观的经济循环模型中,经济主体之间的经济关系通过产品市场和要素市场得到简明体现(见图1.2)。

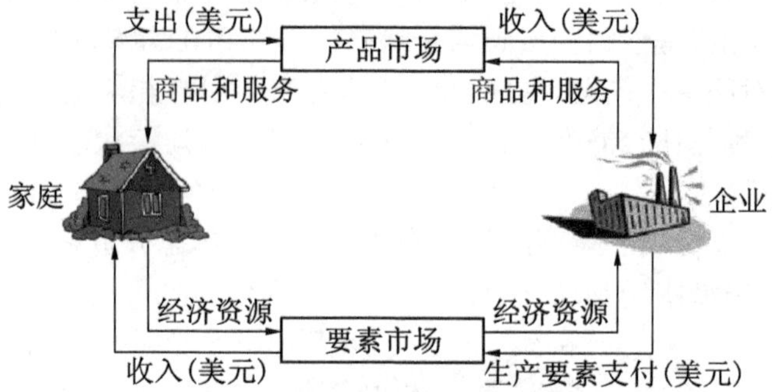

图 1.2 微观经济循环模型

循环模型准确地描述了行为主体的特征及其相互依存关系。它包括内循环和外循环。内循环是实物流量,表达的是厂商提供给家庭所需的商品和服务,或者家庭提供给厂商所需的各种资源;外循环是货币流量,表达的是家庭的消费支出,或者是厂商的收益回报。经济模型解释经济现象的功能由此可见。

在解释经济模型的预测功能方面,很多国外经济学家将经济学比喻为天文学,能够对气象变化做出准确的分析。例如,科学家建立一个太阳系模型,用系统中的每一点代表每一颗行星,并假定它们按一定的数学方程来改变自己的位置。据此模型，科学家就可以对天象进行预测，比如可以预测日食发生的时间。国外谚语："夜空红彤彤，水手喜洋洋；朝霞红彤彤，水手愁煞煞。"这和中国人出行前观察天象总结的经验相似："朝霞不出门，晚霞行千里"。经济学家运用科学方法，观察经济生活中的天文现象，收集数据，建立模型，对经济现象的变化做出预测，从而为决策主体的决策提供参考。例如，经济学家对某地区的居民工资水平与某种工业品的生产与销售进行统计，建立了时间序列模型，指出随着该地区工资水平的提高，将增加对该种工业消费品的需求，从而为厂商扩大产量的决策提供了参考。

经济模型在解释和预测经济现象时并不要一定要求精确到什么程度，这取决于对经济目标的设定。曼斯菲尔德指出："从某种意义上说，一个能够预测出每磅汉堡牛排的价格在上下 1 美分之间波动的模型，当然要比预测出每磅的价格在上下 2 美分之间波动的模型好。但这并不是说，如果一个模型如果不能做出非常精确的预测，它就毫无用处。在有些情况下，人们并不需要非常精确的预测。对一些目标来说，模型的精确度在 1 英里之内就足够了；而对其他目标来说，模型的精确度必须在蚊子的一个斑点之内。"这段分析很有意义，对我们正确使用和评价经济模型及其作用提供了启示。

本章小结

1. 微观经济学研究真实世界中的个人、厂商和资源所有者如何进行决策，从而使自己的行为优化。微观经济学从其产生和发展的历史过程看，始终贯穿着"稀缺资源作优化配置"的中心命题。

2. 经济学通常被定义为研究将有限的资源分配给竞争性用途的科学，其理论特征：第一，生产性资源是有限的，它的存量相对于人类的无限需求是稀缺的。资源稀缺对可供社会选择和其他成员享有的机会形成了一定的制约。第二，对行为主体的选择做出理论上的解释，通过观察消费者、生产者、资源供给者和政府的行为，经济理论试图弄清楚资源是怎样分配的。

3. 由于资源稀缺性，经济学家要回答三大基本问题：(1) 生产什么，生产多少；(2) 如何生产；(3) 为谁生产。另外，也包括谁做出经济决策。而机会成本和生产可能性边界，则进一步反映了稀缺资源优化配置与生产决策之间的必然联系，即边际收益递减或边际成本递增规律的客观性。

4. 经济学的研究方法包括很多内容，其中边际分析是微观经济学的重要分析方法。边际分析在经济学分析中再怎么强调也不为过，这是因为边际分析既是实现资源优化配置的准确的定量方法，也是指导行为主体进行理性决策的经济思维方式。

5. 实证分析是关于纯事实的叙述和因果关系的描述分析，主要回答“是什么”和“为什么”的问题；规范分析是对经济状况、经济现象进行价值判断的描述，它主要回答的是“应该怎么样”、该做什么和不做什么的问题。

6. 经济学家利用经济模型研究经济如何运行，运用抽象分析，有意识地略去与事物本质无紧要关系的细节，集中精力关注真正的要素，则有助于对客观规律的认识，把握事物的本质。

你甚至可以使鹦鹉成为一个博学的经济学家，它必须学习的全部就是“供给”与“需求”这两个单词。

——卡莱尔(19 世纪英国历史学家及作家)

第 2 章　需求、供给与均衡理论

本章重点提示

◇ 需求与供给、需求量与供给量的含义及影响因素

◇ 需求的变动与需求量的变动、供给的变动与供给量的变动

◇ 均衡价格的决定及均衡价格变动的分析

经济个体是根据价格信号进行决策并调整自己的行为，所以，学习微观经济学首先应了解市场价格是如何决定的。自由市场环境中，需求(Demand，简写 *D*)与供给(Supply，简写 *S*)是决定均衡价格的两大基本力量，供求分析也是微观经济学最基本的分析方法。因此，研究市场经济条件下价格的形成机制，是对其他经济问题进行研究的基础和前提，而任何商品的价格，又是由供求关系来决定的。所以本章主要研究需求和供给理论，并在此基础上分析均衡价格和均衡量的决定及其变化。

第一节　需求理论

一、需求、需求量、需求表与需求曲线

1. 需求、需求量

需求是指消费者在某一特定的时期内，在每一价格上愿意并且能够购买的商品和劳务的数量。

在理解需求这一概念时，应该注意的是，需求是购买欲望和支付能力的统一。缺少任何一个条件都是不可能成为需求的。首先，经济学中所述的需求不同于人们自然的、主观的需要，需要是人们缺乏某种东西时的一种欲望，而需求

是以人们的购买力为前提，是有支付能力的需要。如果仅仅是愿意购买而没有支付能力，只能说是欲望而已。例如：想拥有一辆汽车是绝大多数家庭的愿望，对汽车的欲望是普遍而强烈的，但是目前汽车的价格及使用费和其他限制条件使部分家庭不具备拥有汽车的支付能力，因而这些家庭目前不可能构成对汽车的需求，而仅仅是对汽车的一种需要。很显然，在这里，支付能力构成了需求的一个关键因素。其次，需求的另一个条件是购买欲望，如果一个消费者具有支付能力，但是他并没有消费某种商品的欲望，那么，也不能说这个消费者对该商品形成了需求。

需求可以分为个人需求和市场需求。个人需求是指单个消费者或家庭对某种商品的需求。针对某特定市场，把对某一商品所有的个人需求加总，即把与每一可能的价格相对应的每个消费者或家庭的需求量相加，便得到该商品的市场需求，即市场需求是指在某一特定市场上，所有消费者或家庭对某种商品的需求。个人需求是构成市场需求的基础，市场需求是所有个人需求的总和。

在理解需求的概念时，还要注意其与需求量的区别。需求量是指在某一特定时期内，消费者在特定价格水平上愿意并且能够购买的商品和劳务的数量。需求量是在一个特定价格水平上的具体数量，而需求是对应于每一可能价格水平下需求量的组合。

2. **需求表与需求曲线**

需求表是指根据消费者在一定时期内和一定市场中按某种商品在每一价格水平下所愿意并且能够购买的商品数量所列成的表格。实际上需求表是用数字表格的形式来表达需求的概念。需求表同样也有个人需求表和市场需求表之分。

表 2.1　某商品的个人需求表和市场需求表

	价格（元/公斤）	需求量					
		个人需求量（公斤）					市场需求量（吨）
		甲	乙	丙	丁	……	
a	7	1	2	4	3	……	10
b	6	2	3	4	4	……	15
c	5	4	5	8	6	……	20
d	4	6	6	10	8	……	25
e	3	10	7	15	10	……	35
f	2	15	9	20	15	……	50
g	1	20	10	22	25	……	70

如表 2.1 所示描述了某一时期内，对某种商品的个人需求和市场需求：当价格为 7 元时，甲、乙、丙、丁……的需求量别为 1 公斤、2 公斤、4 公斤、3 公斤……整个市场的需求量为 10 吨；当价格为 6 元时，甲、乙、丙、丁……的需求量分别为 2 公斤、3 公斤、4 公斤……整个市场的需求量为 15 吨；以此类推，当价格下降到 1 元时，甲、乙、丙、丁……的需求量分别为 20 公斤、10 公斤、22 公斤、25 公斤……整个市场的需求量为 70 吨。如果用图形来表示需求，则成为需求曲线。需求曲线是一条表示某种商品需求量与价格之间关系的曲线。根据表 2.1，我们可以作出图 2.1。

在图 2.1 中，D 即为某种商品的市场需求曲线。类似地，也可以作出该商品的个人需求曲线。应当注意的是在把需求表作成需求曲线时，人们假定商品的价格和数量都是无限可分的，从而画出一条曲线或直线。

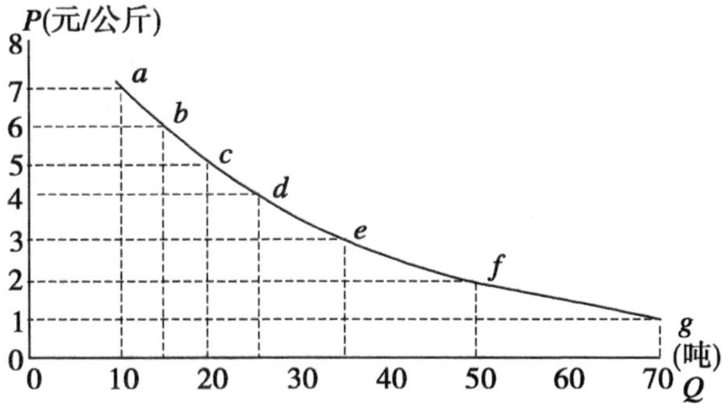

图 2.1　市场需求曲线

二、影响需求的主要因素及需求函数

1. 影响需求的主要因素

很多因素都可能影响商品的需求，有经济因素，也有非经济因素。以一种消费品的需求为例，其影响因素主要有以下几种：

一是商品本身的价格。商品本身价格高，需求少；价格低，需求多。如果某种商品价格上涨了，而其他商品价格没变，那么，其他商品的相对价格下降了，消费者就要用其他商品来代替这种商品，从而对这种商品的需求就减少了。例如：如果猪肉价格上涨，消费者可以购买牛肉、鱼等食品来替代猪肉，因而猪肉的需求减少；反之，价格下跌，需求增加。这种商品价格上升而引起的其他商品对这种商品的取代就是替代效应。此外，若消费者的货币收入在一定时期保持不变，当猪肉的价格上涨，消费者就会感觉到其实际收入减少了，从而对这种商品的购买，即对猪肉的需求减少；反之，价格下跌，需求增加。这种因某种商品价格变化后实际收入发生变化进而对需求的影响就是收入效应。实际上，价格变化后，这两种效应是同时存在的。商品本身价格的变化对需求的影响正是这两种效应共同作用的结果。

二是消费者的偏好。消费者的偏好对需求的影响也是比较明显的。例如爱好喝茶的人对茶叶有较大的需求，而不爱喝茶或根本不喝茶的人只有较小的需求甚至完全没有需求。一个消费者偏好某一种商品，即使这种商品价格不变，需求量也会增加。

三是消费者的收入。当消费者的收入增加时，消费者对某些商品在一定价格下的需求量也会增加，对另一些商品在一定价格下的需求量则可能减少。对大部分正常商品而言，消费者的收入愈高，对它们的需求就愈大；反之就愈小。例如：服装、娱乐消费以及一些高档商品。而对一些劣等商品来讲，随着收入的提高，对它们的需求反而下降。一些低档的日常品、消费品如黑白电视机、化纤服装等，在消费者收入有较大提高时，其需求就会下降。

四是其他商品的价格。各种商品之间存在着不同的关系，因此，其他商品价格的变动也会影响某种商品的需求。这里有两种情况：第一，两种商品为替代关系，如猪肉和牛肉，咖啡和茶叶等。假如茶叶价格上涨而咖啡价格不变，由于替代效应的作用，咖啡的需求就会增加；而茶叶价格下跌，同样会使得人们减少对咖啡的需求。第二，两种商品为互补关系，如小汽车和汽油、DVD和光碟就是这种互补关系。假如小汽车的价格上涨，人们将会减少对汽油的需求数量，因为小汽车涨价后，人们对小汽车的需求数量减少，因而也会减少对汽油的需求数量；而小汽车的价格下降，则会引起小汽车需求增加，从而引起汽油需求的增加。

五是消费者对未来的预期。如果消费者预期某些影响商品需求的因素将发生变化，就会根据自己的预期，及时调整消费行为，从而影响当期的需求。如消费者预期未来收入增加，某商品价格即使不变甚至上涨，消费者也会增加该商品的需求；反之，如果消费者预期未来收入水平下降，某商品价格即使不变甚至下跌，消费者也会减少该商品的需求。同样，消费者预期某种商品价格的变化、消费政策的改变等都会导致商品的需求发生改变。

其他如人口数量，社会收入分配平等程度、时间、气候等因素也可能会影响商品的需求。这些因素的共同作用决定了需求。

2. 需求函数

如果把影响需求的各种因素作为自变量，把需求作为因变量，则可以用函数关系来表达影响需求的因素与需求之间的依存关系，这种函数称为需求函数，记作：

$$Q_d = f(P, P_i, T, I, E, \cdots) \tag{2.1}$$

其中，Q_d 代表某种商品的市场的需求量，P 代表该商品的价格，P_i 代表其他商品的价格，T 代表偏好，I 代表收入，E 对未来情况的预期等等。

然而，由于影响一种商品需求量的最重要因素是该商品本身的价格，因此为了简化分析，经济学通常采用抽象法，即假定影响需求的其他因素不变，只单独研究某种商品的需求量与其价格之间的关系。这样就可以把需求函数写为：

$$Q_d = f(P) \tag{2.2}$$

如果某商品需求量与其价格之间是线性关系，即需求曲线是一条直线，那么，这种需求函数就是线性需求函数，其公式为：

$$Q_d = a - b \cdot P \tag{2.3}$$

如果某商品需求量与其价格之间是非线性关系，即需求量曲线不是直线（如图 2.1），那么，这种需求函数就是非线性需求函数，其公式为：

$$Q_d = a P^{-b} \tag{2.4}$$

在以上两式中，a、b 都是数值为正的常数。

三、需求定理

从上述对需求表和需求曲线的分析中可看出，某种商品的需求量与其价格是呈反方向变动的。这种现象普遍存在，被称为需求定理。

1. 需求定理的内容

需求定理或称需求规律，是表明某商品的价格与其需求量之间关系的。其基本内容是：在其他条件不变的情况下，某种商品的需求量与价格之间呈反方向变动，即某种商品价格上升，则其需求量减少，反之，需求量增加。

前面分析的需求函数，无论是线性需求函数，还是非线性需求函数，都说明了这种需求定理。

需求定理表现在需求曲线上，可以看出需求曲线是一条负斜率的曲线，即从左上方向右下方倾斜，这也是需求曲线的基本特征。

需求定理所说明的需求量与价格反方向变动的原因我们在前面分析影响需求的主要因素时已经从替代效应和收入效应进行了解释。

如果再从理论上更深一步考察需求定理或需求曲线负斜率的原因，则涉及西方经济学说的“边际效用价值论”。西方经济学家认为，效用是价格的源泉。一种商品越稀缺，其边际效用越大，价格也越高。当人们消费某种商品时，随着商品数量的不断增加，单位商品对人们的效用不断递减，其价格也因此不断下降，这样就形成需求曲线负斜率的原因或说明了需求定理的内在成因。

在理解需求定理时，要特别注意“在其他条件不变的情况下”这句话。任何一种经济理论都是有条件的，需求定理作为一种经济理论也是以一定的假设条件为前提的。所谓“其他条件不变”是指除了商品本身的价格之外，其他影响需求的因素都不变。即需求定理是在假定影响需求的其他因素不变的前提下，研究商品本身价格与需求量之间的关系，离开这一前提条件，需求定理就无法增加。如收入发生变化，商品的需求量与价格就不一定呈反方向变动。

2. 需求定理的例外

需求定理是对一般商品而言，即需求曲线在通常情况下是一条负斜率的曲线，但也有可能出现一些例外的情形：

第一，某些炫耀性商品。炫耀性商品是用来显示人的社会身份及地位的商品，如珠宝、豪华型轿车等。这种商品价格越高，越显示消费者的地位，需求量也越大；反之，当价格下跌，这类商品就不再能代表这种社会地位与身份，对其的需求量也就只会减少。

第二，某些低档商品。这类商品在特定条件下，当价格下跌时，需求会减少；而价格上涨时，需求反而增加。最著名的是以英国经济学家而得名的“吉芬商品”。吉芬发现，在 1845 年，爱尔兰发生灾荒时，马铃薯的价格上升，需求量反而增加。这种价格上升，需求增加的情况被称为“吉芬之谜”。具有这种特点的商品被称为吉芬商品。

在以上两种情况下，需求曲线均表现为从左下方向右上方倾斜，斜率为正的特征，即价格越高，需求量越大，价格越低，需求量越小。如图 2.2(a)所示。

第三，某些商品的价格小幅度升降时，需求按正常情况变动；大幅度升降时，人们会因不同的预期而采取不同的行动，引起需求的不规则变化。如证券、黄金市场就常有这种情况。其需求曲线可能表现为如图 2.2(b)形状或其他不规则形状。

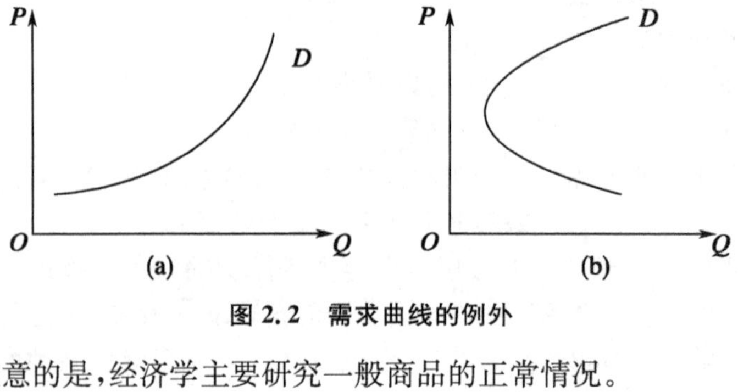

图 2.2 需求曲线的例外

需要注意的是，经济学主要研究一般商品的正常情况。

四、需求量的变动与需求的变动

上述需求定理的描述，一个重要的依据是假设“在其他条件不变的情况下”，商品的需求量与价格之间存在着反向关系，换句话说，这种关系成立的前提是除价格外的其他因素都没有改变。如果其他条件发生变化，上述关系也将发生变化，整条需求曲线将会发生移动。因此，必须注意这种区别。

这就是说，需求量的变动是指其他条件不变的情况下，商品本身价格变动所引起的消费者对该商品购买数量发生的变动。需求量的变动反映在曲线上表现为同一条需求曲线上点的移动。可用图 2.3 来说明。

在图 2.3 中，当价格由 P_0 上升为 P_1 时，需求量由 Q_0 减少到 Q_1，在需求曲线 D 上则是从 b 点向上方移动到 a 点。同样地，当价格由 P_0 下降到 P_2 时，需求量从 Q_0 增加到 Q_2，在需求曲线 D 上则是从点 b 向右下方移动到 c 点。可见在同一条需求曲线上，向左上方移动是需求量减少，向右下方移动是需求量增加。

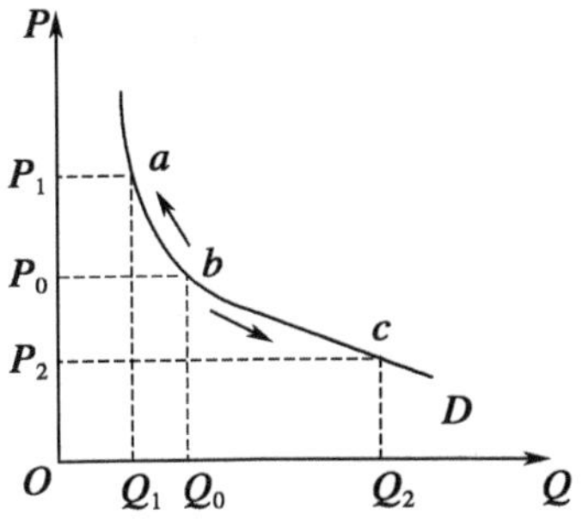

图 2.3　需求量的变动引起需求曲线上点的移动

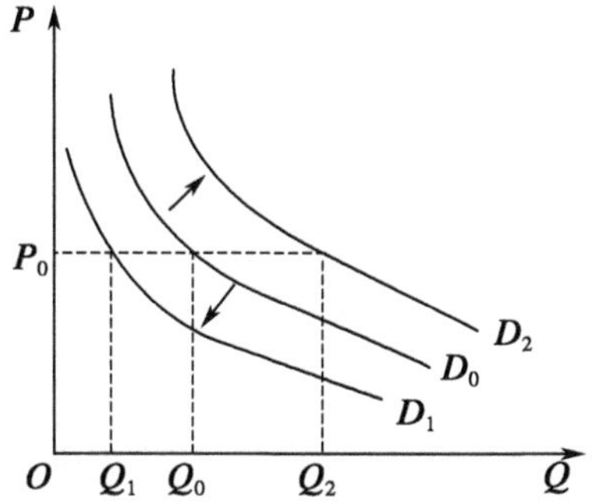

图 2.4　需求的变动引起需求曲线的移动

需求的变动是在商品本身价格不变的情况下，影响需求的其他因素的变化所引起的消费者对该商品购买数量发生的变动。需求的变动反映在曲线上表现为整条需求曲线的平行移动。可用图 2.4 来说明。

在图 2.4 中，价格是 P_0，由于其他因素变化(例如消费者偏好)而引起的需求曲线的移动是需求的变动。如，当偏好增强，需求曲线的位置，就由 D_0 移动到 D_2，同样的价格水平 P_0 时，需求量从 Q_0 增加到 Q_2。同样地，当偏好减弱，需求曲线从 Q_0 减少到 Q_1。可见，需求曲线向左下方移动是需求减少，需求曲线向右上方移动是需求增加。

第二节　供给理论

一、供给、供给量、供给表与供给曲线

1. 供给、供给量

供给是指生产者(厂商)在某一特定时期内,在每一价格水平下愿意而且能够提供的某种商品和劳务的数量。

供给的定义也说明了两个涵义:第一,作为经济学中所述的供给,必须同时具备供给欲望与供给能力两个基本要素。供给能力可以是当期新生产出的产品,也可以是过去的存货。因此,供给取决于生产,同样,也可以说供给是厂商计划提供的商品量。根据定义,如果生产者对某种商品只有提供出售的愿望,而没有提供出售的能力,则不能形成有效供给,也不能算作供给。第二,供给这个概念涉及两个经济变量:商品的价格及与该价格相对应的供给量。因此,供给实际上反映了厂商的供给量与商品价格这两个经济变量之间的关系。和需求一样,供给可以分为个别供给和市场供给,个别供给是单个厂商的某种商品的供给。针对某特定市场,把对某一商品所有的个别供给加总,即把与每一可能的价格相对应的每个生产者或厂商的供给量相加,便得到该商品的市场供给,即市场供给是指在某一特定市场上,所有生产者或厂商对某种商品的供给。

在理解供给的概念时,还要注意其与供给量的区别。供给量是指在某一特定时期内,生产者在特定价格水平下愿意并且能够提供的商品和劳务的数量。供给量是在一个特定价格水平下的具体数量,而供给是对应于每一可能价格水平下供给量的组合。

2. 供给表与供给曲线

供给表是指根据生产者在一定时期内和一定市场中按某种商品在每一价格水平下所愿意并且能够提供的商品数量所形成的表格。实际上,供给表是用数字表格的形式来表达供给的概念。供给表同样也有个别供给表和市场供给表之分。

表 2.2 是某个厂商(甲)和市场上所有生产某商品的厂商在不同价格水平下某个月的供给数量。

在供给表中,对应于一个价格,每个生产者都有一个供给量与之对应,这一数量就是生产者在这一价格下愿意并且能够提供出售的商品数量,所有生产者在这一价格下愿意并且能够提供的商品数量就是市场供给量。

借助于商品的供给表,可以把价格与供给量之间的对应关系描绘在一张坐

标图中，即可以得到商品的供给曲线。供给曲线是一条表示某种商品供给量与价格之间关系的曲线。图 2.5 是根据表 2.2 中的价格与供给量之间的数据绘制的一条市场供给曲线。类似地，也可以作出该商品的个别供给曲线。

表 2.2　某商品的供给表

	价格（元/公斤）	甲的供给量（吨）	总的市场供给量（万吨）
a	4	50	100
b	8	70	200
c	12	100	350
d	16	120	530
e	20	130	700

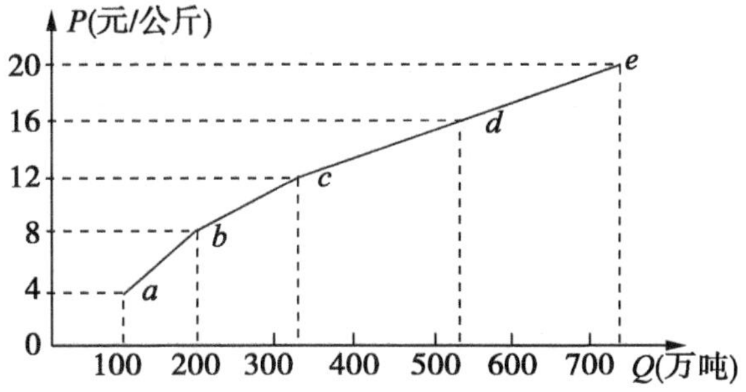

图 2.5　某商品的市场供给曲线

在图 2.5 中，横轴 OQ 代表供给量，纵轴 OP 代表价格，S 即为某种商品的市场供给曲线。a—e 每个点和供给表中的数字相对应。例如：价格从 12 元上升至 16 元时，市场供给量就会从 350 万吨增加到 530 万吨，在供给曲线上则由点 c 移动到点 d。同样，应当注意的是在把供给表作成供给曲线时，人们仍然需假定商品的价格和供给量都是无限可分的，从而画出一条平滑的曲线或直线。

二、影响供给的主要因素及供给函数

1. 影响供给的主要因素

和需求类似，上述有关供给的概念也是在其他条件不变的情况下来定义。实际上，一种商品的供给量除了由该商品的本身的价格所决定外，它还受到其他许多因素的影响。其主要包括：

一是生产要素的价格。任何产品的生产都是需要投入各种生产要素的，生产要素价格的变化，直接引起生产成本的变化，在产品价格既定的条件下，从而影响厂商的利润。因此，当生产要素价格下降时，厂商愿意多投资生产，增加这种商品的供给；而当生产要素价格上涨时，厂商会减少供给，或转向生产其他成本增加少的产品。

二是相关产品的价格。在两种替代产品之间：在很多情况下，使用既定资源的厂商既可以生产某种产品，又可以生产其替代品，例如，农场可以生产咖啡，也可以生产可可。如果咖啡的价格上涨，厂商自然愿意把生产可可的土地转向生产咖啡，于是可可的生产缩减，供给相应减少；连带产品的价格：有时生产一种产品的同时会生产出其他产品，例如在加工原油精炼出汽油的同时会生产出柴油和石蜡等产品，如果由于需求和价格上升，汽油产量增加，必然带动其他油类供给的增加。

三是生产技术水平。生产技术进步，意味着劳动生产率提高，单位产品的成本下降，在商品价格不变的情况下，会给厂商带来更多的利润。因此，生产技术越进步，厂商一般就越愿意并能够提供更多的商品，从而增加该产品的供给。例如微集成电路的革命改变了世界每一行业的生产方式和信息管理。

四是厂商对未来行情的预期。如果某种产品的行情看涨，厂商就会减少现在的供应量，等待行情上涨后增加供给；如果此种产品的行情看跌，厂商就会把现有的存货尽快抛售出去，从而增加现在的供给。

五是政府的税收和扶持政策。这实际上也导致产品生产成本的变化。政府采用鼓励投资与生产的政策（例如政府补贴或减税），可以刺激生产从而增加供给；反之，政府采用限制投资与生产的政策（例如增税等），则会抑制生产从而减少供给。

影响供给的因素要比影响需求的因素复杂得多，在不同时期、不同的市场上，供给要受多种因素的综合影响。其他的因素还有很多，例如，气候的影响（农作物尤为明显）、新供给资源的开发或旧资源的耗竭等都会影响产品供给。需要注意的是，供给的变动与时间因素也是密切相关的，一般说来，在价格变动之后的极短期内，供给只能通过调整库存来作出反应，变动不会很大；但在长期中，厂商可以通过变更厂房、设备等生产要素，使供给适应价格而充分变动。

2. 供给函数

供给函数是用来表示某一特定时期内商品的供给量与决定这一供给的各种因素之间关系的表达式。

以 Q_s 表示供给量，P 表示该商品的价格，P_i 表示相关商品的价格，P_j 表示生产要素的价格，T 表示生产技术水平，P^e 表示厂商对未来行情的预期……则厂商对商品的供给函数可以一般地表示为：

$$Q_s = f(P, P_i, P_j, T, P^e, \cdots) \tag{2.5}$$

在分析供给数量对其中一个决定因素的依赖关系时，一般都假定其他因素不变。例如在研究价格和供给量之间的关系时，供给函数我们可以写成：

$$Q_s = f(P) \tag{2.6}$$

上式表明，假定影响供给的其他因素不变，只单独研究某种商品的供给量与其本身价格之间的依存关系。

如果某商品供给量与其价格之间是线性关系，即供给曲线是一条直线，那么这种供给函数就是线性供给函数，其表达式为：

$$Q_s = -c + dP \tag{2.7}$$

如果某商品供给量与价格之间是非线性关系，即供给曲线不是直线，（如图2.5），那么，这种供给函数就是非线性供给函数，其表达式如：

$$Q_s = cP^d \tag{2.8}$$

在以上两式中，c，d 都是数值为正的常数。

三、供给定理

从上述对供给表和供给曲线的分析中可以看出，某种商品的供给量与其价格是呈同方向变动的。这种现象普遍存在，被称为供给定理。

1. 供给定理的内容

供给定理是说明商品本身价格与其供给量之间的关系的理论。其基本内容是：在其他条件不变的情况下，某种商品的供给量与价格之间呈同方向变动，即供给量随着商品本身价格的上升而增加，随商品本身价格的下降而减少。

前面分析的供给函数，无论是线性供给函数，还是非线性供给函数，都说明了这种供给定理。

供给定理表现在供给曲线上，可以看出，供给曲线是一条正斜率的曲线，即曲线从左下方向右上方倾斜，这也是供给曲线的基本特征。

供给定理所说明的供给量与价格同方向变动的原因可以从西方经济学的成本理论加以解释。西方经济学家认为，在某种情况下，生产量增加后，生产成本也会增加，因此要求更高的产品价格。这样，生产者为获得更多的利润，才愿意增加成本以增加商品的供给量。关于成本理论问题，将在第六章作详细讨论。

在理解供给定理时，也同样要注意“在其他条件不变的情况下”这个假设前提。这也就是说，供给定理是在假定影响供给的其他因素不变的前提下，研究商品本身价格与供给量之间的关系。离开了这一前提，供给定理就无法成立。例如厂商技术水平提高，在商品价格下降的情况下，厂商就不一定减少该商品的供给量，那么商品的供给量就不一定与价格同方向变动。

2. 供给定理的例外

供给定理指的是一般的商品规律，即供给曲线在通常条件下是一条正斜率的曲线。当然，这一规律也有例外：

第一，某些规模经济的产品。这些产品规模较小时，平均成本较高。在大规模生产时，由于生产技术的发展和规模经营，使成本锐减且大批量供给成为现实，这时虽然商品价格下降，厂商仍愿意供给更多的产品。如小汽车的生产，在这种情况下，其供给曲线表现为向右下方倾斜，斜率为负值，同需求曲线形状相同。如图 2.6 所示。

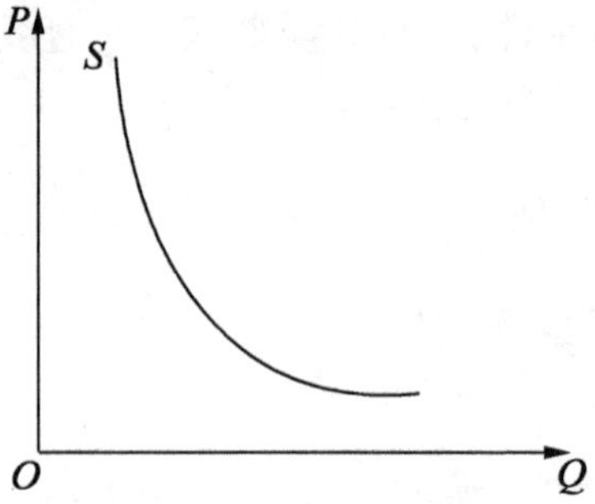

图 2.6　规模经济产品的供给曲线

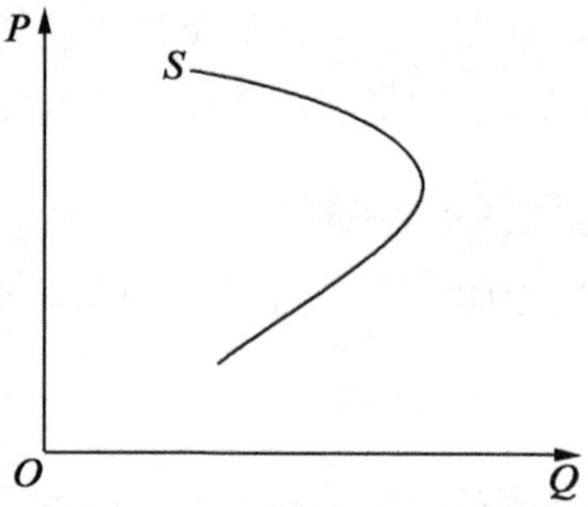

图 2.7　劳动供给曲线

第二，劳动的供给。西方经济学家认为，劳动是一种商品，其价格就是工资率，即单位劳动的工资。当劳动者尚处于较贫困的境地时，工资水平的提高会刺激劳动供给的增加。但当工资水平上升到一定程度后，劳动者感到对货币的需求并不迫切了，工资再上升，劳动的供给也不会增加，甚至还可能减少，因为劳动者可能认为休息或从事其他文化、教育、娱乐等活动更为迫切、更为重要。于是，其供给曲线会表现为如图 2.7 所示的形状。

第三，某些商品的价格小幅度升降时，供给按正常情况变动；大幅度升降时，人们会因不同的预期而采取不同的行动，尤其是价格上升到一定限度后，或因人们意识到这是值钱的商品后而减少供给，引起供给的不规则变化。如证券、黄金市场常有这种情况。其供给曲线可能表现为如图 2.7 所示或其他不规则形状。

四、供给量的变动与供给的变动

上述供给曲线的基本形态有一个重要前提，就是在其他条件不变的情况下，商品的供给量与价格之间存在着正向关系。这种关系成立的前提是除价格之外的其他因素都没有改变。如果其他条件发生变动，上述关系也将发生变化，整条供给曲线将会发生移动。因此，同需求曲线一样，也要注意“供给量的变动”和“供给的变动”两者之间的区别。

供给量的变动是指其他条件不变的情况下，商品本身价格变动所引起的厂商对该商品供给数量发生的变动。供给量的变动反映在曲线上表现为同一条供给曲线上点的移动。可用图 2.8 说明。

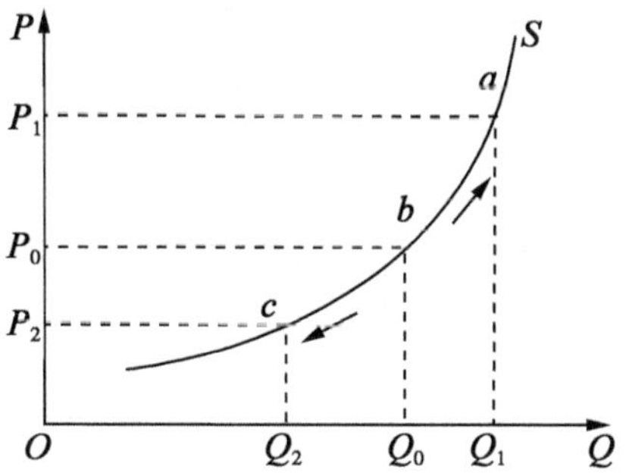

图 2.8　供给量的变动引起供给曲线上点的移动

在图 2.8 中，当价格由 P_0 上涨为 P_1 时，供给量从 Q_0 增加到 Q_1，在供给曲线 S 上则是从 b 点向右上方移到 a 点；当价格由 P_0 下降为 P_2 时，供给量从 Q_0 减少到 Q_2，在供给曲线 S 上则是从 b 点向左下方移动到 c 点。可见，在同一条供给曲线上，向右上方移动的是供给量增加，向左下方移动是供给量减少。

供给的变动是在商品本身价格不变的情况下，影响供给的其他因素的变化所引起的厂商对该商品的供给数量的变动。供给的变动反映在曲线上表现为整条供给曲线的平行移动。可用图 2.9 来说明。

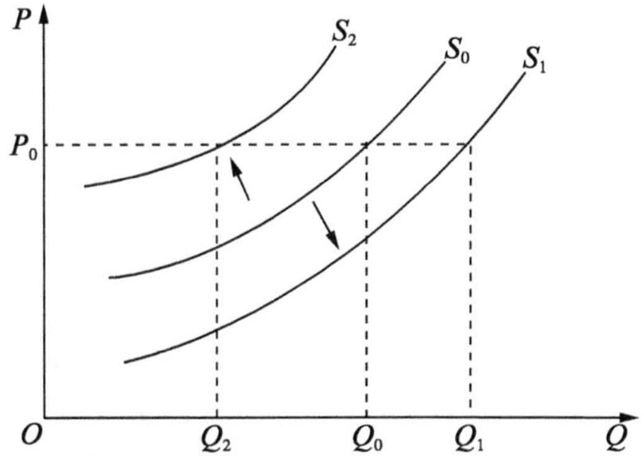

图 2.9　供给的变动引起供给曲线的移动

在图 2.9 中，价格是 P_0，由于其他因素变动(例如，生产要素价格变动)而引起的供给曲线的移动是供给的变动。如当生产要素价格下降了，在同样的价格水平 P_0 时，厂商所得到的利润增加，从而产量增加，供给从 Q_0 增加到 Q_1，则供给曲线由 S_0 移到 S_1；当生产要素价格上升了，在同样的价格水平 P_0 时，厂商所得到的利润减少，从而产量减少，供给从 Q_0 减少到 Q_2，则供给曲线由 S_0 移动到 S_2。可见，供给曲线向左上方移动是供给减少，供给曲线向右下方移动是供给增加。

第三节　均衡价格的决定

微观经济学认为，在商品市场中，由于需求和供给两方面共同作用的结果，便形成了市场均衡价格。

一、均衡价格的含义

西方经济学认为，需求说明了某一商品在每一价格下的需求量，而供给说明了某一商品在每一价格下的供给量，要说明该商品价格的决定，就必须将需求和供给结合起来考虑。在一个市场里，如果没有政府等外来因素的干预，一切都处于自由竞争状态，对于某种商品的任一价格，其相应的需求量和供给量不一定相等，但在该商品各种可能的价格中，必定有一价格能使需求量和供给量相等，从而使该商品市场达到一种均衡状态。

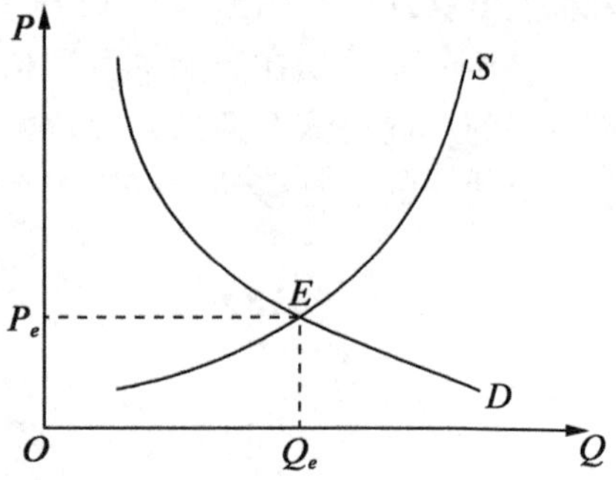

图 2.10　均衡价格

因此，均衡价格是指一种商品的需求曲线与供给曲线相交之点所对应的价格。这时该商品的需求价格与供给价格相等，称为均衡价格，该商品的需求量与供给量相等称为均衡数量，需求曲线与供给曲线相交之点称为均衡点。可用图 2.10 来说明均衡价格。

在图 2.10 中，横轴表示数量(需求量与供给量)，纵轴表示价格(需求价格与供给价格)。D 为需求曲线，S 为供给曲线。D 与 S 相交于 E 点，E 点表示该商品市场达到均衡状态的均衡点，E 点所对应的价格 P_e 就是均衡价格，E 点所对应的数量 Q_e 就是均衡数量。即商品达到市场均衡时，其需求价格等于供给价格为均衡价格，需求量等于供给量为均衡数量。

二、均衡价格的形成过程

均衡价格是在市场上供求双方的竞争过程中自发地形成的，市场上各种商品的均衡价格是最后的结果。我们可以通过一个例子来说明均衡价格的形成。如表 2.3 所示：

表 2.3　均衡价格的形成过程表

价格 P(元/公斤)	需求量 Q_d(吨)	供给量 Q_s(吨)	短缺与过剩(吨)
1	120	0	−120
2	100	20	−80
3	80	40	−40
4	60	60	0
5	40	80	+40
6	20	100	+80
7	0	120	+120

从表 2.3 中可以看出,如果该商品的价格为 1 元,需求为 120 吨,但供给量为零,此时需求量超过供给量的数量为 120 吨。换言之,当价格为 1 元时,商品的短缺量为 120 吨,此时需求量大于供给量,必然提价;而当价格为 7 元时,需求量为 0,供给量为 120 吨,此时供给量超过需求量为数量 120 吨,即供给量大于需求量,必然降价。由于供求不一致,所以价格连续波动不已。有一种价格,而且只有一种价格可以实现既无短缺,又无过剩,这种价格就是 4 元时,在这种价格时,需求量与供给量相等,即为 60 吨。这时处于市场均衡状态。即市场上自发地进行的竞争过程就决定了该商品的价格为 4 元。这是供求双方者可以接受的价格,也就是均衡价格。

还可以用图 2.11 来说明同样的道理。如果该商品初始的市场价格为 6 元,需求量为 20 吨,而供给量为 100 吨,供过于求(图中的 a—b),商品过剩 80 吨。在纯粹的市场竞争经济中,这种情况必然会导致供给方即厂商之间的激烈竞争,即竞卖,结果使价格按箭头所示方向向下移动,供给量逐渐减少,需求量逐渐增加。相反,如果该商品初始的市场价格为 2 元,需求量为 100 吨,而供给量为 100 吨,供不应求(图中的 c—d),商品短缺 80 吨。在纯粹的市场竞争经济中,这种情况必然导致购买者之间的竞争,即竞买,结果使价格按箭头所示方向逐渐上升,需求量逐渐减少,供给量逐渐增加。这种一涨与一跌的现象会一直持续下去,直至最终达到价格为 4 元时为止。因为供求相等,均衡就实现了。这样,4 元就是均衡价格。

如果需求曲线和供给曲线都以函数式表示,即经济模型来表示,均衡价格决定的条件为:

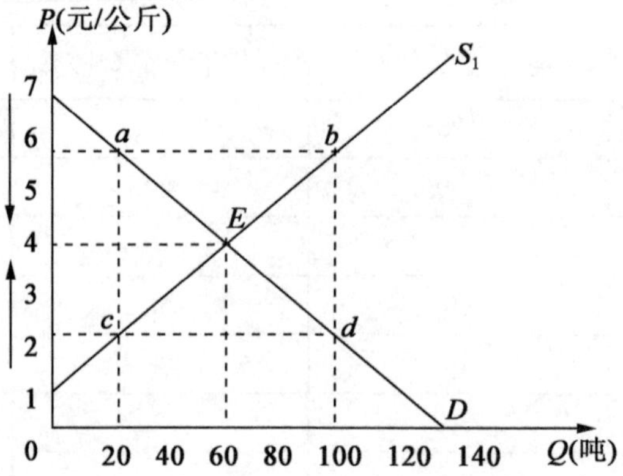

图 2.11　均衡价格的形成过程图

$$Q_d = f(P) \tag{2.9}$$

$$Q_s = f(P) \tag{2.10}$$

$$Q_d = Q_s \tag{2.11}$$

(2.9)式是需求函数，(2.10)式是供给函数，(2.11)式是供求相等，即均衡价格决定的公式，也就是当 $Q_d=Q_s$ 时，就可以得出均衡价格 P 的值。

假设某商品的市场需求函数为 $Q_d=68-9P$，它是由该市场中所有该商品的消费者 A、B 的个人需求函数共同构成，其中消费者 A 的需求函数是 $Q_{dA}=26-4P_A$，消费者 B 的需求函数是 $Q_{dB}=42-5P_B$。同时假设该商品的市场供给函数为 $Q_s=36+7P$，它是由该市场中所有该商品的厂商 A、B 的个别供给函数共同构成的，其中厂商 A 的供给函数是 $Q_{sA}=14+4P_A$，厂商 B 的供给函数是 $Q_{sB}=22+3P_B$。这时如果要求出市场均衡价格和均衡量是多少，则可计算如下：

已知：

$$Q_d=68-9P$$

$$Q_s=36+7P$$

∵ 市场均衡条件为 $Q_d=Q_s$

∴ $68-9P=36+7P$

$16P=32$

$P_e=2$(元/公斤)　$Q_e=50$(吨)

(P_e 表示市场均衡价格，Q_e 表示市场均衡量)

如果要想进一步知道在市场均衡价格下，消费者 A 和消费者 B 的需求量各是多少，则可将市场均衡价格分别代入这两个消费者各自的需求函数进行计算：

$$Q_{dA}=26-4P_A=26-4\times2=18(\text{吨})$$

$$Q_{dB}=42-5P_B=42-5\times 2=32(\text{吨})$$

即在市场均衡价格下，消费者 A 的需求量为 18 吨，消费者 B 的需求量为 32 吨，两者之和为市场均衡价格下的总均衡需求量 50 吨。

同样的方法可计算出在市场均衡价格下两个厂商的供给量：

$$Q_{sA}=14+4P_A=14+4\times 2=22(\text{吨})$$

$$Q_{sB}=22+3P_B=22+3\times 2=28(\text{吨})$$

即在市场均衡下，厂商 A 的供给量为 22 吨，厂商 B 的供给量为 28 吨，两者之和为市场均衡价格下的总均衡供给量 50 吨。

根据以上分析，在纯粹的市场竞争经济中，均衡是必然要出现的一种趋势。通过市场供求关系的自发调节，决定市场的均衡价格。而均衡价格形成后，一旦市场价格背离均衡价格，必然形成供过于求或供不应求的失衡状态。由于市场中供求双方以及各方内部的竞争，产生自我调节作用，则有自动恢复到均衡的趋势。这种自我调节机制被亚当·斯密称作"看不见的手"。

【案例 1】歌星的高收入合理吗?

2010 年 4 月 28 日，福布斯中文版发布 2010 年福布斯中国名人榜榜单。这是福布斯第七次发布中国名人榜，首次囊括两岸三地。香港影/歌星成龙、台湾歌星周杰伦、香港影/歌星刘德华位居前三位。其中排在榜单首位的成龙，虽然主要以影星身份出现，但却是鸟巢开个唱第一人。2011 年 5 月 13 日，《福布斯》中文版推出"2011 年中国名人榜"，影/歌星刘德华荣登榜首，歌星周杰伦、歌星王菲分列第二和第三，其收入分别为 1.396 亿元、1.862 亿元和 1.180 8 亿元。那么，歌星如此的高收入合理吗?

时下，很多年轻人都喜欢去听演唱会，如果想听演唱会的人增加了，而歌手的供给不变，则门票的价格就会上升，由于演唱会举办方与歌手都能从高价格的门票中得到更多的收益，他们还增加演唱会的场次；同理可以推出，如果没有那么多歌迷，需求减少，门票的价格必然下降，他们会减少演唱会的场次。如果歌手增加，门票的价格也会下降，演唱会的场次增加；同理可以推出，歌手减少，门票的价格也会上升，演唱会的场次会减少。这就是经济学分析的供求规律。歌星的高收入是由歌星的供给和公众的需求决定的，这是市场机制作用的结果，既然对歌星的消费需求如此之大，而供给方又稀缺，因此他们的高收入不仅是合理的也是公正的。当看到一夜走红的歌星收入高于十年寒窗苦读的教授许多时，难免有不平衡之感，但从经济学的理性来看，歌星的高收入是市场决定的。

三、供求变动对均衡价格的影响

以上对市场均衡价格的分析，是在假定需求和供给既定，即需求曲线和供给曲线给定且不发生移动的前提下进行的。此时，我们沿着需求、供给曲线上下移动来考察均衡，只能得出市场过剩或短缺的数量多少，市场本身的均衡并没有发生变化。但是，如果需求或者供给发生了变化，即需求曲线或者供给曲线发生了移动，市场均衡就要发生相应的变化。下面分三种情况说明：

1. 供给不变，需求变动对均衡价格的影响

如前所述，需求变动是指价格不变的情况下，影响需求的其他因素变动所引起的变动，这种变动在图形上表现为需求曲线的平行移动。我们可以用图 2.12 来说明需求变动对均衡价格及均衡数量的影响。

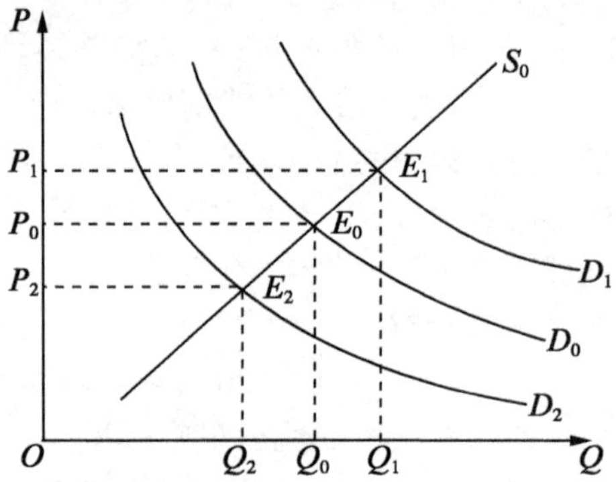

图 2.12　需求变动对均衡价格及均衡数量的影响

在图 2.12 中，D_0 为原需求曲线，S_0 为原供给曲线，E_0 为原均衡点，P_0 为原均衡价格，Q_0 为原均衡数量。现假设需求方面有收入增加情况发生，从而使需求增加，即需求曲线由 D_0 向右上方移至 D_1，D_1 与 S_0 相交于 E_1，决定了均衡价格为 P_1，均衡数量为 Q_1。显然 $P_1>P_0$，$Q_1>Q_0$。这表明在供给不变的情况下，由于需求的增加，均衡价格上升了，均衡数增加了。相反，如果需求减少，即需求曲线由 D_0 向左下方移至 D_2，D_2 与 S_0 相交于 E_2，决定了均衡价格为 P_2，均衡数量为 Q_2，显然 $P_2<P_0$，$Q_2<Q_0$。这表明在供给不变的情况下，由于需求的减少，均衡价格下降了，均衡数量减少了。

结论是，在供给保持不变的情况下，均衡价格和均衡数量随着需求的变动发生同方向的变动。

2. 需求不变，供给变动对均衡价格的影响

供给变动是指价格不变的情况，影响供给的其他因素变动所引起的变动。这种变动在图形上表现为供给曲线的平行移动。我们可以用图 2.13 来说明供给变动对均衡价格及均衡数量的影响。

在图 2.13 中，D_0 为原需求曲线，S_0 为原供给曲线，E_0 为原均衡点，P_0 为原均衡价格，Q_0 为原均衡数量。现假设供给方面有技术进步等情况发生，从而使

供给增加，即供给曲线由 S_0 向右下方移至 S_1，S_1 与 D_0 相交于 E_1，决定了均衡价格为 P_1，均衡数量为 Q_1，显然 $P_1<P_0$，$Q_1>Q_0$。这表明在需求不变的情况下，由于供给的增加，均衡价格下降了，均衡数量增加了。那么，如果供给减少了，即供给曲线由 S_0 向左上方移至 S_2，S_2 与 D_0 相交于 E_2，决定了均衡价格为 P_2，均衡数量为 Q_2，显然 $P_2>P_0$，$Q_2<Q_0$。这表明在需求不变的情况下，由于供给的减少，均衡价格上升了，均衡数量减少了。

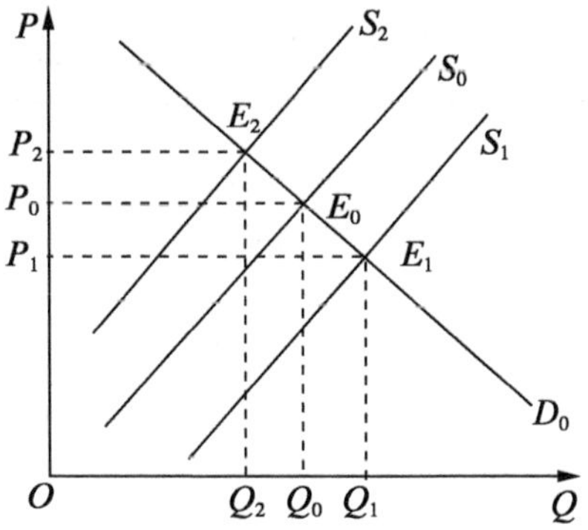

图 2.13　供给变动对均衡价格及均衡数量的影响

结论是：在需求保持不变的情况下，供给变动引起均衡价格反方向变动，均衡数量同方向变动。

3. **需求和供给同时变动对均衡价格的影响**

需求和供给同时发生变动的情况比较复杂，因为两者变动的方向、变动程度的差异均可能对均衡产生不同的影响。分成两种情况进行讨论。

第一，需求和供给同方向变动。

假定需求与供给由于各种因素而同时增加，如图 2.14 所示，D_0 移至 D_1，S_0 移至 S_1，均衡点由 E_0 移至 E_1，显然 $Q_1>Q_0$，但是均衡价格的变动却不能肯定。因为需求增加使均衡价格上升，供给增加使均衡价格下降，因而均衡价格的实际变动还要取决于两者增加的程度。如果需求增加的程度大于供给增加的程度，则均衡价格将上升；如果需求增加的程度小于供给增加的程度，则均衡价格将下降；如果两者增加的程度一样，则均衡价格不变。所以，在需求和供给同时增加时，均衡产量必然增加，但均衡价格的变动将视需求和供给增加的程度可能上升、下降或者保持不变。

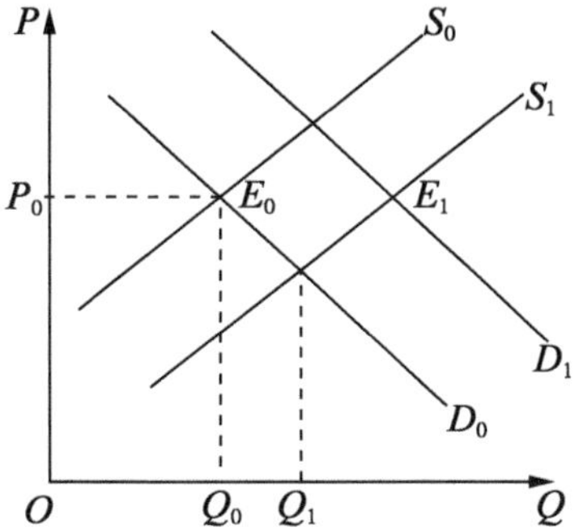

图 2.14　需求和供给同方向变动对均衡价格和均衡数量的影响

同样地，如果需求和供给同时减少，均衡产量必然减少，均衡价格也不能确定。

第二，需求和供给反方向变动。

如图 2.15 所示，需求增加，即需求曲线由 D_0 移至 D_1；供给减少，即供给曲线由 S_0 移至 S_1，均衡点随之由 E_0 点移至 E_1 点。显然 $P_1>P_0$，但是均衡数量的变动却不能肯定，要取决于两者变动的程度。如果相对而言，需求增加的程度比较大,则均衡产量将增加;如果供给减少的程度比较大,则均衡产量将减少;如果两者变动的程度一样,则均衡产量保持不变。所以,需求增加,供给减少,均衡价格必然上升,但均衡产量的变动不能确定,可能增加,减少或者保持不变。

同样地,如果需求减少,供给增加,均衡价格必然下降,但均衡产量的变动也不能确定。

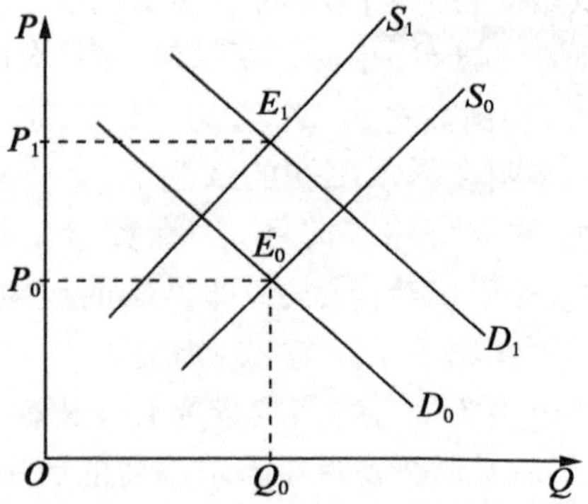

图 2.15　需求和供给反方向变动对均衡价格和均衡数量的影响

综合以上两种情况,需求、供给的变动对均衡价格及均衡数量的影响可归纳为表 2.4。

表 2.4　供求的变动对均衡的影响

假定条件			供求变动	均衡价格	均衡数量
供给不变			需求增加	上升	增加
			需求减少	下降	减少
需求不变			供给增加	下降	增加
			供给减少	上升	减少
供求同时变动	同方向变动	程度相等	供求同时增加	不变	增加
			供求同时减少	不变	减少
		程度不等	需求增加大于供给增加	上升	增加
			需求增加小于供给增加	下降	增加
			需求减少大于供给减少	下降	减少
			需求减少小于供给减少	上升	减少
	反方向变动	程度相等	需求增加,供给减少	上升	不变
			需求减少,供给增加	下降	不变
		程度不变	需求增加大于供给减少	上升	增加
			需求增加小于供给减少	上升	减少
			需求减少大于供给增加	下降	减少
			需求减少小于供给增加	下降	增加

从以上分析中可得出结论：

（1）均衡价格和均衡产量与需求同方向变动；

（2）均衡价格与供给呈反方向变动，而均衡产量与供给同方向变动。

这被称为供求规律。

【案例2】"苹什么"后的推手

2010年可谓是农产品涨价年，以至于绿豆、大蒜、姜、糖等都有了新名词，就是"逗你玩"、"蒜你狠"、"姜你军"和"糖高宗"。随着10月份苹果价格的快速上涨，"苹什么"又应运而生。那么为什么苹果会突然涨价？是什么原因在推动？

对此，《今日观察》评论员如是说："苹什么"？首先是"苹"我受灾了，因为确实有自然灾害，中国的苹果主产区，除了山东没有大灾，陕西、甘肃、河南、河北、辽宁等等都有或大或小的自然灾害，就有一个减产的预期。如果放到全世界范围内，那么南美也有自然灾害，导致了苹果产量下降，比如智利要下降20%，这样这个预期就很重要。预期以后，第二就是就"苹"我有钱，今年，大家手头上钱多了，富裕了，认为苹果可能要涨价，就先囤着。第三就"苹"我乐意，涨价的预期再加上这么多人来收购，还有一些别的资金也进入到这里边来，果农就干脆自己囤着了，反正大家都在赌。比如春节时候，苹果价格可能还要涨。归根到底，自然灾害、有钱和惜售，导致了苹果价格的居高不下。

四、均衡价格的动态分析——蛛网理论

以上对均衡价格的分析，是在抽象了时间因素的前提下来考察均衡价格的形成及其条件的，因此是一种静态均衡分析。如果引入时间因素考察均衡价格的变动过程，则是动态均衡分析。蛛网模型就是一个简单的动态分析模型。

1. 蛛网理论的含义

20世纪30年代，西方世界经历了一场空前的经济危机，其中农产品的周期性波动引起了一些经济学家的注意。美国经济学家舒尔茨（H. Schultz）、荷兰经济学家丁伯根（J. Tinbergen）、意大利经济学家里西（U. Ricci）在1930年各自写出论文，研究了某些农产品的价格和产量在失去均衡时的波动情况，他们在论文中用到的分析方法是类似的，那就是引入了时间因素，分析了农产品的供给和需求不能随时按价格变动来调整的情况下，市场能否恢复均衡价格的条件以及供求波动规律。他们的分析用供求曲线图形来表示，所表示的价格和产量的波动曲线图形，状似蛛网，所以英国经济学家卡尔多（N. Kaldor）在1934年把他们的理论称为"蛛网理论"（Cobweb theorem）。

蛛网理论实际是考察市场均衡的恢复与稳定条件的理论。按照以前的分析，均衡是有条件的，一旦条件发生变化，均衡就会被破坏，市场价格就会背离均衡价格。那么，价格离开均衡点以后，离均衡点是越来越近呢？还是越来越远？

在什么情况下，市场的价格会和均衡价格越靠越近，最终恢复均衡呢？这就是蛛网理论所要研究的问题。

像农产品等周期较长的产品，其价格变动对供给量的影响并不局限于一个生产周期，而是要在以后好几个生产周期中起作用。并且这些产品的价格对供给量和需求量的关系具有以下特点：

第一，所研究的产品都需要一定的生产周期，而生产规模一经决定，在生产过程完成之前，不能中途改变。产品本身不易储存，必须尽快出售。

第二，本期市场价格是由本周期的产量决定的。

第三，市场信息极不灵通，生产者对其产品的预期价格和预期需求一无所知，只好以本期的价格作为决定下期产量的依据。本期的产量也是由上期的价格决定的。但需求量随市场价格立即变动。

如果以 P_t 和 Q_t 分别代表本期产品价格和产量，Q_{t+1} 代表下期产量，则上述关系可用下列表达式表示：

$$P_t=f(Q_t) \tag{2.12}$$

$$Q_{t+1}=f(P_t) \tag{2.13}$$

2. 蛛网理论的三种模型

上述关系成立的条件下，依照商品的供给曲线和需求曲线斜率的不同关系，可以把价格和产量波动所形成的蛛网分成三种形态：

第一，收敛型蛛网

某商品的供给曲线斜率的绝对值大于需求曲线斜率的绝对值，这种商品的价格和产量的波动会越来越小，最后收敛于市场供求相等的均衡点。

如图 2.16 所示，供给曲线斜率的绝对值大于需求曲线斜率的绝对值。在这种模型中，价格变动引起的供给量的变动小于价格变动引起的需求量的变动。图中供给曲线和需求曲线 D 相交于 E 点，均衡价格为 P_0，均衡数量为 Q_0。设第一期的产量为 Q_1 大于均衡产量 Q_0，这时的市场价格由 Q_1 决定为 P_1，它低于均衡价格 P_0，第二期的产量由第一期的价格 P_1 决定为 Q_2，此时 Q_2 小于均衡产量 Q_0，这导致市场价格由 P_1 上涨到 P_2 的水平；第三期的产量又由 P_2 决定为 Q_2，它大于 Q_0，这又使第三期的市场价格 P_3 低于均衡价格 P_0……如此发展下去，在这一循环中每一次波动价格和产量更加接近均衡点，这样波动越来越小，最后趋于均衡点 E。

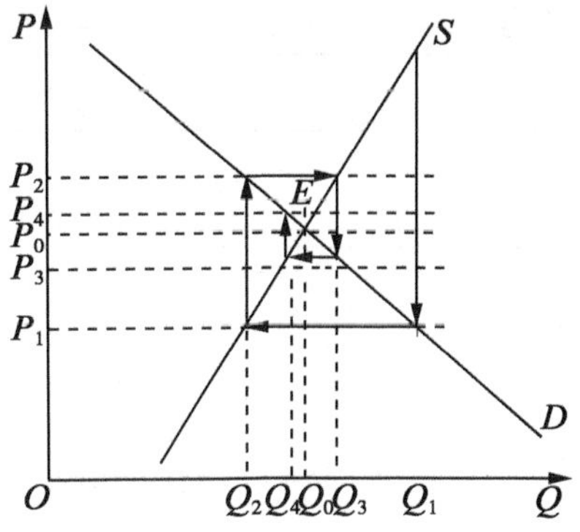

图 2.16　收敛型蛛网

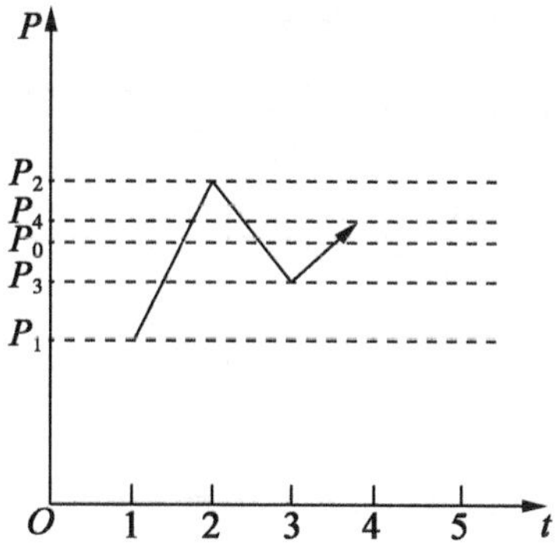

图 2.17　价格波动趋势减小

图 2.17 中，横轴 t 代表时期，纵轴 P 代表价格，该图表明了价格的波动趋向于均衡价格 P_0，随着价格波动的趋势减少，产量的波动也随之在减弱。

以上情况表明，供给曲线斜率的绝对值大于需求曲线斜率的绝对值，即价格变动引起的供给量的变动小于价格变动引起的需求量的变动，是蛛网收敛的条件，又称为“蛛网稳定条件”。

第二，发散型蛛网

若产品的供给曲线斜率的绝对值小于需求曲线斜率的绝对值，这种商品的价格和产量的波动会越来越大，最后在波动中远离市场供求相等的均衡点。

如图 2.18 所示，供给曲线 S 斜率的绝对值小于需求曲线 D 斜率的绝对值。在这种模型中，价格波动引起的供给量的变动大于价格变动引起的需求量的变动。图中供给曲线 S 和需求曲线 D 相交于 E 点，均衡价格为 P_0，均衡数量为 Q_0。设第一期的产量的 Q_1 大于均衡产量 Q_0，这时的市场价格由 Q_1 决定为 P_1，它低于均衡价格 P_0；第二期的产量由第一期的价格 P_1 决定为 Q_2，此时 Q_2 小于均衡产量 Q_0，这导致市场价格由 P_1 上涨到 P_2 的水平；第三期的产量又由 P_2 决定为 Q_3，它大于 Q_0，这又使第三期的市场价格 P_3 低于均衡价格 P_0……如此发展下去，在这一循环中，每一次波动价格和产量更加背离均衡点，这样波动也越来越大，最后离均衡点更远。

图 2.19 中表明了价格的波动越来越背离了均衡价格 P_0，随着价格波动的加大，产量的波动也随之在增强。

这种情况表明，供给曲线斜率的绝对值小于需求曲线斜率的绝对值，即价格变动引起的供给量的变动大于价格变动引起的需求量的变动，是蛛网发散的条件，又称为“蛛网不稳定条件”。

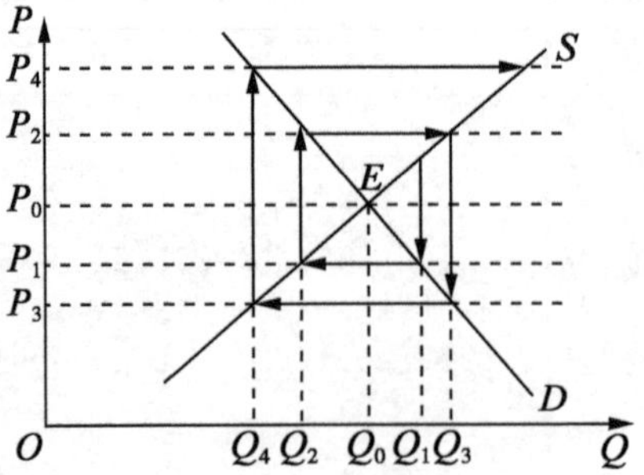

图 2.18　发散型蛛网

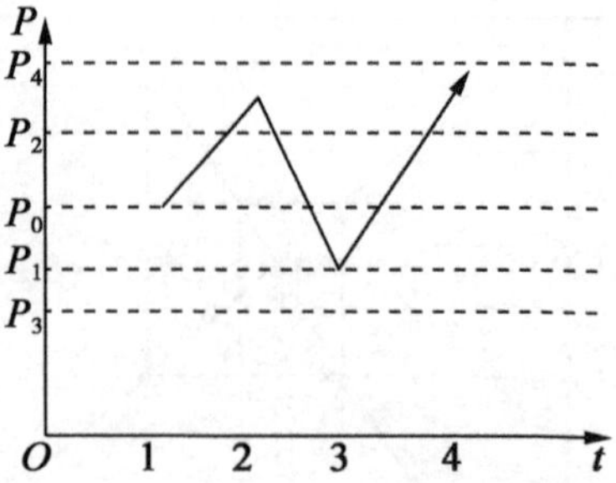

图 2.19　价格波动趋势增强

第三，封闭型蛛网。

若产品的供给曲线斜率的绝对值等于需求曲线斜率的绝对值，这种商品如果初始状态偏离均衡状态，则价格和产量就会围绕着均衡点作等幅的波动，既不趋向均衡点，又不远离均衡点。

如图 2.20 所示，供给曲线 S 斜率的绝对值等于需求曲线 D 斜率的绝对值。在这种模型中，价格波动引起的供给量的变动等于价格变动引起的需求量的变动。图中供给曲线 S 和需求曲线 D 相交于 E 点，均衡价格为 P_0，均衡数量为 Q_0。设第一期的产量为 Q_1 大于均衡产量 Q_0，这时的市价格由 Q_1 决定为 P_1，它低于均衡价格 P_0；第二期的产量由第一期的价格 P_1 决定为 Q_2，此时 Q_2 小于均衡产量 Q_0，这导致市场价格由 P_1 上涨到 P_2 的水平；第三期的产量由 P_2 决定为 Q_3，这一产量正好和第一期产量相同，这样又开始了一次与上次完全相同的波动……如此发展下去，价格和产量始终是相同的波动程度。

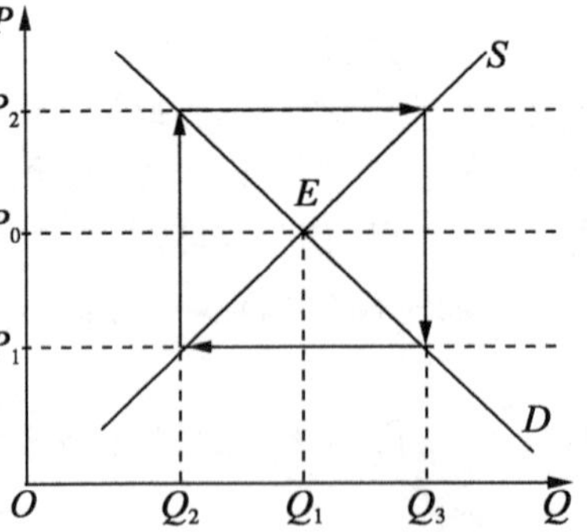

图 2.20　封闭型蛛网

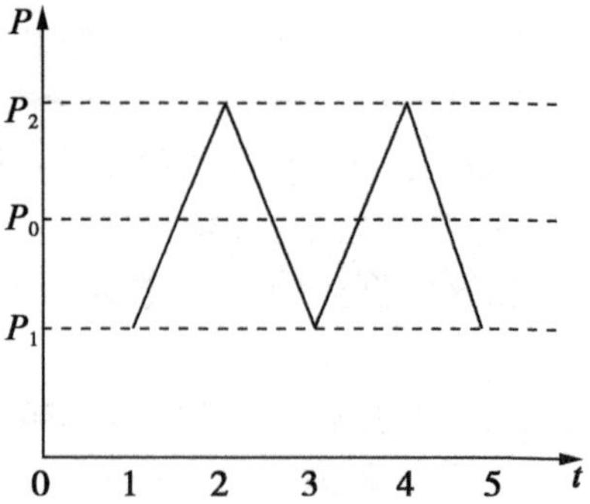

图 2.21　价格波动趋势不变

图 2.21 也同样反映了这种等幅的波动情况。这表明，供给曲线斜率的绝对值等于需求曲线斜率的绝对值，即价格变动引起的供给量变动等于价格变动引起的需求量的变动，是形成封闭型蛛网的条件，它又被称为“蛛网中立条件”。

蛛网理论是一个相当简化的理论，因为它假定生产者从来认识不到本期的价格会同上一时期他出售产品时的价格有所不同。如果从预期理论来衡量，它只是一种静态预期理论。

【案例 3】暴跌 70%："蒜你狠"成"蒜你贱"（引自《江苏经济报》2011 年 7 月 13 日 A 版）

牛熊转换一瞬间。在疯狂了一年之后，"蒜你狠"出乎意料地黯然"退"场，成了当下令人大跌眼镜的"蒜你贱"。12 日，记者从江苏大蒜主产区邳州市了解到，目前品质最好、规格为 6.5 cm 的白蒜报价为 1.2 元/500 g，而山东金乡白蒜的价格还要低一些，均价仅仅达到 0.9 元/500 g，收购价格比去年同期暴跌 70% 以上。按照以往的惯例，7 月是大蒜收购的关键期。因为要抢着入冷库保存，所以众多蒜商一般都在这个时期出手采购，因而此时往往是大蒜最为抢手的"旺季"。不过今年，邳州大蒜收购中的"抢手"却有些悲催的味道：蒜农根本不愿卖了！蒜商刘飞告诉记者，今年大蒜开市后价格一路走低，很多蒜农不希望贱卖，因此纷纷惜售。以白蒜为例，6 月底收获期的鲜蒜价格为 1.2 元/500 g，晒干、去皮、分级之后，作为成品干蒜的价格一般翻番。但如今，干蒜的价格和 6 月底鲜蒜收购价格几乎一致，这对蒜农来说实在有些"伤不起"。蒜农王大爷告诉记者，一亩地种蒜的成本超过 2 000 元，不过今年大蒜增产，一亩地产量高的话能达到 2 300 斤。由于鲜蒜在晒干之后"瘦身"40% 左右，因此干蒜的成本价应该在 2 元/500 g 左右。"今年种蒜的现在都亏着呢，村里甚至有人想联手包下冷库存蒜，用来最后一搏。"不过，随着气温的逐渐升高，常温下保存的大蒜短时间内便会发芽卖不掉，因此在入库期结束之前，蒜农必须将手中的大蒜抛售。但接踵而来的问题是：如果蒜农集中在一段时间内大量抛售，势必进一步打压大蒜价格，整个大蒜市场或将惨不忍睹。

从 2005 年至今，大蒜价格经历了几次"过山车"式的波动。先是 2006 年年底大蒜价格快速上涨，国际、国内巨大的市场需求推动蒜价一路走高；接着是 2007 年年底蒜价暴跌，甚至达到 0.1 元一公斤的历史低点，令蒜农、蒜商损失惨重；到了 2009 年，"蒜你狠"引领起热钱炒作狂潮，蒜价破天荒地达到 15.6 元/公斤的历史最高价位；再接着便是当前，蒜价又一次急速回落……市场人士认为，大蒜之所以出现两年一涨跌的周期现象，主要因为大蒜并未纳入国家储备农产品范围，无法对大蒜价格进行相关调控。不过，相关专家表示，作为经济价值较高的农产品，大蒜价格波动更多来自市场规律的影响，种植户和投资者的盲目乐观导致很多市场因素被忽略，因此储备大蒜并不能从根本上解决蒜价波动问题。中国人民大学农业与农村发展学院副院长郑凤田表示，去年过分的囤积炒作已脱离了蒜本身的价值，这是导致今年蒜价报复性下跌的主要原因。他指出，农作物不应该成为炒作的对象，因为不正常的因素太多，炒家只要控制了主要信息发布渠道，就很容易影响全国。目前国内大蒜市场信息的严重不对称，给炒作者提供了巨大的空间，因此无论是蒜农还是蒜商，都需要适当的引导。

五、均衡价格理论的运用——价格政策

均衡价格理论，在一定意义上是完全自由竞争条件下的市场机制理论。所谓市场机制通常是指市场调节经济运作的功能和方式，又称价格机制。它一方面通过市场价格的波动自动调节商品的供求，使之趋向供求均衡；另一方面，通过供求关系的变化，它又自动地引起价格的变动，使之趋向于稳定的均衡价格。在这里，价格有着信息传递、行为指导的功能：生产者根据商品价格的涨跌来调整自己的产量，消费者也根据价格的涨跌来合理安排自己的商品消费组合，从而使各自的利益最优，实现全社会资源的优化配置。因此，价格机制犹如一只“看不见的手”，指挥着人们的经济活动。然而在现实生活中，市场机制由于所借以实现的完全自由竞争条件并不存在或不完全存在，以致必然会出现失灵。例如：政府采取支持价格和限制价格的措施，就会削弱市场机制的作用，使价格脱离均衡价格状态。

1. 支持价格

支持价格又称为价格支持或最低限价，它是指政府为了扶持某一行业的生产，对该行业产品规定的高于市场均衡价格的最低价格。不少国家的政府出于多种原因的考虑，对本国的农产品生产采取支持价格，以扶植本国的农业生产。可用图 2.22 来分析支持价格。

图 2.22 中，横轴表示商品数量 Q，纵轴表示价格 P，D 为需求曲线，S 为供给曲线，E 为均衡点，P_0 为均衡价格，Q_0 为均衡数量，P_1 为政府确定的支持价格。此时 $P_1>P_0$，造成市场上商品的供给量为 Q_2，需求量为 Q_1，$Q_2>Q_1$，即供给量大于需求量，于是形成 Q_1Q_2（或 FG）的过剩商品在市场上销路不出去。此时政府可采取的措施有：

一是政府收购过剩商品，或用于储备，或用于出口。在出口受阻的情况下，收购过剩商品必然会增加政府财政支出。

二是政府对该商品的生产实行产量限制，规定将生产的数量控制在 Q_1，使供求平衡。但在实施时需有较强的指令性且有一定的代价。

支持价格的运用对经济发展和稳定有其积极意义。以对农产品实行的支持价格为例，在市场经济中，农产品丰收对于农民而言并不见得是一件好事，这就是“谷贱伤农”的含义。为什么呢？对于消费者而言，农产品的需求弹性很小，需求曲线比较陡峭。农产品的丰收导致供给曲线大幅度的外移，此时，均衡数量只发生少量的增加，而均衡价格却大幅度的下降。由于均衡数量增加的幅度小于价格下降的幅度，农民的销售收入必然下降。所以，对农民而言，增产不一定增

收，政府必须对农民给以必要的扶持。因此，对农产品的支持价格有利于稳定农业生产，还可以调整农业结构，使之适应市场需求的变化，并且可以促进农业现代化的发展和劳动生产率的提高。不过，我们也要看到，支持价格的实行，会使财政支出增加，使政府背上沉重的包袱。

2. 限制价格

限制价格也称冻结价格，是指政府为了限制某些物品的价格而对其规定低于市场均衡价格的最高价格。其目的主要是为了稳定经济生活，防止某些物品（如必需品）的价格上涨，保护消费者利益。可用图 2.23 来分析限制价格。

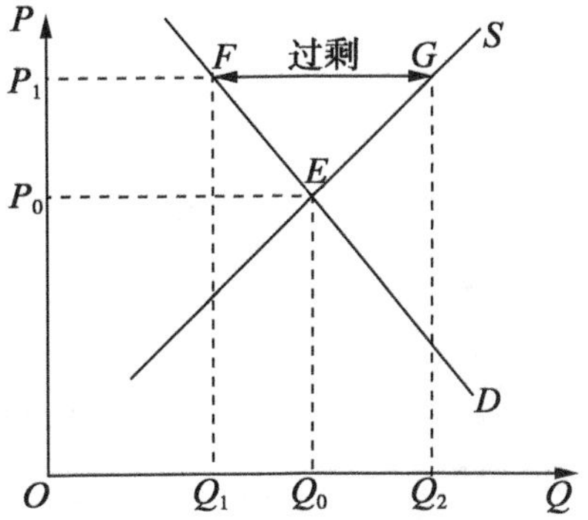

图 2.22 支持价格分析图

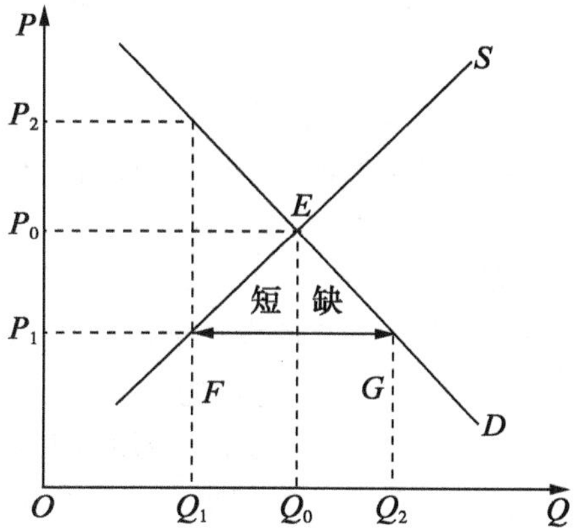

图 2.23 限制价格分析图

图 2.23 中，E 点为市场均衡点，P_0、Q_0 分别表示均衡价格和均衡数量。P_1 为政府规定的限制价格。它由于比均衡价格 P_0 低，这时商品的供给量为 Q_1，需求量为 Q_2，$Q_1<Q_2$ 即供给量小于需求量，于是形成 Q_1Q_2（或 FG）商品量的短缺。也就是说这种人为的低价过度地刺激了消费者对商品的需求，同时又抑制了生产者的积极性。这时候通常会出现人们排队抢购因限制价格而供不应求的商品，特别是当这种商品是人们生活必需品时，就会采用凭证定量供应的办法；同时，市场上常常会出现黑市交易，那些比较有钱的人就会设法以高于政府限制价格的黑市价格去买到这些短缺商品，这个黑市价格往往要比均衡价格 P_0 高，如图 2.23 中的 P_2。

限制价格有利于社会平等的实现，也有利于维持社会的安定。但这种政策也会引起严重的不利后果。所以，许多经济学家认为，限制价格既是某个时期为适应某种特殊情况（比如应对通货膨胀、限制垄断行业的价格等）不得不采取的政策，又是不宜经常采取的政策。

3. 政府税收对均衡价格的影响

政府对商品交易征税，如果是根据商品的销售数量征税，称作从量税；如果是根据商品的销售收入征税,称作从价税。从厂商所承受的负担来看,从量税和从价税并没有什么区别,只不过征税时计算的方法不同而已。

假定政府对厂商征收 T 的从量税,将使厂商的生产成本或供应成本相应提高,导致供给曲线向左上方移动。如图 2.24 所示,供给曲线由 S_0 移至 S_1,移动距离为 T,均衡点 E_0 移至 E_1,销售价格从 P_0 上涨到 P_1,销售量从 Q_0 减少到 Q_1。这就是政府对厂商征收销售税的效应。

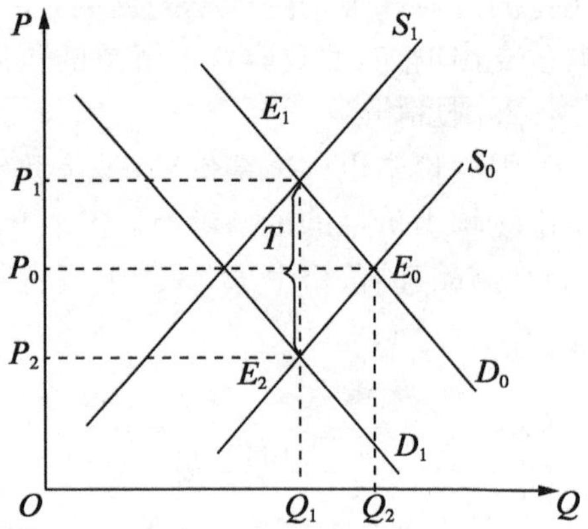

图 2.24　政府税收对均衡价格的影响

假定政府是对消费者征收 T 的交易税,将使消费者的收入相应减少,因此需求曲线向左下方移动。如图 2.24 所示,需求曲线由 D_0 移至 D_1,移动距离为 T,均衡点 E_0 移至 E_2,销售价格从 P_0 下降到 P_2,销售量从 Q_0 减少到 Q_1。这就是政府对消费者征收交易税的效应。

因此,无论政府对交易征税的对象是厂商还是消费者,对均衡的影响是一样的。但是,消费者负担和生产者负担的大小由什么决定呢?需要结合弹性理论作更进一步的分析,这将在下面一章中进行阐述。

本章小结

1. 需求是指消费者在某一特定的时期内,在每一价格上愿意并且能够购买的商品和劳务的数量。供给是指生产者(厂商)在某一特定时期内,在每一价格水平下愿意而且能够提供的某种商品和劳务的数量。

2. 需求定理,是表明某商品的价格与其需求量之间关系的。供给定理是说明商品本身价格与其供给量之间的关系的理论。其他条件不变的情况下,某种商品的需求量与价格之间呈反方向变动,某种商品的供给量与价格之间呈同方向变动。

3. 影响需求的主要因素有消费者偏好、消费者的收入、其他商品的价格、消费者对未来的预期等;影响供给的主要因素有生产要素的价格、相关产品的价格、生产技术水平、厂商对未来行情的预期、政府的税收和扶持政策等。

4. 需求(供给)量的变动是指其他条件不变的情况下,商品本身价格变动所引起的消费者(厂商)对该商品购买(供给)数量发生的变动。需求(供给)的变动是在商品本身价格不变的情况下，影响需求（供给）的其他因素的变化所引起的消费者（厂商）对该商品的购买（供给）数量发生的变动。

5．均衡价格是指一种商品的需求曲线与供给曲线相交之点所对应的价格。需求和供给的变动将会使市场均衡发生变化。均衡价格和均衡产量与需求同方向变动；均衡价格与供给呈反方向变动，而均衡产量与供给同方向变动。

6．蛛网理论实际是考察市场均衡的恢复与稳定条件的理论。引入时间因素，依照商品的供给曲线和需求曲线斜率的不同关系，可以把价格和产量波动所形成的蛛网分成收敛型蛛网、发散型蛛网和封闭型蛛网三种形态。

粜甚贵，伤民；甚贱，伤农。民伤则离散，农伤则国贫。

——《汉书·食货志》

第3章　弹性理论

本章重点提示

◇ 弹性的含义、种类及计算公式

◇ 影响需求弹性和供给弹性的因素

◇ 供求理论与弹性分析的运用

上一章对需求和供给变动规律的分析，论述了需求和供给各自受哪些因素的影响而引起变动及其变动方向，但没有从量的规定上进一步说明哪些因素会在多大程度上引起需求和供给的变动。如价格变化，会导致需求量反方向变动，但究竟变动多少？这就要进行影响程度的分析，这具有很重要的现实经济意义。弹性理论正是要说明价格变动与需求量或供给量变动之间的这种量的关系。本章是上一章的继续和发展，从内容上看，弹性理论是价格理论的一个重要组成部分。

第一节　需求弹性

弹性原是物理学的概念，意指某一物体对外界力量的反应力。弹性理论最早是由数理经济学派的奠基者——法国数学家、经济学家古诺(A. Cournot)提出来的，后来由马歇尔完善了弹性公式，并将其发展成为完整的理论。经济学中的弹性是指经济变量之间存在函数关系时，因变量对自变量变动的反应程度，其大小可以用两个变量变动的百分比之比，即弹性系数 e 来表示。如设变量 X 为自变量，Y 为因变量，e 为弹性系数，则：

$$e=\frac{\frac{\Delta Y}{Y}}{\frac{\Delta X}{X}}=\frac{\Delta Y}{\Delta X}\cdot\frac{X}{Y} \tag{3.1}$$

若经济变量的变化趋势趋于无穷小时，弹性系数还可以用微分来计算：

$$e=\lim_{\Delta P\to 0}\frac{\frac{\Delta Y}{Y}}{\frac{\Delta X}{X}}=\frac{\frac{dY}{Y}}{\frac{dX}{X}}=\frac{dY}{dX}\cdot\frac{X}{Y} \tag{3.2}$$

西方经济学关于需求弹性包括以下三种：需求价格弹性、需求收入弹性和需求交叉弹性。

一、需求价格弹性

1. 定义与表达式

需求的价格弹性(Price Elasticity of Demand，简写 E_d)简称需求弹性，是一种商品的需求量对该商品自身价格变化的反应程度，或者说价格变化百分之一时需求量会变化百分之几。那么由定义得出，需求价格弹性系数等于需求量变动的百分比除以价格变动的百分比。同时，根据需求法则，需求量与价格呈反方向变动，需求弹性系数必然为负值。为了理解上的方便，经济学习惯在需求弹性前加一个负号，或者用绝对值来表示。

$$E_d=-\frac{\frac{\Delta Q}{Q}}{\frac{\Delta P}{P}}=-\frac{\Delta Q}{\Delta P}\cdot\frac{P}{Q} \tag{3.3}$$

例如，某种商品价格上升 10%时，其需求量下降 15%，则这种商品的需求价格弹性系数为 1.5。即需求价格弹性反映当价格变动百分之一时，其需求量相应地变动百分之几。

在理解需求价格弹性的含义时要注意以下几点：

第一，需求价格弹性反映的是价格变动所引起的需求量变动的程度，或者说需求量变动对价格变动的敏感程度。所以，在需求量与价格这两个经济变量中，价格是外生变量，需求量是内生变量，两者不能互换进行分析。

第二，需求价格弹性系数是价格变动的百分比与需求量变动的百分比的比率，而不是价格变动的绝对值与需求量变动的绝对值的比率。因为绝对值是有计量单位的，而不同的计量单位之间是不能相比的，但是采用百分比的形式，就可以消除计量单位，这样两个百分比之间就有其可比性了。

第三，需求量对价格的反应一般是反方向的，所以需求价格弹性系数值也一般为负值。对于某些特殊商品(如炫耀性商品和吉芬商品)，其需求价格弹性系数值则为正值。总之，需求价格弹性系数值的正或负取决于商品价格和需求量变动是同方向变化还是反方向变化。应当注意的是，正常情况下，我们说商品需

求价格弹性为 1 时，指的即为－1

2. **需求价格弹性的计算**

(1) 弧弹性的计算

弧弹性是需求曲线两点之间弧的弹性。

下面根据表 3.1 和图 3.1，介绍弧弹性的计算方法。

表 3.1 需求表

编号	价格 P(元/公斤)	需求量 Q(吨)
a	5	5
b	4	7
c	3	12
e	2	18
f	1	27

若根据表 3.1 的数据计算该商品价格从 5 元/公斤下降到 4 元/公斤，即图 3.1 中 a 点到 b 点的需求价格弹性，根据定义表达式计算如下：

$$E_d=-\frac{\frac{\Delta Q}{Q}}{\frac{\Delta P}{P}}=-\frac{\Delta Q}{\Delta P}\cdot\frac{P}{Q}=-\frac{7-5}{4-5}\cdot\frac{5}{5}=2$$

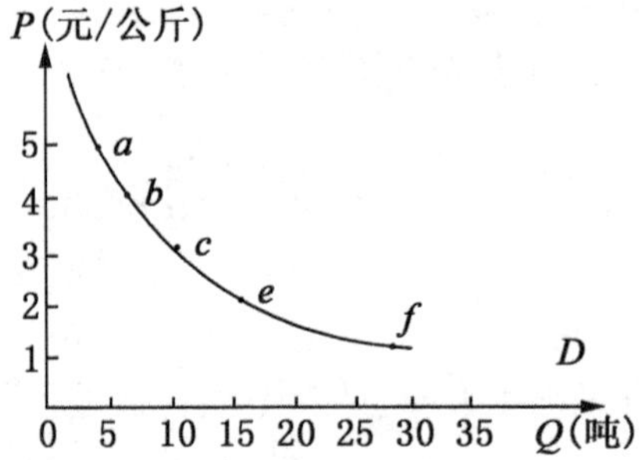

图 3.1 需求价格弧弹性

同样可以计算该商品价格从 4 元/公斤上升为 5 元/公斤时。即图 3.1 中 b 点到 a 点的需求价格弹性为：

$$E_d=-\frac{\frac{\Delta Q}{Q}}{\frac{\Delta P}{P}}=-\frac{\Delta Q}{\Delta P}\cdot\frac{P}{Q}=-\frac{5-7}{5-4}\cdot\frac{4}{7}=-\frac{-2}{1}\cdot\frac{4}{7}=1.14$$

由于这种方法在计算弧弹性时，选择起始点如 a 点或 b 点的不同，计算出的弹性系数由差别。为了消除价格上升与下降时计算的弹性系数值的差别，即使得曲线上同一区间的需求价格弹性值的一致，价格和需求量都取变动前后的平均值。如仍计算从 a 点到 b 点的需求价格弹性：

$$E_d=-\frac{7-5}{4-5}\times\frac{(5+4)/2}{(5+7)/2}=-\frac{2}{-1}\times\frac{9}{12}=1.5$$

再计算从 b 点到 a 点的需求价格弹性：

$$E_d=-\frac{5-7}{5-4}\times\frac{(4+5)/2}{(7+5)/2}=-\frac{-2}{1}\times\frac{9}{12}=1.5$$

这样计算出来的同一区间的需求价格弹性值没有差异，都是 1.5。

所以，计算弧弹性的公式应该为：

$$E_d=-\frac{\Delta Q}{\Delta P}\cdot\frac{P}{Q}=-\frac{Q_2-Q_1}{P_2-P_1}\cdot\frac{\frac{P_1+P_2}{2}}{\frac{Q_1+Q_2}{2}}=-\frac{Q_2-Q_1}{P_2-P_1}\cdot\frac{P_1+P_2}{Q_1+Q_2}\tag{3.4}$$

在实际中弧弹性应用广泛，特别要注意的是，需求曲线的斜率并不等于弹性系数。前者指需求曲线上任一区间$\frac{\Delta P}{\Delta Q}$值，即 P 与 Q 的变化量之比来表示的数值；后者是指$\frac{\Delta Q}{\Delta P}\cdot\frac{P}{Q}$之值，即用 P 与 Q 变化的百分比之比来表示的数值。价格弹性系数与需求曲线斜率的联系还可以从弹性公式中反映出来，弹性公式 $E_d=-\frac{\Delta Q}{\Delta P}\cdot\frac{P}{Q}$，可见需求曲线斜率$\frac{\Delta P}{\Delta Q}$是$\frac{\Delta Q}{\Delta P}$的倒数，即弹性系数与需求曲线的斜率成反比，需求曲线的斜率越大，其在弹性系数绝对值中的构成就越小。

(2) 点弹性的计算

点弹性是需求曲线上某一点的弹性，也就是价格变动无限小时所引起的需求量变动的敏感程度。

如前所述，计算弹性系数的一般公式为：

$$E_d=-\frac{\frac{\Delta Q}{Q}}{\frac{\Delta P}{P}}=-\frac{\Delta Q}{\Delta P}\cdot\frac{P}{Q}\tag{3.5}$$

如果需求曲线是一条连续函数曲线，即可求其点弹性。当价格变动无限小，即 $\Delta P\to 0$ 时，所以可用微分方法来表示，公式如下：

$$E_d=-\lim_{\Delta P\to 0}\frac{\frac{\Delta Q}{Q}}{\frac{\Delta P}{P}}=-\frac{\mathrm{d}Q}{\mathrm{d}P}\cdot\frac{P}{Q} \tag{3.6}$$

这就是计算点弹性的公式。实际上弧弹性计算出的值是一段弧线上两点之间的平均值，当两点无限接近时，弧弹性就接近于“点弹性”。

用求导数的方法计算点弹性，其优点在于只要知道一条需求曲线的函数形态，就可以计算出任何价格水平下对应的曲线上点的弹性值。例如，需求曲线函数式为 $Q_d=100-2P$，则

$$\frac{\mathrm{d}Q}{\mathrm{d}P}=-2$$

$$E_d=-\frac{\mathrm{d}Q}{\mathrm{d}P}\cdot\frac{P}{Q}=-(-2)\times\frac{P}{100-2P}=\frac{P}{50-P}$$

这时可求出任何价格水平下的弹性系数值，例：

当 $P=5$ 时，$E_d=\frac{5}{50-5}=\frac{1}{9}$

当 $P=8$ 时，$E_d=\frac{8}{50-8}=\frac{4}{21}$

当 $P=10$ 时，$E_d=\frac{10}{50-10}=\frac{1}{4}$

下面考察一些具体形态的需求曲线的点弹性。

首先考虑向右下方倾斜的线性需求曲线的点弹性。设线性需求曲线 $Q=a-bP(a,b>0)$。当 $Q=0$ 时，$P=\frac{a}{b}$，这也是该商品市场上可能出现的最高价格。$E_d=-\frac{\mathrm{d}Q}{\mathrm{d}P}\cdot\frac{P}{Q}=b\cdot\frac{P}{Q}$。依需求法则，$P$ 高则 Q 小，P 低则 Q 大，而$\frac{\mathrm{d}Q}{\mathrm{d}P}$是一常数$-b$，所以价格越高，则需求价格点弹性越大；反之则相反。这表明对线性需求函数来说，当价格很高时，价格的微小变化都会引起需求量很大的变动。

现在我们进一步考察当价格为多少时，需求价格点弹性 E_d 是大于、等于或小于 1？

由于 $$E_d=-\frac{\mathrm{d}Q}{\mathrm{d}P}\cdot\frac{P}{Q}=b\cdot\frac{P}{a-bP}=1$$

故 $$P=\frac{a}{2b}$$

同理，若 $E_d=-\frac{\mathrm{d}Q}{\mathrm{d}P}\cdot\frac{P}{Q}>1$，则 $P>\frac{a}{2b}$。

若 $E_d=-\frac{\mathrm{d}Q}{\mathrm{d}P}\cdot\frac{P}{Q}<1$，则 $P<\frac{a}{2b}$。

因为 $P=\frac{a}{b}$ 是可能出现的最高价格，所以 $P=\frac{a}{2b}$ 是最高价格的一半。可见，当价格为最高价格的一半时，需求价格点弹性等于 1；当价格高于最高价格的一半时，点弹性大于 1；当价格低于最高价格的一半时，点弹性小于 1。这个结论可以在图形上得到非常直观的表现。

如图 3.2 所示，AB 是线性需求曲线，C 点是它的中点。C 点相对应的价格正好是最高价格的一半 $\frac{a}{2b}$，所以 C 点的弹性系数等于 1，AC 区间任意一点的弹性系数大于 1，CB 区间任意一点的弹性系数小于 1，同时还可以求得 B 点的弹性系数为 0，A 点的弹性系数趋于无穷大。

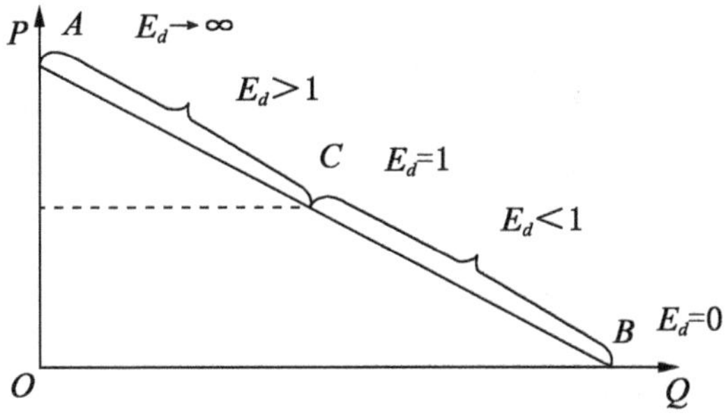

图 3.2　向右下方倾斜的线性需求曲线的弹性

上述分析也表明，在同一条线性需求曲线上，当价格愈高，愈有弹性，价格愈低时愈缺乏弹性。

其次考察水平型的需求曲线。如图 3.3 所示，由于需求曲线 D 是水平的，价格从 P_0 提高一点，需求量就会立即下降为零；价格从 P_0 降低一点，商品马上被一抢而空。即价格稍微波动大一点，需求量的反应就无限变化。因此，水平型的需求曲线上任何一点的弹性为无穷大。

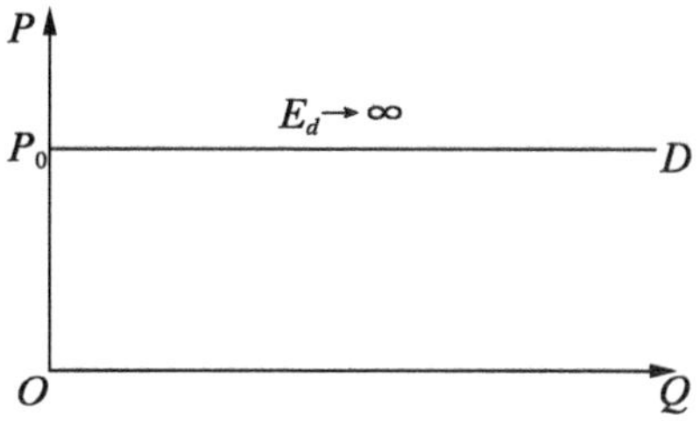

图 3.3　水平型需求曲线的点弹性

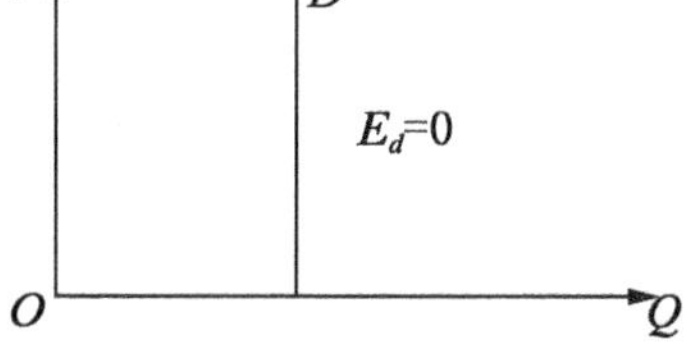

图 3.4　垂直型需求曲线的点弹性

第三考察垂直型的需求曲线。如图 3.4 所示，需求曲线 D 是一条与横轴垂直的线。垂直的需求曲线表示当价格在一点范围内变动时，需求量始终不变。需求量对价格的变动无反应，因此垂直型需求曲线任一点的弹性等于 0。

第四考察双曲线型需求曲线。如图 3.5 所示，需求曲线 D 是一条双曲线。双曲线函数式为 $Q=\frac{a}{P}$（a 为常数），其需求价格点弹性为：

$$E_d=-\frac{\mathrm{d}Q}{\mathrm{d}P}\cdot\frac{P}{Q}=\frac{a}{P}\times\frac{P}{a/P}=1$$

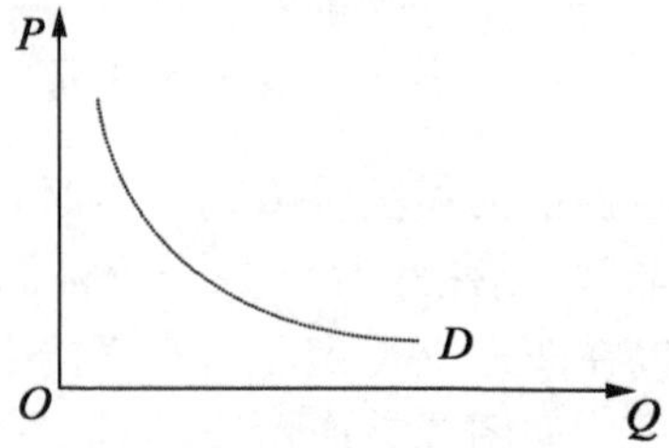

图 3.5 双曲线型需求曲线的点弹性

即双曲线形需求曲线上各点的需求价格弹性均为 1，表明在曲线上任一点，价格变动时，需求量都向相反方向等幅度变动。

3. **需求价格弹性的分类及经济意义**

各种商品的需求价格弹性是不同的，根据它们弹性系数绝对值的大小，可以把需求价格弹性分为五种类型，下面分别说明：

第一，$E_d=0$ 即需求完全无弹性。在这种情况下，无论价格怎样变化，需求量都不会变动，即需求量对价格变化毫无反应。其需求曲线是一条与横轴垂直的线，如图 3.4 所示。这是一种现实中比较少见的情况，常认为如棺材、火葬、特效药品这样的商品接近于这一类型。

第二，$E_d=\infty$，即需求完全有弹性。在这种情况下，它表示在价格既定时，需求量是无限的；而一旦高于既定价格，需求量即为零；价格低于既定价格，商品马上被一抢而空。说明商品的需求变动对其价格变动异常敏感。其需求曲线是一条与横轴平行的线，如图 3.3 所示，这也是现实中较少见的情况。

第三，$E_d=1$，即需求是单位弹性。在这种情况下，表示需求量与价格按同一比率发生变动，即价格每升降 1%，需求量就相应渐增 1%。其需求曲线是一条正双曲线，如图 3.5 所示，这同样是现实中较少见的情况。

第四，$1>E_d>0$，即需求缺乏弹性。在这种情况下，表示需求量变动的比率小于价格变动的比率，即价格每变动 1%，需求量变动的百分比小于 1%。生活必需品，如大米、蔬菜等大多属此类型。

第五，$\infty>E_d>1$，即需求富于弹性。在这种情况下，表示需求量变动的比率大于价格变动的比率，即价格每变动 1%，需求量变动的百分比大于 1%。奢侈品和价格昂贵的商品多属于此类型。

需要说明的是，后两种类型都无法单独用一条完整的需求曲线来表现。只能相对而言，需求缺乏弹性的点处于比较陡峭的需求曲线上；需求富于弹性的点处于比较平坦的需求曲线上。

4. 影响需求价格弹性的因素

通过研究我们发现，有些商品的需求弹性很大，有些商品的需求弹性很小，为什么会出现这种情况呢？这就需要我们进一步探求影响需求弹性的因素。需求弹性主要受到以下几种因素的影响。

第一，替代品的存在与可获得性。如果某种商品的替代品越多，替代品越容易获得，当该商品价格稍微提高时就会使消费者转向消费其他的商品，引起该商品需求量大幅度减少；同样当该商品价格稍稍降低，其他商品的消费者也会纷纷转向消费该种商品，从而引起该商品需求量的大幅度增加。所以，某种商品的替代品越多，替代品越容易获得，该商品的需求价格弹性就越大。我们在生活中都会遇到生病的时候，以最普通的感冒来说明，假如市场上只有新康泰克一种感冒药，即使它价格再高人们为了治病也只能选择这一种药；现在市场上有了快克、感康等多种可供病人选择的产品，如果新康泰克提高价格，人们就会购买其他种类的感冒药，康泰克需求量将会大幅下降。

第二，商品在消费者心中的重要性。某种商品在消费者心中的地位越高，即使它的价格大幅提高，消费者也不会降低对它的消费；相反，如果一种商品在消费者心中是可有可无的地位，当商品价格提高时，人们对它的消费就会大幅下降。所以某种商品在消费者心中越重要，它的需求价格弹性越小。

第三，对该商品的消费支出占消费者收入的比重。商品支出占消费者收入比重越高，它的需求弹性就会越大；相反，占消费者收入比重越低，它的需求弹性越小。人们对日常食盐、酱油等调味品的支出只占收入的很小一部分，它们的价格提高 20%也不会对消费者收入造成太大影响，人们还是按照往常的方式进行消费。如果一个家庭要买汽车，那么汽车价格提高 1%就对消费者收入造成了较大影响，人们就会考虑放弃消费。

第四，调整期的长短。当价格变动，人们调整需求的时间越长，可调节的需求变动就越大，因此需求价格弹性越大。电费上涨，人们在短时间内还会保持原来的消费习惯。但是过了几个月后，人们就会发现电费支出增加不少，因此就会改变习惯，节约用电，从而降低开支，这样也就使电的需求量减少。

此外，时间、消费习惯、收入水平、地区差异、商品质量及售后服务等因素，也会影响需求的价格弹性。实际上，影响商品需求价格弹性的这些因素是综合发生作用的，不能只考虑其中的一种因素。如某种商品替代性很弱，却有很重要的用途，则可以肯定它的需求价格弹性很小；但替代性强，而用途又很重要，就难以直接下判断了，还需要考察替代性强到什么程度、用途重要到什么程度以及支出的比例等等，才能最终作出判断。

二、需求收入弹性

1. 需求收入弹性的定义及公式

一种商品需求量的变动不仅取决于该商品的价格，还取决于消费者的收入。随着收入的提高，对商品的需求量一般也会增加（也有例外）。但是，需求量会增加多少？这就要利用需求收入弹性加以测度。

需求收入弹性（Income Elasticity of Demand，简写 E_m）是指商品需求量的变动对消费者收入变动的反应程度，即消费者收入变动百分之一，商品需求量变动百分之几。如果用 E_m 表示需求收入弹性系数，用 M 和 ΔM 分别表示消费者收入和收入的变动量，Q 和 ΔQ 分别表示需求量和需求量的变动量，则收入弹性的表达式为：

$$E_m=\frac{\frac{\Delta Q}{Q}}{\frac{\Delta M}{M}}=\frac{\Delta Q}{\Delta M}\cdot\frac{M}{Q} \tag{3.7}$$

当 $\Delta M\to 0$ 时，需求收入弹性公式为：

$$E_m=\lim_{\Delta M\to 0}\frac{\Delta Q}{\Delta M}\cdot\frac{M}{Q}=\frac{\mathrm{d}Q}{\mathrm{d}M}\cdot\frac{M}{Q} \tag{3.8}$$

例如，假如收入变动 10%时，某种商品的需求量变动 20%，则可知收入弹性系数为 2。

需要注意的是，在具体计算收入弹性系数时，也应当区别弧弹性与点弹性，其原因与需求价格弹性相同，在此不再详述。这里只列出收入弧弹性与点弹性的计算公式：

弧弹性：
$$E_m=\frac{\Delta Q}{\Delta M}\cdot\frac{M_1+M_2}{Q_1+Q_2} \tag{3.9}$$

点弹性：
$$E_m=\frac{\mathrm{d}Q}{\mathrm{d}M}\cdot\frac{M}{Q} \tag{3.10}$$

需求收入弹性概念不仅适用于个别消费者，也适用于整个市场。

2. 需求收入弹性的分类及经济意义

在影响需求的其他因素既定的条件下，需求的收入弹性系数可正可负，并可据此来判别该商品是正常品还是低档品。

如果某种商品的需求收入弹性系数是正值，即 $E_m>0$，表示随着收入水平的提高，消费者对该商品的需求量也随之增加，该商品即成为正常商品。在正常商品内，奢侈品需求收入弹性较大，即 $E_m>1$，表示随着收入的增加，奢侈品的需求量以较大的比率增加；生活必需品需求收入弹性较小，即 $1>E_m>0$，表示随着收入的增加，生活必需品需求量以较小的比率增加。图 3.6 中 A 曲线是对奢侈品的描述，B 曲线是对生活必需品的描述。

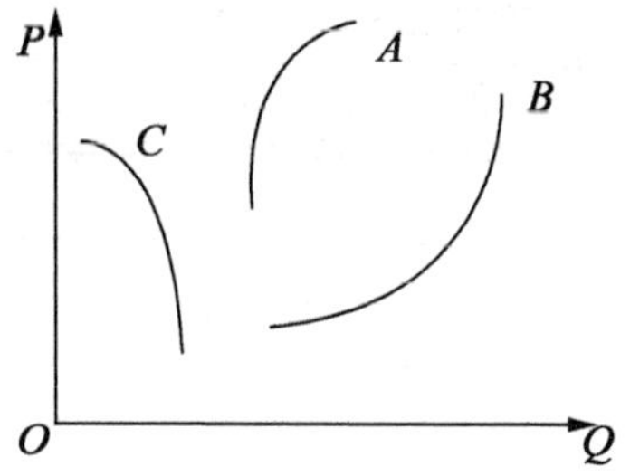

图 3.6　正常商品和低档商品的需求收入弹性曲线

如果某商品的需求收入弹性是负值，即 $E_m<0$，表示随着收入的增加，消费者对此种商品的需求量反而下降，该商品即成为低档商品。图 3.6 中的 C 曲线是对低档商品的描述。

需要指出的是收入弹性的大小并不取决于商品本身的属性，而取决于消费者购买时的收入水平。同一商品对不同的消费者来说，其需求收入弹性可能差别很大，因为消费者的收入水平各不相同。比如收入水平低的消费者，当收入提高时，对某种商品的需求量增加，这时的需求收入弹性为正值；而对另一个收入水平较高的消费者来说，当收入提高时，则可能减少对这种商品的消费量，这时的需求收入弹性则为负值。即使对同一个消费者，在他不同的收入水平时，同一种商品的需求收入弹性也不相同。现在需求收入弹性为正值的商品，若干年后可能随着收入的提高成为需求收入弹性为负值的商品。因此，收入水平的高低是决定需求收入弹性的主要因素。

关于商品需求量和收入之间的关系，在下一章效用理论研究中还要进一步讨论。

三、需求交叉弹性

1. 需求交叉弹性的定义及公式

一种商品的需求量不仅取决于自身价格和消费者的收入，还受到其他商品价格的影响。一种商品和其他商品的关系不同，其需求量所受到的影响也就不同，这就需要利用需求交叉弹性加以测度。

需求交叉弹性(Cross-Price Elasticity of Demand)，就是指一种商品需求量的变动对其相关产品价格变动的反应程度，换句话说，就是当某种商品的价格变动百分之一时，另一种商品的需求量相应地变动百分之几。

如果以 X,Y 代表两种不同商品，E_{XY}表示需求交叉弹性系数，P_Y，ΔP_Y 表示 Y 品价格和 Y 商品价格的变动量，Q_X 和 ΔQ_X 分别表示 X 商品需求量和 X 商品需求量的变化量，则需求交叉弹性系数的表达式为：

$$E_{XY}=\frac{\dfrac{\Delta Q_X}{Q_X}}{\dfrac{\Delta P_Y}{P_Y}}=\frac{\Delta Q_X}{\Delta P_Y}\cdot\frac{P_Y}{Q_X} \tag{3.11}$$

例如,假设 Y 商品的价格变动为 10%,导致 X 商品的需求量变动 20%,则可知商品 X 对于商品 Y 的需求交叉弹性系数为 2。

需要注意的是,在具体计算需求交叉弹性时,也应当区别弧弹性与点弹性,其原因这里就不再详述,只列出需求交叉弹性弧弹性与点弹性的计算公式:

弧弹性:
$$E_{XY}=\frac{\Delta Q_X}{\Delta P_Y}\cdot\frac{P_{Y1}+P_{Y2}}{Q_{X1}+Q_{X2}} \tag{3.12}$$

点弹性:
$$E_{XY}=\frac{dQ_X}{dP_Y}\cdot\frac{P_Y}{Q_X} \tag{3.13}$$

2. 需求交叉弹性的分类及经济意义

需求交叉弹性可以是正值,也可以是负值,它取决于商品间的关系的性质,即两种商品是替代关系还是互补关系,并由此通过交叉弹性来度量商品之间关系的密切程度。

如果商品 X,Y 的需求交叉弹性是正值,即 $E_{XY}>0$,表示随着 Y 商品价格的变动,X 商品的需求量也随之同方向变动,则据此可判断 X,Y 商品之间存在替代关系,为替代品。也就是一种商品可以满足消费者的某种需要,另一种商品也能满足消费者同样的需要,比如包子和馒头都能满足人们充饥的需要,那么这两者之间的需求交叉弹性就为正值。并且其弹性系数越大,替代性就越强。图 3.7 中的 A 曲线是对替代品的描述。

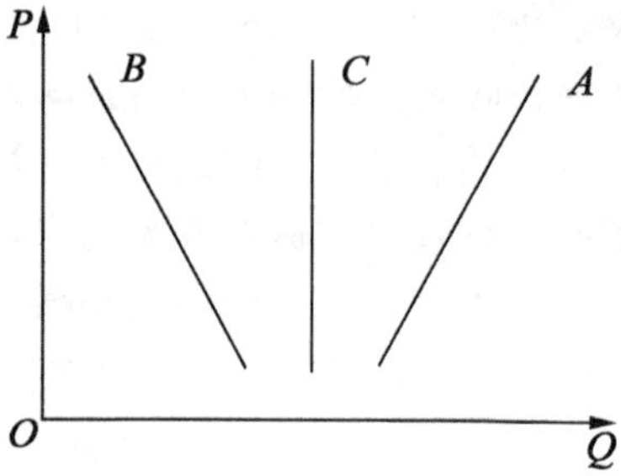

图 3.7　商品之间的交叉弹性关系

如果商品 X,Y 的需求交叉弹性是负值,即 $E_{XY}<0$,表示随着 Y 商品价格的变动,X 商品的需求量也随之反方向变动,则据此可判断 X,Y 商品之间存在互补关系,为互补品。也就是一种商品必须配合另一种商品才能使用,比如 DVD 机和碟片的关系,两者必须配合使用,那么这两者之间的需求交叉弹性就是负值,并且其弹性系数越大,互补性就越强。图 3.7 中的 B 曲线是对互补品的描述。

如果商品 X,Y 的需求交叉弹性为零,即 $E_{XY}=0$,表示 X 商品的需求量并不随 Y 商品的价格变动而发生变动,X,Y 既非替代关系亦非互补关系,它们之间没有一定的相关性,是相对独立的两种商品。图 3.7 中的 C 曲线描述了 X,Y 商品的这种关系。

表 3.2 中是美国一些商品的需求弹性。

表 3.2　美国一些商品的需求弹性

价格弹性 E_d		收入弹性 E_m		交叉弹性 E_{XY}	
饭馆用餐量	2.27	含酒精的饮料	0.29	牛肉—猪肉	0.28
烟草制品	0.47	饭馆用餐量	1.61	黄油—人造黄油	0.67
鞋及鞋类制品	0.73	电影	0.81	电—天然气	0.20
珠宝及手表	0.41	书籍和地图	1.67	天然气—燃料油	0.44
电力	0.13	牙医	0.38		
水	0.20	家具	2.60		
出租住房	0.18	葬礼花费	0.48		
厨房用具	0.67	修车	1.03		
电话	0.26	出租汽车	1.14		
法律服务	0.37	玩具	0.59		

资料来源：(美)麦克尔·L·卡茨、哈维·S·罗森《微观经济学》，机械工业出版社，1999 年；(美)曼斯菲尔德《微观经济学》，上海交通大学出版社，1988 年

分析需求交叉弹性还要注意两点：第一，在考察需求交叉弹性时，主要是以整个市场中不同商品间的相互关系为出发点，而并非着眼于个别消费者；第二，X，Y 商品之间可以进行双向分析，但交叉弹性的数值并不一定对称，即在进行双向分析时，$E_{XY}=\frac{\Delta Q_X}{\Delta P_Y}\cdot\frac{P_Y}{Q_X}$不一定等于$E_{YX}=\frac{\Delta Q_Y}{\Delta P_X}\cdot\frac{P_X}{Q_Y}$。因为消费者的对 X，Y 两种商品价格变化的敏感性很可能不一样。

第二节　需求弹性理论的应用

需求弹性理论对于分析许多实际经济问题是很有现实意义的。本节主要运用需求价格弹性理论来说明价格变动对总收益的影响，以及需求收入弹性和需求交叉弹性在经济决策中的具体应用。

一、需求价格弹性与总收益

1. 总收益的概念

总收益也称为总收入，是指厂商在一定时期内出售一定量的商品所得到的全部收入。即是指商品的销售量与价格的乘积，如果以 TR 代表总收益，Q 为销售量，P 为价格，则有

$$TR = P \cdot Q \tag{3.14}$$

需要注意的是，总收益并不是出售商品赚到的钱，即不是利润，而是所得到的钱。总收益中包括了成本和利润，只有扣除了成本之后的净收益才是利润。所以这里所要分析的是需求弹性对包括成本与利润在内的总收益的影响，并不是对扣除成本之后的净收益的影响。由于有成本变动的关系，总收益增加并不一定是净收益增加，总收益减少也并不一定是净收益减少。

此外，总收益也就是总支出。这就是说，从厂商的角度来看，总收益是出售一定量商品的总收入，从消费者来看，这也就是为购买一定量商品而付出的总支出。所以，分析需求价格弹性对厂商总收益的影响实际上也就是分析需求价格弹性对消费者总支出的影响。

某种商品价格变动，厂商的总收益是增加了还是下降了，取决于该种商品需求价格弹性的大小。为了简单起见，假设需求量就是销售量，这样，价格的变动也就引起了销售量的变动，不同商品的需求价格弹性不同，价格变动引起的销售量的变动不同，从而厂商总收益的变动也就不同。

2. 需求价格弹性与总收益的关系

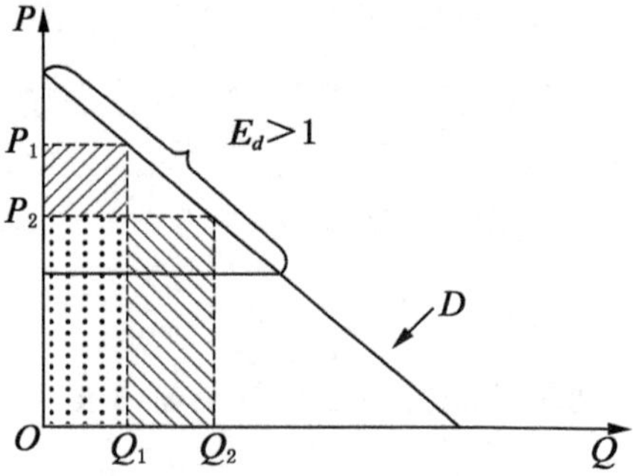

图 3.8　商品处于需求价格弹性比较大的阶段

如图 3.8 所示，D 是某种商品的需求曲线，原先的价格和需求量分别为 P_1 和 Q_1，总收益 $TR_1 = P_1Q_1$；价格从 P_1 降到 P_2，需求量从 Q_1 增加到 Q_2，总收益 $TR_2 = P_2Q_2$。从图中可以看出，价格下降后的阴影部分即 TR_2 显然大于原价格的阴影部分即 TR_1，即当价格从 P_1 下降到 P_2 时总收益增加。原因是该商品处于需求价格弹性比较大的阶段，虽然降价使得厂商每出售一单位商品，都要受到差价的损失，但由于消费者购买量的增加幅度大于价格下降的幅度，即商品需求富于弹性，结果使得厂商的总收益除弥补差价的损失外仍有增加。反之，当价格上升时，会引起需求量有较大幅度的减少，从而会使厂商的总收益减少。由此我们可以知道，富于弹性的商品的总收益与价格一般呈反方向变动。

看一个具体的实例。假定某种商品的需求价格是富于弹性的，$E_d = 2$，当价格为 100 元/件时，即 $P_1 = 100$ 元/件，销售量为 1 000 件，即 $Q_1 = 1\,000$ 件，总收益 TR_1 为：

$$TR_1 = P_1Q_1 = 100\text{ 元/件} \times 1\,000\text{ 件} = 100\,000\text{ 元}$$

现在假定该商品降价，在原来的基础上下降10%，即 $P_2 = 90$ 元/件，因为 E_d

=2，所以销售量增加 20%，即 Q_2=1 200 件，这时总收益 TR_2 为：

$$TR_2=P_2Q_2=90\text{ 元/件}\times 1\,200\text{ 件}=108\,000\text{ 元}$$

价格下降使得总收益的变化量

$$\Delta TR=TR_2-TR_1=108\,000-10\,000=8\,000\text{ 元}$$

这表明，由于该商品价格下降，总收益增加了。

如图 3.9 所示，D 是某种商品的需求曲线，原先的价格和需求量分别为 P_1 和 Q_1，总收益 $TR_1=P_1Q_1$；价格从 P_1 降到 P_2，需求量从 Q_1 增加到 Q_2，总收益 $TR_2=P_2Q_2$。从图中可直观地看出，价格下降后的阴影部分即 TR_2 显然小于原价格的阴影部分即 TR_1，即当价格从 P_1 下降到 P_2 时总收益减少。原因是该商品处于需求价格弹性比较小的阶段，由于价格变动的幅度大于需求量变动的幅度，即商品需求缺乏弹性，所以当价格下降时，只会引起需求量较小幅度的增加，从而会使总收益减少；反之，当价格上升时，也只会引起需求量较小幅度的减少，从而会使厂商的总收益有所增加。由此我们可知，缺乏弹性的商品的总收益与价格一般呈同方向变动。

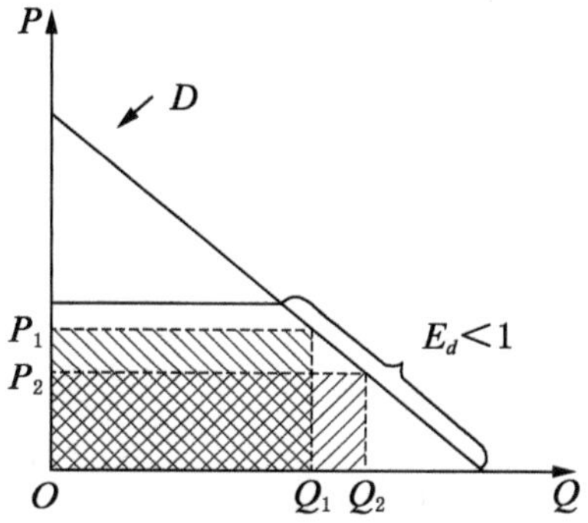

图 3.9　商品处于需求价格弹性比较小的阶段

同样可看一个具体的实例。假定某种商品的需求价格是缺乏弹性的，E_d=0.8，当价格为 10 元/件时，即 P_1= 10 元/件，销售量为 100 件，即 Q_1= 100 件，总收益 TR_1 为：

$$TR_1=P_1Q_1=10\text{ 元/件}\times 100\text{ 件}=1\,000\text{ 元}$$

现在假定商品价格下降 10%，即 P_2= 9 元/件，因为 E_d= 0.8，所以销售量增加 8%，即 Q_2= 108 件，这时总收益 TR_2 为：

$$TR_2=P_2Q_2=9\text{ 元/件}\times 108\text{ 件}=972\text{ 元}$$

价格下降使得总收益的变化量 ΔTR 为：

$$\Delta TR=TR_2-TR_1=972-1\,000=-28\text{ 元}$$

这表明，由于该商品价格下降，总收益减少了。

我们可用简单的数学推理来证明上述的分析。

设某产品的需求函数为 $Q=f(P)$，故总收益函数为：$TR=P\cdot Q$。

dTR 是总收益 TR 的微分，即微小变动量。d$TR>0$，表示总收益变化量增加；d$TR<0$，表示总收益变化量减少；d$TR=0$，表明总收益变化量等于零。

因为 $$TR=P\cdot Q$$

所以 $$\mathrm{d}TR=\frac{\partial TR}{\partial P}\mathrm{d}P+\frac{\partial TR}{\partial Q}\mathrm{d}Q=Q\mathrm{d}P+P\mathrm{d}Q$$

$$\frac{\mathrm{d}TR}{TR}=\frac{\mathrm{d}P}{P}+\frac{\mathrm{d}Q}{Q}=\frac{\mathrm{d}P}{P}\left(1+\frac{\mathrm{d}Q}{Q}/\frac{\mathrm{d}P}{P}\right)=\frac{\mathrm{d}P}{P}(1-E_d)$$ （其中 E_d 为绝对值）

根据上述表达式，可分析不同弹性下，价格变动对总收益的影响。

(1) 当 $E_d>1$ 时

若价格下降，有 $\frac{\mathrm{d}P}{P}<0$，则 $\frac{\mathrm{d}TR}{TR}>0$，即总收益增加；

若价格上涨，有 $\frac{\mathrm{d}P}{P}>0$，则 $\frac{\mathrm{d}TR}{TR}<0$，即总收益减少。

(2) 当 $E_d<1$ 时

若价格下降，有 $\frac{\mathrm{d}P}{P}<0$，则 $\frac{\mathrm{d}TR}{TR}<0$，即总收益减少；

若价格上涨，有 $\frac{\mathrm{d}P}{P}>0$，则 $\frac{\mathrm{d}TR}{TR}>0$，即总收益增加。

(3) 当 $E_d=1$ 时，不论价格是涨还是降，$\frac{\mathrm{d}TR}{TR}=0$，即总收益不变。

因此，需求价格弹性与总收益的关系可归纳为表 3.3 所示。

表 3.3　需求价格弹性与总收益得到关系

需求价格弹性	价格下降对总收益的影响	价格上涨对总收益的影响
富于弹性 $E_d>1$	增加	减少
单位弹性 $E_d=1$	不变	不变
缺乏弹性 $E_d<1$	减少	增加

【案例】蕉贱伤农

2011 年海南的香蕉有多便宜？贱过白菜。这也许是近年来海南蕉农面临的最惨淡的一次市场价格经历。

今年海南香蕉并非一开始就“烂市”，2010 年 12 月香蕉刚上市时达 3.8 元/公斤，价格比上一季高出 30%，主要是因为上一年海南遭受特大洪灾，大面积蕉园被冲毁，种植面积减少，市场上香蕉较少。2011 年初开始，海南蕉价也是一路高奏凯歌。前 3 月价格分别为 4.4 元、5.2 元、5.6 元/公斤，4 月 15 日，海南香蕉的综合平均价达到 6.2 元/公斤的顶峰，乐东县等个别地区甚至出现了 7.6

元/公斤的“天价”。这也是近10年来海南香蕉的最高价。

就在很多人以为今年种香蕉将赚大钱时，从4月15日开始，海南香蕉价格急剧下降。首先是4月份缅甸香蕉疯狂外运，接着更大的打击来自谣言。4月23日，有媒体报道海南蕉农用乙烯利催熟香蕉，食用后对身体有害。这对上市期的海南蕉农不啻为当头一棒。随后，政府迅速组织农业部专家辟谣，并请客商到海南洽谈，海南蕉价有所回升。而从5月底开始，蕉价再度坐上“过山车”。随着海南春蕉高产期到来，海南每天运出岛的香蕉达到1.3万～1.5万吨。原本处于卖方市场的香蕉销售形势急转直下，在短短几天内变成了买方市场，价格也跌至低谷，仅为0.4～0.6元/公斤。距离7.6元/公斤的天价仅过去40天。

2011年蕉价缘何低得出奇？据业内人士分析，最重要原因是香蕉上市时间。海南香蕉集中上市期一般在3月至6月。2010年冬季海南经历了长达3个月的低温天气，“冬蕉”集中上市期延后约1个月，同“春蕉”上市期重叠，导致大量香蕉集中上市。而海南香蕉也与广东、广西香蕉的上市时间“撞车”。香蕉价低的另一原因是种植面积过大。2011年海南香蕉种植面积比去年增加近1/4，产量约增加20万吨。

这场灾难对海南香蕉市场的影响比想象的要深远得多。“蕉贱伤农”受伤的主要是分散的小规模种植的农户。数以万计贷款种香蕉的农户血本无归，资金紧张。

蕉价高开低走和蕉农们的惨痛损失给我们留下了思考：如何才能摆脱这种“蕉贱伤农”的局面，让农户们不在“过山车价格”中屡屡受伤，甚至血本无归？

二、需求收入弹性的应用

需求收入弹性在现实中有非常重要的宏观和微观意义。从宏观来说，随着经济的发展和国民收入的增加，消费者对商品的需求也会增加，但增加的强度在不同商品之间各不相同。运用收入弹性这个指标，便于具体研究制定国民经济发展战略。举例来说，如果某种商品的需求收入弹性是0.2，就意味着收入每增长1%，对该商品的需求仅增长0.2%，说明该商品在国民生产中的相对地位会变得越来越小；如果另一种商品的收入弹性是2.8，即收入每增长1%，该商品的需求就增长2.8%，该商品的发展速度就会超过国民收入的平均发展速度。根据各种商品的需求收入弹性就可以自觉地协调各种商品发展的合理比例，而不要盲目地要求每种商品都按相同的比例增长。收入弹性还可以用来分析国民经济各部门人员的收入现状，如果农副产品的收入弹性小于1，说明人们对农产品需求的增长速度赶不上他们的收入增长速度，对农产品的需求就是农民的收入，也就是农民的收入增长落后于城市居民收入的增长，管理部门因此可以做出判断，并采取调解措施，缩小城乡差别。

从微观层次上说，收入弹性在企业的销售活动中起重要的作用。如果某企业生产或者出口某种需求收入弹性较大的商品，在经济繁荣时期，居民收入增加，对该商品的需求增加更快，企业可以获得较多的收益；而在经济不景气时期，居民收入下降，该商品的需求量下降幅度会更大，企业将遭受重大的损失。反之，如果生产或者出口需求收入弹性较小的商品，则企业生产受经济周期变化的影响较小，因为不管经济是繁荣还是萧条，对该商品的需求都不会有明显的变化。所以，对于国家和企业来说，组织出口商品资源，不应集中在少数商品上，而应注意出口商品的多样化，也就是说，出口的商品资源最好能兼备需求收入弹性较大和需求收入弹性较小的两种特征，这样才能减少经济的周期性波动可能造成的损失。此外，企业了解了商品的收入弹性之后，还可以有的放矢地开展商品调研和促销活动，以取得较好的经营效果。

三、需求交叉弹性的应用

交叉弹性可以作为划分行业界限的参考，政府并可以把具有高度的交叉弹性的若干产品集中在一起，组成一个行业。像化纤产品和棉织品组成纺织产业；DVD 机和光碟组成音响设备行业；把某些与其他商品不很相关的商品单独组成另一个行业。这就可以实现行业内部的相协调，避免跨行业的替代商品之间的恶性竞争。当然，这种行业的划分只是一种参考，而不是绝对的依据。

交叉弹性也有利于企业制定正确的经营决策。第一，企业可以了解自己的产品价格变化对相关商品的影响，以便制定正确的价格策略。其意义分为两个部分：对外来说，企业可以根据需求交叉弹性判断自己的产品与别的企业产品的关系，或者及时与别的企业一起做好互补产品扩大生产规模的准备，或者以自己具有优势的产品替代别的企业的产品，扩大自己的市场份额；对内来说，则要正确判断自己生产的若干产品之间的关系，避免此替代商品的降价导致彼替代商品的销售数量减少，结果企业的总收益没有增加，或者增加有限。对内还可以充分利用互补关系，降低一个商品的价格，而使若干商品的需求量有明显的增加，从而增加企业的总收益。第二，企业可以利用交叉弹性正确地判断自己的市场地位，预防不利于自己生存和发展的情况发生。举例来说，一个企业从表面上看，似乎已经完全控制了一个市场，好像是这个市场的唯一供给者。但是这个企业的产品与有关行业的产品之间的交叉弹性为很大的正值，那么，这个企业的“唯一供给者”的地位就是很脆弱的，它如果不了解这种情况，坚持高价政策，别的企业产品就会抢占它的市场份额，使其“唯一供给者”的地位毁于一旦。

四、弹性与税收负担

在第二章中我们已经分析到政府有时候会对一些特殊的商品征收一定的税

负，而且无论政府对商品征税的对象是厂商还是消费者，对均衡的影响是一样的。消费者负担和生产者负担之和就是税额，两者是此消彼长的关系。那么，消费者负担和生产者负担的大小究竟由什么决定呢？

从图3.10中可以发现，由于征税，均衡点从 E_0 点上升为 E_1 点，销售价格从 P_0 上涨为 P_1。因此，消费者需支付数量为 P_0P_1 的单位税额，总的税负为 $P_0P_1 \times Q_1$，即图中 $P_0P_1E_1F$ 面积。而厂商需支付的单位税额为 $T-P_0P_1$，即 P_0P_2，总的税负为 $P_0P_2 \times Q_1$，即 P_0P_2GF 面积。究竟由谁更多地承担税额，取决于供给曲线与需求曲线的陡峭程度。如果需求曲线越平坦，供给曲线越陡峭，消费者的负担就小；反之，生产者的负担就小。由于供求曲线的倾斜程度和弹性存在一定的关系，我们就可以得出一个简单的结论：需求弹性越小，供给弹性越大，税负转嫁到消费者身上的部分就越大。所以，政府征收商品税的对象一般都是奢侈品，这样才有利于促进社会的公平。

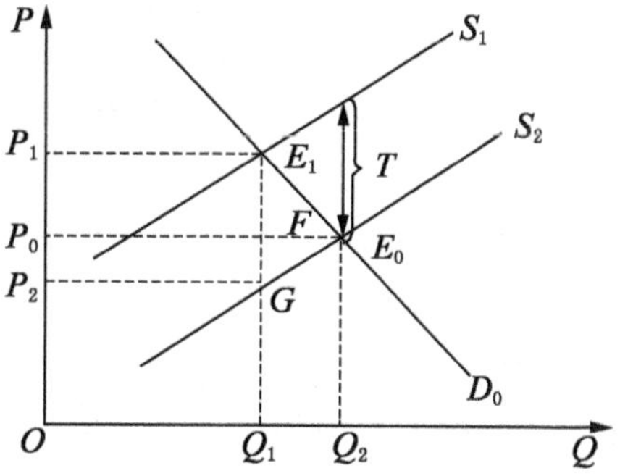

图 3.10 商品税负担分析

第三节 供给弹性

供给弹性可以分为供给价格弹性、供给收入弹性与供给交叉弹性。这里我们只分析供给价格弹性。

一、供给价格弹性的含义与公式

供给价格弹性(Price Elasticity of Supply，简写 E_s)简称供给弹性，是一种商品的供给量对该商品自身价格变化的反应程度，或者说价格变化百分之一时供给量会变化百分之几。由于供给量与价格呈同方向变动，计算供给弹性时不需要加一个负号或者取绝对值。

供给弹性的大小可以用供给弹性的弹性系数来表示，供给弹性系数是供给量变动的百分比除以价格变动的百分比。如果以 E_s 表示供给弹性系数，$\Delta Q/Q$ 表示供给量变动的比率，以 $\Delta P/P$ 表示价格变动的比率，那么由定义得出供给价格弹性系数的一般公式：

$$E_s=\frac{\frac{\Delta Q}{Q}}{\frac{\Delta P}{P}}=\frac{\Delta Q}{\Delta P}\cdot\frac{P}{Q} \tag{3.15}$$

$$E_s=\lim_{\Delta P\to 0}\frac{\frac{\Delta Q}{Q}}{\frac{\Delta P}{P}}=\frac{\mathrm{d}Q}{\mathrm{d}P}\cdot\frac{P}{Q} \tag{3.16}$$

例如，某种商品的价格变动 5%，供给量变动为 10%，则该种商品的供给弹性系数为 2。

供给价格弹性的计算方法和需求价格弹性的计算方法相同，不同之处在于供给价格弹性系数值一般是正值。供给价格弹性同样也有“弧弹性”和“点弹性”之分，这些都和需求价格弹性的性质相同。在这里不再详述。

二、供给价格弹性的分类与经济意义

根据商品供给弹性系数值的大小，可以把供给价格弹性分为以下六类：

第一，$E_s=0$，即供给完全无弹性。在这种情况下，供给曲线是一条与纵轴平行的一条垂线，如图 3.11 所示。这时，无论价格如何变动，供给量均不会变动。极其稀缺、珍贵、无法复制的商品如土地、文物等接近于这类商品。

第二，$E_s=\infty$，即供给完全有弹性。在这种情况下，供给曲线是一条与横轴平行的水平线，如图 3.11 所示。这时，只要价格既定，供给者可以无限地提供产品。通常在商品出现严重过剩时，才可能出现类似的情况。

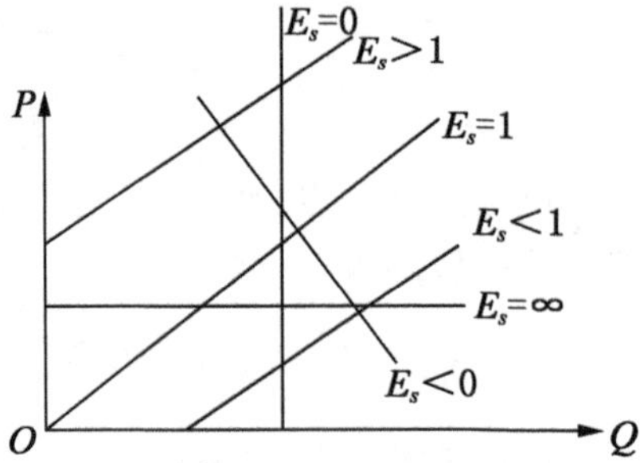

图 3.11　六类供给价格弹性

第三，$E_s<0$，即供给价格弹性为负值。在这种情况下，供给曲线和正常需求曲线相同，是一条负斜率的曲线，如图 3.11 所示。这是供给量随着价格的变动发生相反的变动。一些规模收益递增的产品属于此类型。

第四，$E_s=1$，即供给为单位弹性。在这种情况下，供给曲线是一条通过原点向右上方倾斜的线，如图 3.11 所示。这表示价格变动 1%，其供给量也相应地变动 1%，这在现实中是非常罕见的例子。

第五，$E_s<1$，即供给缺乏弹性。在这种情况下，供给曲线是一条向右上方倾斜且与横坐标相交的线，如图 3.11 所示。这时，供给量变动的幅度小于价格变

动的幅度。

第六，$E_s>1$，即供给富于弹性。在这种情况下，供给曲线是一条向右上方倾斜且与纵坐标相交的线，如图3.11所示。这时，供给量变动的幅度大于价格变动的幅度。

从图3.11中可看出，前三种情况都是供给曲线的例外，后三种情况，是供给曲线的正常形态。下面通过几何的方式证明供给曲线正常形态下点的供给弹性。

首先，对于一条通过原点向右上方倾斜的供给曲线上任一点 A 的供给弹性，如图3.12所示。

$$E_s=\frac{\frac{\Delta Q_s}{Q_s}}{\frac{\Delta P}{P}}=\frac{\Delta Q_s}{\Delta P}\cdot\frac{P}{Q_s}=\frac{OB}{AB}\times\frac{AB}{OB}=1$$

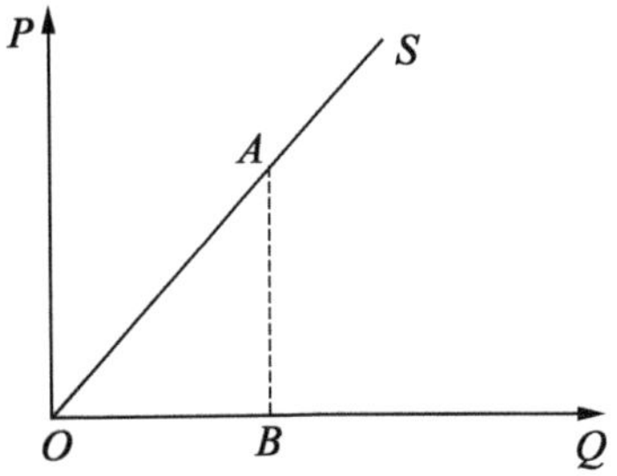

图3.12　通过原点向右上方倾斜的供给曲线的供给弹性

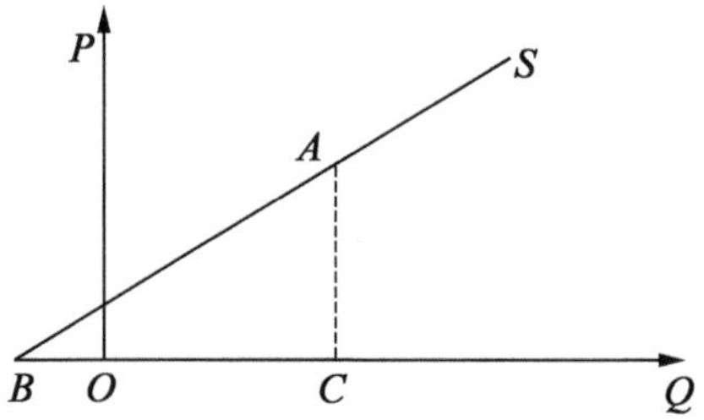

图3.13　向右上方倾斜且与纵坐标相交的供给曲线的供给弹性

其次，对于一条向右上方倾斜且与纵坐标相交的供给曲线上任一点 A 的供给弹性，如图3.13所示。

$$E_s=\frac{\frac{\Delta Q_s}{Q_s}}{\frac{\Delta P}{P}}=\frac{\Delta Q_s}{\Delta P}\cdot\frac{P}{Q_s}=\frac{BC}{AC}\times\frac{AC}{OC}=\frac{BC}{OC}>1$$

最后，对于一条向右上方倾斜且与横坐标相交的供给曲线上任一点 A 的供给弹性，如图3.14所示。

$$E_s=\frac{\frac{\Delta Q_s}{Q_s}}{\frac{\Delta P}{P}}=\frac{\Delta Q_s}{\Delta P}\cdot\frac{P}{Q_s}=\frac{BC}{AC}\times\frac{AC}{OC}=\frac{BC}{OC}<1$$

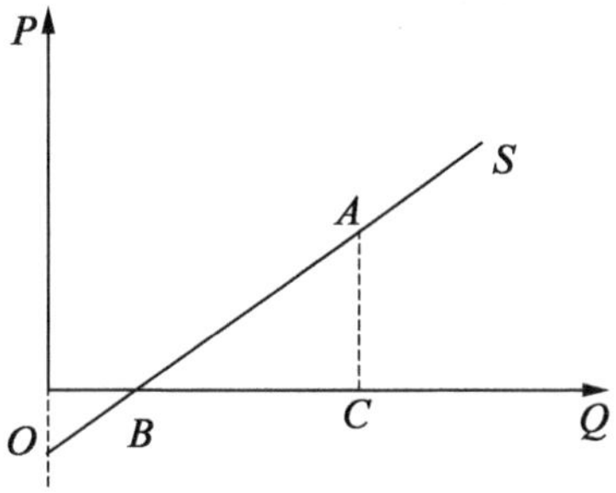

图3.14　向右上方倾斜且与横坐标相交的供给曲线的供给弹性

上述分析的供给曲线都是直线型的，对于非直线型的供给曲线，在判断曲线上某价格水平点的供给弹性时，也按上述原理考虑。方法是通过原点与供给曲线作一条切线，在切点其供给弹性等于1；在切点的左边任意一点，其供给弹性大于1；在切点的右边任意一点的供给弹性都是小于1，如图3.15所示。当然也可视供给曲线上每一点的切线延伸后是与价格轴还是数量轴相交来判断弹性的大小，即如果切线与纵轴（价格轴）相交，则供给弹性大于1；若是切线与横轴（数量轴）相交，则供给弹性小于1；若是切线通过原点，其供给弹性一定等于1。

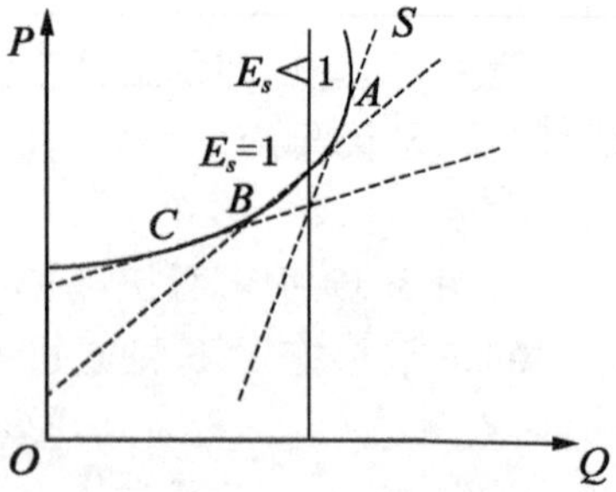

图3.15　非直线型供给曲线的供给弹性

三、影响供给价格弹性的因素

供给取决于生产状况。影响供给价格弹性的因素比影响需求价格弹性的因素复杂，主要有以下一些因素：

1. 生产的难易程度

一般而言，投资少、生产周期短、技术含量不高的劳动密集型产品供给较容易，当价格变动时其产量变动的速度快，因而供给弹性大；反之，投资规模大、生产周期长、技术含量高的产品（如资本、技术密集型行业的产品）较难生产，当价格变动时其产量变动比较缓慢，因而供给弹性小。

2. 商品增产后成本增量的大小

如果商品增产后，成本增量大，意味着厂商增产后的负担大，即使价格上涨，厂商增产的可能性也很小，此时，价格变动对供给量影响较小，即供给弹性小；反之，如果成本增量小，则有利于增加生产，供给量对价格的反应较敏感，即供给弹性大。

3. 调整生产时间的长短

调整产量，需要时间，与需求弹性相比，时间因素对供给弹性的影响更大。在短期内，生产设备、劳动等生产要素无法大幅度增加，从而供给无法大量增加，供给弹性也就小；尤其是特短期内，供给只能由存货来调节，供给弹性几乎是零；在长期中，生产能力可以提高，因此供给弹性也就大。

4. 生产要素的供给弹性

产品供给取决于生产要素的供给。因此，生产要素的供给弹性大，产品的供给弹性也就大；反之，生产要素的供给弹性小，产品的供给弹性就小。

在分析产品的供给弹性时，往往要把以上因素综合起来加以考虑。例如判断农产品的供给弹性的大小不能只看到农产品生产大多采用劳动密集型技术，就错误推论其供给弹性大，还应该从其生产周期长、供给量不易变动等角度综合考虑，才能确认农产品的供给缺乏弹性。其他的产品也是如此，不能仅从一个因素的角度来确定其供给弹性。

本章小结

1. 弹性理论主要是说明价格变动与需求量或供给量变动之间的量的关系。具体有需求弹性和供给弹性两大类。

2. 需求弹性包括需求价格弹性、需求收入弹性和需求交叉弹性。需求价格弹性通常又称为需求弹性，它是指一种商品的需求量对其价格变动的敏感程度，即反映价格的比率所引起的商品需求量变动的比率。

3. 需求价格弹性除了可以用定义表达式计算外，还有弧弹性和点弹性两种计算方法：

弧弹性的公式：
$$E_d=\frac{\Delta Q}{\Delta P}\cdot\frac{P_1+P_2}{Q_1+Q_2}$$

点弹性的公式：
$$E_d=\frac{\mathrm{d}Q}{\mathrm{d}P}\cdot\frac{P}{Q}$$

4. 需求收入弹性是反映消费者收入变动的比率所引起的某种商品需求量变动的比率，需求交叉弹性是反映一种商品价格变动的比率所引起的另一种商品需求量变动的比率。

5. 需求价格弹性与总收益有密切关系，富有弹性的商品的总收益与价格一般呈反方向变动，缺乏弹性的商品的总收益与价格一般呈同方向变动，当商品需求单位弹性时，无论价格涨、跌，总收益没有影响。

幸福＝效用/欲望

——萨缪尔森(美国经济学家)

第4章　效用理论

本章重点提示

◇“效用”、“基数效用”、“序数效用”的概念

◇ 总效用、边际效用、边际效用递减规律，运用边际效用分析消费者均衡的条件

◇ 无差异曲线的特点，边际替代率递减规律，预算线的概念及预算线的变动

◇ 运用无差异曲线分析消费者均衡的条件

◇ 替代效应和收入效应

◇ 不确定性和风险

根据需求法则，一种商品的需求量与价格之间具有反向关系，需求曲线是一条自左上方向右下方倾斜的曲线。为什么会这样呢？有人可能会说现实生活就是如此，但作为科学的经济学并没有需求法则这样的假设，我们只能从理性人的假设出发来推导负斜率的需求曲线。需求函数的背后是消费者的行为，所以本章也称为消费者行为理论。研究消费者行为需要区分环境是否确定：确定条件下的消费者行为分析包括基数效用论和序数效用论；不确定条件下的消费者行为分析考虑存在风险的情况下如何进行消费选择。

第一节　基数效用理论

简单地假设价格与需求量之间存在反比例关系不太符合实际情况，因为有些商品的需求非常特殊。但只要是理性的人，就应该能对消费商品获得的满足程度进行评价。所以，经济学引入了一个心理概念——效用(Utility，简写 U)。效用是指商品满足消费者需求的能力，也可以说是消费者消费一定量的某种商品获得的满足程度。效用取决于两个方面，一方面是消费者的主观满足程度，另一方面是商品本身满足消费者需求的能力。效用带有主观性，因消费的时间、地

点、消费环境而异。早期的经济学家主张效用可以像物体的长短、轻重那样进行度量或加减，这叫做基数效用(Cardinal Utility)；现代经济学家认为效用的大小是不能用某一标准度量的，但可以对满足程度进行排序，这叫做序数效用(Ordinal Utility)。

一、总效用和边际效用

基数效用论认为效用可以像长度和面积一样比较大小并进行加减运算，用来计量效用大小的单位叫做效用单位。比如说某一消费者看一场电影给他带来的效用是 15 单位，欣赏音乐会对他而言效用是 20 单位，欣赏音乐会比看电影要多 5 个效用单位，听完音乐会后再看电影一共可以获得 35 个效用单位。

消费者在一定条件下消费一定量商品所获得的效用总和被称为总效用(Total Utilities，简写 TU)。假设消费者消费某一种商品的数量为 Q，那么总效用的函数形式可以写成

$$TU = f(Q) \tag{4.1}$$

总效用的大小取决于消费数量，但并不是每一单位商品都能带给消费者相同的效用。在饥饿的时候，吃第一单位食物会产生较高的效用，随着进食数量的增加，饥饿程度会下降，此时每一单位食物带来的效用可能较小甚至会为负。我们把在一定条件下额外增加一单位商品的消费所获得的总效用增量称为边际效用(Marginal Utilities，简写 MU)。根据边际效用的概念可知

$$MU = \frac{\Delta TU}{\Delta Q} \tag{4.2}$$

当 $\Delta Q \to 0$ 时有

$$MU = \lim_{\Delta Q \to 0} \frac{\Delta TU}{\Delta Q} = \frac{\mathrm{d}TU}{\mathrm{d}Q} \tag{4.3}$$

如果消费的是多种商品的组合，$Q_1, Q_2, \cdots, Q_n$ 分别为各种商品的消费数量，则总效用函数为

$$TU = f(Q_1, Q_2, \cdots, Q_n) \tag{4.4}$$

每种商品的边际效用就是在假定其他商品的消费数量不变的条件下，增加一单位该商品的消费量对总效用的影响，用数学表达式解释就是对该商品的消费量求偏导，即

$$MU_1 = \frac{\partial TU}{\partial Q_1}, MU_2 = \frac{\partial TU}{\partial Q_2}, \cdots, MU_n = \frac{\partial TU}{\partial Q_n} \tag{4.5}$$

这里要指出的是，在经济学里，边际分析方法是最基本的分析方法之一，“边际”概念则是一个很重要的基本概念，它体现自变量变化一单位对因变量的影响。在以后的章节中将会频繁地使用“边际”概念，请读者们一定要理解其含义。

由式(4.3)可知，边际效用函数由总效用函数求导得到，反言之，对边际效用函数积分就可获得总效用函数。所以，每单位商品的边际效用之和就是消费这些商品获得的总效用。在一般情况下，虽然消费商品的数量越多获得的总效用就越大，但反复消费同一商品获得的刺激是减退的，当消费达到一定数量时，甚至会产生厌烦的情绪。经济学将这种现象称为边际效用递减规律：一定时期内，在其他商品消费量和效用函数不变的情况下，随商品消费量的不断增加，消费者从每一新增单位中获得的效用是不断下降的。可见，当边际效用大于0时，总效用以递减的速度增加；当边际效用等于0时，总效用达到最大；当边际效用小于0时，总效用减少。由于任何一个理性的消费者都不会使自己获得的效用下降，在实际生活中边际效用不会为负，因此，我们可以将边际效用函数表现为一条位于第一象限的负斜率的曲线，总效用函数则是一条凹向数量轴的曲线(见图4.1)。

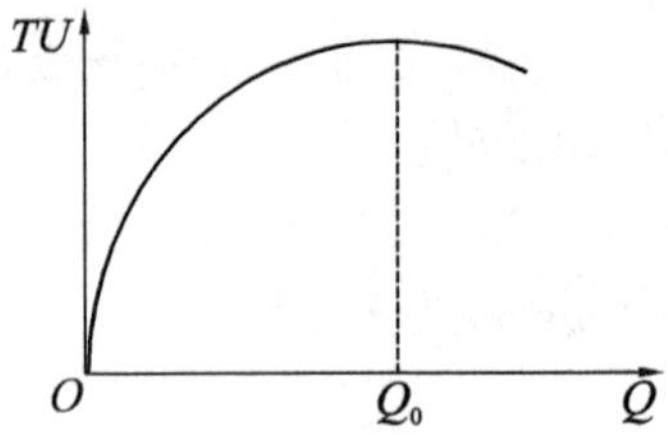

(a) 总效用曲线

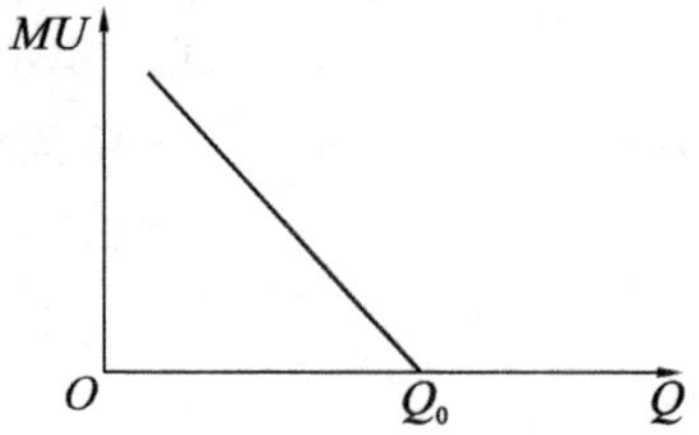

(b) 边际效用曲线

图4.1　总效用曲线与边际效用曲线

【案例1】从春晚看边际效用递减规律

大约从20世纪的80年代初期开始，我国老百姓在过春节的年夜饭中增添了一套诱人的内容，那就是春节联欢晚会。1982年第1届春节联欢晚会的出台，在当时娱乐事业尚不发达的我国引起了极大的轰动。晚会的节目成为全国老百姓在街头巷尾和茶余饭后津津乐道的题材。

晚会年复一年地办下来了，投入的人力物力越来越大，技术效果越来越先进，场面设计越来越宏大，节目种类也越来越丰富。但不知从哪一年起，人们对春节联欢晚会的评价却越来越差了，原先在街头巷尾和茶余饭后的赞美之词变成了一片骂声，春节联欢晚会成了一道众口难调的大菜，晚会也陷入了“年年办，年年骂；年年骂，年年办”的怪圈。

春晚本不该代人受过，问题其实与边际效用递减规律有关。在其他条件不变的前提下，当一个人在消费某种物品时，随着消费量的增加，他(她)从中得到的效用是越来越少的，这种现象普遍存在，就被视为一种规律。边际效用递减规律虽然是一种主观感受，但在其背后也有生理学的基础：反复接受某种刺激，反应神经就会越来越迟钝。第一届春节联欢晚会让我们欢呼雀跃，但举办次数多了，由于刺激反应弱化，尽管节目本身的质量在整体提升，但人们对晚会节目的感觉却越来越差了。

二、货币的边际效用

在政治经济学中，货币被定义为固定的充当一般等价物的商品。因此货币是一种特殊的商品，但即使它再特殊终究还是商品，所以基数效用论者认为它也具有效用和边际效用，同样适用边际效用递减规律，亦即当消费者拥有的货币数量很少时，增加一单位货币带给他的边际效用较大，随着收入的增加，每单位货币给他带来的边际效用是递减的。但是在理论分析中，基数效用论者一般假定货币的边际效用是不变的。相对于消费者的货币收入而言，消费者对某种商品的支出只占其收入的很少一部分，所以，消费者购买该商品时，货币边际效用的变化只是微不足道的，可以忽略不计。这样，货币的边际效用就被假定为一个不变的常数。

三、消费者均衡

如果消费者只消费一种商品，而且这种商品可以无限地获得，那么，消费者消费到边际效用为零的那一单位商品时就会停止消费，此时，消费者获得了最大的效用。当消费者面对多种商品时，我们可能会说，当每种商品的边际效用都为零时，这样的消费组合给消费者带来了最大的效用。但是，“天下没有免费的午餐”，获得任何商品都需要支付一定的货币，而消费者的货币收入是有限的。所以，消费者必须进行取舍。消费者以其全部收入购买商品组合给消费者带来最大效用的状态，被称为消费者均衡，此处均衡的含义就是保持该状态不变。根据基数效用论，理性的消费者在进行消费时总是倾向消费能给自己带来更多边际效用的商品，那么是不是边际效用越大就越好呢？我们先来证明消费者均衡(Consumer Equilibrium)的条件。

假设消费者的收入为 I，可供消费的商品有 n 种，价格依次为 $P_1,P_2,\cdots,P_n$。消费者的目标是

$$\max TU = f(Q_1,Q_2,\cdots,Q_n) \tag{4.6}$$

式(4.6)表明消费者希望通过多种商品不同消费数量的组合实现自己的效

用最大化，也叫做目标函数。但考虑到收入的限制，还存在一个约束条件：

$$\text{S.t. } I = P_1 \cdot Q_1 + P_2 \cdot Q_2 + \cdots + P_n \cdot Q_n \tag{4.7}$$

构造拉格朗日函数：

$$L = f(Q_1, Q_2, \cdots, Q_n) - \lambda \cdot (P_1 \cdot Q_1 + P_2 \cdot Q_2 + \cdots + P_n \cdot Q_n)$$

拉格朗日函数取极大值的条件是对 $Q_1, Q_2, \cdots, Q_n$ 及 λ 的一阶偏导数为零，即

$$\frac{\partial L}{\partial Q_1} = \frac{\partial f(Q_1, Q_2, \cdots, Q_n)}{\partial Q_1} - \lambda \cdot P_1 = MU_1 - \lambda \cdot P_1 = 0$$

$$\frac{\partial L}{\partial Q_2} = \frac{\partial f(Q_1, Q_2, \cdots, Q_n)}{\partial Q_2} - \lambda \cdot P_2 = MU_2 - \lambda \cdot P_2 = 0$$

$$\vdots$$

$$\frac{\partial L}{\partial Q_n} = \frac{\partial f(Q_1, Q_2, \cdots, Q_n)}{\partial Q_n} - \lambda \cdot P_n = MU_n - \lambda \cdot P_n = 0$$

$$\frac{\partial L}{\partial \lambda} = P_1 \cdot Q_1 + P_2 \cdot Q_2 + \cdots + P_n \cdot Q_n = 0$$

$n+1$ 个方程求解 $n+1$ 个未知数可得消费者均衡的条件为

$$\frac{MU_1}{P_1} = \frac{MU_2}{P_2} = \cdots = \frac{MU_n}{P_n} = \lambda \tag{4.8}$$

式(4.8)的含义是：消费者对每种商品支付的最后一元钱给消费者带来的边际效用都相等，并且都等于货币的边际效用时，就实现了消费者均衡。下面以消费两种商品为例来解释一下消费者均衡条件的经济学含义。

假设 $MU_1/P_1 > MU_2/P_2$，也就是支付给商品 1 的最后一元钱给消费者带来的边际效用大于支付给商品 2 的最后一元钱给消费者带来的边际效用，理性的消费者就会增加消费 1 商品，同时在消费者收入的约束条件下减少商品 2 的消费，这样才能增加总效用。随着商品 1 的消费量的增加，MU_1 将减小，继而 MU_1/P_1 减小，同时由于商品 2 的消费量的减少，MU_2 将增加，继而 MU_2/P_2 增加，达到 $MU_1/P_1 = MU_2/P_2$ 时停止变化。同理，我们也可以解释 $MU_1/P_1 < MU_2/P_2$ 的情况。

当 $MU_1/P_1 = MU_2/P_2 < \lambda$ 时，消费者支出一元钱获得的边际效用小于一元钱本身给消费者带来的边际效用，因此消费者倾向于减少商品的消费。随着每种商品的消费量都在减少，MU_1 和 MU_2 将增加，从而达到 $MU_1/P_1 = MU_2/P = \lambda$。同理，我们也可以解释 $MU_1/P_1 = MU_2/P > \lambda$ 的情况。

四、用基数效用推导个人需求曲线

第2章曾介绍了需求曲线及其特点，指出需求曲线一般是向右下方倾斜的，但并没有说明需求曲线为什么会向右下方倾斜。消费者行为的分析正是要解答这一问题。这里首先用基数效用论来解释个人需求曲线。

消费者均衡的条件表明：消费者对任何一种商品的最优购买量应该是这一元钱购买该商品所带来的边际效用和这一元钱货币的边际效用相等。随着需求量的不断增加，边际效用是递减的。那么，在货币的边际效用不变的前提下，商品的需求价格必然同比例地随边际效用的递减而递减。可见，在基数效用论者看来，商品的需求价格取决于商品的边际效用。如果某一单位的某种商品的边际效用越大，消费者购买这一单位商品愿意支付的最高价格就越高；反之，如果某一单位的某种商品的边际效用越小，消费者购买这一单位商品愿意支付的最高价格就越低。由于边际效用递减规律的作用，随着消费者对商品消费量的连续增加，该商品的边际效用是递减的，消费者为购买这种商品愿意支付的最高价格也是越来越低的。所以，商品的需求量与商品的价格成反方向的变动。

就这样，基数效用论者在对消费者行为的分析中，运用边际效用递减规律的假定和消费者效用最大化的均衡条件，解释了单个消费者的需求曲线向右下方倾斜的原因。需求曲线表示在不同的价格水平上消费者愿意并能够购买的商品量，它实际上是用消费者愿意支付的货币来表示购得商品的边际效用。需求曲线上的每一点都是满足消费者均衡的商品价格——需求量的组合点。

五、消费者剩余

由于商品的边际效用是递减的，随着消费数量的增加，消费者愿意支付的最高价格也是逐步下降的。我们应该注意到，所有的消费者在市场上都是按相同的价格消费商品。消费者为一定量商品愿意支付的价格与他实际支付的价格之间就会出现差额，这一差额就是所谓的消费者剩余(Consumer Surplus)。

消费者剩余可以用几何图形来表示(见图4.2)。假定市场价格为 P_1，消费者愿意购买的数量为 Q_1。由于需求曲线代表的是消费者在不同价格水平上获得的边际效用，那么，在产量从原点到 Q_1 区间那段需求曲线以下的面积就是消费者消费 Q_1 数量所获得总效用，或者说是消费者愿意支付的总金额。而实际支付的金额是市场价格与消费

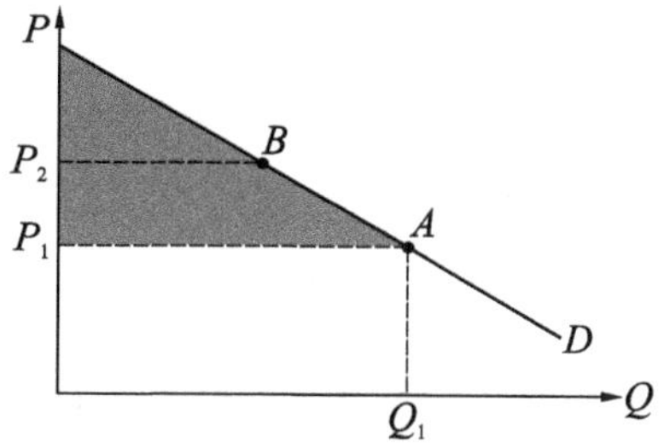

图4.2　消费者剩余

量的乘积，也就是线段 P_1A 下方的矩形面积。这两块面积的差额部分，即图 4.2 中的阴影面积就是消费者剩余。

通常情况下，消费品价格的上涨会使消费者感觉受到了损失，即消费者剩余在减少。在图 4.2 中，当价格从 P_1 上升到 P_2 时，消费者剩余会损失 P_1P_2BA 一块面积。需要说明的是，消费者剩余并不是真实存在的，它不过是消费者的主观心理评价，反映了消费者通过购买和消费商品所感受到的改善和恶化。在分析社会福利问题时，消费者剩余是一个非常有用的工具。

第二节　序数效用理论

序数效用者认为，消费者对于不同的商品组合有着不同的偏好。由于效用单位本身就是一个假想的单位，一定要说 A 组合比 B 组合高出多少个效用单位是很困难的，但要消费者说自己更偏好那种组合却是可能的。比如说某个消费者喜欢龙井茶胜过喜欢毛尖，那么就可以说他偏好龙井茶，也就是龙井茶给他带来的效用大于毛尖给他带来的效用。至于龙井茶比毛尖茶的效用具体大多少却是无法衡量的。所以，商品给消费者带来的效用应该用顺序或等级来表示，这就是序数效用论的理论前提。

一、关于偏好的假定

要用序数效用论对消费者行为进行分析，必须先对消费者偏好的性质做以下三个基本假定。

第一，完备性假定。偏好的完备性是指消费者总是可以比较和排列所给出的不同商品组合，换言之，就是消费者对两种消费组合必须有一个明确的比较，要么 A 组合的效用大于 B 组合的效用，要么小于，要么等于。要做到这一点消费者必须对组合中的商品有完全的了解，一个从没有喝过龙井茶的消费者如何能够确定龙井就比毛尖好喝呢？这就是完备性的意思。

第二，传递性假定。该假定是指对于任意三个商品组合 A，B，C，假设消费者对 A 组合的偏好大于对 B 组合的偏好，同时对 B 组合的偏好大于对 C 组合的偏好，那么我们就可以得出该消费者对 A 组合的偏好大于对 C 组合的偏好这一结论。偏好的可传递性保证了消费者偏好的一致性，体现了消费者的理性。

第三，非饱和性假定。如果商品组合 A，B 中都只包含 1 和 2 两种商品，A 组合和 B 组合中含有商品 1 的数量相同，而 A 组合中商品 2 的数量多于 B 组合中商品 2 的数量，那么理性的消费者总是对 A 组合更为偏好。也就是说消费者对商品 2 的消费还没有达到饱和点，总是倾向于多多益善，当然“坏的东西”

除外。

二、无差异曲线

序数效用论的主要分析工具是无差异曲线(Indifference Curve),用序数效用对消费者行为进行分析也叫做无差异曲线分析。为了分析上的直观简便,我们假设消费者只消费两种商品。

1. 无差异曲线的定义

无差异曲线就是表示能给消费者带来同等程度满足的两种商品的不同数量组合的点的轨迹。如图 4.3 所示,图中的横轴表示商品 x 的数量,纵轴表示商品 y 的数量,A,B,C,D,E 各点代表着不同数量的商品 x 和商品 y 的消费组合。如果这些组合能够给消费者带来相同的效用,将它们连成平滑的曲线,就是一条无差异曲线。由于这条曲线上的各点代表着相同的效用水平,无差异曲线也被称为等效用线。在两种商品数量的坐标平面中,应该有无数条这样的无差异曲线。

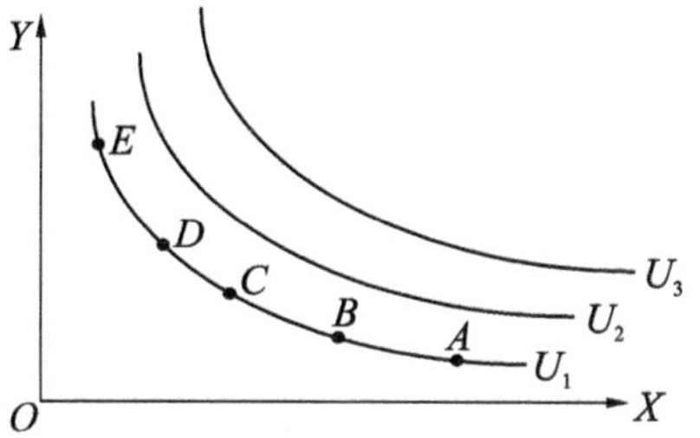

图 4.3 无差异曲线

无差异曲线的函数形式称为效用函数,表示某一商品组合给消费者带来的效用水平。如果消费者只消费两种商品,两种商品的消费数量分别为 X,Y,则效用函数为

$$U = f(X,Y) \tag{4.9}$$

2. 无差异曲线的特征

根据消费者偏好的三个基本假定,可以推导出无差异曲线应该具有以下四个方面的特征。

第一,无差异曲线的斜率为负。无差异曲线上的点具有相同的效用水平,为了保持效用水平的一致,增加一种商品的消费就必然要减少另一种商品的消费,所以,无差异曲线体现了两种商品之间的替代关系,应该是负斜率的。当然,对于某些特殊的商品,无差异曲线斜率并非一定是负数,如商品组合中存在无用的商品或者令人厌恶的商品时,这些情况读者可以自己思考。

第二,距离原点越远的无差异曲线所代表的效用水平越大。距离原点越远的无差异曲线代表着消费组合中包含着更多的商品数量,所以效用水平也就越高。

第三,任意两条无差异曲线不能相交。如图 4.4 所示,假设无差异曲线 U_1,U_2 交于 A 点,B 点和 C 点分别位于 U_1,U_2 曲线上。由于 A 点与 B 点的效用是无差异的，A 点和 C 点的效用是无差异的，根据传递性假定 B 点与 C 点的效用也是无差异的。但在图中可以明显看出，B 组合中无论哪种商品的数量都超过 C 组合，根据非饱和性假定 B 组合的效用应大于 C 组合的效用，这与刚才得出的结论相矛盾，因此任意两条无差异曲线是不可能相交的。

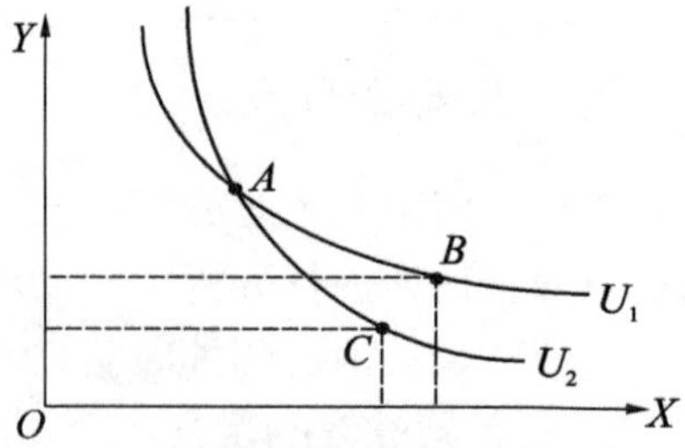

图 4.4 假设两条无差异曲线相交而产生的矛盾

第四，无差异曲线是凸向原点的。这一点将在下面的边际替代率递减规律中详细说明。

3. 边际替代率和边际替代率递减规律

无差异曲线说明当消费者增加对一种商品的消费时，为了维持效用的不变，他必须减少对另一种商品的消费数量。为了描述这种替代关系，序数效用论者提出了边际替代率(Marginal Rate of Substitution，简写 MRS)这一概念。边际替代率可以表述为在维持效用水平不变的条件下，消费者增加消费一单位某种商品，不得不放弃的另一种商品的消费数量。商品 X 对商品 Y 的边际替代率可以表示为

$$MRS_{XY} = -\frac{\Delta Y}{\Delta X} \tag{4.10}$$

MRS_{XY} 表示商品 X 对商品 Y 的边际替代率，也就是增加一单位商品 X 的消费所放弃的商品 Y 的消费量。由于商品的变化一个是增加量一个是减少量，因此为了保证计算结果是正数，需在公式前加一个负号。当商品数量的变化趋于无穷小时，边际替代率公式为

$$MRS_{XY} = -\lim_{\Delta X \to 0} \frac{\Delta Y}{\Delta X} = -\frac{\mathrm{d}Y}{\mathrm{d}X} \tag{4.11}$$

显然，无差异曲线上某一点的边际替代率就是无差异曲线在该点的斜率的绝对值。

序数效用论者认为在两种商品相互替代的过程中，普遍存在边际替代率递减的规律，即在维持效用水平不变的条件下，随着一种商品消费量的增加，为增加每单位该商品的消费所需放弃的另一种商品的数量是递减的。之所以会出现这一规律，是因为随着某种商品消费量的增加，消费者对这种商品的偏好就会有所降低；同时另一种商品数量减少，消费者对另一种商品的偏好就会增大，所以消费者为了得到一单位前者而愿意放弃的后者的量是递减的。由于边际替代率递减规律的作用，无差异曲线的斜率也是递减的，因此无差异曲线是凸向原点

的。用数学的语言来讲，边际替代率递减意味着无差异曲线位于它的任意一条切线的上方（见图 4.5）。

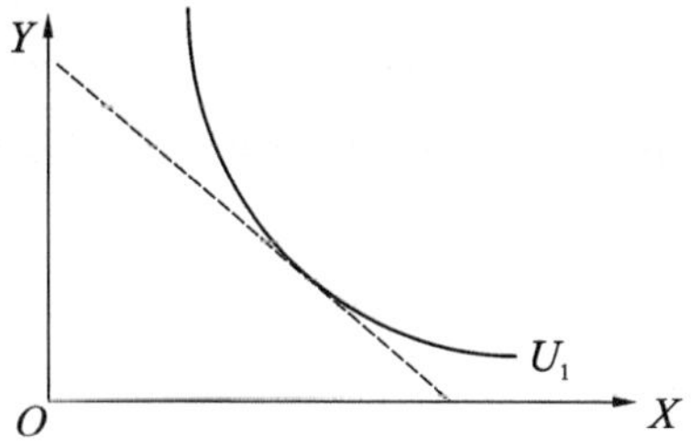

图 4.5　无差异曲线凸向原点

4. 两种特殊的无差异曲线

由边际替代率递减规律决定的无差异曲线的形状是凸向原点的，这是无差异曲线的一般形状。现在，我们来考察两种极端情况下无差异曲线的形状（见图 4.6）。

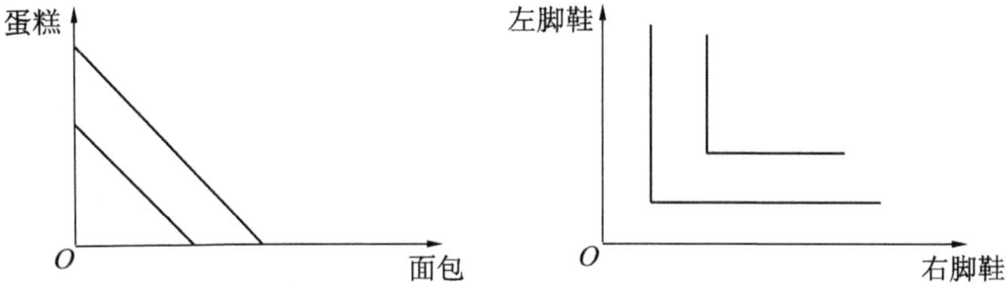

(a)完全替代品　　(b)完全互补品

图 4.6　完全替代品和完全互补品的无差异曲线

对于完全替代品而言，两种商品之间的替代比例是固定不变的。此时，商品的边际替代率是一个常数，相应的无差异曲线是一条直线。例如，人们在吃早饭的时候认为一块面包和一块蛋糕在缓解饥饿时能产生相同的效用，或者说，某人早上吃三块面包和他吃两块面包加一块蛋糕获得的效用是相等的。此时就可以认为一块面包对一块蛋糕的边际替代率为 1，无差异曲线是斜率为－1 的直线。但我们要注意，并不是所有的完全替代品的无差异曲线斜率都是－1，这取决于商品的数量单位。如一升酸奶对半升酸奶的边际替代率就是 2。

完全互补品是指消费时必须和其他物品配合使用，比如镜架和镜片、电脑和鼠标、左脚鞋和右脚鞋等等。具有这一特点的两种商品的无差异曲线是一条直角线。某消费者拥有一只左脚鞋和两只右脚鞋，但是效用却是和一只左脚鞋和一只右脚鞋是相同的，此时的边际替代率是 0 或者是∞。

以上两个是极端的情况，我们在现实生活中更多的还是既具有一定替代性又具有一定互补性的情况，所以，无差异曲线应该介于直线和直角线之间，即凸向原点。

三、预算线

消费者在进行消费的时候并不是随心所欲的，而是要受到收入的制约。假设某消费者每天收入 50 元，用于消费猪肉和大米，大米每千克 4 元，猪肉每千克

20 元。如果该消费者将一天的收入全部用于消费猪肉，那么他可以购买 2.5 千克，全部用于消费大米则可以购买 12.5 千克，他也可以购买 5 千克大米和 1.5 千克猪肉。如果用 X 和 Y 分别表示他能够消费的大米和猪肉的数量，则 X 和 Y 一定要满足方程：$4X+20Y\leqslant 50$。否则消费者没有足够的收入来支持自己的消费。

推广到一般情况，以 P_X，P_Y 分别表示两种商品的价格，X 和 Y 分别代表两种商品的消费数量，I 代表消费者的收入。那么，他能获得的最大商品数量的组合必须满足以下条件：

$$I=P_X\cdot X+P_Y\cdot Y \tag{4.12}$$

式(4.12)所表示的曲线称为收入预算线(Budget Line)，就是在消费者收入和商品价格一定的条件下，消费者以其全部收入所能购买的两种商品组合点的连线。收入预算线与两坐标轴围成的三角形称为消费者的可购集(见图 4.7)，在这个范围内消费不会超出收入的预算；超出可购集范围的消费组合是无法实现的。收入预算线斜率的绝对值就是两种商品价格之比，其经济学含义就是：在用光所有收入的前提下，消费者多购买一单位商品就要放弃的其他商品数量。

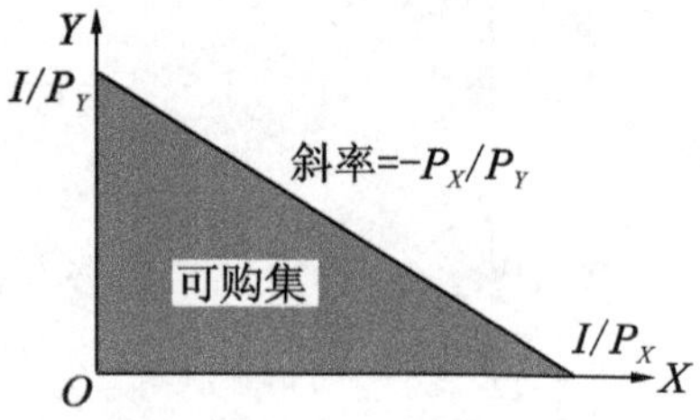

图 4.7　收入预算线

从以上的分析可知，只要给定消费者的收入及两种商品的价格，预算线的位置和形状也就决定了。同样，当消费者的收入及两种商品的价格发生变化时，预算线也会相应的发生变化。

第一，预算线的平行移动。当商品的价格不变，消费者的收入增加或减少时，收入预算线会平行移动。同样，消费者的收入不变，商品价格同比例、同方向地变化，也会导致收入预算线平行移动。预算线的平行移动如图 4.8(a)所示。

第二，预算线的旋转。当消费者的收入和一种商品的价格不变，而另一种商品的价格发生变化时，预算线会发生逆时针或顺时针的旋转。预算线的旋转如图 4.8(b)所示。

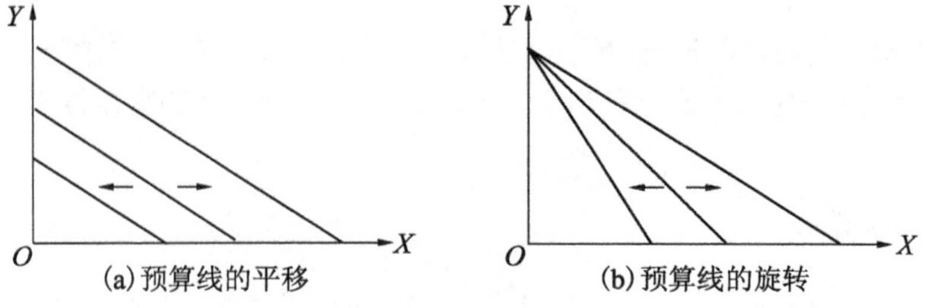

图 4.8　收入预算线的变化

这里，我们只说明上述两种情况，其他的情况读者可以自己分析。

四、消费者均衡

消费者的最优购买行为应该给消费者带来最大的效用，但是不能超出可购集的范围。因此，我们应该将无差异曲线与收入预算线结合在一起，分析消费者追求效用最大化的购买行为。

1. 消费者均衡的条件

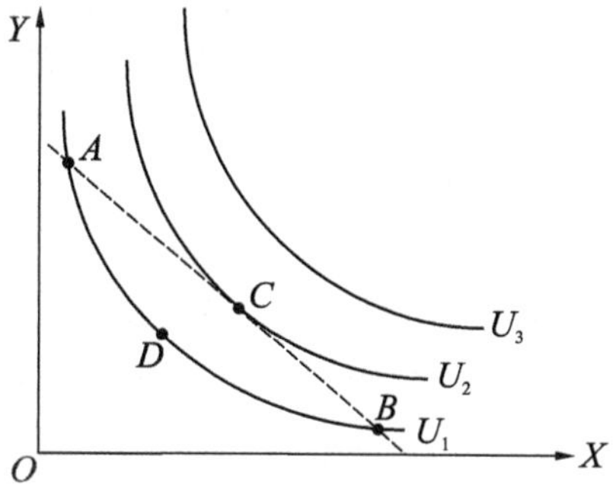

图 4.9　消费者均衡

在图 4.9 中描述了三条无差异曲线和一条预算线。无差异曲线 U_1 与预算线交于 A，B 两点，U_2 与预算线相切于 C 点，U_3 与预算线没有交点。在 U_1 曲线的 AB 弧之间任取一点 D，根据无差异曲线的定义，D 点与 A 点和 B 点的效用是相同的。但 D 点位于可购集内，消费者并没有将其全部收入用完，根据非饱和性假定，此时的效用还可以继续增加，因此 U_1 不是消费者均衡时的效用水平。而 U_3 位于消费者预算线之外，与预算线没有交点，这么高的效用水平是消费者无法实现的。消费者均衡只可能出现在 U_2 与消费者预算线相切的 C 点，因为预算线在 U_2 的下方，U_2 上任何高于 C 点的消费组合都是消费者所无法达到的。无差异曲线 U_2 所代表的效用水平是消费者在此预算约束下所能获得的最大效用水平，所以，消费者在 C 点处达到均衡，C 点所代表的消费组合是消费者在此预算约束下实现消费者均衡的商品组合。

无差异曲线与预算线相切意味着两者的斜率相等。无差异曲线的斜率是该点处边际替代率的相反数；消费者预算线的斜率是横轴商品价格与纵轴商品价格之比的相反数。所以，消费者均衡的条件可以用下式来表示：

$$MRS_{XY}=\frac{P_X}{P_Y} \tag{4.13}$$

式(4.13)说明：在一定的预算约束下，为了实现最大的效用，消费者选择的商品组合应该使两种商品的边际替代率等于两种商品的价格之比；或者说，消费者均衡时，消费者愿意用一单位的某种商品去交换的另一种商品的数量，应该等于该消费者在市场用一单位的这种商品可以换得的另一种商品的数量。假设一个苹果和一个桔子的价格都是 1 元钱。如果苹果对桔子的边际替代率为 2，也就是消费者增加一个苹果的消费，同时减少 2 个桔子的消费，消费者的效用不变。那么，消费者就会增加对苹果的消费，因为增加一个苹果可以替代两个桔子，而在购买时一个苹果比两个桔子要节省 1 元钱。这样消费者就可以用省下来的一元钱去购买更多的商品来提高自己的效用水平。所以，我们可以得出以下结论：

第一，当 $MRS_{XY}>P_X/P_Y$ 时，消费者就会增加对商品 X 的消费，减少对商品 Y 的消费，随着商品 X 消费量的增加，由于边际替代率递减规律，MRS_{XY} 逐渐减小，直至 $MRS_{XY}=P_X/P_Y$。

第二，当 $MRS_{XY}<P_X/P_Y$ 时，消费者就会增加对商品 Y 的消费，减少对商品 X 的消费，随着商品 Y 消费量的增加，由于边际替代率递减规律，MRS_{XY} 逐渐增大，直至 $MRS_{XY}=P_X/P_Y$。

第三，当 $MRS_{XY}=P_X/P_Y$ 时，由消费者主观偏好决定的边际替代率与价格之比相等，消费者处于一种既不想增加也不想减少任何一种商品购买量的均衡状态，此时，消费者就获得了最大的满足。

2. 序数效用分析与基数效用分析的关系

既然在一条无差异曲线上各种商品组合都能给消费者带来相同的效用，当沿着该曲线移动时，消费量增加的商品与消费量减少的商品应具有相同的效用水平，也就是说 $\Delta X\cdot MU_X+\Delta Y\cdot MU_Y=0$，可见，商品 X 对商品 Y 的边际替代率就是商品 X 与商品 Y 的边际效用之比。消费者均衡的条件还可以写成

$$MRS_{XY}=\frac{MU_X}{MU_Y}=\frac{P_X}{P_Y} \tag{4.14}$$

显然，这与基数效用分析的结论是一致的。所以，以序数效用论为基础的消费者行为分析与以基数效用论为基础的消费者行为分析并没有本质的差别。

3. 多种商品组合的消费者均衡

以上关于两种商品的分析，其一般原理也适用于具有多种商品的消费行为。虽然一张平面图不能直接说明两种以上的商品，但我们可以把若干商品当作一组，从而可以利用平面图来处理大量的商品。假设有包括食品在内的一系列商品，如果食品是我们分析的主要对象，就将食品作为横坐标，而把其他的商品看成是一种合成商品，用纵坐标表示。对合成商品的消费可用购买支出来测量，将其价格视为 1，这样预算线在纵轴上的截距就是货币收入，预算线的斜率就是食品的价格乘以－1（见图 4.10）。

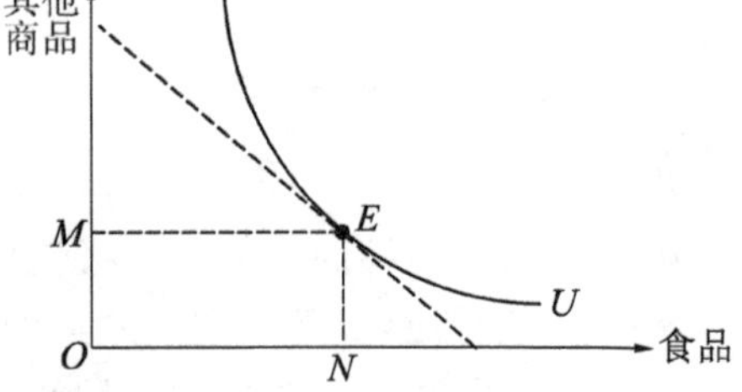

图 4.10　多种商品组合的消费者均衡

我们同样可以画出凸型的无差异曲线，每一条无差异曲线都代表着能提供同一满足水平的食品和其他商品的各种组合，从而把食品和在其他商品上的支出联系起来。无差异曲线的边际替代率意味着消费者为了保持其满足水平不变，为增加一单位食品的消费而愿意减少的在其他商品上的支出。消费者还是会在预算线与无差异曲线的切点达到均衡。在 E 点的无差异曲线说明消费者为了一单位食品愿意放弃的货币数量，此处的预算线表明这些货币正好可以用于购买到一单位食品。所以，消费者会购买 ON 单位的食品，将余下的 OM 单位货币用于其他商品的支出。由此可见，将多种商品组合到一起进行分析，并不改变消费者均衡分析的实质。

五、价格变化和收入变化的影响

从消费者均衡的条件可以发现，消费者消费各种商品的数量主要取决于三个因素：消费者的偏好、收入水平和商品的价格。由于我们假定消费者的偏好是相对稳定的，因此，消费者行为的变化通常可以归结为商品价格变化和收入变化的结果。

1. 价格变化对消费者行为的影响

价格变化对消费者行为的影响可以用价格-消费曲线来表示。在消费者的偏好、收入及其他商品价格不变的条件下，某种商品的价格变化会导致预算线的移动，从而改变最优的消费组合。变化的预算线与无差异曲线的切点的轨迹就是价格-消费曲线（Price Consumption Curve）（见图 4.11）。

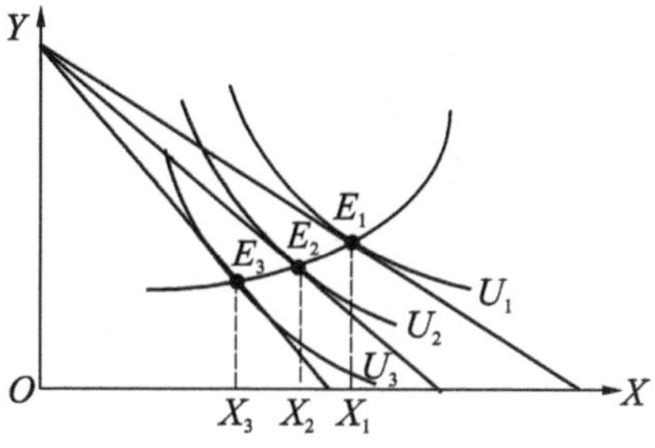

图 4.11　价格-消费曲线

假定商品 X 的初始价格为 P_1，预算线与无差异曲线 U_1 相切于 E_1 点，此时对商品 X 的最优消费数量为 X_1。如果商品 X 的价格上升至 P_2，预算线会向内旋转，只能与较低的无差异曲线 U_2 相切于 E_2 点，此时对商品 X 的最优消费数量为 X_2。如果商品 X 的价格继续上升，预算线继续向内旋转，并与更低的无差异曲线相切……不难发现，随着商品 X 的价格不断变化，可以找到一系列诸如 E_1，E_2，E_3 那样的均衡点，它们的轨迹就是价格-消费曲线。

由消费者的价格-消费曲线可以推导出单个消费者对某种商品的需求曲线。以图 4.11 的价格-消费曲线为例，再建立一个坐标系，以横坐标代表商品 X 的需求量，纵坐标代表商品 X 的价格水平，通过 P_1，P_2，P_3 以及相应的需求量 X_1，X_2，X_3 就可以在坐标平面中得到点 A，B，C，同理还可以获得一系列这样的点，将这些点连成一条平滑的曲线，这就是在收入和商品 Y 价格一定的情

况下消费者对商品 X 的需求曲线(见图4.12)。

根据序数效用推导出的需求曲线一般是向右下方倾斜的,它表示商品的价格和需求量成反方向变化。此外,从需求曲线的推导过程可以发现,需求曲线上与每一价格水平相对应的商品需求量都是可以给消费者带来最大效用的均衡数量。

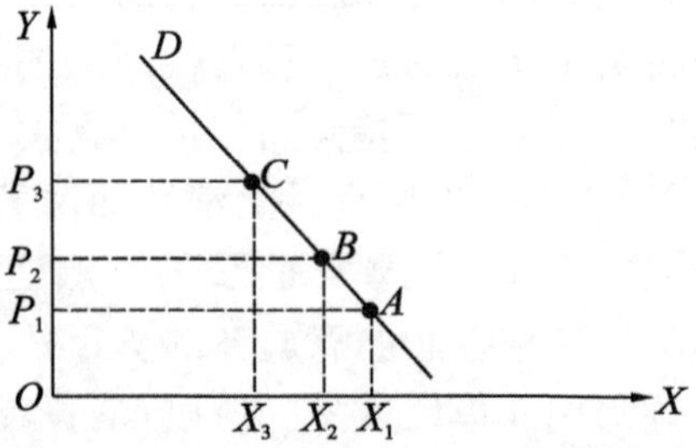

图 4.12 推导单个消费者的需求曲线

2. 收入变化对消费者行为的影响

收入变化对消费者行为的影响可以用收入-消费曲线来表示。在消费者的偏好、商品价格不变的条件下,收入的价格变化会导致预算线的平行移动,从而改变最优的消费组合。变化的预算线与无差异曲线的切点的轨迹就是收入-消费曲线(Income Consumption Curve)(见图4.13)。

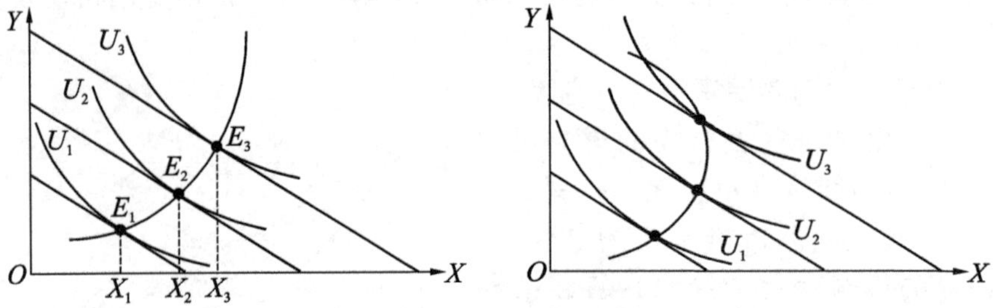

图 4.13 收入-消费曲线

在图4.13中,假定两种商品的价格不变,随着消费者收入水平的上升,预算线不断向外平行移动,与更高的无差异曲线相切。将这一系列均衡点连成平滑的曲线,就是收入-消费曲线。对于正常的商品而言,随着收入提高商品的消费数量会相应地增加。但也会出现收入增加消费数量减少的例外情况,如图4.13的右图所示,收入-消费曲线出现了后弯的形状,说明随收入增加,商品 X 的消费数量会减少,我们把这样的商品称为劣等品。日常生活中也经常会遇到这样的例子,比如学生在学校期间,会消费一定数量的非品牌服装,参加工作收入水平提高后,肯定会减少这类商品的消费而增加昂贵的品牌服饰的消费,非品牌服装就是劣等品。

第三节　替代效应和收入效应

当某一种商品的价格发生变化时，需求量也会相应地调整，究其根源，可以从两个方面加以解释：一是可替代商品的存在会使消费者选择更多相对廉价的商品；二是因为价格的变化改变了消费者持有货币的购买能力。我们把这两个原因分别称为替代效应(Substitution Effect)和收入效应(Income Effect)。

一、替代效应和收入效应的含义

假设消费者只消费 X 和 Y 两种商品，当商品 X 的价格下降时，消费者的货币收入虽然没有发生变化，但货币的实际购买能力增强了，也就是说实际收入水平提高了。实际收入水平的提高会使消费者改变商品的消费数量，这种因价格变动导致实际收入变化而引起的消费数量调整叫做收入效应。根据收入-消费曲线，收入效应的变化方向与商品价格的变动方向不确定：当 X 商品是正常品时，价格的下降会导致 X 商品消费数量的增加，收入效应与 X 商品的价格反方向变化；当 X 商品是劣等品时，价格的下降会导致 X 商品消费数量的减少，收入效应与 X 商品的价格同方向变化。

此外，根据消费者均衡的条件——两种商品的边际效用之比等于价格之比，当 X 商品价格下降时，消费者必然会用 X 商品替代 Y 商品，使两种商品的边际效用之比与新的价格之比保持一致。消费者因商品的相对价格发生变化，增加相对便宜的商品的消费数量而减少相对昂贵的商品的消费数量，就是替代效应。可见，替代效应的变化方向与商品价格的变动方向是相反的，商品价格的下降会导致该商品消费数量的增加，反之则反是。

综上所述，一种商品价格变动所引起的该商品需求量变动的总效应可以被分解为替代效应和收入效应两个部分，即总效应＝替代效应＋收入效应。由于替代效应和收入效应对价格变动的反应可能并不相同，因此，正常品和劣等品的两种效应需要分别加以分析。为了具体区分替代效应和收入效应的大小，我们在考察收入效应时，只分析实际收入变化的影响；在考察替代效应时，则要剔除实际收入的变动，仅分析在原有的效用水平上，因相对价格变化导致消费量的变化。

二、正常品的替代效应与收入效应

正常品(Ordinary Goods)是消费量随收入增加而增加的商品，现实生活中大部分商品都可以归为此类。如图 4.14 所示，当正常品 X 的价格下降后，预算线会向外旋转，消费的均衡点会由效用水平较低的 E_1 点转移至效用水平较高的 E_3 点，这说明 X 商品价格的下降导致 X 商品的消费量从 X_1 上升至 X_3。我们将 X_1X_3 称为价格下降的总效应。

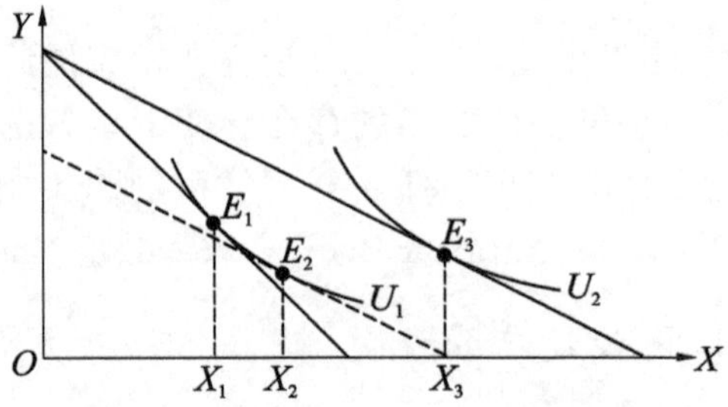

图 4.14　正常品的收入效应和替代效应

为了区分替代效应和收入效应，我们引进补偿预算线这一概念。图 4.14 中那条倾斜的虚线就是补偿预算线。补偿预算线有两个特征：一是补偿预算线与原有的无差异曲线相切，E_1 和 E_2 具有相同的效用水平，从而剔除了实际收入变化的影响，表明了在效用不变的情况下，商品价格变化而产生的影响，这就是替代效应；二是补偿预算线与价格变化后的预算线平行，预算线平行说明商品的比价相同但收入水平不一样，表明了实际收入对商品消费量的影响，这就是收入效应。所以，X 商品价格下降的总效应 X_1X_3 可以分解为替代效应 X_1X_2 和收入效应 X_2X_3 之和。对于正常品来说，替代效应与价格呈反方向变动，收入效应与价格也呈反方向变动，在它们的共同作用下，总效应必定与价格呈反方向变动，正因为如此，正常品的需求曲线是向右下方倾斜的。

三、劣等品的替代效应与收入效应

劣等品(Inferior Goods)是指消费量随收入增加而减少的商品，现实生活中有一些质量较差、档次较低的商品可以归为此类。可见，劣等品的收入效应与价格成正方向变动，也就是说，劣等品的收入效应与替代效应的方向相反。由于总效应是替代效应和收入效应共同作用的结果，劣等品价格的变化导致消费数量如何变动就取决于替代效应和收入效应的大小了。

如图 4.15 所示，劣等品 X 的价格下降后，消费量从 X_1 上升至 X_3。引进补偿预算线来区分替代效应和收入效应。X 商品价格下降后，相对价格的变化使该商品的消费量增加 X_1X_2，这是替代效应。X 商品价格下降导致实际收入的增加又会使该商品的消费量减少 X_2X_3，这是收入效应。替代效应中抵消收入效应的影响才是价格下降的总效应。大部分劣等品收入效应的影响小于替代效应，所以，总效应的方向与替代效应的方向相同，仍然与价格呈反方向变动。可见，劣等品的需求曲线也是向右下方倾斜的。

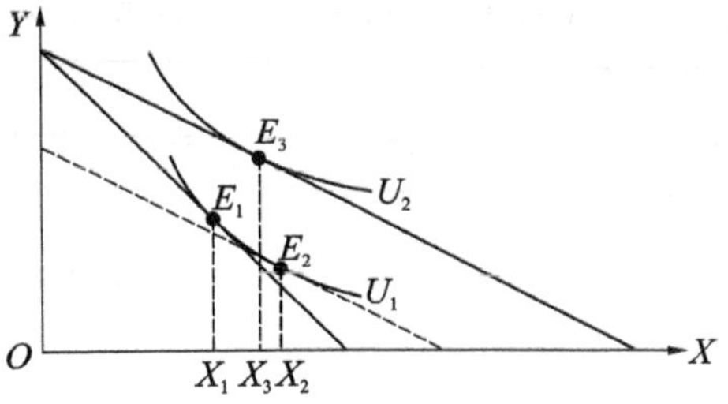

图 4.15　普通劣等品的替代效应和收入效应

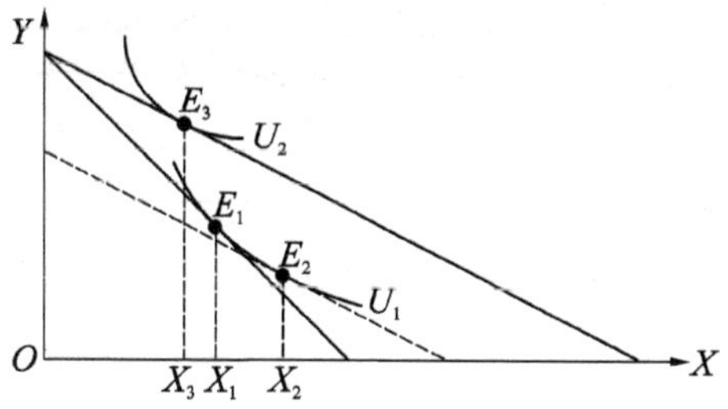

图 4.16　吉芬品的替代效应和收入效应

当然，劣等品中存在一些非常低档的商品，它的收入效应会超过替代效应的影响，使得总效应与价格同方向变化，这样的商品被称为吉芬商品。如图 4.16 所示，劣等品 X 的价格下降的替代效应 X_1X_2 小于收入效应 X_2X_3，所以，总效应的方向与收入效应的方向相同，与价格同方向变动。可见，吉芬商品的需求曲线表现为特殊的情况。

【案例 2】吉芬物品

东西要挑便宜的，这是绝大多数家庭生活的重要准则。爸爸妈妈挣钱都不容易，什么东西涨价了，自然而然就会少买一些。如果有谁看见东西贵就拼命往家买，一定会被视为败家子。可是你也许没有注意过，在我们的经济社会里，价格上涨带动需求量上涨的例子并不罕见。比如，1845 年爱尔兰发生了灾荒，土豆价格大幅度上涨，按理说，爱尔兰人就应该少买点儿土豆才对，可是调查的结果与人们预测的完全相反，土豆的需求量随着价格一起节节攀高。这是怎么回事儿？英国统计学家罗伯特·吉芬最早发现了这种现象，人们就将这个问题称为吉分难题。

后来人们终于搞清楚了问题出在哪里。在当时的爱尔兰，土豆和肉是日常生活中最基本的两种食物，如果土豆的价格上涨了，理论上讲会出现两种截然相反的结果。一种结果是由于土豆价格上升，相对于肉来说，土豆变得昂贵了，所以消费者便会少买几个土豆，把省下来的钱多买点儿肉。这在经济学上被称为替代效应，也就是我们日常对价格上涨所做出的最直接的反应，土豆贵了，我少吃几个还不行吗？但是，还有另外一种结果。当土豆价格上涨时，消费者的收入若以土豆的价格来衡量，消费者显得相对变穷了。这样一来，消费者想要购买到足够的食物，填饱一家人的肚子，就必须好好计划一下，改变自己的饮食结构。既然手头的钱变少了，就只好少吃点肉。土豆虽然涨价了，可还是比肉便宜，把买肉的钱省下来多买几个土豆，至少可以让家人不饿肚子。这在经济学上被称为收入效应。

在19世纪中期的爱尔兰，购买土豆的消费支出在大多数贫困家庭中占的比重相当大，于是土豆价格的上涨导致爱尔兰贫困家庭实际收入水平大幅度下降。在这种情况下，变得更穷的穷人不得不大量地增加对劣等商品(相对肉而言)土豆的购买。很明显，在这种情况下，收入效应超过了替代效应，令吉芬百思不得其解的奇特现象出现了。这种土豆也因此被称为吉芬商品。

吉芬商品得以产生的前提条件有两个：其一，这种商品是必需品；其二，不存在更廉价的替代选择。

第四节　不确定性与风险分析※

无论是基数效用理论还是序数效用理论，都假定消费者进行决策的环境是确定的。但现实生活中存在着大量的不确定因素，消费者实际上是在具有风险的情况下进行选择。本节将介绍不确定情况下的消费者行为。

一、不确定性与风险

在前面的消费者行为分析中，我们隐含了完全信息的假设条件：人们对自己行为的后果是确知无误的。但生活中，行为可能会产生一种以上的结果，这就是不确定性(Uncertainty)。不确定性产生可能是因为消费行为本身就具有不确定的因素，也可能是因为消费者的行为不是完全独立的，还可能是因为缺乏必要的信息。

如果消费者知道自己的行动可能产生的各种结果，并知道了各种可能结果发生的概率，这种不确定的情况就被称为风险(Risk)。消费者可以借助以往的经验或相关的知识计算出概率的大小，并根据概率计算出行为的期望值。不确定情况下的行为决策可以用这种期望值来分析。

二、预期效用和预期收入的效用

我们先来看一个购买彩票的例子。假设某消费者手中持有100元的初始财富，不存在储蓄、证券等其他的投资增值渠道，只能在是否购买彩票上进行选择。购买一张彩票的成本为50元，如果中彩可获得200元的奖金，否则就一无所获。在这里，如果消费者不买彩票，他的财富永远是100元，这是确定的。但如果他选择购买彩票，就会出现两种可能的结果：中奖，财富将达到250元；不中奖，消费者将损失50元。这就是不确定性。那么，该消费者是否应该购买彩票呢？

如果我们不知道中奖的概率，是否购买彩票的决策是无法做出的。给出中奖的概率，就能计算出购买彩票的预期收入，从而存在比较的可能性。假定中奖

的概率是25%，我们就可以计算出彩票的预期收入也是100，即

$$E(I) = 250 \times 25\% + 50 \times (1 - 25\%) = 100 \tag{4.15}$$

单纯地比较预期收入，消费者是否购买彩票是无差异的。但现实生活中，即使中奖概率再低一点，有的人也会去购买彩票，而有的人在中奖概率大于25%的情况下也不会去购买彩票，因为不同的人对于风险存在着不同的偏好。有的人觉得损失是不可忍受的，而有的人觉得可能的高收入会给自己带来更大的满足。可见，消费者在不确定性条件下的决策并不仅取决于预期的收入，而且取决于对预期高收入的偏好。如同在确定条件下消费者行为的目的是为了获得最大效用一样，不确定条件下消费者行为的目的也是为了得到最大的效用。但是，在不确定情况下，由于消费者并不事先知道哪种结果会实际发生，他只能做出使自己预期效用最大的决策。

假设消费者的效用函数由消费者的财富量决定：$U = U(W)$。中奖情况下消费者的财富总量为W_1，没有中奖消费者的财富总量为W_2，中奖的概率为p，则该彩票的预期效用可以表示为

$$E[U(p;W_1,W_2)] = p \cdot U(W_1) + (1-p) \cdot U(W_2) \tag{4.16}$$

式(4.16)也被称为冯·诺依曼-摩根斯坦(von Neumann-Morgenstern)效用函数，消费者的预期效用就是消费者在不确定条件下可能得到的各种结果的效用的加权平均数。消费者在不确定条件下的行为实际上就是要追求预期效用的最大化。

同理，消费者对于一张彩票也会存在预期的收入，彩票的预期收入就是在彩票的各种结果下消费者拥有的财富的加权平均数。这种预期的收入也会给消费者带来$U[pW_1 + (1-p)W_2]$的效用，即预期收入的效用。

三、消费者的风险态度

对于具有不确定结果的事物，每个消费者对待风险的态度是不相同的。有的消费者喜欢冒险，而有的消费者则希望没有损失。消费者对待风险的态度影响着消费者在不确定情况下的行为决策。

在有的消费者心目中，财富的边际效用是递增的，如图4.17中$U_1(W)$所示：当财富从W_1增加到W_2时，预期效用呈现出递增的趋势，意味着预期效用小于预期收入的效用，消费者更喜欢冒险。这样的消费者被称为风险爱好者，其效用函数的二阶导数大于0。

在有的消费者心目中，财富的边际效用是递减的，如图4.17中$U_3(W)$所示：当财富从W_1增加到W_2时，预期效用呈现出递减的趋势，意味着预期效用小

于预期收入的效用，消费者不喜欢冒险。这样的消费者被称为风险回避者，其效用函数的二阶导数小于0。

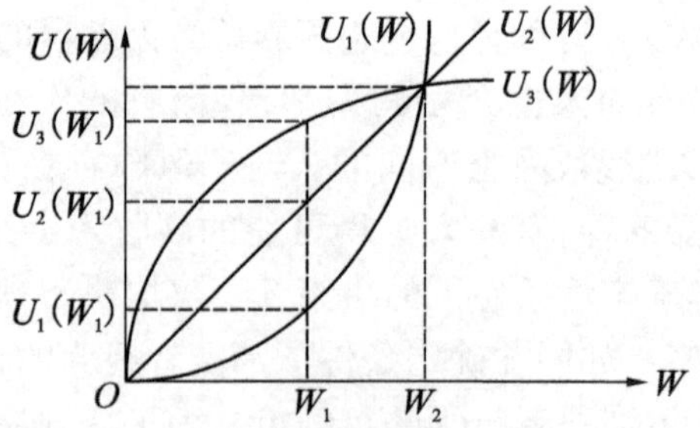

图 4.17　不同风险态度的消费者的效用函数

在有的消费者心目中，财富的边际效用是不变的，如图4.17中$U_2(W)$所示：当财富从W_1增加到W_2时，预期效用等比例增加，意味着预期效用等于预期收入的效用，消费者对待风险的态度是无所谓的。这样的消费者被称为风险中立者，其效用函数的二阶导数等于0。

不确定条件下的风险选择可以用于很多的决策领域，囿于篇幅，本节仅介绍其基本原理，具体的应用留给读者自己把握。

本章小结

1. 微观经济学引入效用概念来分析消费者的行为。认为效用可以像物体的长短、轻重那样进行度量或加减的叫做基数效用；认为效用的大小是不能用某一标准度量，但可以对满足程度进行排序的叫做序数效用。

2. 消费者消费一定量商品所获得的效用总和被称为总效用，额外增加一单位商品的消费所获得的总效用增量称为边际效用，边际效用是递减的。基数效用论认为，在一定的收入约束下，消费者对每种商品支付的最后一元钱给消费者带来的边际效用都相等，并且都等于货币的边际效用时，就实现了消费者均衡。假设货币的边际效用为1，就可以推导出需求曲线是负斜率的。

3. 无差异曲线上的点代表了相同的满足水平，预算线代表了消费者可以消费的最大消费集合。两者的切点就是消费者的均衡条件，此时，两种商品的边际替代率等于两种商品的价格之比。

4. 当消费者收入发生变化时，预算线会平行移动，均衡点的轨迹称为收入-消费曲线；当一种商品价格发生变动时，预算线会出现旋转，均衡点的轨迹称为价格-消费曲线，并由此可以推导出需求曲线。

5. 商品价格变动的效应可以分成收入效应和替代效应。替代效应和价格变化的方向相反;收入效应随价格如何变化则取决于商品的性质。吉芬商品的需求曲线是正斜率的。

6. 在不确定情况下的行为分析要引入预期效用和预期收入的效用这两个概念。根据两者之间的关系可以将消费者分为风险爱好者、风险回避者和风险中立者。

美国人的事业就是办企业。

——卡尔文·柯立芝(美国记者)

第5章　生产理论

本章重点提示

◇ 短期与长期的概念

◇ 生产函数

◇ 总产量、平均产量、边际产量曲线及关系

◇ 边际报酬递减规律

◇ 等产量线和等成本线

◇ 边际技术替代率

◇ 生产者均衡

◇ 规模报酬

本章和下一章将分析供给曲线背后的生产者行为。

本章首先介绍企业的组织形式和性质,接着以一种可变生产要素的生产函数,考察短期生产的规律和生产不同阶段的特点;然后以两种可变生产要素的生产函数,运用等产量曲线分析方法,考察厂商在长期生产中实现最优生产要素组合的均衡条件。

第一节　企业的性质

一、企业的组织形式

在西方经济学中,生产者亦称厂商或企业,它是指能够做出统一的生产决策的单个经济单位。

企业组织形式是指企业财产及其社会化大生产的组织状态,它表明一个企业的财产构成、内部分工协作与外部社会经济联系的方式。现代企业的组织形

式按照财产的组织形式和所承担的法律责任划分。

企业主要采取三种组织形式：独资企业、合伙企业和公司企业。

独资企业，也称单人业主制企业或个人业主制企业，是一个自然人投资并兴办的企业。独资企业的出资者就是企业主，他掌握企业的全部业务经营权力，独享企业的全部利润和独自承担所有的风险，并对企业的债务负无限责任。我国的个体户和私营企业很多属于此类企业。个人业主制企业的优点在于：企业建立与停业的程序简单易行，企业产权能够较为自由地转让；经营者与所有者合一，经营方式灵活；所有者的利益与经营者的利益完全重合；经营的保密性强；决策自由、灵活；企业规模小，易于管理等。但是由于这类企业的自身财力所限，其发展容易受到限制，抵御风险的能力较弱，也较易破产。

合伙企业，是由两个或两个以上合伙人共同出资合办的企业。按照《中华人民共和国合伙企业法》规定，合伙企业是指自然人、法人和其他组织依照《中华人民共和国合伙企业法》在中国境内设立的，由两个或两个以上的合伙人订立合伙协议，为经营共同事业，共同出资、合伙经营、共享收益、共担风险的营利性组织。合伙企业包括普通合伙企业和有限合伙企业两种类型，其中普通合伙企业由 2 人以上普通合伙人（没有上限规定）组成，合伙人对合伙企业债务承担无限连带责任；有限合伙企业由 2 人以上 50 人以下的普通合伙人和有限合伙人组成，其中普通合伙人至少有 1 人，当有限合伙企业只剩下普通合伙人时，应当转为普通合伙企业，如果只剩下有限合伙人时，应当解散。普通合伙人对合伙企业债务承担无限连带责任，有限合伙人以其认缴的出资额为限对合伙企业债务承担责任。相对于个人业主制企业而言，合伙制企业的资金较多，规模较大，比较易于管理，分工和专业化也得到加强。但由于多人参与管理，协调困难，且资金和规模仍然有限，在一定程度上限制了企业的发展。

公司企业也叫法人制企业，是由若干人共同出资，按照法定程序组成，具有法人资格，以盈利为目的的经济组织。公司企业的所有权和经营权分离，出资者按出资额对公司承担有限责任。公司的两种主要形式是有限责任公司和股份有限公司。有限责任公司指不通过发行股票，而由为数不多的股东集资组建的公司（一般由 2 人以上 50 人以下股东共同出资设立），其资本无需划分为等额股份，股东在出让股权时受到一定的限制。在有限责任公司中，董事和高层经理人员往往具有股东身份，使所有权和经营权的分离程度不如股份有限公司那样高。有限责任公司的财务状况不必向社会披露，公司的设立和解散程序比较简单，管理机构也比较简单，比较适合中小型企业。股份有限公司全部注册资本由等额股份构成并通过发行股票（或股权证）筹集资本，是以其全部资产对公司债务承担有限责任的企业法人（在我国，应当有 2 人以上 200 人以下为发起人，注册资本的最低限额为人民币 500 万元）。其主要特征是：公司的资本总额平分为金额相等的股份；股东以其所认购股份对公司承担有限责任，公司以其全部资产对公司债务承担责任；每一股有一表决权，股东以其持有的股份，享受权利，承担义务。由于公司企业能够通过发行股票和债券融资，因此其资金雄厚，有利于分工和专业化，也有利于实现规模生产。而且公司制企业的组织形式相对稳定，有利于生产的长期发展。但是公司制企业的管理系统往往比较复杂，尤其是所有权与经营权的分离容易导致企业行为的扭曲。

二、企业的本质

在马克思看来，企业是一种具有更高劳动生产效率的经济单位，是人类社会进入资本主义社会之后，所形成的用以取代家庭和手工作坊而从事生产和流通活动的基本经济单位。企业的本质特征是资本家通过雇佣工人，榨取剩余价值，获得垄断利润。

从经济学的眼光看，企业的本质是谋求"利润最大化"。微观经济学就是以此为前提，系统研究、分析企业如何才能实现"利润最大化"的。

经济学对企业的研究，也是一个逐步深入的过程。最初的经济学家，是从生产过程研究企业赚钱秘密的，他们总结出：分工、协作能产生出巨大的生产力和经济效率；规模也能产生效率。在这里，企业被看作是一个追求利润最大化的理性经济个体。企业的主要功能是将土地、资本、劳动等要素投入转化成为一定的产出，决定这种投入组合与产出数量的关键是企业所掌握的技术，包括分工、生产、协作管理等技术。企业的本质特征就是利用一定的技术，按照利润最大化原则将投入转化成为产出。

1937 年，美国经济学家科斯发表了《企业的本质》一文，首创从交易费用的角度研究企业效益问题。按照科斯的分析，企业与市场是两种可以相互替代的配置资源的机制，企业把生产的某些环节纳入内部协调，就是为了节省交易费用。典型的例子是，如果自己纺纱比到市场上外购节省费用，织布厂的老板就会采购棉花，雇人来生产棉纱，供自己织布。科斯的这个理论，实际上是从交易费用的角度，揭示了企业追求"利润最大化"的本质。

科斯认为，交易费用是为完成交易所必需的度量、界定和保证产权、搜寻交易伙伴和交易价格、进行交易谈判、订立交易合约、执行交易和监督违约的行为并对之制裁、维护交易秩序的各种费用的总和。按科斯的话说，"价格是什么，有待于发现。要进行的谈判、需要签订的合同、必需进行的检查，都需要进行安排以解决争端。这些费用最终通称为交易成本。"在《新帕尔格雷夫经济学大辞典》中，交易费用"可以看作是一系列制度成本，包括信息成本、谈判成本、拟定和实施契约的成本、界定和控制产权的成本、监督管理的成本和制度结构变化的成本。简言之，包括一切不直接发生在物质生产过程中的成本"。阿罗则将"交易费用”定义为“经济制度的运行费用”。

企业的本质是什么？或者说，企业为什么会产生呢？交易费用学派认为，企业作为生产的一种组织形式，在一定程度上是对市场的一种替代。当通过一个组织，让某个权威（企业家）来支配生产要素，并能够以比市场外购更低的成本实现同样的交易时，企业就产生了。即企业产生的原因在于可以节约部分市场交易费用。企业通过将外部的市场交易行为变成企业内部有计划、有组织、有监督、有奖惩的合作和交换行为，也就是说实现外部交易的内部化，就可以降低市场的部分交易费用。简言之，企业替代市场是因为企业内部交易节约了交易费用，从而企业产生。

企业是对市场的一种替代，但企业并不必然取代市场，除非企业内部交易能降低交易费用，即低于该交易在市场中进行的费用时，企业对市场的替代才会发生。相反，当市场交易成本更低时，企业也会退回到市场。因此，市场和企业是并列的两个范畴，都是交易的形式，它们之间具有互补的关系，它们的共同存在反映了对稀缺资源作优化配置的客观要求。

此外，以企业内部交易代替市场交易也是有成本的，因此存在一个企业扩张边界的确定问题。从成本费用的角度来看，当某一交易通过市场来完成的成本较高时，可以考虑组建企业或企业组织来完成；反之，如果市场交易的成本较低，就应在市场上来完成。通常认为，企业的效率边界取决于企业的核心技术以及那些自营比市场合约来得有效的经营环节，或者说，企业和市场的边界是通过那些市场交易和企业交易成本相等的活动来划分的。不同的行业存在不同的有效规模，不同时期最大企业的有效规模也不一样。根据科斯的理论，企业的规模应该扩张到这样一点，即在这一点上再多增加一次内部交易所花费的成本与通过市场进行交易所花费的成本相等。

三、企业的目标

企业的行为是由其目标决定的。在微观经济学中，一般总是假定厂商的目标是追求最大的利润，这是理性经济人的假定在生产理论中的具体化。

在现实中，企业可能有各种目标，除了利润之外，还可能把扩大市场份额、提高产品质量、发展新产品和承担社会责任等作为一定时期的目标。例如，在信息不完全的条件下，企业所面临的市场需求可能不确定，而且企业可能无法了解产量变化所引起的生产成本的变化，此时，企业可能会追求销售收入或市场份额的最大化，而非利润最大化。在现代公司制企业里，所有者与经营者分离，由于信息的不完全，尤其是不对称，企业的所有者无法完全监控企业，企业的经理人就可能会出于私利追求自身效用的最大化，而不是利润最大化。

尽管在现实生活中企业并不一定都是追求利润最大化，但是在长期中，一个不以利润最大化为目标的企业最终将会被市场淘汰，所以这样的假设基本上是与现实状况相符合的，实现利润的最大化是一个企业竞争生存的基本准则。

利润最大化(Profit Maximization)就是要获得最大可能的利润。如前所述，所有经济活动的基本问题产生于稀缺性。利润最大化是稀缺性的直接结果。力求使稀缺资源得到最好的使用和力求达到最大可能的利润是同一件事。一个追求利润最大化的企业才有机会在竞争中存在并发展下去。此外，企业利润最大化的目标就整体而言与社会利益是一致的。因为只有每个企业的利润都达到最大化，整个社会资源的利用才能得到最优化。这就是说，稀缺资源是由各个企业进行利用的，当每个企业都使资源得到最有效运用(即体现为利润最大化)时，整个社会的稀缺资源也就得到了最有效的运用。从这种意义上说，利润最大化是企业的理性行为。因此，在以下的分析中，我们也使用厂商生产的目标是追求利润最大化这一基本假设。

值得注意的是，最近这些年来，有关企业社会责任的讨论非常多。企业的社会责任(Corporate Social Responsibility，简称 CSR)，是指企业在创造利润、对股东承担法律责任的同时，还要承担对员工、消费者、社区和环境的责任。企业的社会责任强调在生产过程中对人的价值的关注，强调对消费者、对环境、对社会的贡献。经济学家们曾经将社会责任看成是与企业无关的事，但近年来越来越多的经济学家认为，企业的社会责任也可以和企业的利润最大化目标统一起来。

【案例】食品安全与企业社会责任

近年来，食品安全称为万众瞩目的热点问题，中国人的“创新”能力让人瞠目结舌：三聚氰胺奶粉，咸鸭蛋含有致癌苏丹红，人造蜂蜜、红枣、蜂胶、鸡蛋，假葡萄酒，假阿胶，紫砂煲由泥土与化学物质混合而成，地沟油，水银蒸虫草，硫黄蒸人参，福尔马林泡海参，大头娃娃奶粉，双氧水泡鱼翅，植物油涂大米，金华火腿敌敌畏，血旺掺甲醛，石膏制豆腐，石蜡火锅底料，还有刚爆出的双汇“瘦肉精”、染色馒头、灌水银的长江刀鱼……消费者在期待着政府加强监管力度的同时，对企业社会责任的关注也提到了空前的高度。对于食品生产企业而言，为社会提供合格的产品应该是其生产的最低要求和第一要义，如果为了追求利润而不顾消费者的健康与生命安全，那它就不成其为企业，而是一个谋财害命的团体，也就失去了存在的价值。美国某企业社会责任促进会的报道称：“一个对社会负责的企业能获得很多利益，包括降低业务开支，扩大企业品牌的影响，增加销售额，提高用户的忠诚度等等。”因此，企业赢利和承担社会责任并不是对立的，企业承担社会责任不仅是其“分内”的事，也是其实现可持续发展的明智之举。

另外，本书在分析问题的时候，是以企业追求利润最大化目标为根本出发点的，但这并不排除现实经济中存在一些不以利润最大化为目标的企业，例如社会企业。社会企业不是纯粹的企业，也不是一般的社会服务，社会企业透过商业手法运作，赚取利润用以贡献社会。它们所得盈余用于扶助弱势群体、促进小区发展及社会企业本身的投资。它们重视社会价值，多于追求最大的企业盈利。英国社会企业联盟(The Social Enterprise Coalition)将社会企业定义为“运用商业手段，实现社会目的”，并认为社会企业具有企业导向、社会目标和社会所有制等共同特征。

第二节　生产函数

一、生产函数(Production Function)

生产实际上就是把一定的资源投入转变为产品的过程。我们把投入中属于经济品的资源称为生产要素。

在西方经济学中，生产要素一般分为四种：(1) 劳动。它是指人们从事生产活动时在体力和智力方面的能力消耗。(2) 土地。它是任何生产活动都必需的自然资源，不仅包括土地本身，还包括地上和地下的一切自然资源，如森林、湖泊、海洋和矿藏等。(3) 资本。它可以表现为实物形态和货币形态。实物形态是指生产活动中所使用的人们过去劳动的产物，如厂房、设备、工具等，这些产品不是直接进入人们的消费领域，而是被投入到生产中去，因此被称为投资品(Investment Goods)，或者资本品(Capital Goods)。人们过去的劳动所创造的无形资产，如商标、企业信誉、技术专利等，也被人作为投资的一部分。生产活动中需要有一定的货币量，对一个厂商来说，一定的货币形态的资金是生产活动所必需的，也是资本的一部分。(4) 企业家才能。它是指经营管理企业的能力和创新的能力。开始所提到的三种生产要素，必须以某种方式组合起来，才能生产出产品来。在现代生产条件下，是由企业家来把这三种生产要素进行有效的组织。同样的生产要素，同样的环境条件，由不同的企业家来经营，其结果常常会有很大的差别，这就表明了企业家才能这个要素在生产中的重要作用。

生产过程中生产要素的投入量和产品的产出量之间的关系，可以用生产函数来表示。生产函数表示在一定时期内，在一定的技术条件下，生产要素的投入量与它所能生产出来的最大产量之间的一种函数关系。

假定 $X_1, X_2, \cdots, X_n$ 表示某产品生产过程中所使用的 n 种生产要素的投入量，Q 表示所能生产的最大产量，则生产函数的一般表达式可以写成

$$Q = f(X_1, X_2, \cdots, X_n) \tag{5.1}$$

该方程式的经济含义是：在既定的技术水平条件下，在某一时间内为生产出

Q数量的某产品，需要相应投入的 $X_1, X_2, \cdots, X_n$ 等生产要素的数量及其组合的比例；如果 $X_1, X_2, \cdots, X_n$ 的投入量已知，那么就可以得出 Q 的最大数量；或者，如果 Q 为已知，那么也就可以知道所需要的 $X_1, X_2, \cdots, X_n$ 的最低程度的投入量。在一般情况下，从生产要素的组合比例能够看出一个企业或整个社会的生产情况。由于生产函数是以一定的技术条件作为前提的，因此在每一种既定的技术条件下，都存在着一个生产函数，一旦技术水平有了改变，就会形成新的生产函数。这个新的生产函数很可能以同样的要素投入量生产更大的产量，如新的科学技术运用于生产，那么对应于既定数量的各生产要素的产量就会较多。但也有可能以既定的要素投入量生产较少的产量。

在经济分析中，为了简单起见，我们通常假定生产中只使用劳动 L 和资本 K 两种生产要素，则生产函数可以写为

$$Q = f(L, K) \tag{5.2}$$

它表明，在一定技术水平时，生产 Q 的产量，需要一定数量劳动 L 与资本 K 的组合。或者说，在劳动与资本的数量与组合为已知时，也就可以推算出最大的产量。

在理解生产函数的概念时应注意以下几点：

(1) 生产函数从某个特定时期考察投入与产出之间的关系，如果时期不同，生产函数也可能发生变化；

(2) 生产函数取决于技术水平，每一种既定的技术条件下，都存在着一个生产函数；

(3) 要生产出一定数量的产品，生产要素投入量的比例通常是可以变动的，例如资本和劳动的比例在一定范围内变化以后，仍然能够生产出同样数量的产品；

(4) 生产函数表示的产出量是最大的。

二、两种常见类型的生产函数

1. 固定投入比例生产函数

任何生产过程中的各种生产要素投入数量之间都存在一定的比例关系。固定投入比例生产函数是指在每一个产量水平上任何一对要素投入量之间的比例都是固定的生产函数。假定生产过程中只使用劳动和资本两种要素，则固定投入比例生产函数的通常形式为：

$$Q = \min\left(\frac{L}{u}, \frac{K}{v}\right) \tag{5.3}$$

其中，Q 表示一种产品的产量，L 和 K 分别表示劳动和资本的投入量，U 和

V 分别为固定的劳动和资本的生产技术系数，它们分别表示生产一单位产品所需要的固定的劳动投入量和资本投入量。(5.3)式的生产函数表示：产量 Q 取决于$\frac{L}{u}$和$\frac{K}{v}$这两个比值中较小的一个，即使其中的一个比例数值较大，那也不会提高产量 Q。因为，在这里，Q 的生产被假定为必须按照 L 和 K 之间的固定比例进行，当一种生产要素的数量不能变动时，另一种生产要素的数量再多，也不能增加产量。需要指出的是，在该生产函数中，一般又通常假定生产要素投入量 L、K 都满足最小的要素投入组合的要求，所以有：

$$Q=\frac{L}{u}=\frac{K}{v} \tag{5.4}$$

即

$$\frac{K}{L}=\frac{v}{u} \tag{5.5}$$

上式清楚地体现了该生产函数的固定投入比例的性质，在这里，它等于两种要素的固定的生产技术系数之比。对于一个固定投入比例生产函数来说，当产量发生变化时，各要素的投入量以相同的比例发生变化，所以，各要素的投入量之间的比例维持不变。关于固定投入比例生产函数的这一性质，可以用几何图形来说明。

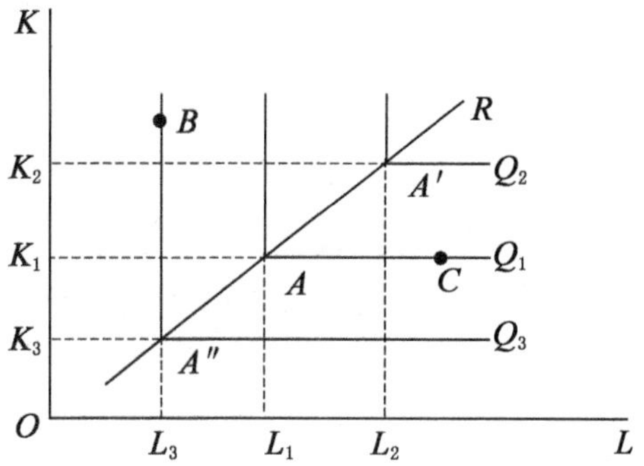

图 5.1　固定投入比例生产函数

如图 5.1 所示，横轴和纵轴分别表示劳动和资本的投入数量，分别以 A，A' 和 A''为顶点的三条含有直角的实线，表示生产既定的产量 Q_1，Q_2 和 Q_3 的各种要素组合。顶点 A，A'，A''要素组合(L_1,K_1)，(L_2,K_2)，(L_3,K_3)分别是生产产量 Q_1，Q_2，Q_3 的最小的要素投入量组合。其他直角边上的任何一点，都不是生产相应产量的最小的要素投入组合，例如，B 点表示在生产产量 Q_3 时，资本投入量相对过多，C 点表示在生产产量 Q_1 时，劳动投入量相对过多。如果产量由 Q_1

增加为 Q_2，或由 Q_1 减少为 Q_3，则最小要素投入组合相应地会由 A 点移至 A' 点，或由 A 点移至 A'' 点。此时，两要素投入量以相同的比例增减，两要素投入比例保持不变，即

$$\frac{K_1}{L_1}=\frac{K_2}{L_2}=\frac{K_3}{L_3}=\frac{v}{u} \tag{5.6}$$

因此，从原点出发依次经过点 A''，A 和 A' 的射线 OR 表示了这一固定比例生产函数的所有产量水平的最小要素投入量的组合。

2. 柯布-道格拉斯生产函数

如果以社会总体为观察对象，还可以得出用社会生产的投入产出总量来表示的生产函数，它是关于一个国家或地区在某一特定历史时期的生产函数。20 世纪 30 年代初，美国经济学家柯布（Charles W. Cobb）和道格拉斯（Paul H. Dauglas）根据历史统计资料，研究 1899—1922 年间美国的资本和劳动这两种生产要素投入量对生产量的影响，得出这一时期美国的生产函数。该函数的公式为：

$$Q=AL^{\alpha}K^{\beta} \tag{5.7}$$

式中，Q 为产量，L 和 K 分别为劳动和资本的投入量，A、α、β 为参数。$0<\alpha<1$，$0<\beta<1$。

这就是经济学中著名的"柯布-道格拉斯"生产函数。他们还计算出，在生产中劳动所作出的贡献为全部产量的 3/4，资本为 1/4。根据统计资料的验证，这个估算是符合当时的实际情况的。

参数 α 和 β 的经济意义：当 $\alpha+\beta=1$ 时，α 和 β 分别表示 L，K 在生产过程中的相对重要性。其中，α 称为劳动的产出弹性，为 L 在总 Q 中所占份额；β 称为劳动的产出弹性，为 K 在总 Q 中所占份额。

柯布-道格拉斯生产函数被认为是一种很有用的生产函数，因为该函数以其简单的形式具备了经济学家所关心一些性质，它在经济理论的分析和应用中都具有一定意义。α、β 除了可以表示劳动和资本在生产过程中的相对重要性以外，我们还可以根据 α 和 β 之和来判断生产中规模报酬的情况：若 $\alpha+\beta>1$，则规模报酬递增；若 $\alpha+\beta=1$，则规模报酬不变；若 $\alpha+\beta<1$，则规模报酬递减。

三、一种可变生产要素的生产函数

微观经济学的生产理论可以分为短期生产理论和长期生产理论。短期和长期是两个非常重要的概念。短期指生产者来不及调整全部生产要素的数量，至少有一种生产要素的数量是固定不变的时间周期。长期指生产者可以调整全部生产要素的数量的时间周期。相应地，在短期内，生产要素投入可以分为不变要

素投入(固定要素投入)和可变要素投入：生产者在短期内无法进行数量调整的那部分要素投入是不变要素投入，例如，机器设备、厂房等。生产者在短期内可以进行数量调整的那部分要素投入是可变要素投入，例如，劳动、原材料、燃料等。在长期内，生产者可以调整全部的要素投入。例如，生产者根据企业的经营状况，可以缩小或扩大生产规模，也可以加入或退出一个行业。由于在长期内所有的要素投入量都是可变的，因而也就没有可变要素投入和不变要素投入之分。

需要注意的是，短期和长期的划分不是以时间的长短，而是以生产者能否调整所有要素的投入数量为标准的。在不同的产品生产中，短期和长期也是不一样的。

前文已经提到，为了简便起见，我们通常假设生产中只投入劳动 L 和资本 K 两种生产要素，相应的生产函数可以写成 $Q=f(L,K)$。假定在一定时期中，资本投入量是固定的，劳动投入是可变的，则我们就可以以一种可变生产要素(L)的生产函数来考察短期生产利润；同样，假定在一定时期中，劳动和资本的投入都是可变的，则我们就可以以两种可变生产要素(L,K)的生产函数来考察长期生产理论。

1. 总产量、平均产量和边际产量

从生产函数 $Q=f(L,K)$ 出发，假定资本投入量是固定的，用 K_0 来表示，劳动投入量是可变的，用 L 表示，则短期生产函数可以写成 $Q=f(L,K_0)$。根据此函数可以得到劳动的总产量(Total Product)、劳动的平均产量(Average Product)和劳动的边际产量(Marginal Product)三个概念。在这里，总产量、平均产量和边际产量的英文简写顺次是 TP、AP 和 MP。

劳动的总产量 TP_L 指与一定的可变要素劳动的投入量相对应的最大产量。它的公式为：

$$TP_L=f(L,K_0) \tag{5.8}$$

劳动的平均产量 AP_L 指总产量与所使用的可变要素劳动的投入量之比。它的公式为

$$AP_L=\frac{TP_L(L,K_0)}{L} \tag{5.9}$$

劳动的边际产量 MP_L 指增加一单位可变要素劳动投入量所增加的产量。它的公式为：

$$MP_L=\frac{\Delta TP_L(L,K_0)}{\Delta L} \tag{5.10}$$

当劳动的增加量非常小时，上式也可以写成

$$MP_L=\lim_{\Delta L\to 0}\frac{\Delta TP_L(L,K_0)}{\Delta L}=\frac{\mathrm{d}TP_L(L,K_0)}{\mathrm{d}L} \tag{5.11}$$

类似的，如果我们假设劳动投入是固定的，资本投入是可变的，则生产函数可以写成 $Q=f(L_0,K)$，我们同样可以得到此时资本的总产量、资本的平均产量和资本的边际产量，其公式分别是：

$$TP_K=f(L_0,K) \tag{5.12}$$

$$AP_K=\frac{TP_K(L_0,K)}{K} \tag{5.13}$$

$$MP_K=\frac{\Delta TP_K(L_0,K)}{\Delta K} \tag{5.14}$$

或

$$MP_K=\lim_{\Delta K\to 0}\frac{\Delta TP_K(L_0,K)}{\Delta K}=\frac{\mathrm{d}TP_K(L_0,K)}{\mathrm{d}K} \tag{5.15}$$

2. 总产量、平均产量和边际产量曲线

根据以上的定义公式，我们可以编制一张关于短期生产函数 $Q=f(L,K_0)$ 的生产表（表 5.1）

表 5.1 短期生产表

资本的投入量 K_0	劳动投入量 L	劳动的总产量 TP_L	劳动的平均产量 AP_L	劳动的边际产量 MP_L
10	0	0	0	
10	1	8	8	8
10	2	20	10	12
10	3	36	12	16
10	4	48	12	12
10	5	55	11	7
10	6	60	10	5
10	7	60	8.6	0
10	8	56	7	−4

由上面的短期生产表，我们就可以绘制出一种可变生产要素的生产函数的产量曲线图（图 5.2）。

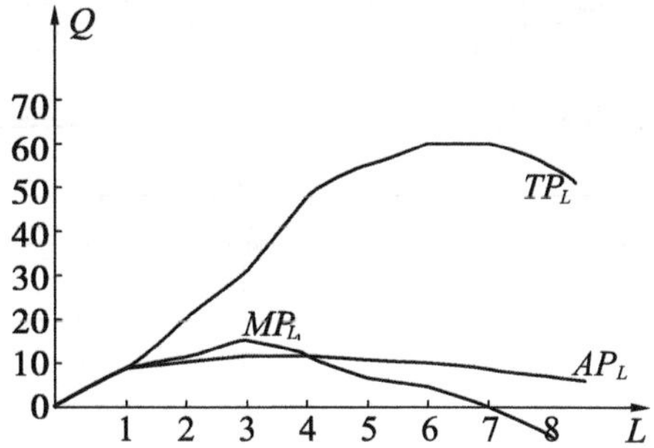

图 5.2　一种可变生产要素的生产函数的产量曲线

3. 边际报酬递减规律(law of Diminishing Returns)

从表 5.1 和图 5.2 中可以看出,对于一种可变生产要素的生产函数而言,边际产量表现出先上升而最终下降的特征,这一特征被称为边际报酬递减规律。

边际报酬递减规律,也叫边际收益递减规律,指在一定的生产技术水平下,当其他生产要素的投入量不变,连续增加某种生产要素的投入量,最初这种生产要素投入所带来的边际产量是递增的;但是当这种可变要素的投入量连续投入并超过一定限度时,增加该要素投入所带来的边际产量是递减的。

对于这一规律可以这样理解:如果我们在固定的厂房和有限的机器设备(4台机器)下投入一个工人生产,这个工人要从头到尾完成相关工作,其效率不会太高。如果增加一个工人,两人可以进行有效的分工协作,提高工作效率,使产量的上升超过一倍。如果再增加工人,由于有 4 台机器可以使用,还可以进一步的分工协作,边际产量仍然可以提高。但不断地增加工人,使得在固定厂房和有限机器设备下的劳动显得过剩,工作效率降低,边际产量开始下降。最后工人实在太多,挤在一间厂房无事可干,互相聊天扯皮,边际产量成了负数。反过来想一下:如果边际报酬递减规律不存在,只要无限地增加劳动投入而不增加其他投入,全世界所需要的粮食便可以在一个花盆里栽种出来,这显然是不可能的。

边际报酬递减规律存在的原因在于:随着可变要素投入量的增加,可变要素投入量与固定要素投入量之间的比例在发生变化。在可变要素投入量增加的最初阶段,相对于固定要素来说,可变要素投入过少,因此,随着可变要素投入量的增加,生产要素的投入量逐步接近最佳的组合比,其边际产量递增,当可变要素与固定要素的配合比例恰当时,边际产量达到最大。如果再继续增加可变要素投入量,生产要素的投入量之比就越来越偏离最佳的组合比,于是边际产量就出现递减趋势。或者说是因为对于任何一种产品的生产来说,可变要素投入量和不变要素投入量之间都存在一个最佳的组合比例。

边际报酬递减规律是从科学实验和生产实践中得出来的,在农业中的作用最明显。早在 1771 年,英国农学家 A. 杨格就用在若干相同的地块上施以不同量肥料的实验,证明了肥料施用量与产量增加之间存在着这种边际报酬递减的关系。以后,国内外学者又以大量事实证明了这一规律。我国 1958 年的大跃进中,有些地方在有限的土地上盲目密植,造成减产的事实也证明了这一规律。这一规律同样存在于其他部门:工业部门中劳动力增加过多,会使生产率下降;行政部门中机构过多、人员过多,会降低行政办事效率,造成官僚主义。我国俗话所说的"一个和尚担水吃,两个和尚抬水吃,三个和尚没水吃",也正是对边际报酬递减规律的形象表述。

边际报酬递减规律表明了一个很基本的关系,对这一规律的正确理解需要注意以下几点:

首先,随着可变要素的连续增加,边际产量变化要经历递增、递减,最后变为负数的全过程。递增是因为固定要素在可变要素很少时潜在效率未发挥出来。一旦固定要素潜在效率全部发挥出来了,边际产量就开始出现递减。这个规律的意义在于:当一种要素连续增加时,迟早会出现边际产品递减的趋势,而不是规定它一开始就递减。

其次,边际报酬递减规律只适用于可变要素比例的生产函数。如果要素比例是固定的,这个规律也不成立。

最后,边际报酬递减规律的前提条件是技术水平不变。若技术水平发生变化,这个规律就不存在。在历史上,英国经济学家马尔萨斯正是没有考虑到长期的技术进步,错误地预计了人口增加带来的后果。

边际报酬递减规律给我们提出了一个问题:既然可变要素投入的增加到最后反而引起总产量的减少,那么,对厂商来说就有必要了解可变要素的最佳投入量。这就涉及对不同产量关系和短期生产三个阶段的分析。

4. 总产量、平均产量和边际产量之间的关系

西方经济学家通常将总产量曲线、平均产量曲线和边际产量曲线置于同一张坐标图中,来分析这三条曲线之间的相互关系(图 5.3)。

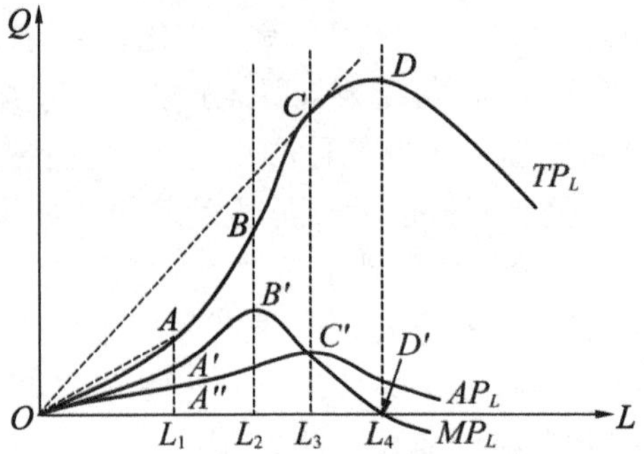

图 5.3 总产量、平均产量和边际产量曲线

从图 5.3 中可以清楚地看到，由边际报酬递减规律所决定的劳动边际产量 MP_L 曲线是先上升的，在达到最高点后再下降。由此出发，我们可以分析总产量、平均产量和边际产量三者之间的关系。

第一，边际产量和总产量。根据边际产量定义可知：边际产量等于总产量在各点切线的斜率。从图形上来看，当劳动投入量为 L_1 时，TP_L 曲线上 A 点切线的斜率就是相应的 MP_L 的值，它等于 $A'L_1$ 的高度。在 TP_L 的拐点 B 点以前，边际产量递增，总产量以递增的速率增加；在 B 点边际产量达到最大；从 B 点到 TP_L 的最高点 D 点，边际产量递减，总产量以递减的速率增加，在 D 点达到最大值，边际产量此时降到零；D 点之后，边际产量为负，总产量开始下降。因此，TP_L 的拐点 B 与 MP_L 的最大值 B' 相对应，TP_L 的最高点 D 与 $MP_L=0$ 的 D' 相对应。

第二，平均产量与总产量。在图形上，平均产量等于总产量曲线上的点与原点连线的斜率值，总产量曲线位置确定了，平均产量曲线的位置同样也就确定了。在图中，当劳动投入量为 L_1 时，连接 TP_L 曲线上 A 点和坐标原点的线段 OA 的斜率 $\frac{AL_1}{OL_1}$ 就是相应的 AP_L 的值，它等于 $A''L_1$ 的高度。同理，我们可以得到，当 AP_L 在 C' 点达最大值时，在 TP_L 上必有一条从原点出发的最陡的切线，与 TP_L 相切于 C 点。

第三，边际产量与平均产量。当边际产量高于平均产量时，平均产量上升；当边际产量低于平均产量时，平均产量下降；边际产量曲线与平均产量曲线相交于平均产量曲线的最高点。换言之，只要边际产量曲线高于平均产量曲线，平均产量曲线就会继续上升。在劳动投入达某一水平时，新增单位劳动投入所增加的总产量恰等于平均产量，即边际产量曲线与平均产量曲线相交时，平均产量曲线不再上升了。这时平均产量曲线达到最高点。以后，随着劳动投入的继续增加，边际产量继续下降，且低于平均产量，促使平均产量不断减少，即平均产量曲线向右下方倾斜。从图中可以看出，平均产量与边际产量相交于 C' 点。C' 之前边际产量大于平均产量，边际产量将平均产量上拉；C' 之后边际产量小于平均产量，边际产量将平均产量下拉。由此可见，无论是上升还是下降，边际产量的变化总是快于平均产量的变化。

第四，总产量、平均产量和边际产量。首先，在资本量不变的情况下，随着劳动量的增加，最初总产量、平均产量和边际产量都是递增的，但各自增加到一定程度之后就分别递减。所以，总产量曲线，平均产量曲线和边际产量曲线都是先上升而后下降。这反映了边际报酬益递减规律。其次，边际产量曲线与平均产量曲线相交于平均产量曲线的最高点。在相交前，平均产量是递增的，边际产量大于平均产量（$MP>AP$）；在相交后，平均产量是递减的，边际产量小于平均产量（$MP<AP$）；在相交时，平均产量达到最大，边际产量等于平均产量（$MP=AP$）。最后，当边际产量为零时，总产量达到最大，当边际产量为负数时，总产量就会绝对减少。

5. 短期生产的三个阶段

总产量、平均产量、边际产量之间的关系反映了边际报酬递减规律。我们就从这种关系出发来说明一种可变生产要素的合理投入问题。

在确定一种可变生产要素的合理投入时，我们根据总产量、平均产量与边际产量的关系，把短期生产分为三个区域（图 5.4）。

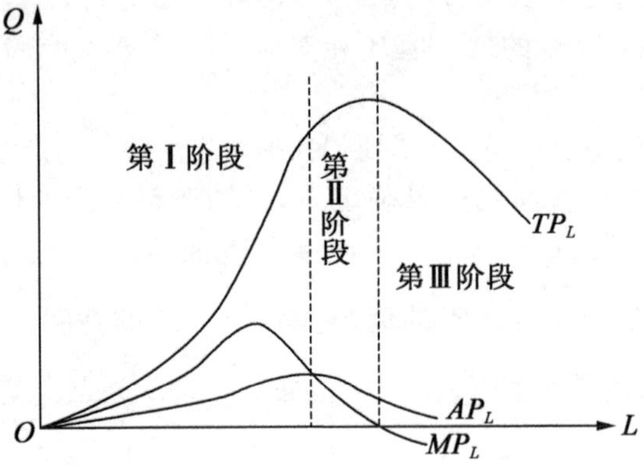

图 5.4　短期生产的三个阶段

第Ⅰ阶段：边际产量从 0 到最大值，劳动的平均产量始终是上升的，劳动的边际产量大于平均产量，劳动的总产量是增加的。这说明，在这一阶段，不变要素资本的投入量相对过多。生产者只要增加可变要素劳动的投入量，就可以增加总产量。因此，任何理性的生产者都不会在这一阶段停止生产，而是连续增加可变要素劳动的投入量，以增加总产量，并将生产扩大到第Ⅱ阶段。

第Ⅲ阶段：劳动的平均产量继续下降，劳动的边际产量降为负值，总产量开始下降。这时，即使劳动要素是免费的，理性的生产者也会通过减少劳动投入量来增加总产量，以脱离劳动的边际产量为负值的第Ⅲ阶段，退回到第Ⅱ阶段。

第Ⅱ阶段：起点处，平均产量与边际产量相交，平均产量达到最高点；终点处，劳动的边际产量为零，总产量达到最大。由于任何理性的生产者既不会将生产停留在第Ⅰ阶段，也不会在第Ⅲ阶段进行，所以，生产只能在第Ⅱ阶段进行。至于最佳投入数量究竟为多少，将在以后结合厂商的目标、成本和产品的价格进行深入的分析。

四、两种可变生产要素的生产函数

在上文中我们提到，为了简便起见，我们通常假设生产中只投入劳动 L 和

资本 K 两种生产要素，在长期生产中，劳动和资本的投入都是可变的，因此我们就可以以两种可变生产要素的生产函数来考察长期生产理论。相应的，长期生产函数的表达式为：

$$Q = f(L,K) \tag{5.16}$$

1. 等产量曲线

生产理论中的等产量曲线与效用理论中的无差异曲线非常相似。等产量曲线是在技术水平不变的条件下生产同一产量的两种生产要素投入量的各种不同组合的轨迹。

例如，在技术水平不变的情况下，生产100单位的某种产品，可以有以下四种生产要素的组合投入方式，由此我们可以得到100单位该产品生产的生产表(表5.2)。

表 5.2　生产表

组合方式	资本(K)	劳动(L)
A	6	1
B	3	2
C	2	3
D	1	6

将 A、B、C、D 各点描绘在直角坐标系中，就可以得到相应的等产量曲线(图5.5)。

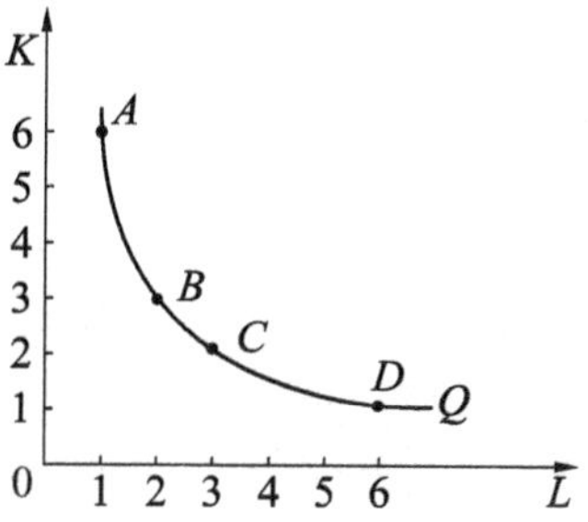

图 5.5　等产量曲线一

等产量曲线具有这样几个特征：

第一，等产量线是一条向右下方倾斜的线，其斜率为负值。这就表明，在生产者的资源与生产要素价格既定的条件下，为了达到相同的产量，在增加一种生产要素时，必须减少另一种生产要素。两种生产要素的同时增加是资源既定时无法实现的；两种生产要素的同时减少，不能保持相等的产量水平。

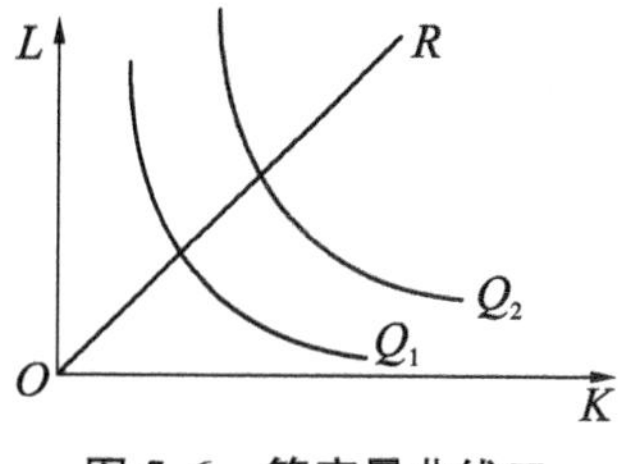

图 5.6　等产量曲线二

第二，在同一平面图上，可以有无数条等产量线。同一条等产量线代表相同的产量，不同的等产量线代表不同的产量水平。离原点越远的等产量线所代表的产量水平越高，离原点越近的等产量线所代表的产量水平越低。如图5.6中，Q_2代表的产出水平要高于Q_1所代表的产出水平。

第三，任意两条等产量曲线不能相交。因为，同一组合的投入要素不可能生产出两个不同的产量，在交点上两条产量曲线代表了相同的产量水平，与第二个特征相矛盾。其证明方法与效用理论中的无差异曲线相似，此处不再赘述。

第四，等产量曲线凸向原点，向右下方倾斜，其斜率为负。因为，等产量曲线上的每一点都代表能生产一定产量的各种要素的有效组合。因此，要增加某种要素的投入量并保持产量不变，就必须相应地减少另一种要素的投入量。等产量曲线的这一特征，是由边际技术替代率的递减规律决定的。

需要注意的是，由等产量曲线图的坐标原点引出的射线 OR（见图 5.6）代表两种可变生产要素投入量的比例固定不变情况下的所有组合方式，射线的斜率等于固定不变的两要素投入量的比例。这种射线表示要素投入量的不变比例的组合和可变的产量之间的关系。而等产量曲线表示要素投入量的可变比例的组合和不变的产量之间的关系。

2. 边际技术替代率

(1) 边际技术替代率的概念

生产中要使用各种生产要素，或称投入品。这些生产要素或投入品的不同组合就是各种生产方式或技术。在生产中，劳动与资本总是按一定的比例配合的。在有些情况下，劳动与资本的配合比例是固定的，劳动与资本不能互相代替。例如，一单位劳动与若干固定单位资本相配合，如果劳动不增加而资本增加，则产量不能增加。这就是固定比例的生产函数。

但在大多数情况下，两种投入的不同比例可以达到相同的产量。劳动与资本可以互相代替，这就是生产要素的替代性。例如：为了生产 100 单位的某种产品，生产者可以使用较多的劳动和较少的资本，也可以使用较少的劳动和较多的资本。前者可以看成是劳动对资本的替代，后者可以看成是资本对劳动的替代。由两要素之间这种相互替代的关系，可以得到边际技术替代率的概念。

在维持产量水平不变的条件下，增加一个单位的某种要素投入量时所减少的另一种要素的投入数量，被称为边际技术替代率(Marginal Rate of Technical Substitution，MRTS)。

劳动对资本的边际替代率是指在保持产量不变时增加 1 单位劳动所需要减少的资本量。以 ΔL 代表劳动增加量，ΔK 代表资本的减少量，$MRTS_{LK}$ 代表劳动对资本的边际技术替代率，则有：

$$MRTS_{LK} = -\frac{\Delta K}{\Delta L} \tag{5.17}$$

在通常情况下，由于劳动和资本的变化量呈反方向变动，为使边际技术替代率是正值以便于比较，在公式中加了一个负号。

当 $\Delta L \to 0$ 时，则有

$$MRTS_{LK} = \lim_{\Delta L \to 0} -\frac{\Delta K}{\Delta L} = -\frac{\mathrm{d}K}{\mathrm{d}L} \tag{5.18}$$

这说明等产量曲线上任一点的边际技术替代率等于等产量曲线在该点的斜率的绝对值。

边际技术替代率还可以表示为两要素的边际产量之比，这一点我们可以用数学方法加以证明。

设生产函数为：

$$Q=f(L,K)$$

对上式求全微分，得到：

$$dQ=\frac{\partial Q}{\partial L}dL+\frac{\partial Q}{\partial K}dK$$

$\frac{\partial Q}{\partial L}$为劳动的边际产量$MP_L$，$\frac{\partial Q}{\partial K}$为资本的边际产量$MP_K$，要保持产量水平不变，则 $dQ=0$。

所以，

$$\frac{\partial Q}{\partial L}dL+\frac{\partial Q}{\partial K}dK=0$$

即

$$-\frac{dK}{dL}=\frac{\frac{\partial Q}{\partial L}}{\frac{\partial Q}{\partial K}}=\frac{MP_L}{MP_K}$$

所以，

$$MRTS_{LK}=-\frac{dK}{dL}=\frac{MP_L}{MP_K} \tag{5.19}$$

(2) 边际技术替代率递减规律

在两种生产要素相互替代的过程中，普遍地存在这么一种现象：在维持产量不变的前提下，当一种生产要素的投入量不断增加时，每一单位的这种生产要素所能替代的另一种生产要素的数量是递减的。这一现象被称为边际替代率递减规律（Diminishing Marginal Rate of Technical Substitution）。边际技术替代率的递减规律可以从图 5.7 中得到很好的说明。在劳动投入量相对较低的时候，单位劳动 ΔL 可以替代的资本量为较多的 ΔK_1，随着劳动投入量的不断增加，单位劳动对资本的替代

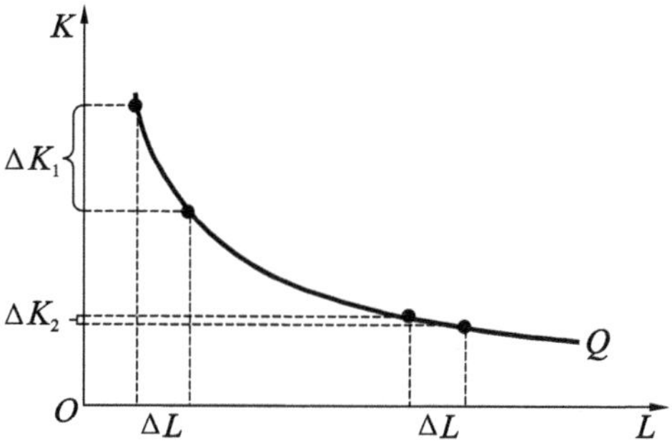

图 5.7　边际技术替代率递减规律

是越来越少的，此时，同样的单位劳动 ΔL 只可以替代较少的资本量为 ΔK_2（$\Delta K_1 > \Delta K_2$）。边际替代率递减规律说明了，随着劳动量增加和资本量减少，劳动对资本的边际替代率是递减的。

边际技术替代率递减的主要原因在于：以劳动对资本的替代为例，随着劳动对资本的不断替代，劳动的边际产量逐渐下降，而资本的边际产量逐渐上升。作为逐渐下降的劳动的边际产量与逐渐上升的资本的边际产量之比的边际技术替代率是递减的。

边际技术替代率递减规律决定了等产量曲线一般是凸向原点的。但是，等产量曲线也存在着如下特殊情况：

第一，完全替代。完全替代是指两种生产要素之间完全可以替代，边际技术替代率不变，等产量曲线为一条直线（图 5.8）。例如，乐器的制造，可以完全由机器制作，也可以由技艺高超的工匠借助少量的工具完成。

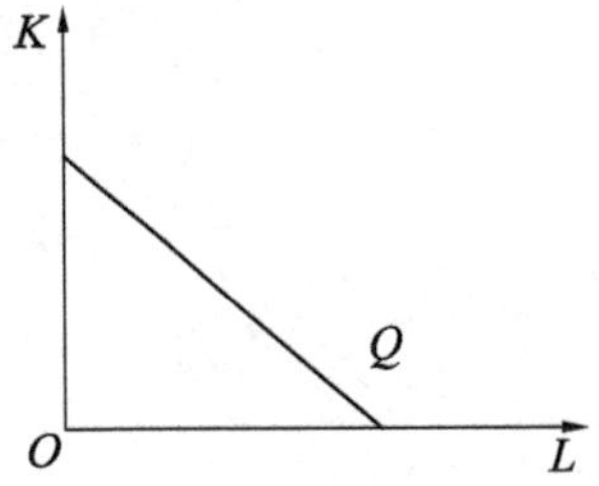

图 5.8　要素完全替代条件下的等产量曲线

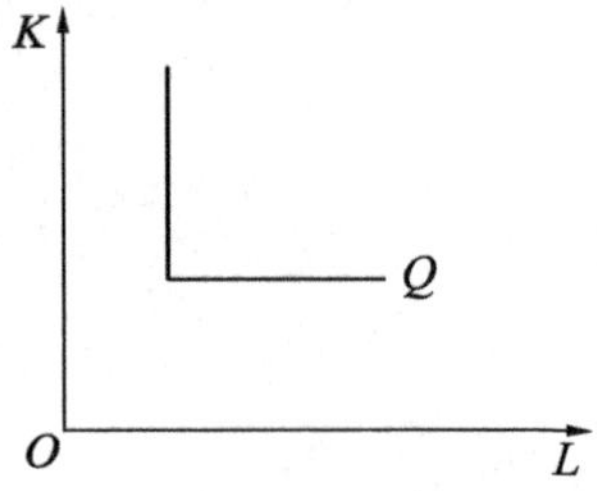

图 5.9　固定投入比例生产函数的等产量曲线

第二，完全不能替代（完全互补）。完全不能替代是指两种生产要素之间的比例是固定的，不存在替代关系，即固定投入比例生产函数。等产量曲线为一条直角形的折线（图 5.9）。例如，用风镐对人行道进行翻建，一个工人用一台风镐，一台风镐也只能由一人操作。多人一台风镐或一人多台风镐都不能增加产量。

3. 生产的经济区域(Economic Region)

生产者需要的是找到生产要素的最佳组合。在所有生产要素 L、K 可能的组合中，有一部分不处于生产的经济区域之间，可以不予考虑。那么什么是“生产的经济区域”呢？

从图 5.10 中可以看出，OE 以上，OF 以下曲线的斜率为正，生产要素 L 和 K 必须同时增加才能保持总产量不变。这时一定有一个生产要素的边际产量为负，也就意味着使用量过多，存在浪费现象，显然不是最佳生产要素组合。在 EOF 区域内，曲线的斜率为负，生产要素 L 和 K 之间可以互相替代，即增加一个生产要素的使用就要减少对另一个的使用，以保持总产量不变。OE 和 OF 称为脊线(Ridge Line)。*OE* 上的每一点的资本的边际产量为零,*OF* 上的每一点的劳动的边际产量为零。显然,生产的经济区域应当是两条脊线 *OE* 和 *OF* 所围成的区域,在此区域内,等产量曲线斜率为负,两个生产要素的边际产量都是正值,即增加任何一个生产要素的使用量都会导致总产量的增加,表示可通过对两种生产要素投入量的相互替代,来生产某一既定的产量水平。

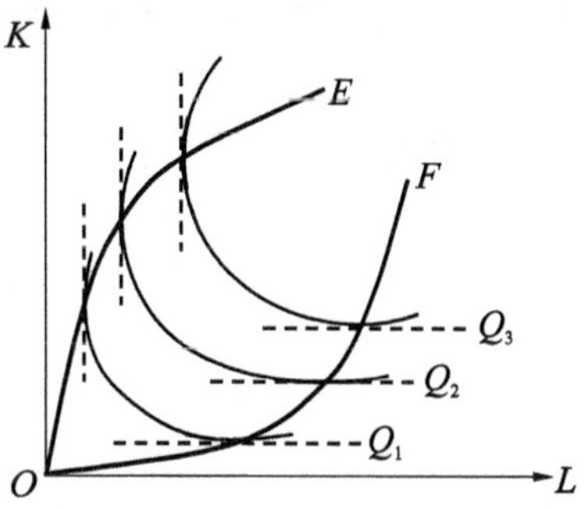

图 5.10 生产的经济区域

4. 等成本线

在现实生活中,各种生产要素都是有价的。例如:雇佣工人,需要支付工人的工资;到银行贷款,需要支付银行的利息;办工厂,需要租用土地,需要支付地租等等。厂商要想购买这些生产要素,就必须有一定的货币支出,这种货币的支出构成了厂商的生产成本。一个厂商若想追求最大利润,就必须考虑成本。

生产理论中的等成本线是在既定的成本和生产要素价格条件下生产者可以购买到的两种生产要素的各种不同数量组合的轨迹。

假设某企业总成本为 100 元,每单位资本为 25 元,每单位劳动为 25 元。这样,在成本既定时,所能购买的资本量和劳动量有各种不同的组合方式,表 5.3 中列出了其中的五种组合方式 *a*,*b*,*c*,*d*,*e*:

表 5.3 资本与劳动的组合

组合方式	资本量	劳动量
a	4	0
b	3	1
c	2	2
d	1	3
e	0	4

将表 5.3 中的五种组合描绘在直角坐标系中,就得到 *a*,*b*,*c*,*d*,*e* 五个点,连接 *a*,*b*,*c*,*d*,*e* 各点的直线就是成本线(图 5.11)。

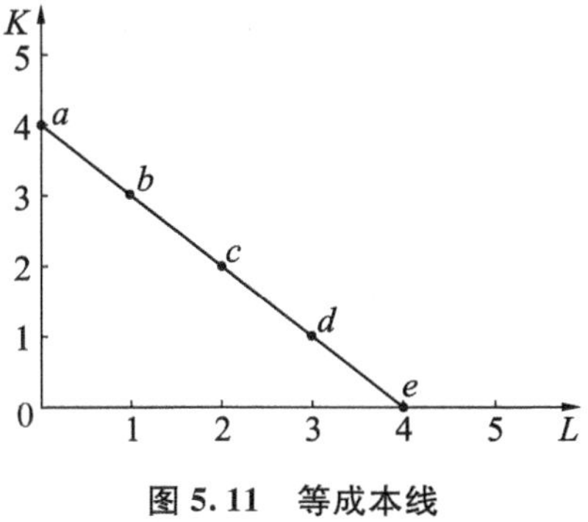

图 5.11 等成本线

一般的,假定要素市场上既定的劳动的价格即工资为 *w*,既定的资本的价格

即利息为 r，厂商既定的成本支出为 C，则成本方程为：

$$C=wL+rK \tag{5.20}$$

由成本方程可以得到：

$$K=-\frac{w}{r}L+\frac{C}{r} \tag{5.21}$$

根据上述式子可以得到一般意义上的等成本线，如图 5.12 所示。

由于成本方程式是线性的，所以等成本线必是一条直线。图中横轴上的点 $\frac{C}{w}$ 表示既定的全部成本都用来购买劳动时的数量，纵轴上的点 $\frac{C}{r}$ 表示既定的全部成本都用来购买资本时的数量，连接这两点的线段就是等成本线。它表示既定的全部成本所能购买到的劳动和资本的各种组合。

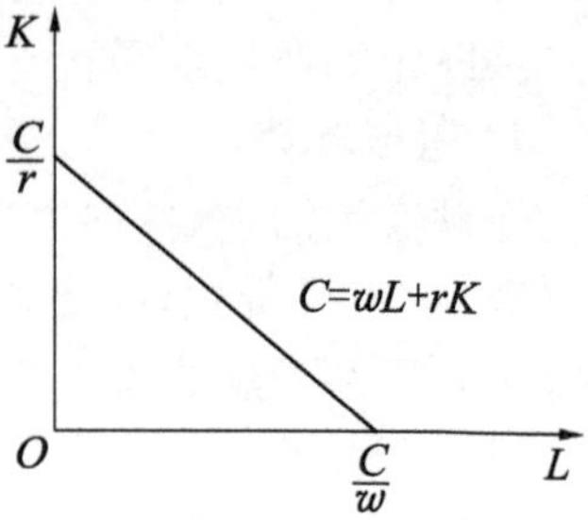

图 5.12　等成本线的一般形态

等成本线的斜率为 $-\frac{w}{r}$，即为两种生产要素的价格之比的负值。等成本线以内区域中的任何一点表示既定的全部成本都用来购买该点的劳动和资本的组合以后还有剩余。等成本线以外的区域中的任何一点表示用既定的全部成本购买该点的劳动和资本的组合都不够。唯有等成本线上的任何一点，才表示用既定的全部成本刚好能购买到的劳动和资本的组合。

成本与生产要素价格的变动，都会使等成本线发生变动。其他因素不变，工资水平的变化会使等成本线以纵轴上 $\frac{C}{r}$ 点为轴心而发生相应转动；其他因素不变，利息水平的变化会使等成本线以横轴上 $\frac{C}{w}$ 点为轴心而发生相应转动；其他因素不变，成本的变化会使等成本线发生平移。等成本线的变化与效用理论中的预算线变化类似，请大家自己作图加以说明。

5. 最优的生产要素组合

在长期内，所有生产要素的投入量都是可变的，理性的生产者会选择最优的要素组合进行生产。现在我们就把等成本线和等产量线结合起来，研究生产者均衡。生产者均衡研究的是，厂商如何选择最优的要素组合，从而实现既定成本条件下的最大产量，或者实现既定产量条件下的最小成本。

(1) 既定成本条件下的产量最大化

假定企业用两种可变生产要素劳动和资本生产一种产品，劳动的价格 w 和资本的价格 r 是已知的，企业用于购买这两种要素的全部成本 C 是固定的。如果企业要从既定的成本中获得最大的产量，那么它应该如何选择最优的劳动投入量和资本投入量呢？

把企业的等产量曲线和相应的等成本曲线画在同一个平面坐标系中，就可以得到企业在既定成本下实现最大产量的最优要素组合点，既生产均衡点。

如图 5.13，有一条等成本线 AB 和三条等产量曲线 Q_1、Q_2 和 Q_3。等成本线 AB 代表了一个既定的成本量，等成本线 AB 的斜率取决于已知的两种要素的价格比例 $-\frac{w}{r}$。由图中可见，唯一的等成本线 AB 与其中的一条等产量曲线 Q_2 相切于 E 点，该点就是生产的均衡点。它表示：在既定成本条件下，企业应该按照 E 点的要素组合进行生产，即劳动投入量和资本投入量分别为 OL_1 和 OK_1，这样，厂商就会取得最大的产量。

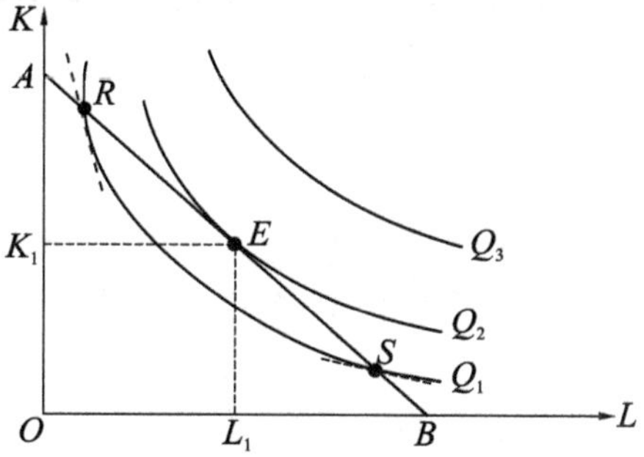

图 5.13　既定成本条件下的产量最大化

为什么 E 点就是最优的要素组合呢？这需要分析代表既定成本的唯一等成本线 AB 与三条等产量曲线 Q_1、Q_2 和 Q_3 之间的关系。

先看等产量曲线 Q_3，等产量曲线 Q_3 代表的产量虽然高于等产量曲线 Q_2，但唯一的等成本线 AB 与等产量曲线 Q_3 无交点又无切点。这表明等产量曲线 Q_3 所代表的产量是企业无法实现的产量，因为企业利用既定成本只能购买到位于等成本线 AB 上或等成本线 AB 以内区域的要素组合。

再看等产量曲线 Q_1，虽然与唯一的等成本线相交于 R、S 两点，但等产量曲线 Q_1 所代表的产量是比较低的。因为，此时企业在不增加成本的情况下，只需由 R 点出发向右或由 S 点出发向左沿着既定的等成本线 AB 改变要素组合，就可以增加产量。

所以，只有在唯一的等成本线 AB 和等产量曲线 Q_2 的相切点 E，才是实现既定成本条件下的最大产量的要素组合。任何更高的产量在既定成本条件下都是无法实现的，任何更低的产量都是低效率的。

(2) 既定产量条件下的成本最小化

同理可以求既定产量条件下的成本最小化。

图 5.14 中有一条等产量曲线 Q 和三条等成本曲线 AB、$A'B'$ 和 $A''B''$，唯一的等产量曲线 Q 代表既定的产量。三条等成本线具有相同的斜率，但代表不同的成本量。其中，等成本线 AB 代表的成本大于等成本线 $A'B'$，等成本线 $A''B''$ 代表的成本小于等成本线 $A'B'$。唯一的等产量曲线 Q 与其中一条等成本线 $A'B'$ 相切于 E 点，这就是生产的均衡点或最优要素组合点。它表示：在既定的

产量条件下，生产者应该选择 E 点的要素组合 (OL_1, OK_1)，才能实现最小的成本。

从图中可见，等成本线 $A''B''$ 虽然代表的成本较低，但它与既定的等产量曲线 Q 既无交点又无切点，它无法实现等产量曲线 Q 所代表的产量。等成本曲线 AB 虽然与既定的等产量曲线 Q 相交于 R、S 两点，但它所代表的成本过高，通过沿着等产量曲线 Q 由 R 点向 E 点或者由 S 点向 E 点的移动，就可以获得相同的产量而使成本下降。所以，只有在切点 E，才是在既定产量条件下实现最小成本的要素组合。

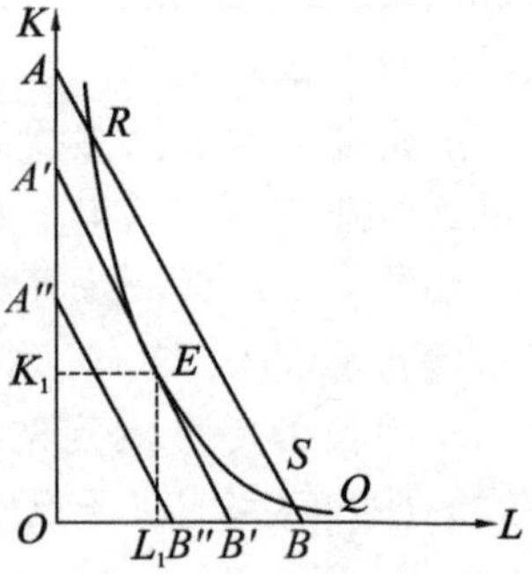

图 5.14　既定产量条件下的成本最小化

(3) 生产者均衡条件

由上面的分析中可以看出，无论是既定成本条件下的产量最大化还是既定产量条件下的成本最小化，都在等产量曲线与等成本曲线的切点 E 处，或等产量曲线与等成本曲线斜率相等处取得。由于等成本线斜率的绝对值为 $\frac{w}{r}$，等产量曲线在 E 点处的斜率的绝对值为 $MRTS_{LK}$ 或 $\frac{MP_L}{MP_K}$，所以，生产者均衡的条件为：

$$MRTS_{LK}=\frac{w}{r} \tag{5.22}$$

或

$$\frac{MP_L}{w}=\frac{MP_K}{r} \tag{5.23}$$

这就是说，当用于劳动的每单位成本支出的边际产量等于用于资本的每单位成本支出的边际产量时，厂商可以实现既定产量条件下的成本最小化或既定成本条件下的产量最大化。

生产者为了实现生产要素的最优组合，必须把有限的资金在不同的投入品之间作这样的分配，使得投入的边际产量之比等于投入的价格之比；或者说生产者为了实现生产要素的最优组合，就必须通过对两要素投入的不断调整，使得花费在两要素上的最后一单位的货币成本所带来的边际产量相等。如果用于劳动的最后 1 元支出所增加的产量大于用于资本的最后 1 元支出所增加的产量，企业就应该少用资本多用劳动。通过这种调整，企业可以以更低的总成本生产相同产量。相反，如果用于资本的最后 1 元支出所增加的产量大于用于劳动的最后 1 元支出所增加的产量,企业就应该少用劳动多用资本。通过这种调整,企业可以降低生产既定产量的成本。一个企业只有在用于所有投入品的最后 1 元所增加的产量相同时,才能实现既定产量条件下的成本最小化或既定成本条件下的产量最大化。

一般地,当 $MRTS_{LK}>\frac{w}{r}$时,意味着用于劳动的每单位成本支出的边际产量大于用于资本的每单位成本支出的边际产量,此时,厂商应当增加劳动的使用量减少资本的使用量,从而实现最优的生产要素组合;

当 $MRTS_{LK}<\frac{w}{r}$时,意味着用于劳动的每单位成本支出的边际产量小于用于资本的每单位成本支出的边际产量,此时,厂商应当增加资本的使用量减少劳动的使用量,从而实现最优的生产要素组合;

只有当 $MRTS_{LK}=\frac{w}{r}$时,才意味着用于劳动的每单位成本支出的边际产量等于用于资本的每单位成本支出的边际产量,此时,厂商实现了最优的生产要素组合。

理性厂商的目标是追求利润的最大化。完全竞争条件下,对厂商来说,商品的价格和生产要素的价格都是既定的,厂商可以通过对生产要素投入量的不断调整来实现最大的利润。追求利润最大化的厂商可以得到最优的生产要素组合,这一点可以用数学方法加以证明。

假定:在完全竞争条件下,厂商的生产函数为 $Q=f(L,K)$,既定的商品价格为 P,既定的劳动价格为 w,既定的资本价格为 r,则厂商的利润 π 为总收益减去总成本,即:

$$\begin{aligned}\pi&=TR(Q)-TC(Q)\\&=P\cdot Q-TC(Q)\\&=P\cdot f(L,K)-(wL+rK)\end{aligned}$$

利润最大化的一阶条件为:

$$\frac{\partial\pi}{\partial L}=P\cdot\frac{\partial f}{\partial L}-w=0$$

$$\frac{\partial\pi}{\partial K}=P\cdot\frac{\partial f}{\partial K}-r=0$$

整理得

$$\frac{\frac{\partial f}{\partial L}}{\frac{\partial f}{\partial K}}=\frac{w}{r}$$

即

$$\frac{MP_L}{MP_K}=\frac{w}{r},或\frac{MP_L}{w}=\frac{MP_K}{r} \tag{5.24}$$

此式与上面得到的最优生产要素组合的条件一致。所以说,追求利润最大化的厂商是可以得到最优的生产要素组合的。

(4) 扩展线

在其他条件不变时,当生产的产量或成本发生变化时,厂商会重新选择最优的生产要素组合,在变化了的产量条件下实现最小成本,或在变化了的成本条件下实现最大产量。

我们把一组等产量曲线中两要素的边际技术替代率相等的点的轨迹称之为等斜线。

而扩展线是在生产要素的价格、生产函数和其他条件不变时,当生产成本或产量发生变化,形成的生产均衡点的轨迹。由于在扩展线上的所有的生产均衡点上边际技术替代率都相等,扩展线一定是一条等斜线。厂商必然会沿着扩展线来选择最优的生产要素组合,从而实现生产的均衡。图 5.15 中的曲线 ON 是一条扩展线。

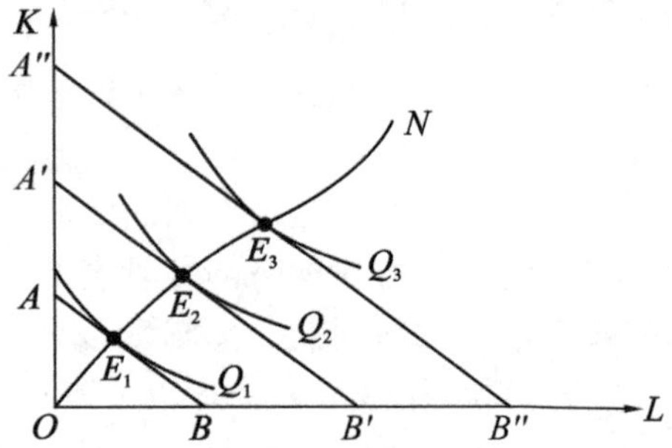

图 5.15　扩展线

扩展线表示,在既定的条件(价格、技术)下,当生产成本或产量发生变化时,等成本线和等产量曲线会发生平移,这些不同的等成本线和等产量曲线相切,形成一系列不同的生产均衡点,其轨迹即扩展线。厂商必然会沿着扩展线来选择最优的生产要素组合,从而实现既定成本下的最大产量,或既定产量下的最小成本,以实现其利润最大化目标。

6. 规模报酬(Return to Scale)

经济学里另一个关于产量随着投入量变化而变化的概念是规模报酬。我们注意到,造船厂、钢铁厂没有数千个工人够不上规模,而服装厂、食品厂如果雇用上千工人,恐怕就大而不当了。可见,不同的生产技术有不同的适度规模。造船厂太小,效率不高;服装厂太大,效率也不高。换言之,当生产规模逐渐扩大时,对某些生产技术,效率就越来越高,对另一些生产技术,效率会越来越低,这就是所谓规模报酬问题。

规模报酬又叫规模收益,是指厂商同比例地变动所有的投入量而产生的产量变动,也就是因生产规模的变动而引起的产量变动的情况。规模报酬也是以技术水平不变为前提的，它与边际报酬递减规律的差别在于不是考察一种生产要素变动对产量的影响，而是考察所有生产要素变动对产量的影响。

随着各种生产要素的增加，生产规模的扩大，产量的变动大致要经过三个阶段：第一阶段，产量增加的幅度大于规模扩大幅度，这是规模报酬递增阶段；第二阶段，产量增加的幅度与规模扩大的幅度相等，这是由规模报酬递增到规模报酬递减的过渡阶段，称为规模报酬不变阶段；第三阶段，产量增加的幅度小于规模扩大的幅度，甚至产量绝对减少，这就是规模报酬递减阶段。

所以说，规模报酬可以分成规模报酬递增、规模报酬不变和规模报酬递减三种情况。

规模报酬递增是指产量增加的比例大于各种生产要素增加的比例。产生规模报酬递增的主要原因是由于企业生产规模扩大所带来的生产效率的提高。

规模报酬不变是指产量增加的比例等于各种生产要素增加的比例。

规模报酬递减是指产量增加的比例小于各种生产要素增加的比例。产生规模报酬递减的主要原因是由于企业生产规模过大，使生产的各方面难以协调，从而降低了生产效率。

对于生产函数 $Q=f(L,K)$，若 $f(\lambda L,\lambda K)>\lambda f(L,K)$，其中，$\lambda>0$，则生产函数 $Q=f(L,K)$ 具有规模报酬递增的性质；若 $f(\lambda L,\lambda K)=\lambda f(L,K)$，其中，$\lambda>0$，则生产函数 $Q=f(L,K)$ 具有规模报酬不变的性质；若 $f(\lambda L,\lambda K)<\lambda f(L,K)$，其中，$\lambda>0$，则生产函数 $Q=f(L,K)$ 具有规模报酬递减的性质。

规模报酬变化一般呈现出如下规律：当企业从最初很小的生产规模开始逐步扩大时，面临的是规模报酬递增阶段。在企业得到了由生产规模扩大所带来的产量递增的全部好处后，一般会继续扩大生产规模，将生产保持在规模报酬不变阶段。规模报酬不变阶段可能会比较长。此后，企业若继续扩大生产规模，将进入规模报酬递减阶段。

本章小结

1. 生产者亦称厂商或企业，它是指能够作出统一的生产决策的单个经济单位。厂商主要采取三种组织形式：个人业主制企业、合伙制企业和公司制企业。企业的目标是利润的最大化。

2. 企业是一种组织交易、配置资源的方式，与市场存在替代关系。当市场交易成本高于企业内部的管理协调成本时，企业便产生了；当市场交易的边际成本等于企业内部的管理协调的边际成本时，就是企业规模扩张的界限。

3. 企业的生产有短期和长期之分，短期和长期的划分不是以时间的长短，而是以生产者能否调整所有要素的投入数量为标准。生产函数表示在一定时期内，在一定的技术条件下，生产要素的投入量与它所能生产出来的最大产量之间的一种函数关系。

4. 边际报酬递减规律的基本内容是：在技术水平不变的情况下，当把一种可变的生产要素投入到一种或几种不变的生产要素中时，最初这种生产要素投入所带来的边际产量是递增的；但是当这种可变要素的投入量连续投入并超过一定限度时，增加该要素投入所带来的边际产量是递减的。

5. 等产量线表示任一给定产量所需两种投入要素的各种可能的组合，等成本线则表示任一给定总成本企业能够获得的两种投入要素的组合。等产量线和等成本线的切点实现了生产要素的最优组合。在切点上，边际技术替代率和两要素的价格之比相等。追求利润最大化的厂商可以得到生产要素的最优组合。

6. 规模报酬变化是指在其他条件不变的情况下，企业内部各种生产要素按相同比例变化时所带来的产量变化。企业的规模报酬可以分为规模报酬递增、规模报酬不变和规模报酬递减三种情况。

如果学生能在经济学课程中真正理解成本的所有各个方面，那么，这门课程就算取得了真正的成功。

——约翰·克拉克(美国经济学家)

第6章 成本论

本章重点提示

◇ 机会成本的概念

◇ 成本和利润

◇ 成本函数和生产函数之间的关系

◇ 各种短期成本的含义、曲线特征以及曲线之间的相互关系

◇ 各种长期成本的含义、曲线特征以及曲线之间的相互关系

成本是企业、政府乃至消费者个人进行经济决策需要考虑的重要因素。厂商要想取得最大化的利润，政府要想实现资源在全社会范围内的有效配置，个人要想实现资产的有效组合，都必须进行成本与收益的分析。厂商的利润最大化理论、政府公共工程的评价等，主要建立在成本分析的基础之上。本章我们将从厂商决策的角度讨论成本理论。

第一节 成本的概念

2011年以来，长三角、珠三角地区中小企业经营困难的消息不断，全国工商联在3、4月前后，对广东、浙江、江苏等17个省中小企业的生存状况进行了历时3个月的细致调查。

调查结果显示，中小企业当前的困难主要是能源原材料价格大幅上涨、劳动力成本持续上升、税费负担较重和人民币不断升值，多种因素导致企业成本急剧增加，利润空间遭到严重挤压。其中，不少小微型企业的利润出现大幅下滑，相当部分企业处于亏损边缘。

前面我们已经分析过，企业追求的是利润最大化，而利润与成本息息相关。

提到成本，人们常常会联想到企业使用资源所支付的货币，事实上，企业的货币支出只是整个成本结构中的一部分，那么，到底什么是成本呢？

经济学中的成本与会计学中的成本概念是有区别的。影响厂商决策的成本是机会成本，而机会成本又必须从显成本和隐成本两个角度来把握。

【案例】猪肉涨价

2011年5月份以来，猪肉价格一路走高。2011年7月9日，国家统计局发布报告称，6月份全国居民消费价格总水平(CPI)同比上涨6.4%，创下三年以来的新高点，其中，猪肉价格与去年同比上涨57.1%，影响CPI上涨约1.37个百分点。

随着猪肉价格的上涨，一首《猪肉涨价了》的歌也迅速爆红：现在的猪肉真值钱/一斤卖到十好几元/猪肉真新鲜/眼巴巴看着却舍不得钱……猪肉大涨价/太贵啦/我现在顿顿就只能吃菜瓜/它那边儿肉价涨/我这边儿体重降/瘦的走路直打晃……让这肉价降一降吧/也许会有肉价回落的一天/但估计再也不可能降回从前/怀念从前！

为摸清猪肉价格持续上涨的原因，河南省地方经济社会调查队对部分省辖市进行了调查，结果显示，生猪供给不足、养殖成本增加等近期河南猪肉价格上涨的主要因素。

养殖成本增加主要体现在三方面：其一是用工费用增加。鹤壁市浚县养殖户指出，去年雇工工资月人均为900元左右，今年人均较去年上涨大约600元，饲料和雇工工资上涨大约使每头猪成本增加100元左右；其二是饲料价格上涨。调查显示，5月份，洛阳市猪饲料平均价格为每公斤4.8元，比去年同期上涨2.1%；商丘市同比上涨5.6%；三门峡市同比上涨4%。其三是运输成本提高。今年国家发改委两次上调成品油价格，使得运输成本增加。

一、机会成本(Opportunity Cost)

经济学家认为，资源是稀缺的、有限的。把资源用于一种用途就要放弃其他用途。世界上没有白吃的午餐，这就是说，你要在资源可供选择的几种用途之间进行权衡以便作出选择。或者换个说法，为了得到某种东西就必须放弃其他东西。例如，你有2小时业余时间(有限的资源)，可用于看一场电影或读一本书(可供选择的两种用途)，为了得到看一场电影的享受就必须放弃读一本书的乐趣。经济学家将为了得到某种东西而放弃的其他东西称为得到某种东西的机会成本。

我们首先来分析一下上大学的机会成本。如果进入大学，你可能算出学费、书本费和生活费等合计约为每年12 000元。这12 000元是否就是你入校的机会成本？当然不是。你还必须包括花费在学习上的时间的机会成本。假定当年一个 19 岁的高中毕业生的全日制工作年平均工资为 18 000 元。如果加上实际的花销和放弃的收入，我们可以发现上大学的机会成本为每年 30 000 元，而不是每年 12 000 元。再比如说，你有一笔 10 万元的钱，存入银行可获得利息 5 000 元，投入股市可获利 1 万元。如果你把这笔钱存入银行得到 5 000 元的利息，机会成本就是不投入股市所放弃的 1 万元。所以说，使用一种资源的机会成本是指把该资源投入某一特定用途后所放弃的在其他用途中所能够获得的最大利益。

在理解机会成本这个概念时要注意这样几点。第一，机会成本可以用货币来表示，但并不是实际货币支出或损失，仅仅是一种观念上的支出或损失。在上面的例子中，把钱存银行得到利息的机会成本你并没有实际支出，也不是你的钱少了。第二，当一种资源有多种用途时，机会成本是最大可能放弃的收入。例如，如果你的 10 万元有三种用途，各有不同收入：存银行利息 5 000 元，投入股市收入 1 万元，开商店获利 2 万元。这时存银行获利 5 000 元的机会成本就是 2 万元，而不是 1 万元。第三，如果资源没有多种用途，就不存在机会成本。例如，如果你的 10 万元只能存银行，不能投入股市、经商或作其他用途，机会成本就是零。第四，其他人的活动也会给你带来机会成本。例如，你想投资于经商，但别人投资后你无法投资，他赚到 2 万元的机会成本是你不能赚到的 2 万元。

机会成本是一个非常有用的概念，它有助于我们作出理性决策。这就是说，当你作出一项决策时，不仅要考虑得到了什么而且还要考虑放弃了什么。在经济学中，厂商的生产成本应该从机会成本的角度来理解。

二、显成本(Explicit Cost)和隐成本(Implicit Cost)

企业的生产成本是指企业经营过程中的费用支出。它有显成本和隐成本两种不同的形态。

显成本是指企业经营活动的日常支出。如：雇佣工人需支付工资，购买原材料需支付的现金，银行贷款的利息等。

隐成本则指经营者利用自有资源的成本。例如，为了进行生产，一个工厂除了雇用一定数量的工人，从银行取得一定数量的贷款和租用一定数量的土地之外(这些均属于显成本支出)，还动用了自己的资金和土地，并亲自管理企业。西方经济学家指出，既然借用了他人的资本需付利息，租用了他人的土地需付地租，聘用他人需付薪金，那么，同样道理，在这个例子中，当厂商使用了自有生产要素时，也应该得到报酬。所不同的是，现在厂商是自己向自己支付利息、地租和薪金。所以这笔价值就应计入成本之中。

简单来说，显成本是厂商购买所需投入物的实际支出，隐成本是厂商在生产过程中或经营活动中所使用的自己所拥有的投入物的价值。显成本和隐成本都必须从机会成本的角度进行理解。显成本必须等于生产要素的所有者将相同的生产要素使用在其他用途时所能得到的最高收入,否则,企业就不能购买或租用到这些生产要素。隐成本也必须按照企业自由生产要素在其他用途中所能得到的最高收入来支付,否则,厂商就会把自由生产要素转移出本企业,以获得更高的报酬。

三、会计成本(Accounting Cost)和经济成本(Economic Cost)

企业在进行决策时,会考虑不同的成本。通常所说的成本是会计成本,即企业在经营时发生的各项货币支出的记录。而从资源优化配置的角度,企业却应当考虑经济成本,即企业为经营决策而核算的成本。

会计成本又称为历史成本,是指企业在经营过程中所实际发生的一切成本。它是会计记录在公司账册上的客观的和有形的支出,包括生产、销过程中发生的原料、动力、工资、租金、广告、利息等支出。

经济成本则考虑资源用于某一既定行动方案时所放弃的机会成本,它是企业所有投入要素的机会成本之和。

会计成本与经济成本的关系在于:

会计成本=显成本

经济成本=显成本+隐成本

由此可见,经济成本是一个比会计成本含义更广泛、内容更丰富的概念。可以毫不夸张地说,经济成本几乎涉及了企业所有的经营内容和领域。经济成本是企业运作过程中的全部成本,有些经济成本项目我们没有认识到,也有些经济成本项目我们虽然也知道它的存在,但却没有把其当作独立的成本项目来进行分析。既然经济成本是比会计成本含义更广泛、内容更丰富,因此我们在进行决策时不仅要考虑到会计成本,更要考虑到经济成本。只有在显成本和隐成本的管理上都取得了成本优势,企业才能在总成本上取得了优势,才能在激烈竞争中独占鳌头。

四、会计利润(Accounting Profit)与经济利润(Economic Profit)

我们知道,厂商追求的是利润最大化。而利润等于企业的总收益减去总成本。既然企业的成本有会计成本和经济成本之分,那么,企业的利润也可以区分为会计利润与经济利润。

会计利润是指企业在一定会计期间的经营成果,是企业的收益减去会计成本后的余额,包括收入减去费用后的净额、直接计入当期利润的利得和损失等。

会计利润也就是账面利润，是公司在损益表中披露的利润。

经济利润是经济学家所持的利润概念，是企业的收益减去经济成本后的余额，又称为超额利润，简称为利润。理性厂商所追求的利润最大化，指的就是经济利润的最大化。

会计利润与经济利润的关系如下：

会计利润＝收益－会计成本＝收益－显成本

经济利润＝收益－经济成本＝收益－显成本－隐成本＝会计利润－隐成本

例如，李某是某公司销售部经理，年薪 8 万元，存入银行可得利息 0.5 万元。现决定开一家超市，需将自己所拥有的一店面房作为超市营业用房，原店面房租收入为 3 万元，还需要雇用 5 名员工。经营 1 年后，账目如下：总收入 25 万元；进货成本 6 万元；雇员工资 3 万元；水电杂费 1 万元。由此我们可以计算出会计成本(显成本)为 10 万元，会计利润为 15 万元。

但是这一会计利润不能准确显示企业的经济状况，因为它忽略了隐成本：李某提供了金融资本、店面和劳动力，发生了隐成本(放弃的收入)。李某开超市的隐成本包括：放弃的薪金收入 8 万元；放弃的利息收入 0.5 万元；放弃的租金收入 3 万元，由此计算出隐成本总计为 11.5 万元，而经济利润为 3.5 万元。

由此可见，考虑到资源的优化配置，厂商必须从机会成本的角度考虑问题。厂商从事一项经济活动不仅要能够弥补显成本，还要能够弥补隐成本。否则，厂商可以从事另一项更能赢利的经济活动。不同的行业，隐成本包括的范围不一样。有风险的行业通常把风险费用也列入隐成本中，风险越大，所要考虑的隐成本越大。如果厂商使用自己所拥有的专利进行生产，那么该项专利也应该列入隐成本之列。

当然，并不是厂商所耗费的所有成本都要列入机会成本之中。只有那些与厂商决策有关的成本才列入机会成本之中，一些与厂商决策无关的成本则不列入厂商的机会成本中去，例如沉没成本(Sunk Cost)。沉没成本是指无法回收的成本支出，如因失误造成的不可收回的投资。例如 A 公司年初花费了 10 万元钱从而获得了年底在 A 市购买某建筑物的权利。由于总部搬迁至 B 市，这 10 万元的支付便称为了沉没成本。沉没成本是一种历史成本，对现有决策而言是不可控成本，不会影响当前行为或未来决策。从这个意义上说，在投资决策时应排除沉没成本的干扰。

在微观经济学中，还需要区别经济利润和正常利润(Normal Profit)。正常利润是指厂商对自己所提供的企业家才能的报酬的支付。根据上面对隐成本的分析可知，正常利润是隐成本的一个组成部分。经济利润中不包括正常利润。

当经济利润为零时，厂商仍获得正常利润。

成本理论是建立在生产理论的基础之上的。在上一章中，我们将生产理论分成短期生产理论和长期生产理论，相应的，在本章中，成本理论也分为短期成本理论和长期成本理论。

第二节　短期成本分析

一、短期总成本(STC)

短期生产中，假定只有劳动和资本两种生产要素投入，并且资本投入量是固定的，只有劳动投入量是可变的，此时，厂商可以通过对劳动投入量的调整来变动产量水平。也可以说，厂商可以根据不同的产量水平的要求，来确定可变要素劳动的投入量。根据这种关系，在劳动价格 w 和资本价格 r 已知的条件下，用 STC 代表短期总成本，则可以用下式来表示厂商在每一产量水平上的短期总成本：

$$STC(Q)=w\cdot L(Q)+r\cdot K_0 \tag{6.1}$$

其中，$w\cdot L(Q)$为可变成本部分，$r\cdot K_0$ 为不变成本部分，两部分之和构成短期总成本。若以 $\psi(Q)$表示可变成本 $w\cdot L(Q)$，以 b 表示不变成本 $r\cdot K_0$，则短期总成本函数可以写成以下的形式：

$$STC(Q)=\psi(Q)+b \tag{6.2}$$

其中，$\psi(Q)$为可变成本(Variable Cost)，它是厂商花费在所有变动投入上的费用，随产量变化而变化。b 是不变成本(Fixed Cost)，它是厂商花费在所有固定投入上的费用，不随产量的变化而变化。显然，短期总成本是产量 Q 的函数。

二、短期总成本和扩展线的图形

在短期内，假设厂商仍只使用劳动和资本两种生产要素，其中，劳动投入量是可变的，资本投入量是固定的，那么，厂商的产量和相应的投入要素组合，进而产量和相应的成本组合，也可以用扩展线的图形来说明，如图 6.1 所示。

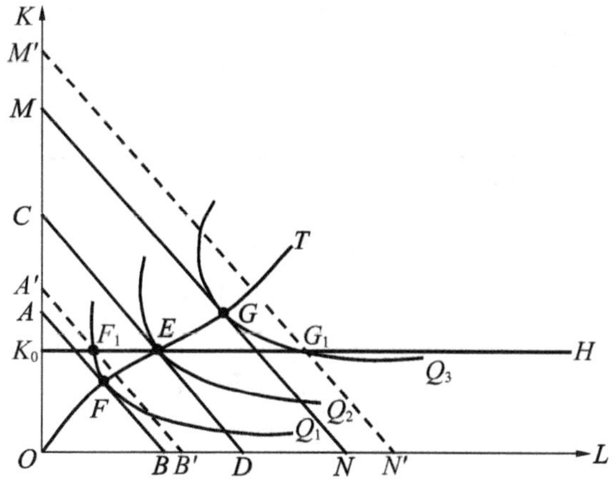

图 6.1　短期总成本与扩展线

三条等产量曲线 Q_1、Q_2、Q_3 分别与三条等成本线 AB、CD、MN 相切于 F、E、G 三点，连接这三点的 OT 线为厂商生产的扩展线。现假定在短期内厂商的资本投入量固定为 K_0，它用与横轴平行的直线 K_0H 来表示。在这种短期生产的情况下，厂商只能沿着水平线 K_0F 来调整可变要素劳动的投入量，以适应产量的变化。

如果厂商生产的产量为 Q_2，那么，厂商选择的最优要素组合为 E 点。E 点不仅是等产量曲线 Q_2 和水平线 K_0H 的交点，而且也恰好是等产量曲线 Q_2 和等成本线 CD 的切点。因此，E 点既是厂商的短期生产要素的最优组合点，又是厂商的长期生产要素的最优组合点。在 E 点上，生产 Q_2 产量的短期总成本和长期总成本是相等的，都由过 E 点的等成本线 CD 所代表。

如果厂商将产量由 Q_2 增加到 Q_3，在长期内，厂商可以达到扩展线上的均衡点 G。但是，在短期内，厂商做不到这一点。由于资本投入量是固定的，厂商所能做出的最好选择是达到等产量曲线 Q_3 和水平线 K_0H 的交点 G_1，G_1 点表示生产 Q_3 产量的短期的最优要素组合。显然，对于生产同一个产量 Q_3 来说，短期总成本大于长期总成本。

同理，如果厂商将产量由 Q_2 减少到 Q_1，由于受到固定的资本投入量的约束，在短期内，厂商不能达到扩展线上的长期均衡点 F，而只能达到等产量曲线 Q_1 和水平线 K_0H 的交点 F_1，此时，短期总成本同样大于长期总成本。

由此可以看出，水平线 K_0H 与三条等产量曲线存在三个交点 F_1、E、G_1，过这三点的等成本线 $A'B'$、CD、$M'N'$ 分别表示短期内生产 Q_1、Q_2 和 Q_3 产量的短期总成本。如果假定产量的变化是连续的，则可以在 K_0H 上得到无数个产量与相应的短期总成本的组合。可见，厂商的短期总成本可以在扩展线的图形中得到说明。

三、短期成本曲线

在短期，一部分要素如机器厂房、借入资本等的投入量是固定的，不随产量的变动而变动，这部分要素称为固定要素。购买固定要素的费用就是固定成本。固定成本按一定比例分摊计入成本。在短期，另一部分要素如劳动，原材料等，其投入量随着产量的变动而变动，这部分要素称为变动要素。支付变动要素的费用就是变动成本。要素价格既定的条件下，在短期，固定成本不变，变动成本随着产量的变动而变动。这是短期成本最显著的特点。

短期成本描述的是：在生产规模不变的条件下，随着产量的变动，成本会有怎样的变化。

1. 短期成本的分类

在短期内，一部分投入（L）是可变的，另一部分投入（K）是固定的，所以厂商的成本有可变成本（变动成本）和不变成本（固定成本）之分。可变投入 L 的变动会引起产量 Q 变动，也会引起成本 C 变动，由此可以引申出总不变成本（TFC），总可变成本（TVC），总成本（TC），平均不变成本（AFC），平均可变成本（AVC），平均成本（AC）和边际成本（MC）七个概念。

（1）总不变成本 TFC

总不变成本 TFC 是厂商在短期内为生产一定量的产品对不变生产要素所支付的成本。它不随产量而变动。

我们以横轴 Q 表示产量，纵轴 C 表示成本，从图形上来看，总不变成本曲线就是一条水平线，表示在短期内，无论产量如何变化，TFC 都是不变的（图 6.2），即使产量为零，仍是如此。

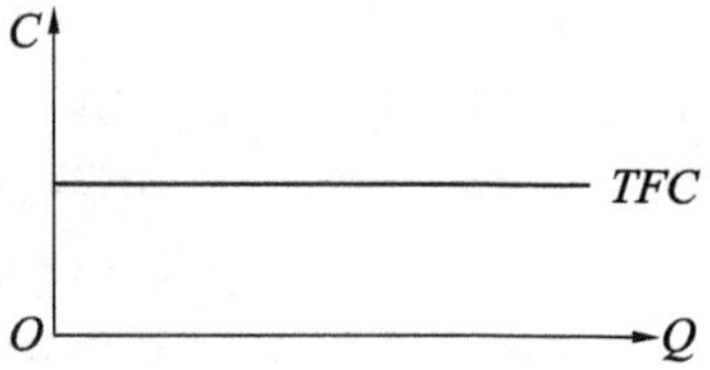

图 6.2　总不变成本曲线

（2）总可变成本 TVC

总可变成本 TVC 是厂商在短期内为生产一定量的产品对可变要素所支付的总成本，它随产量变动而变动。其函数形式为：

$$TVC = TVC(Q) \tag{6.3}$$

总可变成本曲线如图 6.3 所示。从图中可以看出，TVC 曲线从原点出发，向右上方倾斜，表示随着产量的增加，总可变成本也增加。但同时，总可变成本曲线在产出的不同阶段呈现不同的变化特征，随着可变要素投入量的增加，TVC 曲线先以递减的速率增加，后以递增的速率增加。

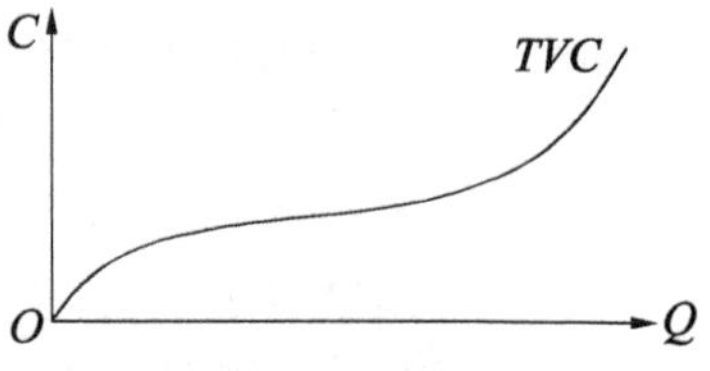

图 6.3　总可变成本曲线

总可变成本曲线之所以有如此的变化特性，是由于短期生产中的边际报酬递减规律起作用的缘故。在产量处于较低水平阶段，与不变要素相比，可变要素投入量太少，二者比例极不合理。这样，增加可变要素的投入，可以使要素比例迅速改善，从而使产量以更大的比例增加。在要素价格既定的条件下，这就表现为总可变成本递减地增加。随着可变要素投入量的增加，可变要素与不变要素的搭配比例逐渐合理。以后，随着可变要素投入量的继续增加，从经济角度看，可变要素相对过多，要素比例又逐渐趋向不合理。这使得产量随着可变要素投入量的不断增加，只以越来越小的比例增加。在要素价格既定的条件下，就表现为总可变成本递增地增加。

(3) 总成本 TC

总不变成本与总可变成本之和为总成本 TC，它是厂商在短期内为生产一定量的产品对全部生产要素所支付的总成本，也随产量的变动而变动。其函数形式是：

$$TC(Q) = TFC + TVC(Q) \tag{6.4}$$

从上述函数关系中我们可以得出，总成本曲线是从纵轴上相当于总不变成本 TFC 高度的点出发的一条向右上方倾斜的曲线。由于总不变成本 TFC 不随产量的变化而变化，所以总成本曲线的特性完全取决于总可变成本曲线的特性，由于边际报酬递减规律的作用，随着产量的增加，总成本曲线也是先以递减的速率增加，后以递增的速率增加(图 6.4)。

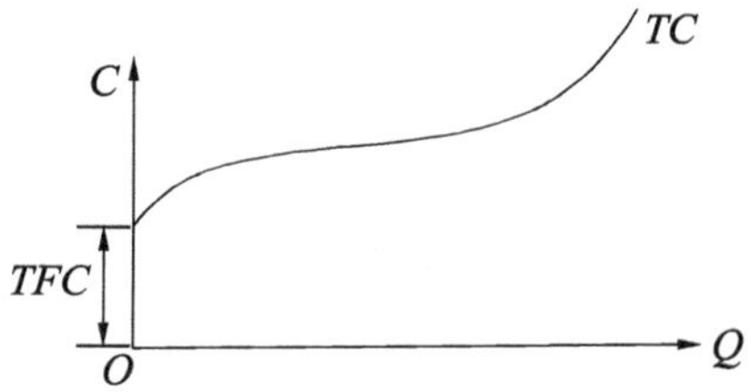

图 6.4　总成本曲线

(4) 平均不变成本 AFC

平均不变成本 AFC 是厂商在短期内平均每生产一单位产品所消耗的不变成本，用公式表示为：

$$AFC(Q) = \frac{TFC}{Q} \tag{6.5}$$

平均不变成本表示平均每一单位产品负担的不变成本。在短期，总不变成本是常数。因此，随着产量的增加单位产品负担的不变成本逐渐减少，就是说，平均不变成本 AFC 曲线向右下方倾斜，逐渐向横轴靠拢(图 6.5)。

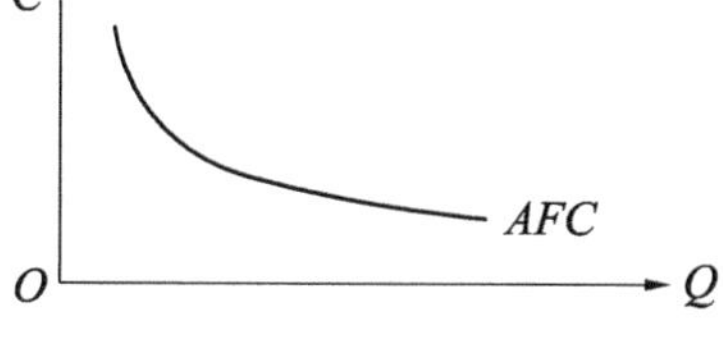

图 6.5　平均不变成本曲线

(5) 平均可变成本 AVC

平均可变成本 AVC 是厂商在短期内平均每生产一单位产品所消耗的可变成本，用公式表示为：

$$AVC(Q)=\frac{TVC(Q)}{Q} \tag{6.6}$$

平均可变成本表示单位产品负担的可变成本，它随着产量变动而变动。从图 6.6 中可以看出，平均可变成本 AVC 曲线形状为 U 形，随着产量的增加，平均可变成本先下降，后上升。平均可变成本曲线的这种特性取决于总可变成本。

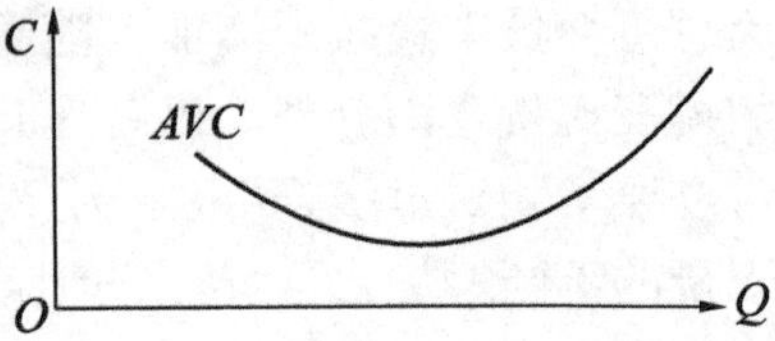

图 6.6　平均可变成本曲线

(6) 平均总成本 AC

平均总成本 AC 是厂商在短期内平均每生产一单位产品所消耗的全部成本，它等于平均不变成本与平均可变成本之和，即

$$AC(Q)=\frac{TC(Q)}{Q}=\frac{TFC+TVC(Q)}{Q}=AFC(Q)+AVC(Q) \tag{6.7}$$

由于平均成本 AC 直接由平均不变成本 AFC 和平均可变成本 AVC 而形成，因而短期平均成本的变动规律也是由平均固定成本与平均可变成本决定的。由于随着产量的增加，平均不变成本逐渐减小，而平均可变成本先递减后递增，所以，平均成本曲线也体现出先下降后上升的 U 形特征(图 6.7)。

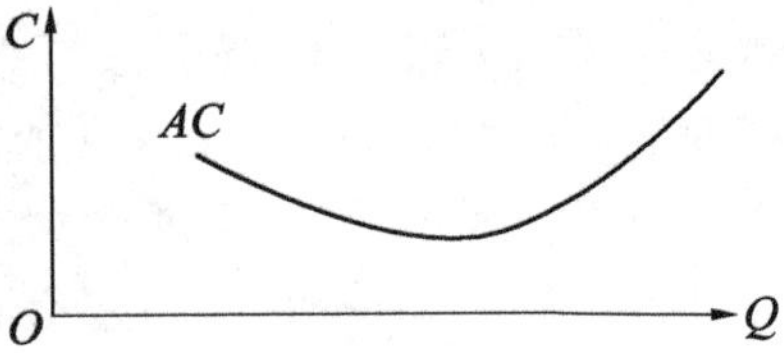

图 6.7　平均成本曲线

(7) 边际成本 MC

边际成本 MC 是厂商在短期内增加一单位产品时所增加的成本，用公式表示为：

$$MC(Q)=\frac{\Delta TC(Q)}{\Delta Q} \tag{6.8}$$

或

$$MC(Q)=\lim_{\Delta Q\to 0}\frac{\Delta TC(Q)}{\Delta Q}=\frac{\mathrm{d}TC(Q)}{\mathrm{d}Q} \tag{6.9}$$

边际成本表示当产量增加 1 个单位时，总成本增加多少。在理论上，假定产量变化极小，边际成本就是总成本的一阶导数。由于边际报酬递减规律的作用，随着产量的增加，总成本先是递减地增加，此时，边际成本下降；然后总成本递增地增加，此时，边际成本上升。因此，边际成本曲线也表现为先降后升的 U 形特征，如图 6.8 所示。

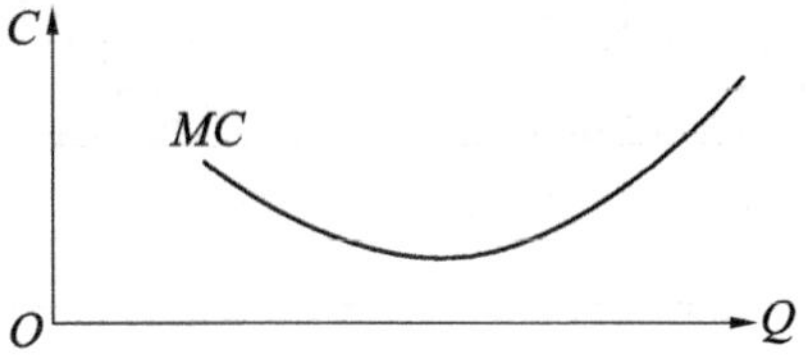

图 6.8　边际成本曲线

2. 短期成本曲线之间的关系

在了解了各类成本的定义和曲线后，我们就可以来分析曲线之间的关系了。

(1) *TC* 曲线、*TVC* 曲线与 *TFC* 曲线之间的关系

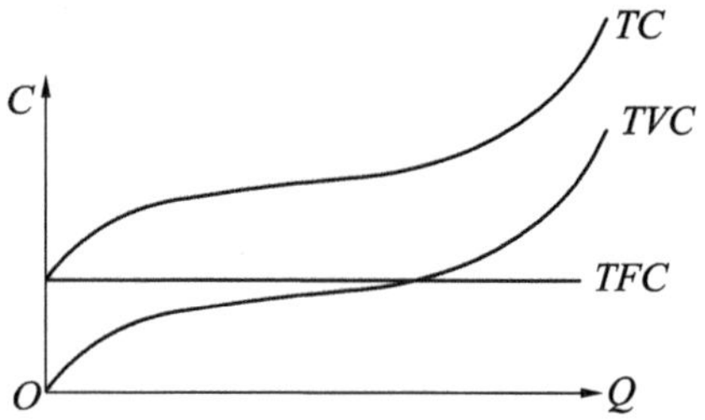

图 6.9　*TC* 曲线、*TVC* 曲线与 *TFC* 曲线之间的关系

由于总可变成本 *TC* 与总不变成本 *TFC* 之和即为总成本 *TC*，*TFC* 不随产量的变动而变动，所以 *TC* 曲线的形状完全由 *TVC* 曲线的特性所决定。从图形上看，总成本曲线在总可变成本曲线之上，是从纵轴上相当于总不变成本 *TFC* 高度的点出发的一条向右上方倾斜的曲线，两曲线之间的垂直距离恰好等于总不变成本的数值。在每一产量水平上，*TC* 曲线与 *TVC* 曲线的斜率是相等的(图 6.9)。

(2) *TC* 曲线、*TVC* 曲线与 *MC* 曲线之间的关系

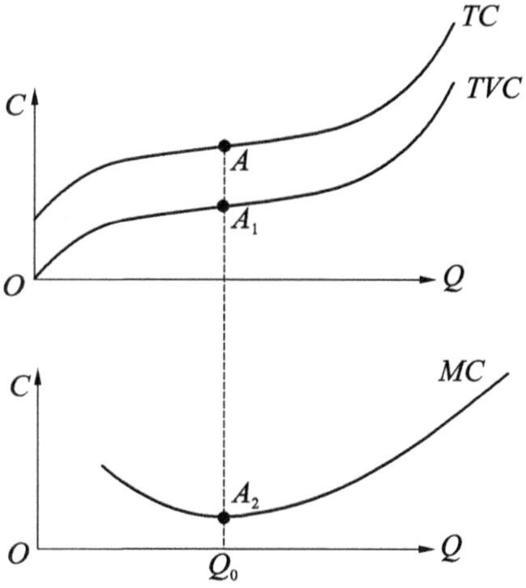

图 6.10　*TC* 曲线、*TVC* 曲线与 *MC* 曲线之间的关系

在每一产量水平上的 *MC* 的值就是相应的 *TC* 曲线或 *TVC* 曲线的斜率，在边际报酬递减规律的作用下，*TC*、*TVC* 与 *MC* 曲线都表现为先下降后上升的特征，并且，*TC* 与 *TVC* 曲线的拐点对应于 *MC* 曲线的最低点。从图 6.10 中可以看出，在产量增加到 Q_0 之前，*TC* 与 *TVC* 曲线以递减的速率上升，此时，*MC* 曲线处于下降阶段；在产量增加到 Q_0 之后，*TC* 与 *TVC* 曲线以递增的速率上升，此时，*MC* 曲线处于上升阶段；在 Q_0 的产量水平上，*TC* 曲线的拐点 *A*、*TVC* 曲线的拐点 A_1 与 *MC* 曲线的最低点 A_2 相对应。

(3) *AC* 曲线、*AVC* 曲线与 *MC* 曲线之间的关系

我们已经知道，对于任何一对边际量和平均量而言，只要边际量小于平均量，边际量就会把平均量拉下；只要边际量大于平均量，边际量就会把平均量拉

上；当边际量等于平均量时，平均量必定达到本身的极值点。由此可以推知，由于边际报酬递减规律的作用，在 MC 曲线的下降阶段，AC 曲线肯定是下降的，而且，AC 肯定大于 MC。也就是说，在产量变化的这一阶段，AC 曲线在 MC 曲线之上。在 MC 曲线的上升阶段，只要 MC 仍然低于 AC，AC 曲线就继续下降，直至 AC 等于 MC 为止。之后，MC 曲线高于 AC 曲线，从而使 AC 提高。也就是说，在 AC 曲线的下降段，MC 曲线低于 AC 曲线；在 AC 曲线的上升段，MC 曲线高于 AC 曲线；MC 曲线与 AC 曲线相交于 AC 曲线的最低点。

关于这一点，我们也可以用数学方法证明如下：

平均变动成本极小的必要条件是其一阶导数为 0，即：

$$\because AC = \frac{TC(Q)}{Q}$$

$$\therefore \frac{dAC}{dQ} = \frac{\frac{dTC(Q)}{dQ} \cdot Q - TC(Q)}{Q^2} = \frac{1}{Q}\left[\frac{dTC(Q)}{dQ} - \frac{TC(Q)}{Q}\right]$$

$$= \frac{1}{Q}(MC - AC)$$

由于 $Q>0$，所以当 $MC<AC$ 时，AC 曲线的斜率 $\frac{dAC}{dQ}$ 为负，AC 曲线是下降的；当 $MC>AC$ 时，AC 曲线的斜率 $\frac{dAC}{dQ}$ 为正，AC 曲线是上升的；当 $MC=AC$ 时，AC 曲线的斜率 $\frac{dAC}{dQ}$ 为零，此时，AC 曲线达到最低点。

同理可以得到，在 AVC 曲线的下降段，MC 曲线低于 AVC 曲线；在 AVC 曲线的上升段，MC 曲线高于 AVC 曲线；MC 曲线与 AVC 曲线相交于 AVC 曲线的最低点。

此外，由于平均总成本中不仅包括平均可变成本，还包括平均不变成本。由于平均不变成本的作用，使得 AC 曲线要高于 AVC 曲线，并且，AC 曲线最低点所对应的产量水平 Q_3 要高于 AVC 曲线所对应的产量水平 Q_2。也就是说，MC 曲线先降后升，依次通过 AVC 曲线和 AC 曲线的最低点（图 6.11）。

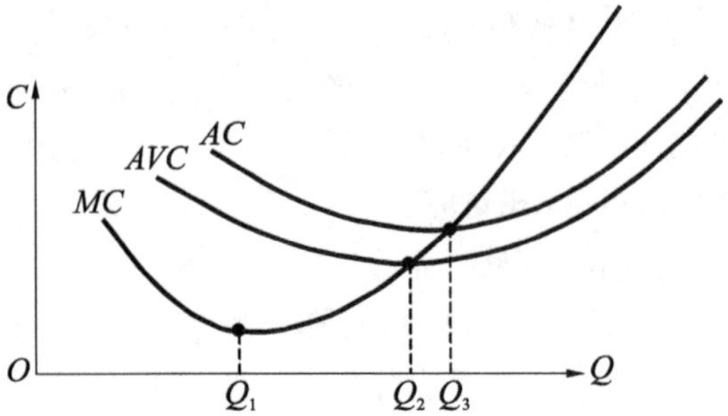

图 6.11　AC 曲线、AVC 曲线与 MC 曲线之间的关系

(4) TFC 曲线与 AFC 曲线之间的关系

因为任何产量水平上的 AFC 的值就是连接原点到 TFC 曲线上相应的点的线段的斜率，而 TFC 是不变的，所以随着产量的增加，线段的斜率逐渐减小，即 AFC 的值不断变小，表现在图形上，AFC 曲线向右下方倾斜并与横轴逐渐接近，但不会与横轴相交。

如图 6.12 所示，在产量为 Q_1 时，相应的 TFC 上的点为 A_1，此时，AFC 的值为线段 OA_1 的斜率，即 $\frac{A_1Q_1}{OQ_1}$，由此我们可以得到 AFC 曲线上相应的点 A'_1。同理，可以得到 AFC 曲线上与 Q_2 产量水平相对应的点 A'_2 和与 Q_2 产量水平相对应的点 A'_3，连接 A'_1、A'_2、A'_3 三点便可以画出递减的 AFC 曲线。

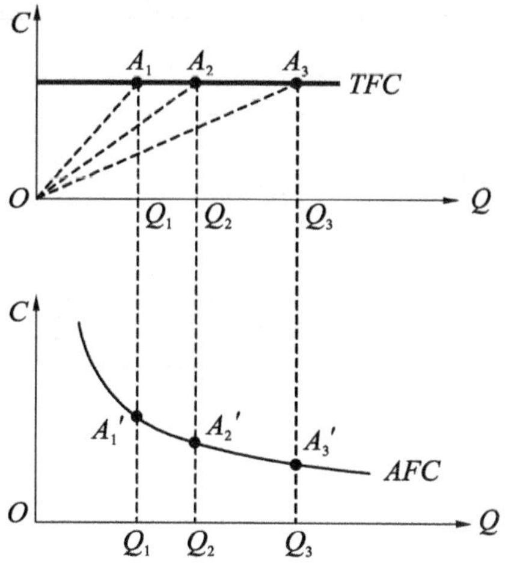

图 6.12　*TFC* 曲线与 *AFC* 曲线之间的关系

(5) TC 与 AC 曲线之间的关系

因为 $AC(Q)=\frac{TC(Q)}{Q}$，所以 AC 的值可以由连接原点到 TC 曲线上相应的点的线段的斜率所给出。最初的时候，随着产量的增加，连接线段的斜率不断减小，相应的 AC 的值也不断减小，此时，AC 处于下降阶段；当连接线段与 TC 曲线相切的时候，斜率达到最小值，此时，AC 曲线处于最低点；过了切点以后，连接线段的斜率逐渐变大，此时，AC 曲线处于上升阶段。如图 6.13 所示，注：OB 与 TC 曲线相切于 B 点，即随着 Q 的递增，连接原点到 TC 曲线上相应点的线段的斜率在 B 点前是递减的，在 B 点后递增，B 点是最小的，所以随着 Q 的递增，AC 曲线先递减，后递增，TC 曲线上的切点 B 与 AC 曲线的最低点 B' 相对应。

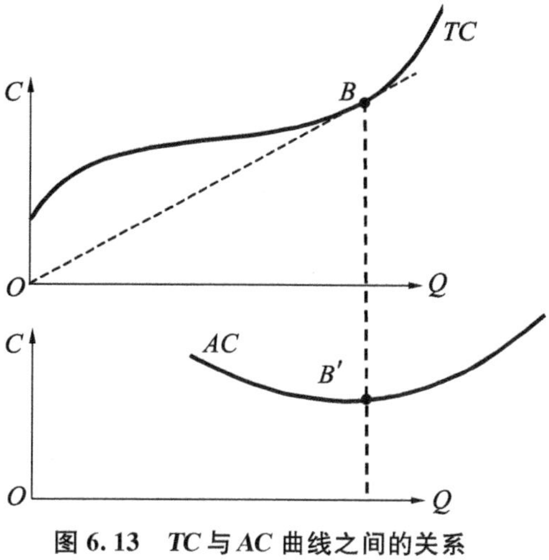

图 6.13　*TC* 与 *AC* 曲线之间的关系

TVC 曲线与 AVC 曲线之间有类似的关系，因此不再另行说明。

(6) 短期总成本曲线的综合

有了上述的分析以后，我们就可以将七种短期成本曲线综合在一起进行考察了(图 6.14)。

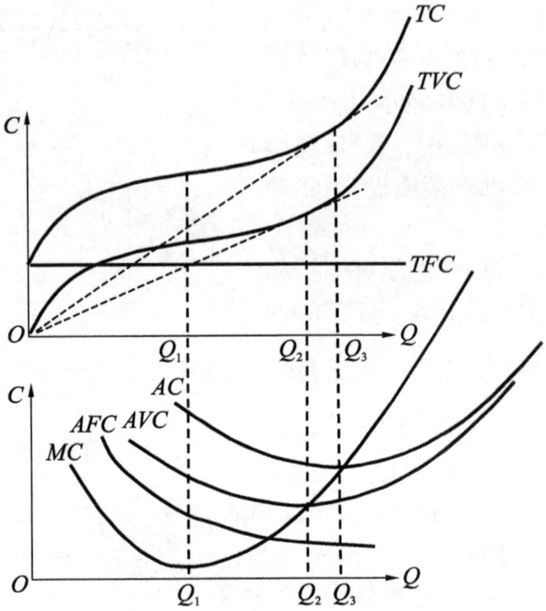

图 6.14　短期成本曲线的综合

第一，在 Q_1 的产量水平上，TC 曲线与 TVC 曲线的拐点与 MC 曲线的最低点相对应；

第二，在 Q_2 的产量水平上，从原点出发的射线与 TVC 曲线的切点和 AVC 曲线的最低点相对应；

第三，在 Q_3 的产量水平上，从原点出发的射线与 TC 曲线的切点和 AC 曲线的最低点相对应；

第四，MC 曲线自下而上依次穿过 AVC 曲线和 AC 曲线的最低点；

第五，在每一个产量水平上，TC 曲线与 TVC 曲线具有相同的斜率，该斜率为 MC 的值，TC 与 TVC 之间的差距为 TFC 的值；

第六，在每一个产量水平上，AC 曲线与 AVC 曲线之间的差距为 AFC 的值。

四、短期产量曲线与短期成本曲线之间的关系

前文已经指出，短期生产的边际报酬递减规律决定了短期成本曲线的特征，因此，短期产量曲线与短期成本曲线之间必定存在联系，在此，我们将进一步加以分析。

假定短期内资本投入固定(以 K_0 表示),劳动投入 L 可变,劳动的价格 w 既定。假定短期生产函数为:

$$Q = f(L, K_0) \tag{6.10}$$

短期成本函数为:

$$TC(Q) = TVC(Q) + TFC = w \cdot L(Q) + TFC \tag{6.11}$$

1. 边际产量曲线和边际成本曲线之间的关系

由式(6.11)可得:

$$MC = \frac{\mathrm{d}TC(Q)}{\mathrm{d}Q} = \frac{\mathrm{d}}{\mathrm{d}Q}[w \cdot L(Q) + TFC] = w \cdot \frac{\mathrm{d}L}{\mathrm{d}Q} + 0$$

即:

$$MC = w \cdot \frac{1}{MP_L} \tag{6.12}$$

由此可以得出结论如下:

第一,边际成本 MC 曲线与边际产量 MP_L 曲线两者的变动方向相反。具体而言,由于边际报酬递减规律的作用,MP_L 曲线先上升,达到最大值后下降,所以,MC 曲线先下降,达到最小值后再上升。MP_L 曲线的上升段对应 MC 曲线的下降段;MP_L 曲线的下降段对应 MC 曲线的上升段;MP_L 曲线的最高点对应 MC 曲线的最低点。

第二,与此相对应,总产量 TP_L 曲线下凸时,总成本 TC 曲线和总可变成本 TVC 曲线下凹;总产量 TP_L 曲线下凹时,总成本 TC 曲线和总可变成本 TVC 曲线上凸;TP_L 曲线存在一个拐点时,TC 曲线、TVC 曲线也各存在一个拐点。

2. 平均产量和平均可变成本曲线之间的关系

从 $TVC(Q) = w \cdot L(Q)$ 中可以得到:

$$AVC = \frac{TVC(Q)}{Q} = w \cdot \frac{L}{Q} = w \cdot \frac{1}{AP_L} \tag{6.13}$$

由此可以得到以下两点结论:

第一,平均产量 AP_L 曲线与平均可变成本 AVC 曲线两者的变动方向相反。具体而言,AP_L 曲线的上升段对应 AVC 曲线的下降段;AP_L 曲线的下降段对应 AVC 曲线的上升段;AP_L 曲线的最高点对应 AVC 曲线的最低点。

第二,由于 MP_L 曲线与 AP_L 曲线交于 AP_L 曲线的最高点,MC 曲线与 AVC 曲线交于 AVC 曲线的最低点,所以 MP_L 曲线与 AP_L 曲线的交点和 MC 曲线与 AVC 曲线的交点也是对应的。

上述短期产量曲线与短期成本曲线之间的对应关系可以用图形来表示(图6.15)。

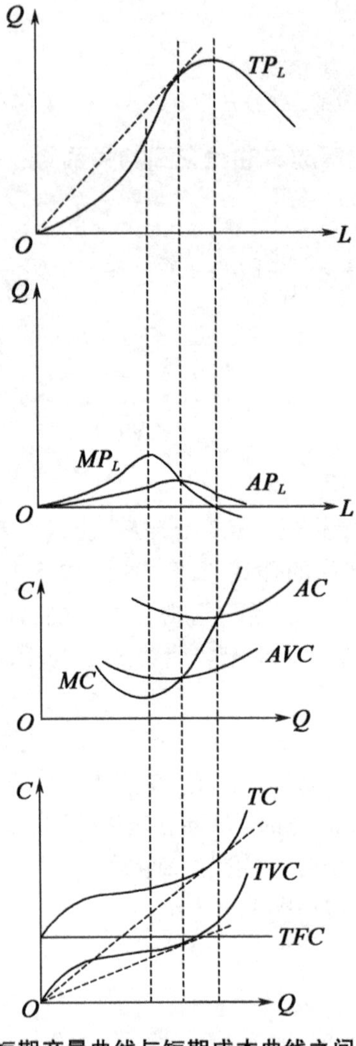

图 6.15　短期产量曲线与短期成本曲线之间的对应关系

第三节　长期成本分析

在技术水平和要素价格不变的条件下,长期中所有投入要素的数量都能调整,厂商甚至可以进入或退出一个行业,长期成本都是可变的,不再像短期成本那样，存在不变成本与可变成本之分，所以，长期中只涉及长期总成本(LTC)、长期平均成本(LAC)和长期边际成本(LMC)三个成本概念。

为了将短期成本和长期成本加以区别，从本节开始，短期总成本、短期平均成本、短期边际成本的英文缩写前面都加上字母"S"，即 STC、SAC 和 SMC，以区别于长期总成本 LTC、长期平均成本 LAC、长期边际成本 LMC。

一、长期总成本 LTC

厂商在长期对于全部要素投入量的调整意味着对于企业生产规模的选择，也就是说，从长期来看，厂商总是可以在每一个产量水平上选择最优的生产规模进行生产。所以说，长期总成本 LTC 是指厂商在长期中在每一个产量水平上通过选择最优的生产规模所能达到的最低总成本。长期生产成本的函数形式为：

$$LTC = LTC(Q) \tag{6.14}$$

根据长期成本的含义，我们可以来推导长期总成本曲线。

1. 从扩展线出发推导长期总成本曲线

我们知道，对于长期生产函数 $Q=f(L,K)$ 来说，扩展线上的每一个均衡点都表示厂商在长期内通过选择最优的生产要素组合所实现的生产每一既定产量时的最小总成本。如图 6.16 所示，三条等产量曲线 Q_1、Q_2、Q_3 分别与三条等成本线 C_1、C_2、C_3 相切于 F、E、G 三点，连接这三点的 OT 线为厂商生产的扩展线。由扩展线的含义可知，OT 上的每一点都表示企业通过选择最优的生产要素组合所实现的每一既定产量的最小总成本。因此，在均衡点 F，生产 Q_1 产量的最小总成本由等成本线 C_1 所代表，即 $LTC_1=C_1$。同理，生产 Q_2 产量的最小总成本由等成本线 C_2 所代表，即 $LTC_2=C_2$；生产 Q_3 产量的最小总成本由等成本线 C_3 所代表，即 $LTC_3=C_3$。重复上述过程，可以由扩展线得到每一产量水平上的最小总成本。将所有与各个产量水平相对应的最小总成本的相互关系绘制在直角坐标系中，变可以得到长期总成本 LTC 曲线。

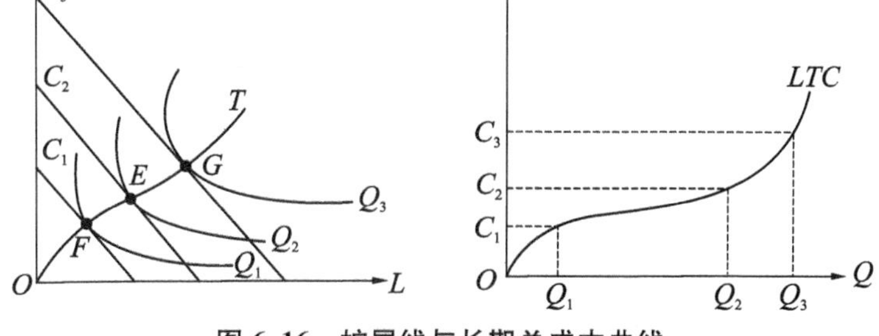

图 6.16 扩展线与长期总成本曲线

2. 从短期总成本曲线出发推导出长期总成本曲线

长期总成本是由众多的短期总成本构成。长期总成本曲线是短期总成本曲线的包络线(Envelope Curve),如图6.17 所示。

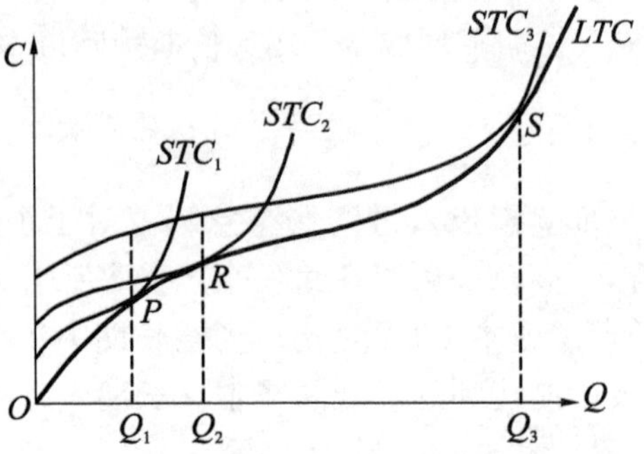

图 6.17　短期总成本曲线与长期总成本曲线

图 6.17 中,长期总成本曲线从短期总成本曲线的下方包络众多条短期总成本曲线(由 STC_1、STC_2、STC_3 等表示)。长期总成本曲线从原点开始,表示长期总成本是完全随产量的变化而变化的。每一条短期总成本曲线都不是从原点开始,表示在短期中,存在一些固定成本,这一部分成本不随产量的变化而变化。短期总成本曲线在纵坐标上的截距越大,代表的企业规模越大,因为大的企业规模总是产生较高的固定成本。

长期总成本曲线是由每一种产出水平下产生最低短期总成本的点构成,例如图 6.17 中的 P、R、S 等点,是对应的产量水平 Q_1、Q_2、Q_3 下产生最低短期总成本的点。所以说,LTC 曲线是无数条 STC 曲线的包络线,其中每一点都是 LTC 曲线和一条 STC 曲线的切点,代表着在每一产量下由最优生产规模所带来的最小总成本。

从图中可以看出,LTC 曲线是从原点出发向右上方倾斜的,表示在产量为零时,LTC 也为零,随着产量的逐渐增大,LTC 也是不断增加的。同时,LTC 曲线的斜率先递减,经过拐点之后再递增,这一点,将在以下的内容中加以说明。

二、长期平均成本 LAC

长期平均成本 LAC 表示厂商在长期内按产量平均计算的最低总成本。其函数形式为:

$$LAC(Q) = \frac{LTC(Q)}{Q} \tag{6.15}$$

1. 长期平均成本曲线的推导

从上述的函数关系中我们可以看出,长期平均成本曲线可以从长期总成本曲线中推导出。因为其推导过程类似于从短期总成本中推导出短期平均成本，此处便不再赘述。下面，我们将介绍从短期平均成本曲线中推导出长期平均成本曲线，以更好的理解 *SAC* 曲线与 *LAC* 曲线之间的关系。

借助于图 6.18，我们来看看厂商如何选择最优的生产规模。假定某行业的厂商只能利用大、中、小三种规模进行生产。每一种生产规模都产生相应的短期平均成本曲线。小规模生产所产生的短期平均成本曲线为 SAC_1，中等规模生产所产生的短期平均成本曲线为 SAC_2，大规模生产所产生的短期平均成本曲线为 SAC_3。厂商可以根据自己计划生产的产量水平选择最优的生产规模。比如，厂商若打算生产 Q_1 的产量，就应该选择能产生短期平均成本曲线 SAC_1 的小规模进行生产，相应的最小平均成本为 OC_1。厂商若打算生产 Q_2 的产量，就应该选择能产生短期平均成本曲线 SAC_2 的中等规模生产，相应的最小平均成本为 OC_2。同样，厂商若打算生产 Q_3 的产量，就应该选择能产生短期平均成本曲线 SAC_3 的中等规模生产，相应的最小平均成本为 OC_3。

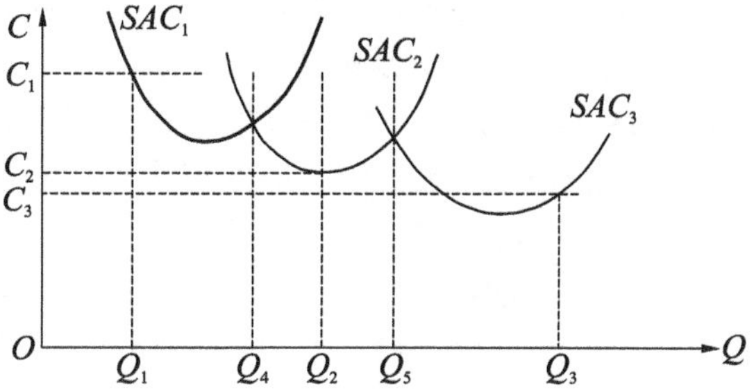

图 6.18　最优生产规模的选择

有时某一种产量水平可以用两种规模中的任一种规模生产，而产生相同的平均成本。例如，Q_4的产量水平既可以用小规模生产，也可以用中等规模生产，二者产生相同的平均成本。厂商究竟选择用哪一种规模生产，要看厂商的长期发展规划。若长期想进行扩张，则应该选择中等生产规模；若考虑到企业的发展，长期的规划是收缩，则应该选择小的生产规模。

从上面的分析中我们可以看出，厂商的长期决策与短期决策不同。短期内，由于生产规模不能变动，因此厂商要做到在既定的规模下使平均成本降到最低。长期决策则要在相应的产量下使成本最低。假定生产规模可以无限细分，即存在无数条 *SAC* 曲线，那么便可以得到长期平均成本 *LAC* 曲线(图 6.19)。

显然，长期平均成本曲线是短期平均成本曲线的包络线。在这条包络线上，在连续变化的每一个产量水平，都存在 *LAC* 曲线和一条 *SAC* 曲线的切点。该 *SAC* 曲线所代表的生产规模就是生产该产量的最优生产规模，该切点所对应的平均成本就是相应的最低平均成本。*LAC* 曲线表示厂商在长期内在每一产量水平上,通过选择最优生产规模所实现的最小平均成本。

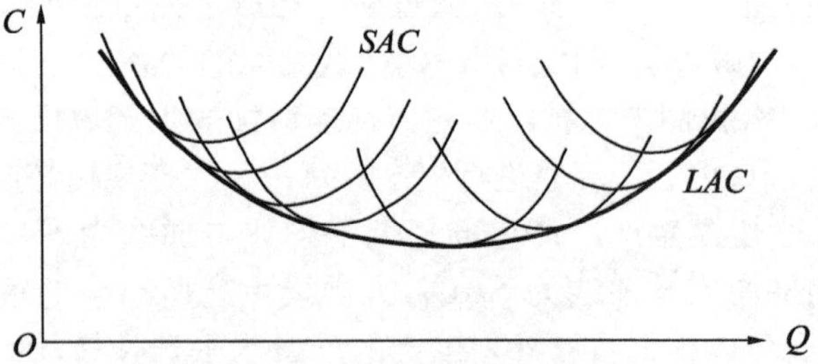

图 6.19　长期平均成本曲线

需要特别注意的是,尽管 *LAC* 曲线是无数条 *SAC* 曲线的包络线,代表着每一产量上的最小平均成本,但 *LAC* 曲线并不是与所有的 *SAC* 曲线都相切在 *SAC* 曲线的最低点。从图 6.19 中可以看出,在 *LAC* 曲线的下降段,*LAC* 曲线相切于所有相应的 *SAC* 曲线最低点的左边;在 *LAC* 曲线的上升段,*LAC* 曲线相切于所有相应的 *SAC* 曲线最低点的右边;在 *LAC* 曲线的最低点,*LAC* 曲线相切于相应的 *SAC* 曲线的最低点。这是因为,*LAC* 曲线呈先降后升的特征,而 *LAC* 曲线是 *SAC* 曲线的包络线,因此,在 *LAC* 曲线的下降段,*LAC* 曲线的斜率为负,与之相切的 *SAC* 曲线在这一点的斜率也必定为负,也就意味着,此时,切点处于 *SAC* 曲线的左边;同理,在 *LAC* 曲线的上升段,*LAC* 曲线的斜率为正,与之相切的 *SAC* 曲线在这一点的斜率也必定为正,也就意味着,此时,切点处于 *SAC* 曲线的右边;在 *LAC* 曲线的最低点,*LAC* 曲线的斜率为零,与之相切的 *SAC* 曲线在这一点的斜率也必定为零,也就意味着,此时,切点处于 *SAC* 曲线的最低点。

2. 长期平均成本曲线的形状

从图 6.19 中可以看出,*LAC* 曲线呈现出线下降后上升的 *U* 形特征,这是由长期生产中的规模经济和规模不经济决定的。

规模经济(Economies of Scale)是指由于生产规模扩大而导致长期平均成本下降、经济效益提高的情况。规模经济与规模报酬不是同一概念。规模报酬是所有要素投入都扩大相同的倍数所引起的产出的变化情况,所涉及的是投入与产出的关系。规模经济涉及规模大小与成本的关系。不过规模报酬递增是产生规模经济的原因之一。

产生规模经济的主要原因是劳动分工与专业化,以及技术因素。企业规模扩大后使得劳动分工更细,专业化程度更高,技术因素使生产要素得到更充分的利用,这将大大地提高劳动生产率,降低企业的长期平均成本。

规模不经济对长期平均成本所起的作用与规模经济所起的作用完全相反。规模不经济(Diseconomies of Scale)是指企业由于规模扩大使得管理无效而导致长期平均成本上升、经济效益下降的情况。规模过大会造成管理人员信息不通、企业内部公文旅行、决策失误等，这都会造成企业长期平均成本上升。

以上所说的规模经济和规模不经济都是由厂商变动自己企业所生产规模所引起的，所以也被称为内在经济与内在不经济。

前面我们已经指出，企业长期生产中规模报酬先递增后递减。规模报酬的这种变化规律是造成 *LAC* 曲线先降后升的一种原因。但是，规模报酬分析是以厂商按相同比例变动全部要素投入量为前提的。事实上，厂商改变生产规模时，通常会改变各生产要素投入量之间的比例。更确切地说，规模报酬变化只是规模经济与不经济分析中的一种特殊情况。从更普遍的意义上说，长期生产技术的规模经济和规模不经济，或内在经济和内在不经济，是 *LAC* 曲线呈 *U* 形特征的决定因素。

规模经济与规模不经济在不同的行业有不同的表现。图 6.20 显示出三种可能的情况。

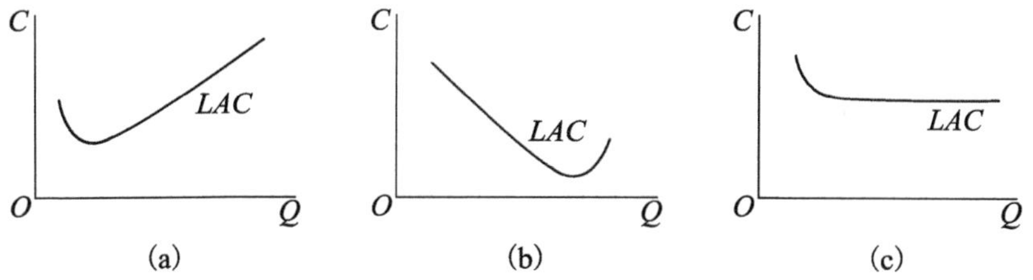

图 6.20　规模经济与规模不经济

有的行业规模经济的范围很小，在规模很小的时候，长期平均成本是下降的。一旦企业的生产规模稍稍扩大，便会出现规模不经济，长期平均成本呈上升趋势。一些日常用品修理业，例如钟表修理业、自行车修理业等都属于这类行业。图 6.20 中的(a)图显示的是这类行业的长期平均成本变动情况。

有些行业在很大的范围内都存在规模经济。在相当大的范围内，企业的长期平均成本都随着生产规模的扩大递减。一些自然垄断行业，例如铁路业、自来水行业等属于这种情况。图 6.20 中的(b)图显示了这种情形。

还有不少行业的长期成本变动情况如图 6.20 中的(c)图所示，这些行业的 *LAC* 曲线形态并非呈 U 形，而是呈 L 形，也就是说这些行业在相当大的范围内既不存在规模经济，也不存在规模不经济，该行业的长期平均成本在很大的一段区间内是水平的，原因在于厂商在得到规模经济的全部好处后，可以按相同生产规模复制若干分厂，从而在产量不断扩大的同时保持最低的长期平均成本 *LAC*。

3. 长期平均成本曲线的位置变化

长期成本曲线的位置变化的原因，需要利用企业生产的外在经济和外在不经济加以解释。所谓外在经济，是指由于企业的生产活动所依赖的外部环境得到改善而使企业的经济利益得到改善。例如，整个行业的发展，可能使得新技术得到更广泛的研究和应用，可能为企业提供更高素质的劳动力，也可能使厂商的销售成本下降，所有这一切，都会使得行业内的单个厂商从中受益。相反，外在不经济是指由于企业的生产活动所依赖的外部环境恶化而使企业的经济利益受到损失。例如，整个行业的过度发展，可能使得生产要素的价格上升，也可能使得交通紧张等等，从而给行业内单个厂商的生产带来一定的困难。

外在经济与不经济影响企业长期成本曲线的位置。如图 6.21 所示，外在经济使企业的长期成本曲线由 LAC_1 的位置下移到 LAC_2；相反，外在不经济使企业的长期成本曲线由 LAC_2 的位置上移到 LAC_1。

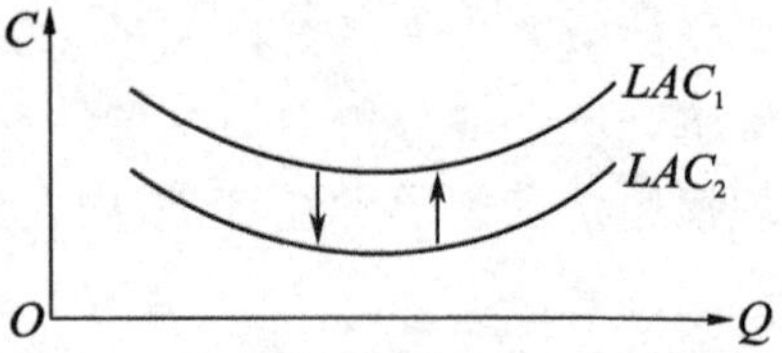

图 6.21　长期平均成本曲线的位置移动

三、长期边际成本 LMC

长期边际成本 LMC 表示厂商在长期内增加一单位产量所引起的长期总成本的增量，其函数形式为：

$$LMC(Q) = \frac{\Delta LTC(Q)}{\Delta Q} \tag{6.16}$$

或

$$LMC(Q) = \lim_{\Delta Q \to 0} \frac{\Delta LTC(Q)}{\Delta Q} = \frac{\mathrm{d}LTC(Q)}{\mathrm{d}Q} \tag{6.17}$$

显然，每一产量水平上的 LMC 的值都是相应的 TFC 曲线的斜率。

从上述 LMC 的函数表达式中我们可以知道，每一产量水平上的 LMC 的值都是相应的 LTC 曲线的斜率，因此，从 LTC 曲线中我们可以得到 LMC 曲线。同样，就像前面所分析过的总量、平均量和边际量之间的关系一样，LTC 曲线以递减的速率上升时，LMC 曲线处于下降阶段，LTC 曲线以递增的速率上升时，LMC 曲线处于上升阶段；LTC 曲线的拐点对应于 LMC 曲线的最低点；同时当 LAC 曲线处于下降段时，LMC 曲线一定位于 LAC 曲线的下方，当 LAC 曲线处于上升段时，LMC 曲线一定位于 LAC 曲线的上方，LMC 曲线交 LAC 曲线于 LAC 曲线的最低点。

另外，由于 $LMC=\frac{\mathrm{d}LTC}{\mathrm{d}Q}$，$SMC=\frac{\mathrm{d}STC}{\mathrm{d}Q}$，而 LTC 曲线是无数条 STC 曲线的包络线，即在每一产量水平上，LTC 曲线与和它相切的 STC 的曲线有相同的斜率，这也就意味着，在每一个产量水平上，LMC 的值都与代表最优生产规模的

SMC 的值相等。所以，我们就可以由 SMC 曲线来推导出 LMC 曲线(图 6.22)。

从图中可以看出，在 Q_1 的产量水平上，生产该产量的最优生产规模由 SAC_1 和 SMC_1 所代表，相应的短期边际成本的值由 E_1 点给出，根据上面的分析可知，E_1Q_1 既是短期边际成本的值，又是长期边际成本的值。于是在每一产量水平上，都存在一个 LMC 曲线和相应的代表最优生产规模的 SMC 曲线的交点(E_1、E_2、E_3 等)，将所有的交点连接起来，就得到了 LMC 曲线。

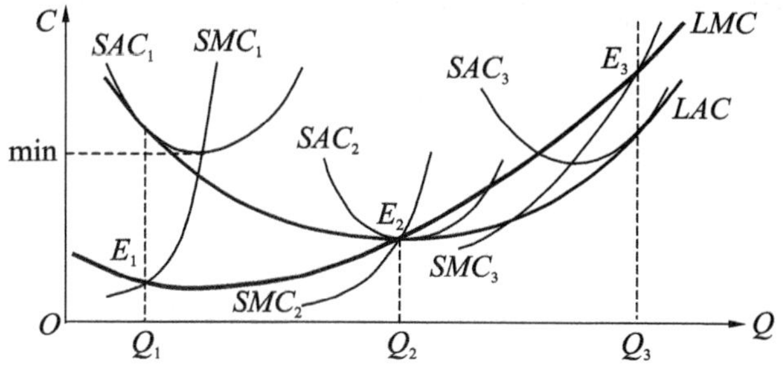

图 6.22　长期边际成本曲线

因为 LAC 曲线在规模经济和不经济的作用下呈先降后升的 U 形，再根据平均量和边际量的关系，所以，LMC 曲线也必然呈先降后升的 U 形。由此出发，前文中所提到的 LTC 曲线的斜率先递减，经过拐点以后再递增的特征就不难解释了。

本章小结

1. 在微观经济学中，企业的生产成本应该从机会成本的角度来理解，这才有利于实现资源的最优配置。生产一单位的某种商品的机会成本是指生产者所放弃的使用相同的生产要素在其他生产用途中所能得到的最高收入。

2. 显成本是企业支付给外部生产要素所有者的报酬，隐成本则是企业自己所拥有的且被用于该企业生产过程的那一部分生产要素的机会成本。

3. 利润有会计利润、正常利润和经济利润之分。会计利润是指将企业的总收益减去会计成本(显成本)后的余额。正常利润是厂商对自己所提供的企业家才能的报酬的支付，属于隐成本。经济利润是指将企业的总收益减去总成本(显成本和隐成本之和)后的余额，也称为超额利润。企业所追求的利润最大化指的是经济利润的最大化。

4. 短期内发生的成本称为短期成本，企业的短期成本有短期总成本、总不变成本、总可变成本、短期平均成本、平均不变成本、平均可变成本和短期边际成本。短期生产中的边际报酬递减规律决定了短期成本曲线的形状。短期产量曲线与短期成本曲线之间存在着一定的联系。

5. 长期内发生的成本称为长期成本,企业的长期成本有长期总成本、长期平均成本和长期边际成本。长期总成本曲线是无数条短期总成本曲线的包络线,长期平均成本曲线是无数条短期平均成本曲线的包络线。长期生产中的规模经济和不经济,决定了长期成本曲线的形状和位置。而在每一个产量水平上,长期边际成本的值都与代表最优生产规模的短期边际成本的值相等。

每个人都在力图运用他的资本，使其产品得到最大的价值。一般说来，他并不企图增进公共福利，也不知道他所增进的公共福利是多少。他所追求的仅仅是他个人的安乐，仅仅是他个人的利益。在这样做时，有一只看不见的手引导他去促进一种目标，但这种目标绝不是他所追求的东西。由于追逐他自己的利益，他经常促进了社会利益，其效果要比他真正想促进社会利益时所得到的效果更大。

——亚当·斯密(英国经济学家)

第7章 完全竞争市场

本章重点提示

◇ 划分市场结构的标准

◇ 完全竞争市场的主要特点

◇ 完全竞争厂商产量的决定

◇ 完全竞争厂商进入或退出行业的决定

◇ 完全竞争市场的短期和长期供给曲线

以下几章我们要分析的核心问题是：什么决定经济中各种物品的价格和产量？在各种产品中，生产资源的配置由什么决定？回答这类问题，通常我们必须超出单一公司，而观察一组生产同类或同样产品的公司。由这些公司组成的集合，叫做行业。比如钢铁行业，是由生产和销售钢铁产品的厂家组成。

第一节 市场结构的类型

在微观经济学中，市场(Market)专指从事某种商品买卖的交易场所，也可理解成是相互作用、使交换成为可能的买方(Buyers)和卖方(Sellers)的集合。与市场相对应的概念是行业(Industry)，一种行业是出售相同或紧密相关产品的厂商的集合，应将其理解为市场上的卖方。如轻工业产品市场(买、卖方)，家电行业(电视、冰箱、空调……)每个市场的结构不尽相同：有多少生产者，有多少消费者，生产者在价格上是不是一致，等等。我们将常从生产者方面来观察市场，这是因为生产者比消费者数量少，规模大，并且他们的决策具有主导性。

决定市场结构(Structure)的主要方面有：

(1) 生产者的数目；

(2) 生产者的产品的差异程度；

(3) 消费者的数目；

(4) 进入退出市场的难易程度；

(5) 市场行为：独立的或是共谋的。

这些术语是什么意思？它们为什么重要？

1. 生产者的数目。一个基本的市场特征是，产品生产者多还是少。我们在这里所说的"少"和"多"是什么意思？这不是一个有关数目的概念，而是有关行为的概念。如果一家生产者改变了价格，就会被另一家生产者注意到并且有所反应，我们就说生产者"少"；相反，市场中没有一个生产者的行动重要到能使另一些生产者有所反应，我们就说生产者"多"。生产者多的市场，具有无名性(即每个厂商的品牌是毫无意义的)，在这种市场里，每个生产者在做决策时不关心他的对手的反应。生产者少，是指相对于市场规模而言，各生产者都是大的。这种"大"有时可从绝对意义上去理解，比如汽车行业里的通用、福特公司，原油行业里的美孚公司、英荷壳牌等；但大多数情况下，这种"大"是相对于市场的小而言的，在一个小城镇，通常只有几个超市、饭馆、两三家影院。这是少，而不是大。少数中的竞争和多数中的竞争，其市场表现是不同的。在生产者少的地方，人们会看到日常所说的"竞争"的表现：竞相削价，大做广告，促销，积极发展特色产品，密切注意竞争者对手的行动。而生产者多的地方，大家却不会互相关注，在这种情况下，生产者没有通常意义的"竞争"表现，在经济学家看来，这正是自由竞争的实质，所谓完全竞争的市场，是完全与人无关的。

2. 产品的性质。市场结构的第二个方面，是产品的差异程度。一定等级的大米、猪肉、钢材，或者汽油可视作是同质产品，因为产品的基本质量指标少且可测。只要告诉消费者产品的等级，就能确认产品的质量。消费者没有什么理由来挑选生产者。每个生产者的产品完全可以互相代替。如果生产者多，那么市场就处于完全竞争状态。相反，如果产品是异质的，一个生产者的产品，就不能完全代替其他生产者的产品。牌子不同的肥皂、香烟或者汽车就是例子。要注意的是，对产品差异性(Product Differentiation)的看法，主要是在消费者的心中。只要消费者相信不同牌子的产品是不同的，至于究竟它们在实物上是不是真的不同，就无所谓了，广告的主要作用，就是加强消费者的这种信念。比如，佳洁士和高露洁这两种牙膏，它们之间的差别部分在于气味，部分在于名声——消费者对佳洁士的相对增白功效的想象(佳洁士增白功效更强的名声可能完全源自宝洁公司富于暗示性的广告营造出的一种幻觉)。这样的市场已不再是完全竞争的市场,它具有了所谓垄断竞争的特征。在垄断竞争的市场里,每个生产者有自己品牌的产品和一批偏好这个产品的常客;对于这一批顾客,他具有一定限度的垄断力量。他有自己的需求曲线,他不受统一的市场价格的束缚。如果他把价格提得比别的生产者价格高些,他会失去一些顾客但不是全部。如果他把价格减得比别人低些,他会得到一些顾客,但并非每个消费者都会抢着去买他的产品,有些消费者仍会忠于他们习惯的生产者。商人信誉或产品品牌信誉的强度,可从各生产者产品需求的弹性来判断。

3. 消费者的数目。市场的消费者方面也是很重要的。在市场上消费者数目通常大于生产者数目。但是,也有一些市场的情况与此相反:大型肉类加工厂从很多农场购买原料,大型汽车制造厂从众多生产汽车配件的小厂那里购买零件,这类市场上买者的数目明显小于卖者的数目。传统的经济学更加关心一种可能性,即在生产者少的地方,他们可能公开地或者暗示地合谋(Collusion)索取不正当的高价。对付这种行为的通常办法是反托拉斯法(即反垄断法 Anti-trust Laws 的英文直译)。但是,生产者市场力量(Market Power)强大的地方,购买者方面也能建立起较强的抗衡力量。连锁零售买家就是一个例子,如国美、苏宁、华联等,他们凭借自己建立在各大城市知名品牌终端销售平台,批量采购加高效物流配送再加强势的销售平台,在一定程度上完全可以和制造业生产巨头讨价还价。市场双方面没有理由一定要对称,市场可以包括少数生产者和多数消费者,多数生产者和少数消费者,或者其他的组合。

4. 进入的条件。新厂商进入一个行业的难易程度也是决定市场类型的重要条件。在厂商个体规模大的市场如客运飞机制造业、电信业里,"从小规模开始逐渐长大的办法"是不可行的。因为竞争对手太强大,你必须从一开始就又大又强才不至于被拒之门外。这意味着要投入大量资本,而这对一个新的和未经考验的生产者可能难以承受。并且,如果产品是异质的,你还必须花大价钱做广告开辟进入市场之路,如果你办不到这一点,你在投资方面就不可能成功。因此,在若干行业,创建企业的费用和风险非常之大,使得新的生产者实际上很难进入这类市场。这个问题之所以重要,是因为它对行业内的生产者采取何种经营策略有重要影响。如果进入容易,新厂商就备受吸引,现存的生产者就要谨防价格和利润太高;如果进入不易或不可能,他们则可以提高价格和盈利水平而不必担心新的竞争者进入。

5. 市场行为。上述市场特征,并不能使我们精确预测生产者和消费者将如何行动。假设有四个生产者,在他们看来,合理的做法是,一起调整价格,分享现有买卖,逐出新的生产者。有时候,他们真的这样做,或试图这样做。但也不总是这样。有时候他们之间保持更冷淡的、避免亲近的关系。而有的时候,他们互相明里结盟暗地减价，甚至采用更激烈的竞争办法。而某些经理的个性、反垄断法实施的效力以及其他不可捉摸的事情，也都会影响市场的态势。为了解释厂商在各种情况下的行为，我们将用博弈论进行初步分析。博弈论的应用是微观经济学的重要发展，我们将介绍博弈论的部分概念，并说明它是如何被用于理解市场的发展和运作，以及厂商怎样考虑他们不断面临的决策问题。

综合考虑这些方面之后，我们将所有的市场进行一个粗略的类型划分。这里我们按照最标准的分类，从生产者方面来看市场，并且着重看生产者的数目和产品的性质。据此，我们规定市场结构为四种类型，分别是：

1. 完全竞争市场(Perfectly Competitive Market)：大量标准化产品的生产者。

2. 垄断竞争市场(Monopolistic Competition Market)：大量有差异性产品的生产者。

3. 寡头垄断市场(Oligopoly Market)：少量标准化的或差异化产品的生产者。

4. 完全垄断市场(Perfect Monopoly Market)：某类产品的唯一生产者。

这种市场结构的分类，在某种程度上，适用于大的经济部门。完全垄断主要是在公用事业的行业中，如自来水、煤气行业等，寡头垄断是制造业的特征，如飞机、汽车制造业，垄断竞争在日用品行业方面较常见，如服装、食品加工业等，而完全竞争方面农业是典型。

本章的目的是探究在完全竞争下会发生什么。这种情形，很典型地涉及很多生产者，很多消费者，涉及自由进入市场的问题，没有固定价格，没有其他的合谋行动。由于产品是同质的，单个厂商没有市场力量，所以竞争是自由的。

第二节　完全竞争市场的特征

一、完全竞争的商品市场需满足的条件

(1) 各厂商生产的商品是同质的。对厂商而言消费者是完全相同的，厂商对某个消费者的商品销售不存在任何有利或不利条件；

(2) 厂商和消费者的人数都非常多，单个消费者和厂商的购销量相对于市场的交易总量来说是很小的；

(3) 厂商和消费者对现行的价格具有完全的信息，他们利用一切机会以增加利润和效用；

(4) 厂商和消费者在长期里可以自由地进入和退出该商品市场。

条件(1)保证了厂商和消费者的无差异性。对于厂商,这等于说,这个厂商的产品与其他厂商的产品是无法区别的,商标、专利、特殊的品牌名称等都不存在。消费者没有理由偏好某个厂商的产品甚于另一个厂商的产品,因此他们会购买价格最便宜的厂商的产品。消费者的无差异性则保证厂商将产品卖给出价最高的人。

条件(2)确保许多生产者面对许多消费者。如果厂商的数目非常多,单个厂商就能增减其产量而不会影响到市场价格的改变。单个消费者可能增加或减少他对某商品的需求,但对价格的影响则微不足道。每个消费者或生产者只是根据自认为是既定不变的市场情况调整自己的行为。因此,消费者是"价格接受者"(Price Taker),他们调整购买量,使其购买量在市场价格下达到最优,他们不会考虑其购买行为对价格的影响。生产者服从市场价格并调整他们的销售量,使其销售量从他们的眼光看来达到最优,而不考虑他们的售卖会影响价格。

条件(3)保证市场上买卖双方的完全信息(Symmetric Information)。消费者和生产者都拥有对产品质量和特性以及现行价格等方面的全部信息。因为所有的消费者都具有完全信息,所以厂商不能使要价高于现行的价格。同理,消费者也不可能以低于现行的价格从厂商那里买到商品。这使得完全竞争市场必定通行单一价格。如果商品按两种不同的价格出售,则根据信息的完全性和产品的同质性消费者必定知道:一、该商品能以两种不同的价格买到;二、该商品的每个单位都是完全相同的。由于消费者要使他们的效用达到极大,他们不会按较高的价格去购买那种商品,所以比其他厂商高的产品售价是不可维持的。

最后一个条件保证资源可以在长期间无阻碍地在不同的行业之间流动。该条件假定资源是可以自由流动的(Free Entry/Exit),并且总是流到可以从中获得最大利益的行业。厂商离开使它们遭受损失的市场,进入能使它们获利的市场。资源(例如劳动力)往往会被吸引到对其产品有大量需求的行业。低效率的厂商从市场中被排挤出去,取而代之的是高效率的厂商。只有当单个厂商对市场价格以及其他厂商的行动仅有微不足道的影响时,完全竞争才能在生产者之间实现。在满足类似的条件时,完全竞争才能在消费者之间实现。只有当一个市场的生产者方面和消费者方面都实现了完全竞争时,该市场才是完全竞争的。完全竞争市场的四个条件在现实中是很难满足的,通常只有少数几种农产品市场如粮油市场比较接近于完全竞争市场的各项特征。

二、厂商的收益的概念

厂商的收益分为总收益(Total Revenue)、平均收益(Average Revenue)、边际收益(Marginal Revenue),英文缩写分别为 TR、AR、MR。

总收益是指厂商出售一定数量的商品所获得的全部收入。以 P 表示不变的市场价格，以 q 表示销售总量，则总收益 $TR = P \times q$。平均收益是指厂商在平均每一个单位的商品销售上所获得的收入，平均收益 $AR = TR/q$。边际收益是指厂商增加一个单位的商品销售所获得的总收入的增量，边际收益 $MR = \Delta TR/\Delta q$。

三、完全竞争厂商的需求曲线

因为在完全竞争市场中每一个厂商的销售仅仅占整个市场销售量的很小一部分，所以厂商决定出售多少商品数量对该商品的市场价格没有影响。市场价格由行业需求曲线与供给曲线决定。因此，完全竞争厂商是价格接受者，它知道自己的产量决策将不会对产品价格产生影响。例如，当农民考虑某年该播种多少亩水稻时，他可以将大米的市场价格看成是既定的，这一价格将不受他播种面积决策的影响。

通常我们把市场需求曲线和单个厂商面对的需求曲线区别开来。在本章中我们用大写字母来表示市场产量和需求（Q 和 D）；用小写字母来表示厂商的产量和需求（q 和 d）。单个厂商面对的需求曲线 d 由一条水平线给出。在图 7.1a 中，农民的需求曲线对应于大米每公斤 2 元的价格，而在图 7.1b 中市场需求与市场供给的均衡点也对应于 2 元的价格。

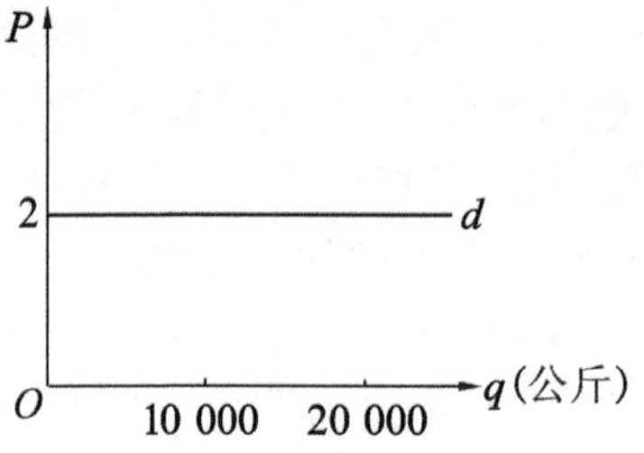

图 7.1a　厂商的需求曲线

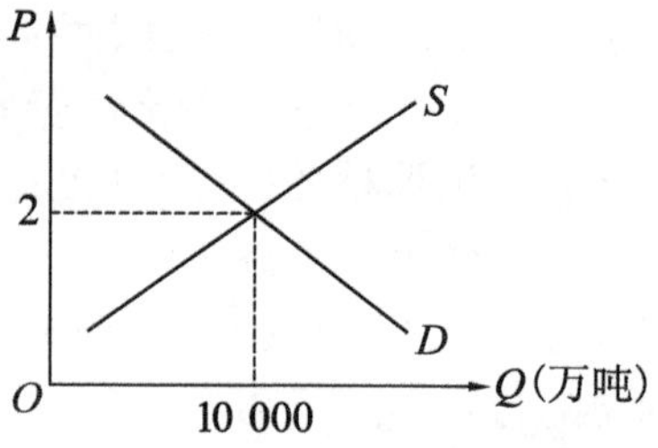

图 7.1b　完全竞争市场的需求曲线

市场需求曲线表示在每一可能价格下所有消费者将购买的大米数量。市场需求曲线向下倾斜，因为在较低价格下，消费者购买更多的大米。但是，厂商面临的需求曲线是水平的，因为厂商的销售量对价格没有影响。假设厂商将大米销量从 10 000 公斤增加到 20 000 公斤，这对市场几乎不产生影响，因为在每公斤 2 元的价格下整个行业的大米产量为 10 000 万吨。价格取决于市场上所有厂商与消费者的相互作用，而不是由单个厂商的产量决定的。

当单个厂商面对水平的需求曲线时，它不降低价格就能售出一单位额外的产量，故而每单位商品销售所增加的总收入等于价格。同样地，厂商的平均收入也等于价格，因为生产的每单位商品都能按相同的价格售出。因此，在完全竞争市场上，单个厂商面对的需求曲线既是它的平均收益曲线又是它的边际收益曲线。

四、完全竞争厂商利润最大化的必要条件

作为理性的经济个体，企业追求的首要目标是利润的最大化(Maximization of Profits)。由于利润是总收入与总成本的差额，则欲确定厂商利润最大化的产量水平必先分析它的收入与成本。假定厂商的产量为q，获得的总收入为$TR(q)=Pq$，生产的总成本TC也取决于产量水平。用希腊字母p表示厂商的利润，它等于收入减去成本，即

$$\pi(q)=TR(q)-TC(q)$$

为实现利润最大化，厂商选择产量q^*以使收入与成本之间的差额最大，见图7.2。

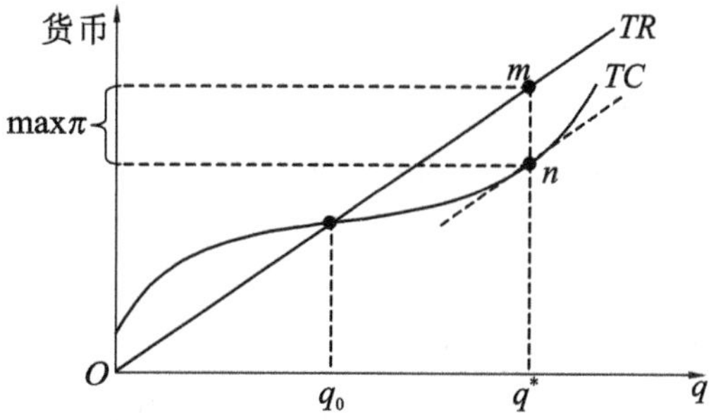

图7.2 厂商利润最大化产量

因为完全竞争厂商是价格接受者，故总收益曲线$TR(q)$是一条直线，收入随产量同比例增大。这条直线的斜率表示每当产量增加一个单位时收入的增加量，即边际收益。就成本而言，如果是短期，则成本包括固定成本和可变成本，当产量为零时，$TC(q)$为正，并且$TC(q)$不是一条直线，它的斜率为衡量每增加一单位产量时成本的增加量，即边际成本。当产量较低时($q<q_0$)，利润为负值，因为收入不足以抵消固定成本和可变成本，但是，此时的边际收益大于边际成本，如果我们增加产量将增加利润。随着产量增加，利润将最终变为正值(当$q=q_0$，企业实现盈亏平衡)，并且一直增加到产量达到q^*时为止。这时，边际收益与边际成本相等，q^*为利润最大化产量(注意，收入与成本间的直线距离mn在该点最大)。一旦产量超出q^*，边际收益便小于边际成本，利润下降，这反映生产总成本增长迅速。

由上述分析可知厂商实现利润最大化的必要条件可表达为：边际收益MR等于边际成本MC。这一必要条件不仅适用于完全竞争市场，也适用于其他类型的市场，统称为$MR=MC$法则。由于在完全竞争市场上，单个厂商面对的需求曲线又是它的边际收益曲线，故该法则可简化为$P=MC$。必须注意的是，$MR=MC$法则只是利润最大化的必要条件而非充要条件，即使厂商在某一产量下达到$MR=MC$，也不能就此断定厂商必定获得了最大利润。但厂商达到利润最大化时其边际收益必定等于边际成本。

【案例1】经理的一些成本考虑

对边际收益等于边际成本这一规则的运用，取决于企业管理者对边际成本

的估算能力。为获得有用的成本估算，美国学者平狄克和鲁宾费尔德从实践出发，给出了管理者应在心里牢记的三条指导原则：

第一，可能的话，平均可变成本不应用来替代边际成本。边际成本和平均成本接近固定时，它们之间几乎没有差别。但当边际成本和平均成本都迅速增加时，要决定生产多少数量，用平均可变成本则会产生误导。举例来说，假设一个公司有以下成本资料：

当前产量：每天 100 单位，其中 25 单位属加班生产。

材料成本：每天 500 美元。

人工成本：每天 3 000 美元，其中正常时间 2 000 美元、加班时间 1 000 美元。

平均可变成本容易计算——劳动成本加材料成本(3 500 美元)除以每天 100 单位，为 35 美元/单位。但恰当的成本是边际成本，它可计算如下：不管生产多少产量，每单位材料成本固定不变，所以边际成本为 500 美元/100＝5 美元/单位。因为劳动的边际成本仅涉及加班劳动，这 100 个单位中的 25 个单位是在加班时间内产生的，所以这样可得到劳动的边际成本。加班时间里每单位产量的平均报酬为 1 000 美元/25＝40 美元/单位，这是对劳动的边际成本的一个很好的估算。因而，每多生产一单位产量的边际成本为 45 美元(材料边际成本加劳动边际成本)，这比 35 美元的平均可变成本要大。如果依赖平均可变成本进行决算，那他将生产过多的产量。

第二，厂商的会计分类账(Accounting Ledger)的单独科目可能有两个组成部分，但只有其中一个部分涉及边际成本。例如，假设经理想削减生产，她减少一些雇员的工作时间，并裁减其他雇员。但被裁减的雇员工资可能无法准确衡量此时的生产的边际成本，因为工会合同经常要求企业支付被裁减员工的部分工资。在这种情况下，因增加产量而增加边际成本将不同于产量下降相同数量时所节约的边际成本，后者等于节省的劳动成本减去所需支付给裁减员工的工资之差额。

第三，决定机会成本时应包括所有的机会成本。假定一家百货商店想出售儿童家具。经理决定利用商店三楼本来摆放电器的一部分空间现在来摆放家具，而不是建一个新的销售点。这部分空间的边际成本就是假如商店继续销售电器而赚得的利润除以家具的销量，这样测算出来的机会成本可能要比商店实际为这部分建筑所支付的成本大得多。

这三条准则可以帮助企业管理者正确地衡量边际成本。如果做不到这一点，将会导致产量过高或过低，并因此减少利润。

第三节　完全竞争市场的短期均衡分析

一、完全竞争厂商的短期均衡

在完全竞争市场上，厂商只能调整自己的产量来达到利润的最大化。在短期内，固定投入不变，但可以在一定范围内调整可变投入来改变产量，以达到利润最大或者亏损最小的目的，在不同的价格水平上生产不同数量的商品。

下面用图7.3来说明厂商的短期产量决策过程。当市场价格 P_1 为时，边际收益曲线 MR_1 和边际成本曲线 SMC 交于 E_1 点，该点对应的产量是 q_1。此刻的平均成本低于市场价格，每售出一单位商品可获超额利润 $P_1-SAC(q_1)$，厂商在完全竞争市场上以市场价格 P_1 出售数量 q_1 的商品并获得最大的超额利润 $q_1(P_1-SAC(q_1))$，厂商实现了在市场上的短期均衡。它无论是再增加生产还是减少生产，都会使利润减少。

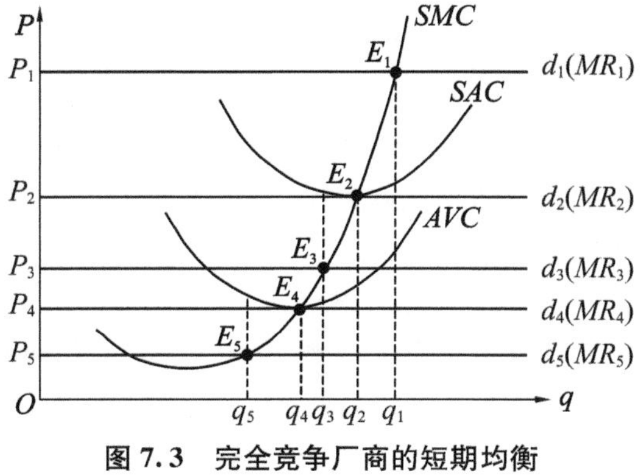

图7.3　完全竞争厂商的短期均衡

若市场价格下降，超额利润将随之减少。当市场价格降到 P_2 时，边际收益曲线 MR_2 和边际成本曲线 SMC 交于平均成本曲线 SAC 的最低点 E_2，该点对应的产量是 q_2。此刻的市场价格 P_2 正好和平均成本 $SAC(q_2)$ 相等。因此 E_2 常被称为盈亏平衡点。在盈亏平衡点，企业获得正常利润，这就是说企业自有隐性成本、企业家才能等已经得到补偿，只是没有超额的利润，企业会继续经营下去，处于短期均衡状态。

那么，若市场价格进一步下降，降到图7.3的 P_3 时，边际收益曲线 MR_3 和边际成本曲线 SMC 的交点 E_3 处于平均成本曲线最低点和平均变动成本曲线最低点之间。厂商是否应当停业呢？在点 E_3，厂商的产量是 q_3，商品的市场价

格 P_3 低于平均成本 $SAC(q_3)$，但高于平均变动成本 $AVC(q_3)$，这就是说，已经收不回全部成本了，肯定要发生亏损，但能收回全部的变动成本，而且还有部分的固定成本能收回。从短期来看，若停产，就要亏损全部固定成本，若生产，除能收回全部的变动成本外，多少也能收回部分的固定成本。继续生产，尽管发生亏损，但比起不生产来说亏损还是少一些，生产的总亏损是 $q_3(SAC(q_3)-P_3)$，这是最小的亏损，比停产亏损全部的总固定成本 TFC 要小，企业在短期内还是应当继续生产经营下去，这也达到了短期均衡。

倘若市场价格还进一步下降，下降到如图 7.3 所示的 P_4 时，边际收益曲线 MR_4 和边际成本曲线 SMC 相交于平均变动成本的最低点 E_4，该点对应的厂商产量为 q_4，这时市场价格正好等于平均变动成本 $AVC(q_4)$，刚好可以收回变动成本，若生产则可收回全部变动成本，但全部固定成本已亏损了。不生产，就不用投入变动成本，也就至多亏损全部固定成本，生产与不生产一样。因此，E_4 点也称作停产点。

若市场的价格还要下降，下降到 P_5，边际收益曲线和边际成本曲线的交点如图 7.3 所示的 E_5，该点对应的市场价格已经低于平均变动成本，这时若生产，不仅亏掉全部固定成本，还要亏掉部分变动成本，生产得越多亏损越大，还不如停产为好，因为停产也就亏损全部固定成本而已。

综上所述，在完全竞争市场上，对单个厂商而言，价格是外生变量，由市场决定。短期内，厂商不能改变工厂设备和生产技术条件，成本曲线也是既定的。由厂商的边际成本曲线和边际收益曲线的交点相对于平均成本曲线的位置来决定厂商是盈利、亏损、还是停产。

【案例 2】寒暑假不关门的大学社区餐馆

大学社区内的小餐馆在寒暑假期间生意清淡，每天从很少的食客那里获得的收入显然不可能弥补餐馆的经营成本(房租、设备折旧、合同工工资、原材料费用等之总和)，但它们却很少有在此期间关门歇业的，这是为什么呢?

在作出是否经营的决策时，餐馆老板肯定懂得区分餐馆经营中，哪些是支出是固定不变的，哪些支出是可变的。有的开支，比如房租，如果是按年租房，在寒暑假停止营业并不能减少租金，其他像厨房设备、桌椅等等也都和房租一样是固定不变的，这类支出就属于固定成本。而另外一些开支，比如购买烹饪菜肴的原料等，倒是可以按照餐饮的销量来灵活增减，若停业则不会产生这项支出，其他如水电煤气开支等也是可变的，这类支出就属于可变成本。细分一下大学社区小餐馆的成本构成：

固定成本：房屋租金，厨房设备、座椅、餐具的折旧费，合同工的工资。

可变成本：水电煤气的开支、烹饪佳肴的原材料成本，打临工的侍者的工资。

寒暑假期间，打临工的侍者肯定被炒以降低可变成本。若此时顾客的消费能够补偿总可变成本，小餐馆就不会关门。只有在从顾客得到的收入少到不能弥补餐馆的可变成本时，老板才会在寒暑假里关门歇业等待开学。

二、完全竞争厂商的短期供给曲线

我们在效用理论里通过分析消费者的行为得到了消费者的需求曲线，但是，在生产者理论（包括生产理论和成本理论）里我们却没有得到生产者的供给曲线，那么生产者的供给曲线是怎样来的呢？

供给曲线是表示价格与供给量之间的关系，它是指在每一给定的价格下，厂商愿意生产多少产品供给市场，前面对完全竞争厂商的短期均衡分析其实就是对厂商的短期供给行为的分析。

如果市场价格高于平均变动成本最低点，厂商为实现利润最大化，将进行生产，利润最大化的必要条件是 $MR=SMC$，可以从边际成本曲线上找到相应于当时市场价格的产量。而当市场价格低于平均变动成本最低点时，厂商就要停产，其供给量也就为零。把这两点归结起来，可以得到以下结论：在完全竞争市场上，厂商的短期供给曲线是平均变动成本最低点以上那部分边际成本曲线，如图 7.4 所示。

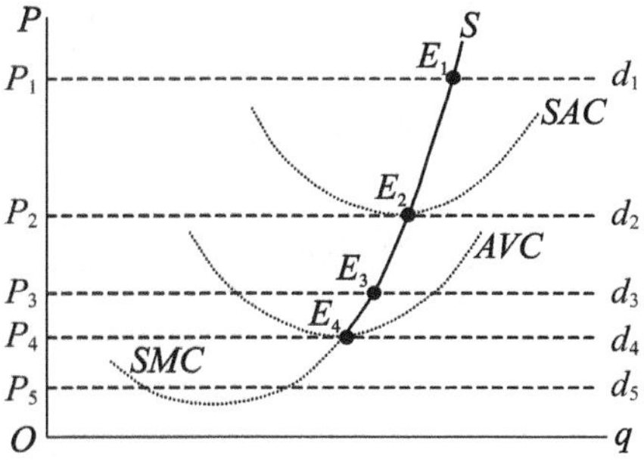

图 7.4　完全竞争厂商的短期供给曲线

三、完全竞争市场的短期供给曲线

在完全竞争行业内，有许许多多的厂商生产同质的商品，若行业总产量的变化不会影响生产要素的价格，则该商品的市场短期供给曲线就是市场上生产这种商品的所有厂商的短期供给曲线的水平坐标之和。假定某完全竞争市场上有三个厂商，它们各自的短期供给曲线 S_1、S_2、S_3 如图 7.5a 所示。在市场价格为每单位 3 元时，三个厂商的供给量分别为 10 单位、15 单位、18 单位，因此该商品在价格为 3 元时市场供给量为 43 单位（假定这三个厂商在市场价格低于 M 点时供给量均为零），从而该商品的市场供给曲线就是 S。

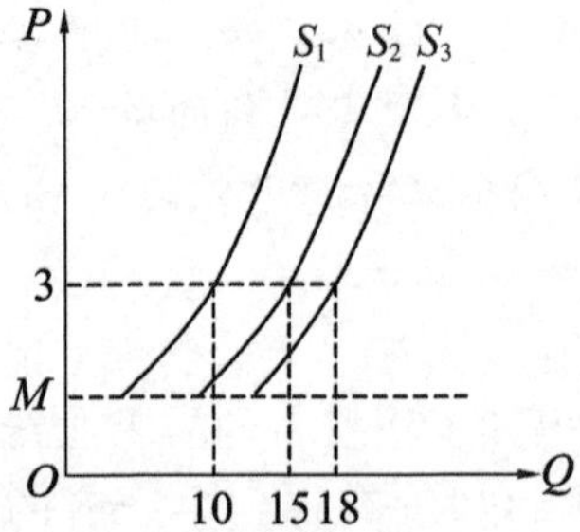

图 7.5a　完全竞争厂商的短期供给曲线

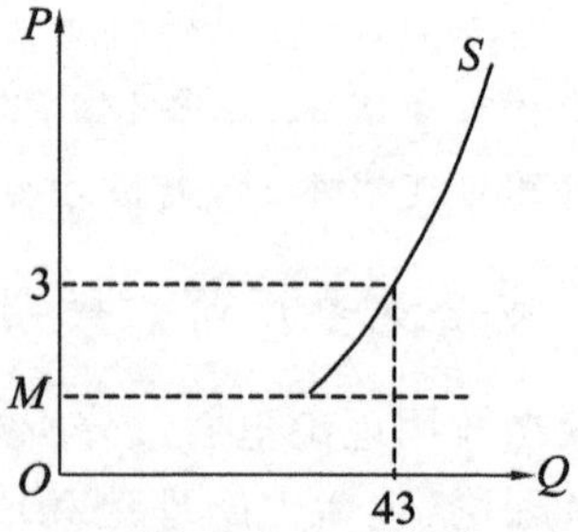

图 7.5b　完全竞争厂商的短期供给曲线

第四节　完全竞争市场的长期均衡分析

一、完全竞争厂商的长期均衡

在短期内，厂商无法调整固定投入，只要市场价格高于平均变动成本最低点，就会继续生产。但从长期考虑，情况就不同了，厂商有足够的时间改变其工厂的规模，如厂房大小、机器设备数量和劳动力投入量的多少等等都是可以根据市场需求进行调整的。它的成本曲线也会发生变动，市场的供给和需求曲线也都可能变化。只有当市场价格高于厂商平均成本曲线的最低点时，厂商才会继续生产。若市场价格低于厂商平均成本曲线的最低点时，它就会停止生产，退出该行业。

图 7.6 表示了单个厂商在长期里通过调整生产规模达到长期均衡的过程。

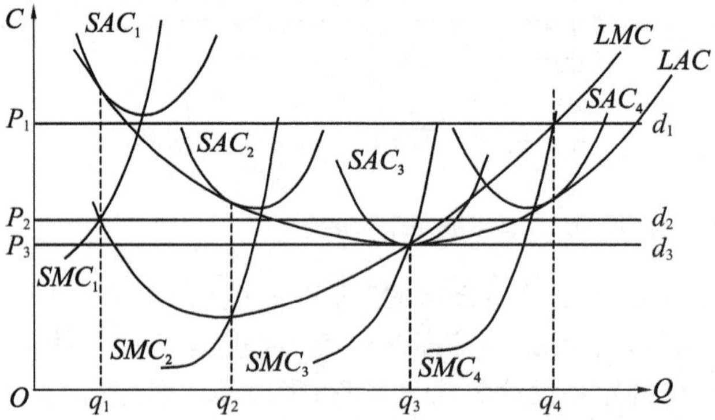

图 7.6　完全竞争厂商的长期均衡

假定开始时市场供给和需求决定了商品的价格是 P_1，单个厂商的短期平均成本曲线分别为 SAC_1，SAC_2，SAC_3，SAC_4，它们代表着四种特定的生产规模。

当市场价格为 P_1 时，显然以 SAC_1 规模生产的厂商必定亏损。而以 SAC_2，SAC_3，SAC_4组织生产的厂商都是盈利的。其中以 SAC_4规模生产的厂商盈得最大的经济利润(注意，在长期里，利润最大化的必要条件是 $MR = LMC$，由该条件确定的产量水平可使厂商获得长期里的最大利润，而生产该产量的最优短期生产规模，比如上述的 SAC_4，被称为厂商的最优生产规模)。

行业中的厂商看到只要把规模调整到 SAC_4，就可以获得更大的利润，都会纷纷扩大自己的规模，增加产量，并且还会有其他行业的生产者看到这个行业有利可图，也会纷纷进入到这个行业里。这样使这种产品的市场供给增加，市场供给曲线向右移动，引起了市场价格的下降。使原来盈利的厂商利润减少，甚至有的厂商会亏损。若市场价格降为 P_2，规模如 SAC_2，SAC_4的厂商也将发生亏损，这样会迫使这类厂商要么退出该行业，要么改变规模，把成本降下来，而规模如 SAC_3 的厂商仍能获得超额利润。只要市场还有厂商能获得超额利润，行业内亏损厂商就会向它看齐，通过调整规模，降低成本，来增强盈利能力。同时，超额利润的存在，仍会吸引其他生产者加入到这个行业来，结果必然是市场供给进一步增加，供给曲线将继续向右移动，市场的价格继续下降，这一变化过程将一直持续到市场价格等于 P_3 时为止。这时，长期平均成本曲线处于最低点，只有那些能以最优规模生产最优产量的厂商才不会发生亏损，但也没有超额的利润可赚，其他状态厂商都要发生亏损。不发生亏损的厂商已经取得了正常利润，就不存在要退出该行业的压力，同时由于没有超额利润，也就不会再吸引其他生产者进入该行业，市场的价格就不会进一步下降了。假如市场价格再降，所有的厂商都会亏损，就必有厂商退出，市场的供给减少，供给曲线会向左移动，迫使市场价格又回升上来，形成了厂商和该行业的长期均衡。

综上所述，厂商实现长期均衡的条件为：$P=MR=SMC=SAC=LMC=LAC$ 。

即厂商的边际收益曲线，短期边际成本曲线，短期平均成本曲线，长期边际成本曲线，长期平均成本曲线五条线交于一点。

二、完全竞争市场的长期供给曲线

前面在讨论完全竞争市场的短期供给曲线时，假定了行业总产量扩大不会影响生产要素的价格。下面我们将这一假定放松，看看在长期里，当行业总产量改变导致生产要素价格变化时，完全竞争市场的供给会有哪些变化。

根据需求和生产要素价格变化对完全竞争行业的不同影响，我们把行业分为三种类型：成本不变行业、成本递减行业和成本递增行业。

1. 成本不变行业的长期供给曲线

所谓成本不变行业(Constant-cost Industry)，是指该行业总产量变化所引起的生产要素需求的变化，不会对生产要素的价格发生影响的一类完全竞争行业。图 7.7b 表明了一个具有不变成本的行业的长期均衡情况。

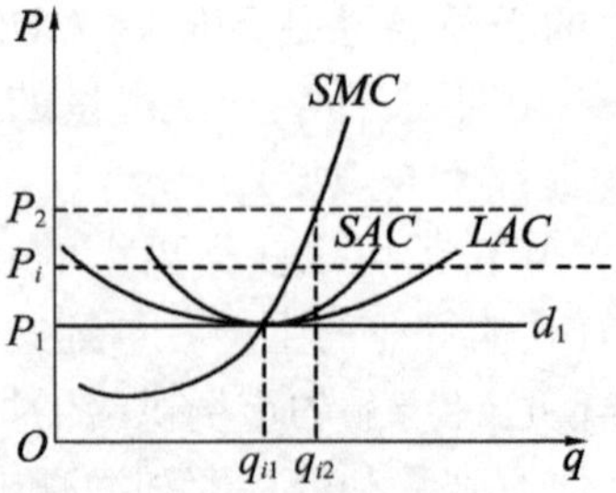

图 7.7a　厂商的长期均衡

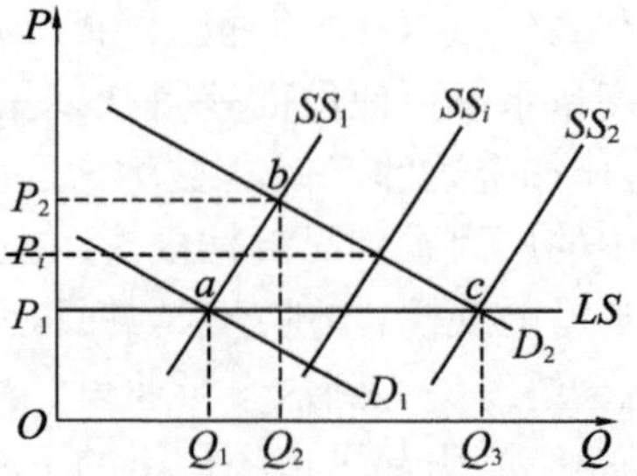

图 7.7b　成本不变行业的长期均衡

首先，假定该行业及其中的厂商都处于均衡状态，均衡价格为 P_1，行业的总产量 Q_1 是每个厂商生产量 q_{i1} 的总和。行业的需求曲线如图 7.7b 所示为 D_1，厂商的需求曲线是从图 7.7a 中价格 P_1 开始向右延伸的一条水平线 d_1。现在假定行业需求从 D_1 增加到 D_2，使需求曲线与短期供给曲线 SS_1 的交点从 a 上移到 b，价格提高到 P_2，厂商不仅可以获得净利润，而且还可通过扩大生产赚得更多的利润。老厂商将会以现有的厂房设备，沿着它们的短期边际成本曲线 SMC 扩大产量，产量将超过 q_{i1} 增加到 q_{i2}。与此同时，新厂商受到超额利润的吸引不断进入到该行业中，也扩大了行业的供给能力。在新老双方的作用下，供给曲线 SS_1 逐渐向右移动。供给的增加必然使价格下降，随着价格的下降，原有厂商沿着它们的短期边际成本曲线削减产量，但只要行业内存在超额利润，新厂商的进入就不会停止（比如价格下降到 P_i 老厂商仍会有超额利润，因此短期供给曲线即使右移到 SS_i 的位置还是不可维持的），短期供给曲线将不断向右移动。如果需求继续保持在 D_2，价格最终会回落到 P_1。这时，超额利润消失，行业内所有厂商回到长期均衡状态。未加入的厂商不会再加入，全行业的供给曲线停止在 SS_2 的位置并与 D_2 相交于 c 点。各个新老厂商仍然生产 q_{i1} 的数量，行业的总产量由 Q_1 增加到 Q_3，增加的总产量将全部由新厂商生产。将各个需求曲线和其相适应的供给曲线的均衡点 a 和 c 连接起来，将得到该行业长期供给曲线 LS。如需求再发生变化，厂商还会改变产量，等到波动停止，行业的新均衡点仍然会在这条水平的长期供给曲线 LS 上。

总之。不变成本行业有着一条水平的长期供给曲线。如果需求增加，将提高产品价格，随着新厂商进入该行业，供给曲线向右移动，最终迫使价格恢复到原有水平。厂商能长期维持成本不变，主要是由于生产要素的供给是完全弹性的。

2. 成本递减行业的长期均衡

有的完全竞争行业，随着行业总产量增加所引起的生产要素需求的增加，使生产要素的价格下降了，这类行业被称为成本递减行业（Decreasing-cost Industry)。成本递减行业的长期供给曲线斜率为负，这意味着行业实现长期均衡的条件下，随着产量增加，商品的价格越来越低。这主要是规模外在经济在起作用。规模外在经济不同于规模内在经济。规模内在经济使厂商的长期平均成本随着产量扩大而持续下降，而规模外在经济则是整个行业扩大的结果。随着一个行业的发展而产生的规模外在经济主要表现在两方面：一是提高了投入要素的生产率，二是降低了投入要素的价格。例如，由于行业的扩大，物流系统日趋完善，使得行业中的各家厂商降低了营运成本；行业的扩大，使厂商有条件大量采购各种生产要素，要素需求的增加使要素供应商能充分发挥生产的规模效应，降低要素的生产成本，并使要素价格下降、质量提高，最终要素价格下降减少了厂商的采购成本。总之，规模外在经济使厂商的长期平均成本曲线由原先的位置向下移动。

成本递减行业面对市场需求的增加，所进行的调整过程如图 7.8 所示。假定该行业在价格为 P_1 时处于均衡状态，行业的总产量 Q_1 是每个厂商生产量 q_{i1} 的总和。行业的需求曲线如图 7.8b 所示为 D_1，厂商的需求曲线是从图 7.8a 中价格 P_1 开始向右延伸的一条水平线 d_1。现在假定行业需求从 D_1 增加到 D_2，短期内出现价格上涨情况（价格从 P_1 提高到 P_i）。由于有利可图，老厂商纷纷增加产量，新厂商源源不断地被吸引进来，整个行业的供给增加，短期供给曲线 SS_1 开始向右移动。随着行业大幅增加对生产要素的需求，使生产要素的生产出现规模效应从而引发要素价格下降。要素价格的降低使商品的生产成本降低，厂商的长期平均成本曲线由原先的 LAC_1 逐渐向下移动。最终，当短期供给曲线向右移动到 SS_2，同时长期平均成本曲线下降到 LAC_2 的时候，市场达到了新的均衡（假定需求继续保持在 D_2）。长期均衡价格由 P_1 最终下降到 P_2，所有厂商在此价格水平达到均衡状态。长期供给曲线 LS 为 a 点与 c 点的连线，其斜率为负，这意味着强烈的外部经济，使一个行业能在长期中以递减成本和降低价格扩大行业的供给。

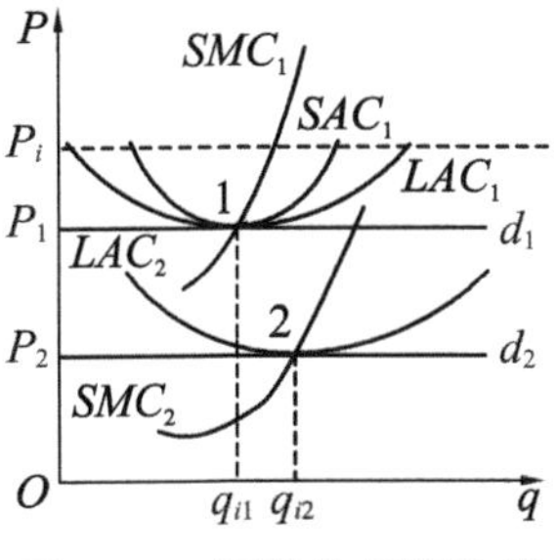

图 7.8a　厂商的长期均衡

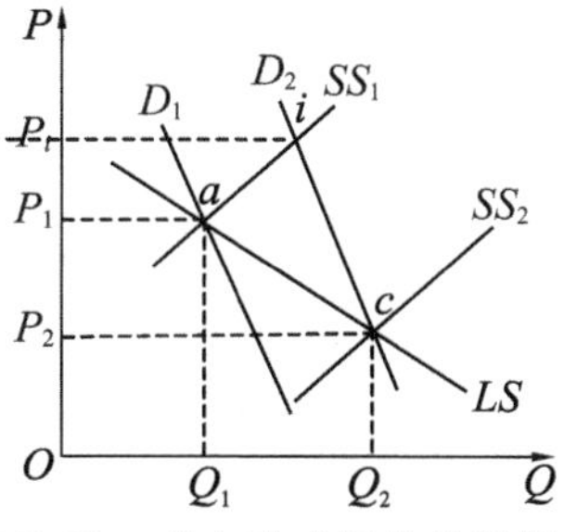

图 7.8b　成本递减行业的长期均衡

3. 成本递增行业的长期均衡

与成本递减行业相反，有的完全竞争行业，随着行业总产量增加所引起的生产要素需求的增加，使生产要素的价格上升了，这类行业被称为成本递增行业(Increasing-cost Industry)。成本递增行业的长期供给曲线斜率为正。这意味着行业处于长期均衡时，虽然产量增加了，但商品的价格也上涨了，这是由于规模外在不经济提高了投入要素的价格或降低了投入要素的生产效率引起的。例如，增加要素的产量使要素供应商生产的平均成本增加，从而提高了要素价格；或者由于行业扩大生产后技术熟练的工人缺乏，不得不增雇效率较低的工人。这些因素都会使厂商的长期平均成本曲线由原先的位置向上移动。

图 7.9 表明了需求增加时，成本递增行业调整供给的过程。设该行业和其中的厂商在价格为 P_1 时处于均衡状态(a 点)，行业的总产量 Q_1 是每个厂商生产量 q_{i1} 的总和。行业的需求曲线如图 7.9b 所示为 D_1，厂商的需求曲线是从图 7.9a 中价格 P_1 开始向右延伸的一条水平线 d_1。现在假定行业需求从 D_1 增加到 D_2，短期内商品价格从 P_1 提高到 P_i。老厂商沿着它们的短期边际成本曲线 SMC_1 扩大生产，净利润的出现使新厂商参加进来，行业短期供给曲线 SS_1 向右移动，价格随之下降。但是，由于存在规模外在不经济，行业生产的扩大，使商品的生产成本提高(因为投入要素价格上涨)，导致所有厂商的长期平均成本曲线向上移动。由于成本的提高，虽然新厂商的进入使短期供给曲线向右移动，但价格将不会回到 P_1 的水平。如果需求继续保持在 D_2，则短期供给曲线会向右移动到 SS_2，厂商的长期平均成本曲线将向上移动到 LAC_2 的位置为止。新的均衡出现在市场价格为 P_2 的水平上，由此价格导出厂商的需求曲线 d_2 正好切于长期平均成本曲线 LAC_2 的最低点，行业里的所有厂商实现盈亏平衡，c 点就成为了新的长期均衡点。连接相互对应的供求曲线的交点 a 与 c 形成的曲线就是行业的长期供给曲线 LS，它具有正的斜率。这表明递增成本行业一旦实现长期均衡，产量虽然增加，但价格也上涨了。

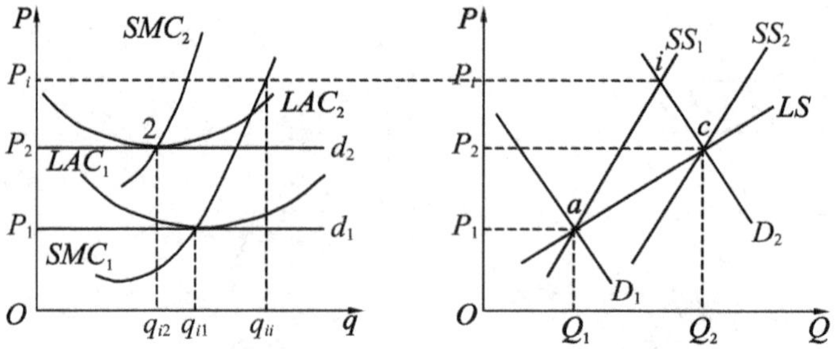

(a) 厂商的长期均衡　　(b) 成本递增行业的长期均衡

图 7.9

本章小结

在本章中，我们首先对不同的市场进行划分。然后通过对完全竞争厂商和行业的短期和长期均衡的分析，推导出完全竞争厂商和行业的短期供给曲线以及行业的长期供给曲线，说明了完全竞争市场的价格和产量的决定。在此基础上，强调了完全竞争市场能以最低的成本进行生产来使消费者得到满足。具体有以下内容：

(1) 在市场理论中，划分市场结构的标准主要有如下几个：市场上厂商的数量；行业中厂商各自生产的产品的差别程度；单个厂商对市场价格的影响力；以及厂商进入或退出一个行业的难易程度。根据这些标准，市场结构可以分为四类，它们是完全竞争市场；垄断竞争市场、寡头市场和垄断市场。

(2) 在一个完全竞争市场中，有大量的买者和卖者；市场上每一个厂商生产的商品是无差异的；所有的经济资源可以在各行业之间完全自由流动；市场上从事交易活动的每一个人的信息是完全对称的。因此完全竞争市场上的每个消费者和每个厂商都是既定市场价格的接受者，而且，厂商在长期均衡时经济利润等于零。

(3) 在完全竞争市场上，厂商所面临的对其产品的需求曲线，即厂商的需求曲线，是从既定的市场价格出发的一条水平线。由此，厂商的平均收益曲线、边际收益曲线和厂商的需求曲线是三线重合的。

(4) 完全竞争厂商实现利润最大化或亏损最小化的原则是：边际收益等于边际成本。此原则对于所有不同市场结构条件下的厂商的短期生产和长期生产都是适用的。

(5) 短期里完全竞争厂商在既定生产规模下，通过对产量的调整来实现 $MR=SMC$ 的利润最大化的原则。在厂商 $MR=SMC$ 的短期均衡点上，其利润可以大于零，或者小于零，或者等于零。当厂商的利润小于零（即亏损）时，厂商需要根据平均收益 AR 与平均可变成本 AVC 的比较，来决定是否继续生产。当 $AR>AVC$ 时，则厂商虽然亏损，但仍继续生产；当 $AR<AVC$ 时，则厂商必须停止生产；当 $AR=AVC$ 时，则厂商处于生产与不生产的临界点。

(6) 以完全竞争厂商的短期均衡分析为基础，可导出完全竞争厂商的短期供给曲线。完全竞争厂商的短期供给曲线是厂商短期边际成本 SMC 曲线的一部分；完全竞争厂商的短期供给曲线是向右上方倾斜的，它表示厂商的供给量与商品价格成同方向的变化；此外，该曲线还表示厂商在每一价格水平上的供给量都是可以给他带来最大利润或最小亏损的最优产量。

(7) 将完全竞争厂商的短期供给曲线水平加总，便可以得到完全竞争行业的短期供给曲线。显然，在完全竞争市场上，行业的短期供给曲线保持了厂商的短期供给曲线的基本特征与性质，这便是：完全竞争行业的短期供给曲线也是向右上方倾斜的，所以，它表示整个行业的供给量与商品价格成同方向的变化；此外，行业的短期供给曲线还表示在每一价格水平上的行业供给量都是可以给行业内的每一个厂商都带来最大利润或最小亏损的最优的行业生产量。

(8) 在长期，完全竞争厂商是通过对全部生产要素的调整，来实现 $MR = LMC$ 的利润最大化原则。厂商对全部生产要素的调整可以表现为两个方面：一方面，厂商在每一个产量水平上都选择最优的生产规模进行生产；另一方面，厂商可以根据经营的情况，选择进入或退出一个行业。当行业内每一个厂商都盈利时，新的厂商便会加入到该行业的生产中来；当行业内每一个厂商都亏损时，行业内原有厂商的一部分就会退出该行业的生产。显然，完全竞争厂商长期均衡时利润一定刚好等于零。据此，完全竞争厂商的长期均衡一定发生在长期平均成本 LAC 曲线的最低点。在这个最低点上，生产者的平均成本降到了 LAC 曲线的最低水平，消费者购买商品的价格也降到了 LAC 曲线的最低水平。

(9) 在推导完全竞争行业的长期供给曲线时，需要考虑当一部分厂商进入或退出一个行业时，他们对生产要素市场的需求以至于对生产要素市场的价格所产生的影响。当一部分厂商进入一个行业并增加对生产要素的需求时，生产要素市场的价格可以保持不变，或者上升，或者下降。由此，相应的便有成本不变行业、成本递增行业和成本递减行业。在此基础上，可推导出成本不变行业的长期供给曲线是一条水平线，成本递增行业的长期供给曲线是向右上方倾斜的，以及成本递减行业的长期供给曲线是向右下方倾斜的。

垄断者，通过经常保持市场存货的不足……以远远高于正常的价格出售他们的产品，从而无论在工资还是在利润方面都提高他们的报酬。

——亚当·斯密

第8章　完全垄断市场理论

本章重点提示

◇ 完全垄断市场的特征

◇ 完全垄断条件下的需求及收益曲线

◇ 完全垄断市场的短期及长期均衡

◇ 完全垄断市场的价格歧视

◇ 完全垄断市场的无谓损失

◇ 垄断对社会的好处

◇ 政府对垄断的调节

完全竞争市场在现实经济生活中只是理想化的，也即所谓的可望而不可及。当你从福特或本田公司购买汽车，从麦当劳或肯德基购买汉堡包，或者从 IBM 或联想公司购买电脑时，你面对的是大到足以影响市场价格的企业。实际上，在经济生活中多数市场是由几个大企业支配的，而且这样的企业往往只有两三家。

在本章，我们研究不完全竞争市场的一种极端类型——垄断市场。我们将看到，在既定的技术水平下，与完全竞争相比，垄断市场的价格较高，而产量较低；垄断还会引起无谓损失，所以经济决策者要对垄断行为的损失做出反应。垄断虽然有它的缺点，但是，大企业可以利用规模经济效益的优势，同时也负责大部分的技术创新，在长期内推动了经济的发展。

第一节　完全垄断市场的特征

一、完全垄断的定义和形成原因

完全垄断(Monopoly)又称“独占”，是指行业中只存在一个生产供应厂商。完全垄断必须符合以下三个条件：

(1) 该市场最基本的特点是仅有一个卖主。由于独占下的厂商是市场唯一的供给者，因此在这种市场中没有卖方竞争。

(2) 该厂商的产品没有很好的替代品。例如各大城市自来水公司的自来水、煤气公司的煤气、电力公司的电等等，都没有很好的替代品。

(3) 其他厂商不能进入。由于该市场是在一定特殊条件下形成的(见后面形成原因)，所以其他厂商不能进入。反之，如果其他厂商能够进入，也就不称其为完全垄断了。

“完全垄断”其实并非“完全”，一个垄断者不可能完全不受他人的影响。在完全垄断市场中仍然存在着间接的竞争和潜在的竞争。

(1) 从商品看间接竞争。不同商品之间的替代性愈强，相互间竞争也愈激烈。垄断者的产品尽管能够做到“没有很好的”替代品，但终究做不到“绝对没有”替代品。例如某厂商经再三努力，终于垄断了钢材市场，但它仍然受到在一定程度上可以代替钢材之铝材、塑料甚至木料厂商的竞争。

即便是某垄断者的商品没有任何替代品，但对于消费者的货币而言，其他商品都可能成为与之竞争的对象，正如西方经济学家所言，从某种意义上说，鸡蛋和自行车之间也存在着竞争。

(2) 从其他厂商看潜在竞争。一个处于独占态势之下的厂商，若其价格高至某一水平之后，相当的超额利润必将吸引新的厂商进入它所从事的产业，尽管这种进入很难，但只要利厚，则必有“勇夫”，因此垄断厂商又经常处于其他厂商进入的威胁之下，为了保住其垄断地位，垄断厂商往往并不赚取最大的垄断利润。

完全垄断和完全竞争相比，是另一个极端的市场类型。尽管在实际当中这种市场并不多见，但与完全竞争一样，完全垄断市场理论为整个市场理论的建立和发展奠定了基础，在微观经济学中占有很重要的地位。

完全垄断之所以能形成，主要有以下四方面的原因：

(1) 要素控制。厂商在要素市场上控制了有关要素的全部或绝大部分，在产品市场上则可成为独占者。例如，一家铝业公司可能通过买断所有铝土矿(用来生产铝的基本成分)来源而试图垄断铝业；南非戴比尔斯公司差不多垄断了世界的钻石供给。当然,这种垄断的例子比较少。

(2) 专利权。专利法保护发明者对其发明的成果拥有排他权——在一定的期限之内别人不能无偿的分享其发明成果。厂商可以通过对某种产品的制造或某种生产技术取得专利,来实现对市场的独占。

(3) 政府特许。厂商可以通过政府的特许而垄断某一市场,这种由政府特许的垄断,常见于那些与国计民生关系密切的公用事业,如自来水、电力、煤气等产业。这类厂商通过接受政府对它的某些管制(主要是对价格的管制),换取政府授予它独占经营的特许权。

(4) 自然垄断(Natural Monopoly)。对于那些规模经济显著的产业,市场竞争的自然结果是走向垄断,这种情况称为“自然垄断”。在这类产业中,长期平均成本随着厂商规模的扩大而下降,小厂商的成本高,难以存在。如果一个大厂商可以满足整个产业之全部需求或其中的绝大部分,那么它必然成为独占者。由此可见,自然垄断是规模经济的结果。

二、完全垄断厂商的需求曲线与收益曲线

1. 垄断厂商的需求曲线

在完全垄断市场中,因为整个产业仅有一个厂商,所以垄断厂商所面对的需求曲线就是整个产业的需求曲线,一般都符合需求法则,具有负的斜率,向右下方延伸(见图 8.1(a));而完全竞争厂商的需求曲线与之截然不同,是一条水平直线(见图8.1(b))。

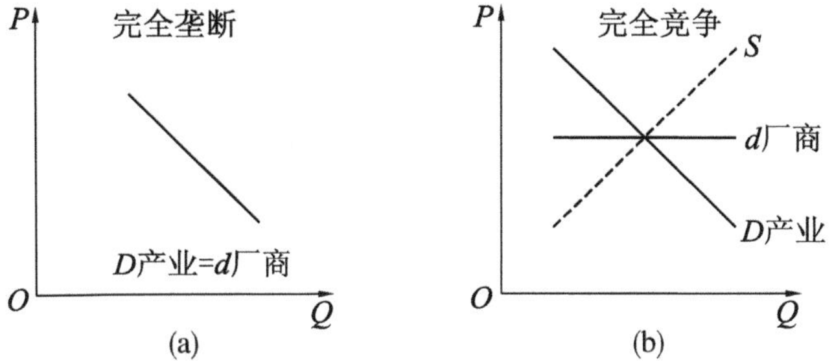

图 8.1

由于完全竞争厂商的需求曲线是一条水平的直线,因而它仅有产量一个决策变数。完全垄断的厂商则不然,它面对向右下倾斜的需求曲线,可以调整价格和产量两个变数,以求获得最大利润。因此,它所进行的是价格与产量两个变数的决策。与完全竞争一样,完全垄断厂商的收益曲线也是由其需求曲线决定的。明确这一点,对于弄清完全垄断厂商收益曲线与完全竞争厂商收益曲线的不同十分重要。

2. 垄断厂商的收益曲线

厂商所面临的需求状况直接影响厂商的收益,这便意味着厂商的需求曲线的特征将决定厂商的收益曲线的特征。垄断厂商的需求曲线是向右下方倾斜的,其相应的平均收益 AR 曲线、边际收益 MR 曲线和总收益 TR 曲线的一般特征如图 8.2 所示:第一,由于厂商的平均收益 AR 总是等于商品的价格 P,所以,在图中,垄断厂商的 AR 曲线和需求曲线 d 重叠,都是同一条向右下方倾斜的曲线。第二,由于 AR 曲线是向右下方倾斜的,则根据平均量和边际量之间的相互关系可以推知,垄断厂商的边际收益 MR 总是小于平均收益 AR。因此,图中 MR 曲线位于 AR 曲线的左下方,且 MR 曲线也向右下方倾斜。第三,由于每一销售量上的边际收益 MR 值就是相应的总收益 TR 曲线的斜率,所以在图中,当 $MR>0$ 时,TR 曲线的斜率为正;当 $MR<0$ 时,TR 曲线的斜率为负;当 $MR=0$ 时,TR 曲线达到最大值。

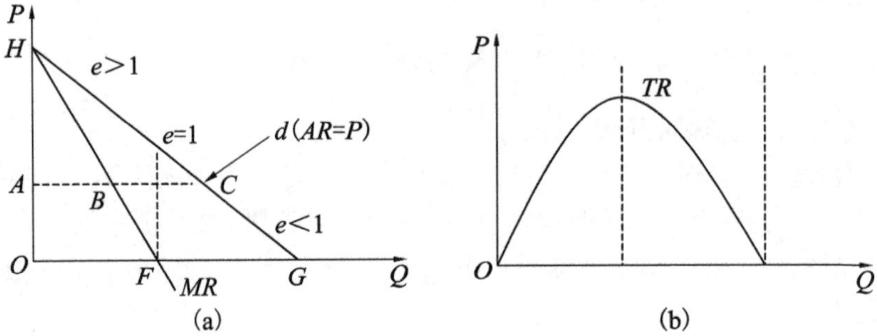

图 8.2

垄断厂商的需求曲线可以是直线型的,也可以是曲线型的。图 8.2(a)中垄断厂商的需求曲线是直线型的,该图体现了垄断厂商的 AR 曲线、MR 曲线和 TR 曲线相互之间的一般关系。在此,需要提出的是,当垄断厂商的需求曲线为直线型时,相应的 MR 曲线还有其他一些重要特征。关于这点具体分析如下。

假定线性的反需求函数为

$$P = a - bQ \tag{8.1}$$

式中,a,b 为常数,且 $a,b>0$。由上式可得总收益函数和边际收益函数分别为

$$TR(Q) = PQ = aQ - bQ^2 \tag{8.2}$$

$$MR(Q) = \mathrm{d}TR(Q)/\mathrm{d}Q = a - 2bQ \tag{8.3}$$

根据式(8.1)和式(8.3)可求得需求曲线和边际收益曲线的斜率分别为

$$\mathrm{d}P/\mathrm{d}Q = -b \tag{8.4}$$

$$\mathrm{d}MR/\mathrm{d}Q = -2b \tag{8.5}$$

由此可得出以下结论，当垄断厂商的需求曲线为直线型时，d 曲线和 MR 曲线的纵截距是相等的，且 MR 曲线的横截距是 d 曲线横截距的一半，即 MR 曲线平分由纵轴到需求曲线 d 的任何一条水平线(如图 8.2 中有 $AB=BC$，$OF=FG$ 等等)。

3. 边际收益、价格和需求的价格弹性

当厂商所面临的需求曲线向右下方倾斜时，厂商的边际收益、价格和需求的价格弹性三者之间的关系可以证明如下。

假定反需求函数为

$$P = P(Q)$$

则可以有

$$TR(Q) = P(Q) \cdot Q$$

$$MR(Q) = \frac{\mathrm{d}TR(Q)}{\mathrm{d}Q} = P + Q \cdot \frac{\mathrm{d}P}{\mathrm{d}Q} = P\left(1 + \frac{\mathrm{d}P}{\mathrm{d}Q} \cdot \frac{Q}{P}\right)$$

即

$$MR = P(1 - 1/e) \tag{8.6}$$

式中，e 为需求的价格弹性，$e = -\frac{\mathrm{d}Q}{\mathrm{d}P} \cdot \frac{P}{Q}$。

由式(8.6)可得以下三种情况：

(1) 当 $e>1$ 时，有 $MR>0$。此时，TR 曲线斜率为正，表示厂商总收益 TR 随销售量 Q 的增加而增加。

(2) 当 $e<1$ 时，有 $MR<0$。此时，TR 曲线斜率为负，表示厂商总收益 TR 随销售量 Q 的增加而减少。

(3) 当 $e=1$ 时，有 $MR=0$。此时，TR 曲线斜率为零，表示厂商的总收益 TR 达极大值点。

以上三种情况在图 8.2 中都得到了体现。

最后需要指出的是，以上对垄断厂商的需求曲线和收益曲线所作的分析，对于其他不完全竞争市场条件下的厂商也同样适用。只要不完全竞争市场条件下厂商所面临的需求曲线是向右下方倾斜的，相应的厂商的各种收益曲线就具有以上所分析的基本特征。

第二节　完全垄断市场的均衡分析

一、完全垄断市场的短期均衡

1. 价格与产量的决定

完全垄断厂商的均衡，和完全竞争厂商的均衡一样，也是指该厂商追求利润最大化。其分析方法也同样可以分为两种，即总量分析法和边际分析法。

垄断者面对着与竞争企业同样的技术与成本限制，垄断者同样有服从于收益递减的生产函数，垄断者以它无法完全影响的价格在与其他企业的竞争中购买投入品，垄断者与完全竞争企业唯一的差别是对产量的市场限制。竞争企业是价格接受者，但垄断者供给整个市场，这样，它的产量决策就要影响市场价格，或者说，垄断者是价格决定者，这两种类型企业所面临的决策差别正产生于这一点。

如前所述，利润是总收益与总成本的差额。为了分析垄断者实现利润最大化时价格与产量的决定，我们需要研究在垄断情况下，当产量变动时，总收益与成本的变动以及边际收益与边际成本的变动。

表 8.1

价　格 (P)	销售量 (Q)	总收益 (TR)	短期总成本 (STC)	利润 ($TR-STC$)
20	0	0	20	−20
18	1	18	21	−3
16	2	32	24	+8
14	3	42	30	+12
12	4	48	40	+8
10	5	50	55	−5

从表 8.1 中可以看出，随着销售量增加，总成本和总收益都增加。当销售量为 3 单位时，利润最大为 12 元。在利润最大时，边际收益等于边际成本。所以，利润最大化的产量也就是边际收益等于边际成本时的产量。

根据表 8.1 可以作出图 8.3(a)、(b)、(c)。

在图 8.3(a)中，总收益曲线为 TR，总成本曲线为 TC，利润为这两者之间的垂直距离。当产量为 3 单位时，总收益为 42 元，总成本为 30 元，利润为 12 元，达到最大。

在图 8.3(b)中，π 为总利润曲线，它表明总利润随产量的变动而变动，当产量为 3 单位时，总利润最大。

在图 8.3(c)中，需求曲线为 D，短期边际成本曲线为 SMC，边际收益曲线为 MR，平均成本曲线为 SAC。边际成本曲线与边际收益曲线相交时的产量 3 单位为利润最大时的产量，这一产量时价格为 14 元，平均成本为 10 元，每单位产品利润为 4 元，总利润为阴影部分 12 元。由于价格大于边际收益，所以，在产量为边际收益等于边际成本时，价格一定大于边际成本。

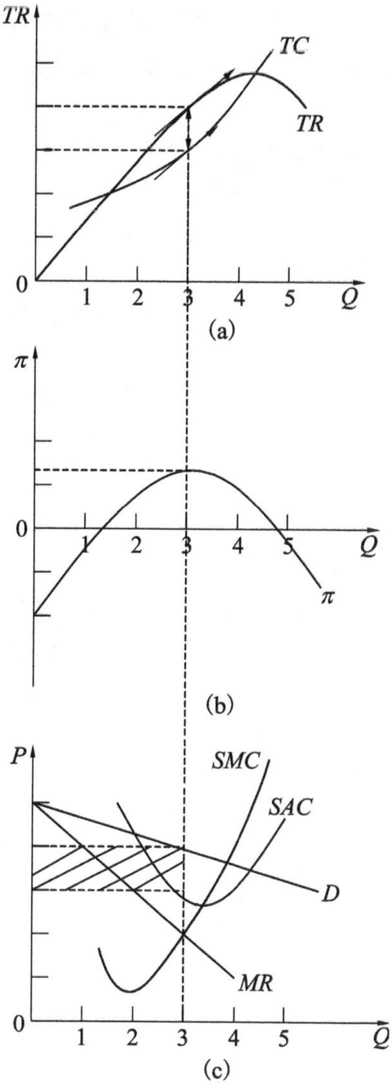

图 8.3

2. 短期中的利润或亏损

在以上的分析中，利润是正的，但实际上垄断者也不能总得到利润。在短期中，垄断者也可能有零利润，甚至亏损。我们可以用图 8.4(a)、(b)来说明这一点。

在图 8.4(a)中，短期平均成本曲线为 SAC_1，当产量为利润最大化的 3 单位时，平均成本正好等于价格，其利润为零。

在图 8.4(b)中，短期平均成本曲线为 SAC_2，当产量为利润最大化的 3 单位时，平均成本大于价格，亏损为图中阴影部分的面积。垄断者只在短期中可能有亏损，如果长期中有亏损，它就会停业。

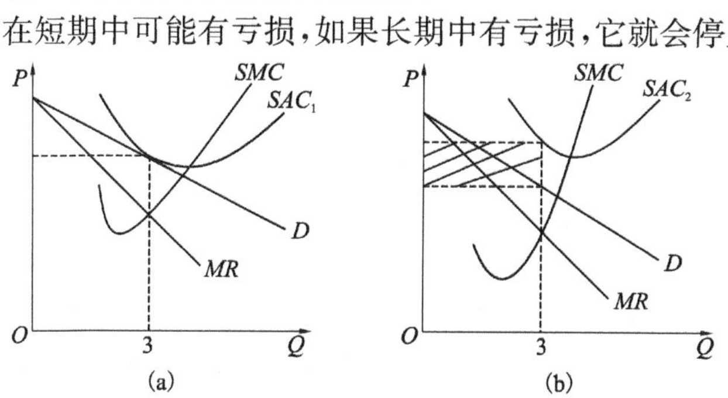

图 8.4

一个完全竞争行业中的企业在有经济利润时，会有新加入者，因此，在长期中无法保持经济利润，长期均衡时的经济利润为零。但在垄断行业中，不会出现这种情况，进入限制使新加入者无法进入垄断行业，因此，垄断行业可以在长期中保持正的利润，无论这一利润是大是小，它总是存在的。

3. 完全垄断厂商的供给曲线

与完全竞争的企业不同，在垄断市场条件下并不存在一条具有规律性的厂商的供给曲线。

供给曲线表示在每一个价格水平下生产者愿意而且能够提供的产品数量。它表示产量和价格之间的一一对应关系。

在完全竞争市场条件下，每一个厂商都无法控制价格，它们都是在每一个既定的市场价格水平，根据 $P=MC$ 的利润最大化原则来确定唯一的能够带来最大利润或亏损最小的产量。这种价格和产量之间一一对应的关系，是构造完全竞争厂商和行业短期供给曲线的基础。

但是，垄断市场条件下的情况就不同了。垄断厂商是通过对价格和产量同时调整来实现 $MR=SMC$ 的原则的，而且，P 总是大于 MR。随着厂商所面临的向右下方倾斜的需求曲线的位置移动，厂商的价格和产量之间不再必然存在如同完全竞争条件下的那种一一对应的关系，而是有可能出现一个价格水平对应几个不同的产量水平，或者一个产量水平对应几个不同的价格水平的情形。

由此可知，凡是在或多或少的程度上带有垄断因素的不完全竞争市场中，或者说，凡是在单个厂商对市场价格具有一定的控制力量，相应地，单个厂商的需求曲线向右下方倾斜的市场中，都不具有一条规律性的厂商和行业的短期和长期供给曲线。这一结论适用于下面将要分析的垄断竞争和寡头市场。

二、完全垄断厂商的长期均衡

1. 完全垄断厂商长期均衡的条件

如前所述，在完全垄断市场中，由于其他厂商不能进入该产业，因此，垄断厂商能够长期地获得超额利润。如果厂商的短期超额利润少于零，它一定不会长期地忍受这个经济损失，必然为其资源寻找新的出路。一般地说，它可以做两种选择：第一，如果当前的短期规模没有达到最佳状态，则可在长期加以调整，以求在最佳的规模下生产，扭亏为盈；第二，如果厂商在最佳规模下生产仍有经济损失，那么在长期它必然退出该产业。

当完全垄断厂商处于长期均衡时，其长期边际成本（LMC）和边际收益（MR）相等，垄断厂商可以获得最大利润。这时的生产规模就是与长期平均成本（LAC）曲线相切的短期平均成本（SAC）曲线所代表的规模。在该均衡点上，短期边际成本（SMC）曲线与长期边际成本（LMC）曲线相交。简言之，完全垄断厂商长期均衡的条件是 $LMC=SMC=MR$，同时 $SAC=LAC$。其图形如图 8.5 所示。

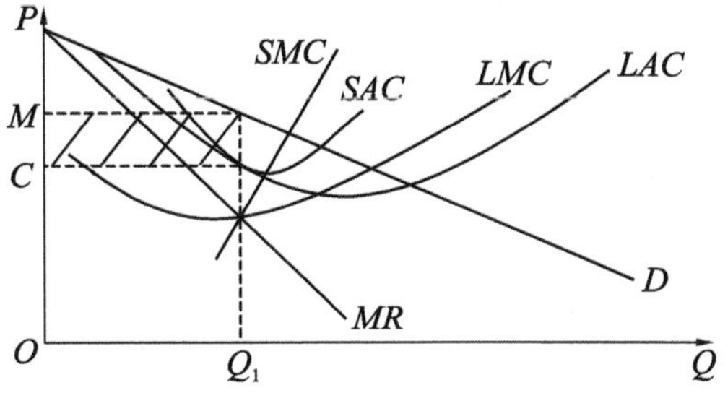

图 8.5

该完全垄断厂商的长期生产均衡时的产量为 OQ_1，因为这时 LMC 曲线和 MR 曲线相交。对该厂商来说，长期均衡时的生产规模是 SAC 所代表的规模，SAC 曲线与 LAC 曲线也相切。因此，该完全垄断厂商处于长期均衡时 $SMC=LMC=MR$，$SAC=LAC$，总利润为阴影部分的面积。

2. 完全垄断厂商长期均衡与完全竞争厂商长期均衡的区别

两种市场相比，主要有以下两点区别。

第一，完全竞争情况下厂商的长期均衡点是在长期平均成本的最低点，即处在 $LAC=LMC=SAC=SMC=MR=AR$ 的最低平均成本的生产规模与生产量水平上。而在完全垄断情况下厂商的长期均衡是边际收益等于长期边际成本和短期边际成本，即 $MR=LMC=SMC$。这时既不是长期平均成本（LAC）的最低点，也不是短期平均成本（SAC）的最低点。两者相比，显然可以得出结论，即在完全竞争情况下社会资源的使用效率最高，而完全垄断厂商却达不到。这意味着，在完全竞争情况下，可以用最少的资源代价进行生产，而在完全垄断情况下厂商却不会这样做，因为其最大利润点为 $MR=LMC=SMC$，但 LAC 却不等于 LMC。

第二，在完全竞争情况下，市场价格等于边际收益，其长期均衡点就在 $P=LAC$ 处。这时在完全竞争条件下，因为厂商可以任意进入或退出某种产品市场，如果该行业中的生产能够获利，随着新厂商的加入，净利润最终消失。因此，在完全竞争情况下厂商的成本较低。这意味着，在完全竞争情况下，整个社会的福利较高。而完全垄断者的成本较高，因此，从整个社会福利来看就较低。

【案例】490 元至 780 元的武广高铁票比普通硬座高 3.5 倍，这个价格到底贵不贵？日前，北京中银律师事务所 4 名律师联名向发改委、工商总局递交反垄断举报，要求对高铁高价垄断行为进行彻查。发改委在回函中确认，价格监督检查司已经受理此举报。“这是反垄断法实施以来,发改委首次以书面的方式受理反垄断举报,”董正伟昨接受本报记者采访时表示,“而且还是涉及国有企业的举报,此举意义重大。”

去年年底刚刚开通的武广高铁,有消息称,在其当初试运营的 56 天内,实现了 7 亿元左右的票价收入,其中在今年春运期间,26 天的春运就贡献了这 7 亿元左右的票价总收入中的 5 亿元左右。

武广高铁在去年 12 月末投入运营后,铁路系统随后宣布停运了 13 对短途列车。而动辄都要比普通列车贵出好几倍的价格让不少民众大呼吃不消。目前武广高铁来回票价最低是 490 元,比普通硬座车票贵了 3.5 倍。

第三节　完全垄断市场的损失

一、价格歧视

所谓价格歧视(Price Discrimination),是指完全垄断厂商对不同市场的消费者,或对同一消费者的不同购买量,分别以不同的价格销售。

常见的价格歧视有:医生视病人的收入水平和富裕程度不同,对相同的治疗收取不同的费用;汽车制造商在出口市场上的售价与国内市场售价存在较大差异(考虑到运费及税收因素);电力公司对居民用电和商业用电、工业用电等不同用途收取不同费用。

垄断厂商实行差别定价,是为了获得比单一定价更多的利润,但并非所有的完全垄断厂商都可以采用该种定价方式。利用差别定价方式谋取最大化利润,市场必须满足以下条件。

第一,市场存在不完善之处。在完全竞争市场中,差别定价是不可能的,只有当市场存在着不完全性,或者当市场的各个部分因运输成本、消费者信息不完备、国家之间的障碍甚至地区保护政策阻隔时,卖者可以对各个市场的各个部分分别进行某种控制,从而对不同的买者索取不同的价格。

第二,不同市场存在不同的需求弹性。只有这样,垄断厂商才能够根据不同的需求弹性对同一产品定出不同的价格,取得比单一价格更多的利润。垄断厂商可以在需求弹性较大的市场制定较低的价格,而在需求弹性较小的市场制定较高的价格,使得厂商的总利润最大化。

价格歧视的实施,要求不同市场之间或市场的各个部分之间必须能有效地分隔开来。如果一家厂商无法隔离它的市场,它的全部买主将在价格最低的市场上进行采购,或把低价购进的产品在价格较高的市场上出售。如果一个国家出口的商品，在另一国家的销售价格远低于在本国的销售价格，就必须有足够的运输成本或其他贸易控制办法阻止该商品从其他国家再出口到原生产国。

垄断厂商对它销售的同一种产品对不同购买者索取不同的价格，一般有 3 种类型，每一种类型所代表的价格歧视的程度各不相同。按歧视程度的大小分别称为一级价格歧视、二级价格歧视和三级价格歧视。

1. 一级价格歧视(First-degree Price Discrimination)

一级价格歧视又称完全的价格歧视。当垄断厂商知道每一消费者为买进每一单位产品愿意支付的最高价格，并据此确定每一单位产品的销售价格，就表明垄断厂商实行着一级价格歧视。

以图 8.6 为例，在该产品市场上，消费者为买进 Q_1 单位的商品愿意支付的最高价格为 P_1；当价格降至 P_2 时，消费者愿意付出 P_2 价格买进 Q_2 个单位……假设垄断厂商决定售出 Q_N 个单位，在不存在价格差别的情况下，市场价格为 P_N，厂商的总收益为矩形 OP_NAQ_N 的面积。三角形 P_0P_NA 的面积为消费者剩余，表示消费者为了能够一共买进 Q_N 个单位的产品愿意支付的最大货币额 OP_0AQ_N 与其实际支付的金额 OP_NAQ_N 之间的差额。

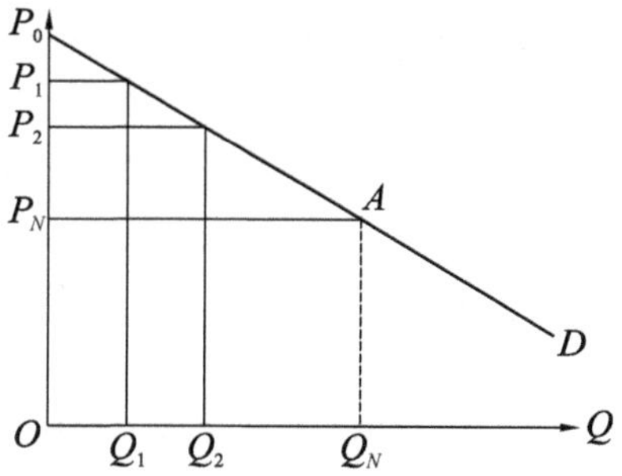

图 8.6 一级价格歧视

所谓一级价格歧视，是指垄断厂商对 Q_1 单位产品索取的价格为 P_1；对 Q_2 单位的产品索取的价格为 P_2……对最后一个单位产品索取的价格为 P_N 的价格等级。在这种情况下，由需求曲线表示的代表商品边际效用的消费者买进一定量产品所愿意支付的价格，就成为垄断者的边际收益曲线。这样，在单一定价下的消费者剩余通过实行一级差别定价而全部转化为垄断厂商的实际收益。实行这种价格差别的市场极为罕见，乡村医生对具有不同支付能力的病人收取不同的医疗费用是一个典型例子。

2. 二级价格歧视(Second-degree Price Discrimination)

二级价格歧视常见于公用事业单位(电力公司或自来水公司等)对有关商品的收费制度。假定 D 是一个城市的家庭对电力的需求(见图 8.7)。收费率是这样的：每月单个家庭消费的最先一部分电力 Q_1 按较高的价格 P_1 收费；当消费量从 Q_1 增加至 Q_2 时，增加消费的部分(Q_2-Q_1)按 P_2 收费；当消费量超过 Q_2 单位时，按 P_3 收费。假定按 P_3 收费，消费者愿意消费的电力为 Q_3 单位。

若电力公司按单一价格对消费者消费的全部电力 Q_3 收费，则每单位电力的

销售价格为 P_3，总收益由 OP_3AQ_3 这个矩形的面积表示。但按 3 种价格收费，总收益由 P_1EQ_1O 的面积加上 GFQ_2Q_1 的面积，再加上 HAQ_3Q_2 的面积三者求和得出。在这种情况下，垄断者获得的消费者剩余由图 8.7 中斜线部分表示，垄断者没有得到的消费者剩余是图 8.7 中需求曲线与斜线部分之间的 3 个小三角的总和，它们恰好等于消费者所得到的消费者剩余。

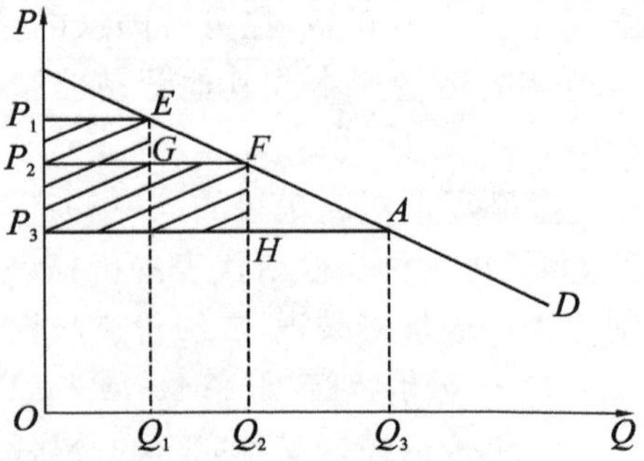

图 8.7　二级价格歧视

3. 三级价格歧视(Third-degree Price Discrimination)

三级价格歧视是垄断厂商较常采用的差别定价方式。假定一个实行价格歧视的垄断厂商可以把它的产品市场分隔为 A 和 B 两部分，两个市场的需求曲线如图 8.8 所示。为了实现利润最大化目标，厂商需作出产量决策、产量在两个市场之间的分配决策和产品在两个市场的定价决策。下面将对比逐一进行分析。

(1) 总产量决策。对于同质的产品而言，垄断厂商的产量决策取决于它的整个产量的边际成本，而无需考虑产品在哪个市场出售。为实现最大利润，垄断厂商需要使它生产和销售的产品的边际成本等于两个市场结合在一起的联合的边际收入 CMR，即 MC 曲线与 CMR 曲线相交之点的产量。两个市场的联合收益 CMR 曲线是通过把两个市场的两条 MR 曲线横向相加而得到的。在图 8.8 中，MC 与 CMR 曲线相交的点相应的产量 Q，即是垄断厂商能够取得最大利润的产量，在这个产量上，生产最后一个单位产品追加的成本 MC 恰好等于在任一市场上出售该单位产品所能得到的追加的收益(MR_A 或 MR_B)。

(2) 总产量在两个市场间的分配决策。垄断厂商将把它的整个产销量 Q 这样分配于两个市场之间：每个市场所销售的产量的最后一个单位所取得的收益，即边际收益相等，都等于全部产量的边际成本，即 $MR_A=MR_B=CMR=MC$。如图 8.8 中所示，它将在 A 市场中出售的产量为 Q_1，在 B 市场中销售的产量为 Q_2。因为，假如两个市场销售的产量的边际收益不相等($MR_A>MR_B$)，则厂商减少在 B 市场销售量一个单位和相应增加在 A 市场的销售量，将使厂商所得的总利润增加；反之，假如两个市场的 MR 相等，在这种情况下重新调整厂商在各个市场的销售量，在 A 市场减少一个产品的销售(减少的收益为 MR_A)，而相应地在 B 市场增加一个单位(增加的收益少于 MR_B)，则利润总量会减少。因此，垄断者最适度的市场配置，是使得每个市场销售量的最后一个单位的收益即边际收益相等。

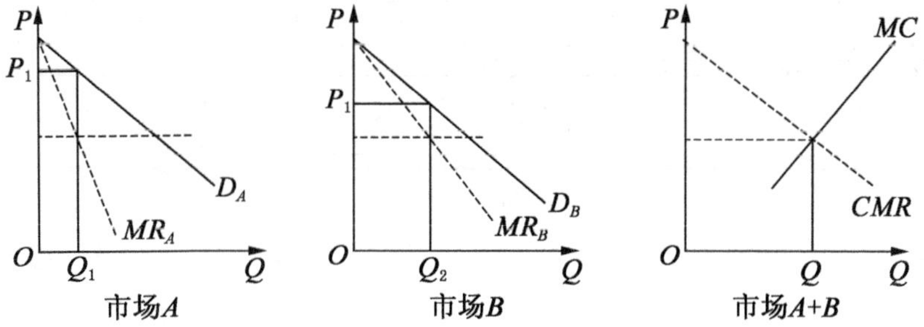

图 8.8　三级价格歧视

(3) 两个市场的产品价格决定。由图 8.8 可知，与 A 市场销量 Q_1 相对应的市场价格为 P_1，与 B 市场销量 Q_2 对应的市场价格为 P_2。由于 A 市场的需求弹性小于 B 市场的需求弹性，尽管两个市场的边际收益相等，但 A 市场的销售价格仍高于 B 市场的销售价格。

公用事业公司（电力、电话公司等）把顾客市场分成诸如住宅性、商业性和工业性等不同的市场，实行三级价格差别。每一个市场又可进一步划分，按一天不同的时间或劳务的具体用途，在各个市场内部实行二级价格差别，如电话公司对用户白天打电话所收费用，通常比晚间打同样时间的电话收费高。

总的来看，采用价格歧视政策与采用单一价格政策比较，前者使垄断厂商能得到更多的总收益及利润。这主要表现为垄断厂商把单一价格下的消费者剩余转化为自己的收益，在这个意义上消费者受到了剥削。但是，垄断厂商在这一价格政策下比单一价格政策生产和销售更多的产品。在一级价格歧视情况下，由于垄断厂商销售每一定量产品的边际收入就是产品的销售价格，垄断厂商的需求曲线即是它的边际收益曲线，则垄断厂商的产销量与完全竞争厂商的产销量完全相同。

二、无谓损失

1. 价格与产量的决定

完全垄断市场是一种低效率的市场，为了说明这一点，我们先用图 8.9 来比较一下竞争与垄断下的产量与价格。

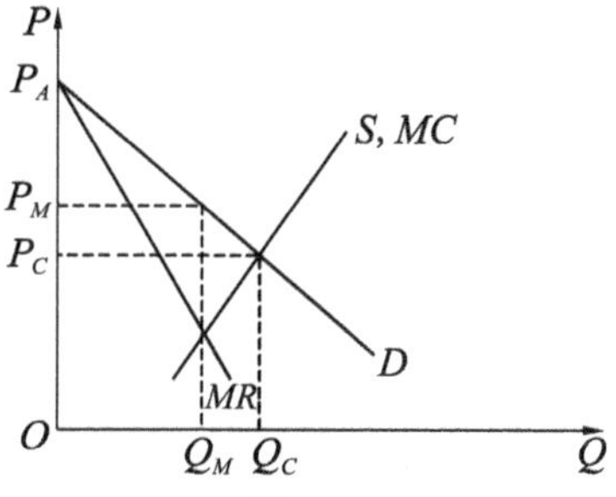

图 8.9

在图 8.9 中，行业的需求曲线为 D，供给曲线为 S。在完全竞争下，当供给曲线与需求曲线相交时，市场达到均衡。这时，行业的产量为 Q_C，价格为 P_C。完全竞争市场上的每个企业都接受价格 P_C，通过使边际成本与价格相等（$P=MC$）的产量来实现利润最大化。

由于每个企业的产量仅仅是整个行业微不足道的一部分，所以，没有一个企业想通过变动其产量来控制价格。

假定垄断与竞争下用的生产技术相同，但这时一家企业就是一个行业。垄断者可以通过变动产量来影响价格。这时，垄断者的边际收益为曲线 MR。为了实现利润最大化，垄断者要使产量达到边际收益与边际成本相等（$MR=MC$）。所以，我们就要确定垄断者的边际成本。在竞争情况下，一个企业的边际成本曲线也就是它的供给曲线。竞争行业的供给曲线是该行业各个企业供给曲线之和。因此，当一个垄断者就是一个行业时，竞争下行业的供给曲线也就是垄断者的边际成本曲线（图中标有 S，MC 的曲线代表竞争下行业的供给曲线和垄断者的边际成本曲线）。垄断者的边际成本曲线与边际收益曲线相交决定了单一价格时，垄断者的利润最大化产量为 Q_M。由于边际收益曲线低于需求曲线，所以垄断时的产量 Q_M 小于竞争时的产量 Q_C。这一产量水平与需求曲线决定的价格水平为 P_M，这一价格水平高于竞争时的价格水平 P_C。

如果垄断者可以实行价格歧视，那么，它就会对所销售的每一单位产品收取不同的价格，并使产量增加到 Q_C。垄断者收取的最高价格为 P_A，最低价格为竞争时的 P_C。P_A 为最高价格，因为再高就没人买了；P_C 为最低价格，因为在垄断者实行完全的价格歧视时，它的边际收益曲线和需求曲线一样；低于价格 P_C 时，边际成本就大于边际收益了。

2. **无谓损失(Deadweight Loss)**

垄断不如竞争效率高，在垄断条件下，会产生无谓损失。我们用图 8.10 来说明这种损失。

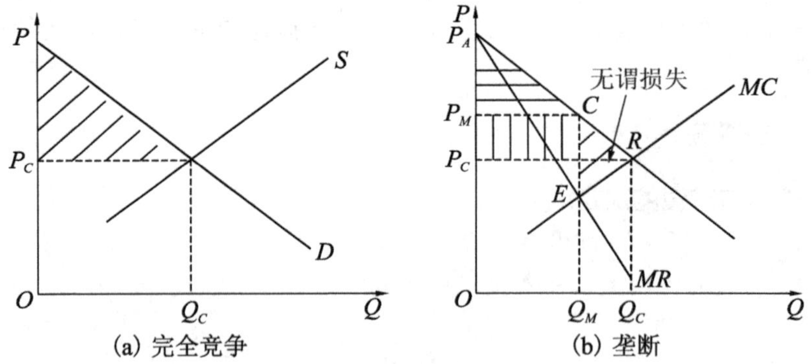

图 8.10

在图 8.10(a)中，竞争的价格为 PC，产量为 Q_C，图中的阴影部分为消费者剩余。

在图 8.10(b)中，单一价格的垄断时，产量为 Q_M，价格为 P_M，消费者剩余减少为有横条的阴影部分。消费者剩余的减少部分是因为他们支付的价格高了，部分是因为他们得到的物品少了。但消费者的损失与垄断者的收益相等吗？这种收益的增加与减少是不是一种简单的再分配呢？消费者剩余的某些损失的确变成了垄断者的收益，即图 8.10(b)中竖条的阴影部分，这部分也是竞争条件下消费者剩余的一部分，但现在变成垄断企业的经济利润。这一经济利润代表收入从消费者向生产者的再分配。这一再分配是否是一种改善，取决于对收入怎样分配才算合理的假设，是不能用效率标准来衡量的。

图 8.10(b)中斜条阴影部分代表垄断引起的损失，即图中三角形 ERC 的面积。这块面积称为分配性低效率(Allocative Inefficiency)，或由垄断引起的无谓损失(Deadweight Loss)。它是由垄断价格引起的消费者剩余的损失，是社会的一种净损失。评价垄断的这一影响，无须对消费者和生产者的相对功绩或收入的分配做出假设。它是消费者的损失，而不是任何别的人的。

分配性低效率的来源可用图 8.10(b)来说明。垄断企业将增加产量直到边际收入等于边际成本。如果产量超过 Q_M 就会导致利润的减少，因为此时边际收入小于边际成本。但在产量 Q_M，消费者支付的价格为 P_M，它大于边际成本。因此，如果价格定在这个水平上，只有那些认为该产品的价值至少为 P_M 的消费者才会购买它。

注意，最后购买的人对产品的评价为 P_M，但生产该产品的成本由边际成本曲线给定，等于 P_C。因此，产品对最后的购买者的价值要大于生产它的机会成本。这样，如果生产得更多，社会福利就会增加。具体说，增产一个单位产品所增加的消费者剩余等于需求曲线和边际成本曲线之间的垂直距离。随着产量的增加，得到的消费者剩余就越来越小，到产量为 Q_C 时，消费者剩余将为零。因此，三角形 ERC 可看成是由垄断条件下的产量限制引起的消费者剩余的损失。

总之，与完全竞争条件的企业相比，垄断企业生产的产量太少，而价格定得太高。竞争导致价格降低到企业生存所必需的最低水平，而垄断企业则把价格抬得很高以谋求利润最大。从社会的角度看，如果有更多的资源用于生产垄断企业提供的产品，资源的配置就得到了改善。垄断还导致收入的再分配，但对这种收入转移的评价，取决于对消费者和生产者的相当认知的判断。尽管经济分析对评价这种收入转移没有多大帮助，但这种转移在公共政策制定中的重要性是不应被低估的。正如经济学家彼得森所说："在政策辩论中，政府号召采取行动反对滥用垄断，通常不是根据教科书中所说的分配性低效率的深奥概念，而主要是考虑收入从消费者向垄断企业老板的再分配的不公平性。"

3. 寻租

经营一个垄断企业比经营一个完全竞争行业中的企业更有利。在完全竞争行业中短期可以有经济利润，但长期中没有。自由进入使新企业可以进入有利可图的行业，结果经济利润在竞争中消失。在垄断行业中对进入的限制阻止了这个竞争过程。因此，垄断可以在长期中享有经济利润。

由于垄断比完全竞争有利，这就刺激了创造垄断的企图。创造垄断的活动被称为寻租(Rent Seeking)。之所以称为寻租是因为消费者剩余和生产者剩余也被称为租金。我们已经说明了，垄断通过把消费者剩余占为己有而产生了利润。因此，追求最大化的垄断利润和把消费者剩余占为己有或寻租是一回事。

寻租也是一种要花成本的活动。为了得到垄断权，就必须使用资源。此外，每一个人都想得到垄断权，因此为争夺垄断权也会有竞争。人们竞争垄断权的方法有两种：购买已有的垄断权和创造新的垄断权。但是，现有的垄断权也是在过去某个时期创造出来的，所以，归根到底，对垄断权的竞争是一个用生产性资源去建立垄断权的过程。一个人用于获得垄断权的资源的价值就是凭借这种权力所得到的垄断利润。如果用于获得垄断权的资源的价值大于垄断利润，结果就是净损失。但是，只要用于获得垄断权的资源的价值小于垄断利润，就赚到了利润。如果没有进入限制，在均衡时用于寻租的资源等于垄断利润。

由于有寻租活动，垄断所引起的成本大于我们以前所计算的无谓损失。计算垄断的成本时应该在无谓损失之外再加上用于寻租的资源的价值。这个量等于全部垄断利润，因为这是为寻租所付出的资源。因此，垄断的成本是无谓损失加垄断利润。

用于寻租的资源是什么呢？如何寻租呢？寻租的一种形式是寻找可以按低于垄断利润的价格买到的现有垄断权，也就是寻求获得现有的垄断权。这种寻租形式使市场垄断权的价格接近其经济利润。有许多这种形式寻租活动的例子，最为大家所熟悉的就是购买出租车营业执照。在许多城市，出租车是受限制的，即出租车收费标准由政府制订，车主需持证营业。经营出租车是有利的，这就产生了垄断利润或由经营者得到的租金。一个想开出租车的人不得不从已有营业执照的人那里购买这种权力。对这种垄断权的竞争使价格高到足以抵消长期中的利润。例如，在南京市，开出租车的权力的价格(即营运证每本在2005年的价格)大约为30万～40万元人民币。在香港及世界其他城市也存在这种现象。

在美国航空业，寻租也是一项大业务。1986年，联合航空公司购买了原来由泛美航空公司经营的全部跨越太平洋的国际航线。联合航空公司为这种排他性的经营权支付了5亿美元。泛美航空公司原来拥有这些航线，而且禁止其他美国航空公司通过美国与其他政府的空中运输协定在这些航线上与它竞争。为了得到这些航线，联合航空公司提供的价格与泛美航空公司自己经营时的利润一样多。航空公司之间对这些航线的竞争使得效率最高的公司购买了这些航线，因为这样的公司能提供最高的价格。到1991年，泛美航空公司债务沉重，其全部资产用于抵债，这就又爆发了对该公司国内、欧洲、拉美各航线和设备的竞争。在这次竞争中，四家航空公司（美国航空公司、Delta公司、西北航空公司和TWA航空公司）为这些有价值的垄断权的出价超过3亿美元。

尽管有许多寻租活动涉及寻求可以有利地购买的垄断权，但更多的寻租活动还是去创造垄断。这种寻租活动采用了种种诸如游说和力图影响政治活动的形式。诸如在西方国家为竞选捐款、通过宣传媒介发生间接影响、直接与政治家和官僚接触等。

4. 垄断对社会的好处

以上我们所分析的都是垄断对社会的不利影响，那么，垄断为什么能存在下来呢？或者说，它对社会是不是也能带来一些好处，有其存在的合理性呢？回答是肯定的。

垄断并非一无是处，它存在的两个理由是规模经济和范围经济（Economies of Scope），以及对创新的刺激。

我们前面已经介绍过了规模经济的概念，在此不再重复。范围经济是指由于生产产品种类增加所引起的平均总成本下降。当高度专业化（同时也是昂贵的）的技术投入可以由不同产品共用时，范围经济就是重要的。例如，麦当劳快餐店可以既生产汉堡包又生产炸薯条，其平均总成本就要低于各生产其中一种的两个独立企业。麦当劳能做到这一点就是因为汉堡包和炸薯条可以共同使用专业的食品贮藏和加工设备。生产产品范围广泛的企业可以雇用技术适用于不同产品的专业电脑程序工程师、设计师和市场营销专家，从而分摊了成本并使每种产品的生产成本下降。能控制供给并影响价格的大型企业，即能像垄断者那样决策的企业，具有规模经济和范围经济。小的竞争性企业做不到这一点。在这种情况下，我们以前对于竞争和垄断的比较是不适用的。因为在一个大型企业具有规模经济和范围经济时，它的边际成本曲线必然低于竞争行业的供给曲线。以前我们分析这一问题时假设竞争企业与垄断企业所用的生产技术相同，实际上当垄断企业具有规模经济和范围经济时，这两者的技术是不同的。垄断下的规模经济和范围经济可以使产量高于完全竞争时，而价格又低于完全竞争时。下面我们用图8.11来说明这一点。

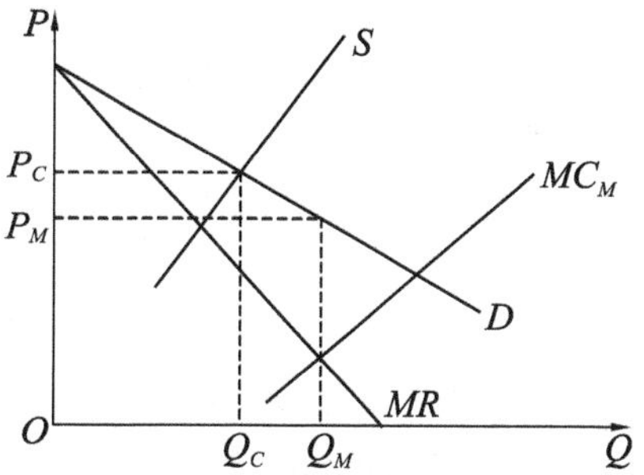

图 8.11

在图8.11中，D为需求曲线。在完全竞争的行业中，供给曲线为S，产量为Q_C，价格为P_C。由于垄断者可以利用规模经济和范围经济，边际成本曲线并不等于完全竞争下的供给曲线，而是低于完全竞争下的供给曲线，即为MC_M。这样，垄断者的利润最大化产量由边际成本曲线和边际收益曲线（MR）相交时决定，即为Q_M，价格为P_M。由于利用了并不适于竞争小企业的技术，垄断者可以达到比竞争行业更高的产量与更低的价格。公共服务业（水、煤气、电力、电话通讯等）的情况就是如此。啤酒业、家用电器、石油加工等行业也是如此。

创新（Innovation）是指在生产过程中第一次使用某种新知识。创新可以是发明一种新产品，也可以是降低已有产品的成本。经济学家就谁是主要的创新者展开了激烈争论，到底是具有垄断权力的大企业是创新者呢，还是竞争的小企业是创新者，各人看法都不同。但显而易见的是，某些暂时的垄断权力正产生于创新。一个开发了某种新产品或工艺流程的企业可以通过专利保护来获得占有这种新产品生产与新工艺运用的排他性权利。那么，赋予创新者以垄断权，即使只是暂时的垄断权，能促进创新吗？一种观点认为可以。这是因为，如果没有这种保护，创新者就无法在较长时期享有创新所带来的利润。这样，对创新就缺乏刺激。相反的观点认为，垄断会使人懒怠，而竞争促使人奋进。竞争的企业尽管知道自己不能长期占有创新的利润，但仍会努力地进行创新，以降低成本。竞争激励它们更快更多地进行创新。

人们对这种观点进行了实证研究，但所得出的证据也是复杂的。这些研究表明，大企业所用的研究开发费用比小企业多，而且大企业在所用的研究开发方面处于明显的优势地位。但这种衡量的标准是创新的投入量，而关键不是投入量却是产出量。衡量研究与开发产出量的标准是专利数量和生产率增长率。用这种标准，大就是好的结论就缺乏证据了。但是，技术知识的扩散过程有明显的模式。在创新出现后，新产品或工艺逐渐在一个行业中扩散。无论创新者是小企业还是大企业，大企业的反应总比小企业快。因此，在技术进步的推广过程中，大企业是非常重要的。

在决定对垄断的公共政策时，法律与管制就是要使垄断有利的一方面（规模经济、范围经济与创新）与它所引起的无谓损失和剩余再分配之间达到一种平衡。

三、政府对垄断的调节

在完全垄断市场中，政府经常选择采取一些调节的形式，以保护公共利益，防止不适当的经济权力滥用。调节垄断可以有多种手段，下面主要介绍两种方法：对价格、提供的服务和盈利能力的直接调节；通过对超额利润征税进行的间接调节。

1. 直接调节

在美国，直接调节垄断的典型例子是“确定费率”，即确定受调节的企业对其产品或服务所能要的价格。惯常的标准是调节者应允许企业的费率足以弥补所有准许的经营开支，并使企业得到所有者对其资本投资的一份“公平价值基础上的公平收益”。

从理论上看，费率调节可以想象的结果是：比没有调节时有较低的价格和较高的产出（如图 8.12 所示）。一个不受调节的垄断厂商会选择 P_1 的价格和 Q_1 单位的产出，从而实现 $MR=MC$ 时的最高利润。但是，实行了调节，费率时常向下移动直至价格等于 AC。这里，AC 被规定为包括等于公司资本投资的公平收益的利润，这样在图 8.12 中，调节者就要着眼于确定一个最高价格 P_2，在这种情况下，消费者会购买 Q_2 单位的产品。

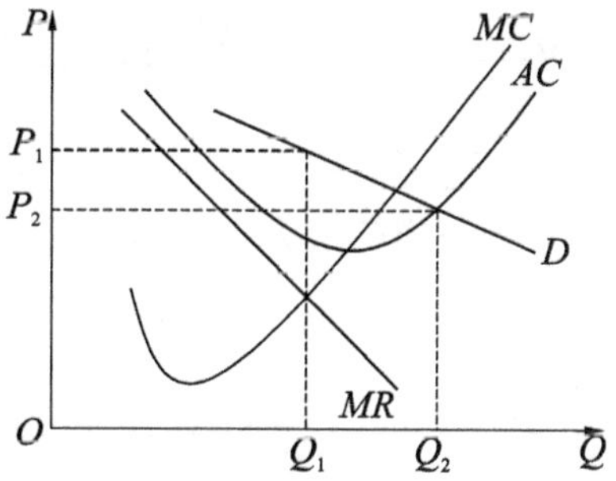

图 8.12

应用“公平价值基础上的公平收益”的概念，调节的焦点在于：(1) 费率基础，它被规定为反映公司经营业务中资本投资的公平价值；(2) 以费率为基础的许可收益率，关键是什么应包括在费率基础之内和什么是“公平收益”。

2. **间接调节**

对垄断力量的社会控制的另一种普通的方法，就是非直接地通过征税来实现调节。征税的形式有多种，下面只介绍超额利润税的形式。这一税种征收的逻辑和基础原理十分明显：允许垄断厂商自行选择任何价格和产出，然后调节者对其认为是“过分”的利润额以税收形式征收，其目标是对企业申报的税前利润定一个税率，以此征收垄断厂商的全部（或大部分）经济利润，并留下正常利润。

“超额利润税”对垄断者的价格和产出的效果如图 8.13 所示。在图 8.13(a)中，利润最大化的价格和产出值为 P_1 和 Q_1。垄断厂商的总利润函数如图8.13(b)中的 R_1，而且是从计算图(a)中所示的每一种价格和产出组合的利润得来的。假定在 P_1 和 Q_1 上的最大利润被认为是“过分的”，则对垄断厂商的利

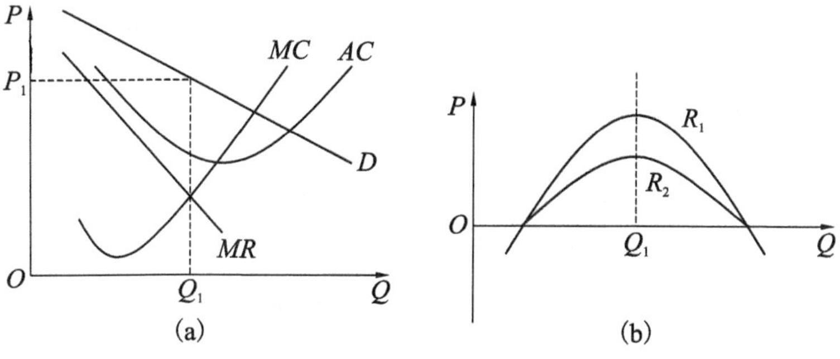

图 8.13

润征收超额利润税，用一种税收形式将利润的边际税率增加到足以使企业的税后赢利能力下降到接受正常利润，这种税收具有使企业税后总利润从 R_1 降低到 R_2 的效果。

我们可以看到，同样的价格和产出在超额利润税征收之后，垄断者的利润与征税前一样是最大的，这是因为基于利润的固定百分比的税收并没有改变 $MR=MC$ 的产出，它对买者和卖者之间交换条件并没有什么影响，再进一步观察，利润最大化的价格没有改变，卖者负担了全部税收，没有任何税收以提高价格的形式转嫁到消费者头上，这种特点使“超额利润”税成为一种具有特别吸引力的政策选择。

本章小结

1. 垄断是市场上只存在唯一卖者的企业。当一个企业拥有一种关键资源，当政府给一个企业排他性地生产一种物品的权力，或者当一个企业可以比许多同行企业以较少成本供给整个市场时，垄断就产生了。

由于垄断者是其市场上唯一的生产者，垄断厂商的需求曲线就是市场的需求曲线。垄断厂商的需求曲线是向右下方倾斜的产品需求曲线，它表示垄断厂商可以通过销售量的调整来控制或操纵市场价格。因此，垄断厂商的平均收益曲线与它的需求曲线重叠，边际收益曲线位于平均收益曲线的下方，且斜率是平均收益曲线的两倍。垄断厂商关于需求曲线和收益曲线的这些特征，对于其他非完全竞争市场结构中的厂商也都是适用的，只要这些厂商对市场价格有或多或少的控制力度，那么，这些厂商的需求曲线就是向右下方倾斜的。

2. 在短期，垄断厂商在既定的生产规模下，通过对产量和价格的调整来实现 $MR=SMC$ 的利润最大化原则。在厂商 $MR=SMC$ 的短期均衡点上，其利润可以大于零，或者小于零，或者等于零。当厂商的利润小于零(即亏损)时，厂商需要根据平均收益 AR 与平均可变成本 AVC 的大小比较，来决定是否继续生产，其决定原则与完全竞争厂商的相同。

3. 在长期，由于垄断厂商是通过选择最优的生产规模来实现 $MR=LMC$ 的利润最大化原则的，因此垄断厂商长期均衡的利润总是大于短期均衡的利润。

由于垄断厂商的需求曲线是向右下方倾斜的，因此在考虑垄断厂商的供给曲线时会发生一个价格对应几个供给量，或者一个供给量对应几个价格的情况。因此，垄断厂商没有供给曲线，因为厂商的供给曲线要求商品的价格与供给量存在一一对应的关系。这一结论对于所有的非完全竞争厂商都是适用的，即所有的非完全竞争厂商也都没有供给曲线，这是因为所有非完全竞争厂商的需求曲线都是向右下方倾斜的。

4. 价格歧视分为一级价格歧视、二级价格歧视和三级价格歧视。一级价格歧视指厂商对每一单位的商品都按照消费者所愿意支付的最高价格出售。二级价格歧视指厂商对同种商品的不同消费数量收取不同的价格。一级和二级价格歧视分别使厂商全部和部分地攫取了消费者剩余，并将这部分消费者剩余转化为利润。

三级价格歧视指厂商对同一种商品在不同的市场或者不同的消费群体收取不同的价格。一般说来，在需求价格弹性较大的市场上，厂商的定价较低；相反，在需求价格弹性较小的市场上，厂商的定价较高。

5. 垄断不如竞争效率高，在垄断条件下，会产生无谓损失。在生产者与消费者之间的剩余分配方面总是垄断者有利。在单一价格时，垄断者以消费者的消费者剩余损失为代价得到收益。这种损失称为分配性低效率，或由垄断引起的无谓损失。它是由垄断价格引起的消费者剩余的损失，也是社会的一种净损失。垄断者总有净收益，消费者总有净损失。由于有无谓损失，有更大部分好处由消费者再分配给了垄断者。这时垄断者占有了全部消费者剩余。

由于垄断比完全竞争有利，这就刺激了创造垄断的企图。创造垄断的活动被称为寻租。之所以称为寻租是因为消费者剩余和生产者剩余也被称为租金。由于有寻租活动，垄断所引起的成本大于我们以前所计算的无谓损失。

垄断并非一无是处，它存在的两个理由是规模经济和范围经济，以及对创新的刺激。范围经济是指由于生产产品种类增加所引起的平均总成本下降。创新是指在生产过程中第一次使用某种新知识。创新可以是发明一种新产品，也可以是降低已有产品的成本。

6. 在完全垄断市场中，政府经常选择采取一些调节的形式，以保护公共利益，防止不适当的经济权力滥用。调节垄断可以有两种方法：对价格、提供的服务和盈利能力的直接调节；通过对超额利润征税进行的间接调节。

如果许多超市开放时间更长，提供着柜台服务、送货上门服务等等，那么你是否认为很多小商店就只剩下地点优势了呢？

——约翰·斯罗曼

第9章 垄断竞争市场理论

本章重点提示

◇ 垄断竞争市场的特征
◇ 垄断竞争市场的主观和客观需求曲线
◇ 垄断竞争市场的短期及长期均衡
◇ 理想产量和超额能力
◇ 垄断竞争厂商的产品差异化战略
◇ 非价格竞争手段的运用
◇ 对垄断竞争模型的批评

前面我们考察了垄断市场和完全竞争市场的市场结构。但是，如果你看看窗外的现实经济，你就会发现像这样极端的情况是很少见的；你看到更多的是介于这两个极端之间的各种各样的不完全竞争。多数行业是由为数不多的、相互竞争的几个企业组成的。

本章分析的对象是一大群生产同类又不完全同质、产品相似又不完全相同的企业。在顾客眼里，这些企业的不同产品在相当程度上是可以替代的，不过，替代是不完全的。垄断竞争市场具有三个特点，这些特点使它既具有垄断性又具有竞争性。垄断竞争企业有力量影响价格，因此，其需求曲线是向右下方倾斜的，且有两条，名为主观需求曲线和客观需求曲线。垄断竞争厂商在短期按照 $MR=MC$ 的利润最大化原则决定产量，短期内仍有盈利、亏损和不盈不亏三种情况（亏损时仍按照价格和平均可变成本的比较来决定产量），但在长期内，因为有竞争因素的存在，垄断竞争厂商的经济利润为零。在垄断竞争情况下，总会出现“超额能力”的现象，垄断竞争厂商的长期均衡生产规模总是小于“理想工厂”的生产规模。垄断竞争厂商会采取各种形式的非价格竞争手段，努力造成产品的差别，这些行为一方面会有利于消费者，增进社会福利；另一方面又会造成社会资源的浪费。

第一节　垄断竞争市场的特征

一、垄断竞争的定义

完全竞争和完全垄断市场是两种极端的市场类型，在完全竞争的市场中有“很多很多”厂商，而在完全垄断的市场上则仅有一个厂商，但在实际生活中，更为多见的却是介于两者之间的市场。在 20 世纪 30 年代以前，经济学家们认为，用完全竞争和完全垄断两个极端的模型，即可分析任何市场。在 20 年代和 30 年代之间，经济学家们开始重视研究那些既不是完全竞争，也不是完全垄断的“中间地带”模型，其中最令人瞩目的是英国剑桥大学的罗宾逊(J. Robinson)和美国哈佛大学的张伯伦(Edward Chamberlin)，他们同时提出了第三种市场模型，罗宾逊称之为“不完全竞争”，张伯伦称之为“垄断竞争”。他们的理论十分相似，现在一般都采用张伯伦的理论表述。他们的理论对其后几十年来微观经济学的发展产生了重要的影响。

顾名思义，垄断竞争(Monopolistic Competition)是一种垄断和竞争兼而有之的市场，它指的是一个市场中有许多企业生产和销售有差别的同种产品。垄断竞争的市场结构在现实生活中很常见，如百货店、理发馆和各种修理业等均属于此类。它有以下主要特征：

(1) 行业中企业数量很多。该市场中的厂商，虽然不像完全竞争那么多，但也“相当多”。这意味着每个企业的产量只占市场总供给量的很小部分，以至于每个企业都认为自己的行为影响很小，每个企业在决策时不必考虑自己的行为会引起竞争对手的注意和反应。

(2) 企业进出行业自由。厂商进出垄断竞争市场虽然不如完全竞争那么“自由”，但因垄断竞争中厂商的规模一般都不太大，资本一般都不太多，因此进出市场阻碍不大，比较容易。

(3) 企业生产有差别的同种产品，这些产品彼此之间都是非常接近的替代品。在这里，产品差别(Product Differentiation)不仅指同一种产品在外观、质量、构造等方面的实质性差异，还包括一些由广告、商标、服务态度及商店地理位置等主观因素或其他因素造成的以消费者想象为基础的虚构的差别。产品差别使垄断竞争企业具有有限的控制产品价格的能力，因为买主为了满足自己对某家企业产品的偏好，会愿意在一定限度内支付较高的价格。产品差别程度越大，企业控制价格的能力也就越强。这个特征正是垄断竞争区别于完全竞争的主要之点。

在这三个特征中，第一特征和第二特征是属于竞争性的，第三特征则是属于垄断性的，垄断竞争就是这两种特征的结合。

二、垄断竞争市场企业的需求曲线

垄断竞争企业有力量影响价格，因而是价格的决定者，而不是价格的接受者。垄断竞争企业有两种不同的需求曲线，它们是按照两种假设情况得出的（见图 9.1）。

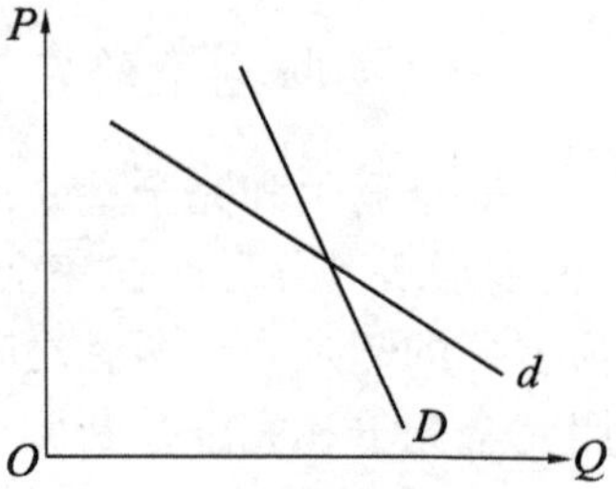

图 9.1

(1) 企业自认的需求曲线（图中 d 曲线）。它表示该行业中某一代表性企业改变产品的销售价格，而它的竞争者并不随之改变价格时，企业的销售价格和销售量的关系。这时若企业降低价格，不仅能使自己的顾客增加购买量，而且可以将行业中其他企业的顾客吸引过来，这样可以大幅度提高销售量。反之，当企业提价时，则会大幅度降低销售量。自认的需求曲线是一条比较平坦的需求曲线，企业往往误认为这条曲线真正反映它的需求情况。

(2) 市场份额需求曲线（图中 D 曲线）。它表示该行业中某一代表性企业改变销售价格，而其他所有竞争者也同时改变价格情况下，该企业事实上会有的销售量与其真价的关系。其他企业相应调整价格并不是一种报复行为，而是因为行业中所有的企业具有相同的需求函数和生产函数，大家都认为改变价格会增加自己的利润。企业相互独立同时改变价格的行动形成 D 曲线，它表示企业的销售量不仅随它自己的价格，而且随行业中其他企业的价格的变动而变动。当一家企业降低价格时，由于其他企业的价格也同样下降，所以该企业增加的销售量必然大大低于独自降价时所增加的销售量；反之，若这家企业提高价格，由于其他企业的价格也会同样提高，所以该企业减少的销售量必然大大低于独自提价时所减少的销售量。D 曲线也叫市场份额需求曲线，是因为它表明无论价格为多少，行业中的各企业都占有相同的市场份额。虽然企业可能没有意识到，但 D 曲线是实际反映企业产品需求的曲线，它比 d 曲线更为陡峭，说明在 D 曲线上同样价格变化引起的销售量变化的幅度必然比 d 曲线上的变化来得小。

第二节　垄断竞争市场的均衡分析

一、垄断竞争市场的短期均衡

我们知道，不论什么类型的市场结构，厂商利润最大化的条件都是 $MR=MC$。如前所述，为了使利润达到最大，或使短期内的亏损为最小，完全竞争厂商选择的变量是它的产量（销量）；而完全垄断厂商需要作出的决策是确定它的产品的销售价格或相应的产量这两个变量中的任何一个。垄断竞争市场的厂商可以选择的变量有三个：一是它的产品的销售价格（和相应的产量）；二是改变它的产品的质量；三是调整他的广告支出或其他销售活动的支出。在这里我们首先假定厂商的产品质量和销售开支已是最优的从而是既定的，现在来考察厂商怎样通过调整它的产品的销售价格（从而相应的产量）以实现最大利润。

由于企业自己认为曲线 d 代表了它的产品需求曲线，因而在短期内为了获得最大利润，就要使产量达到 $MR=MC$ 的水平，即产量 Q_0，并按 d 曲线索取相应的价格 P_1（见图 9.2）。但如果所有企业都这样决策，个别企业原先预想的产量水平就实现不了。由于 D 曲线的事实存在，企业以 P_1 价格不能卖出 Q_0 产量，只能卖出 Q_1 产量，因此企业会改变想法以面对现实，结果是企业向左下方移动 d 曲线，并对价格和产量进行调整。

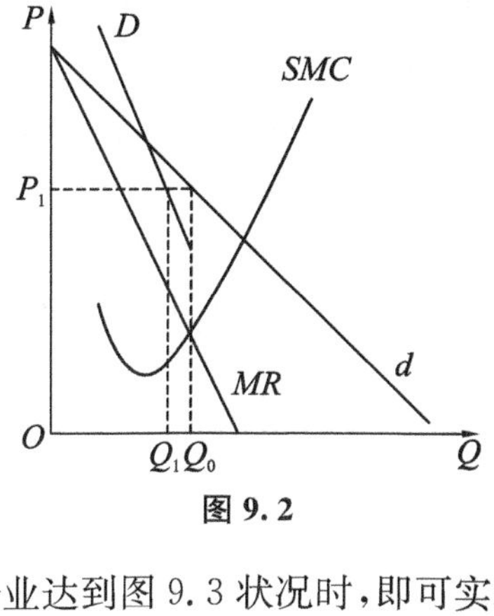

图 9.2

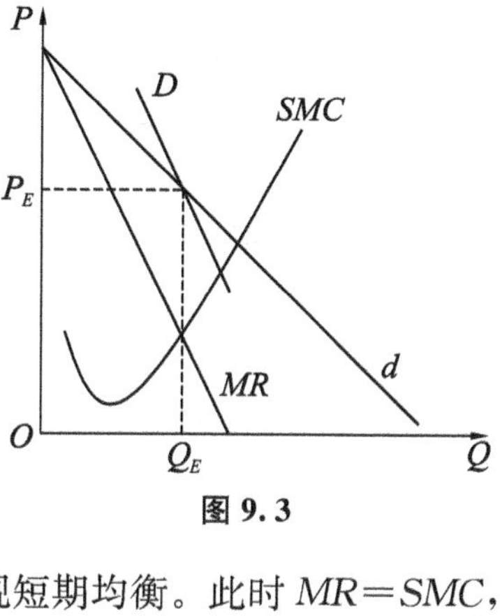

图 9.3

当企业达到图 9.3 状况时，即可实现短期均衡。此时 $MR=SMC$，企业得到了最大利润，同时在 Q_E 产量水平上曲线 D 和曲线 d 相交，企业能够按预期的价格 P_E 出售出全部产品。当然价格 P 至少要高于 AVC，否则企业要停止营业。

图 9.4 是垄断竞争厂商在短期获得盈利的情形。根据 $MR=MC$ 原则，厂商的决策产量是 Q_E，定价为 P_0，而图中的四边形阴影部分即为利润额，它分明是厂商销售收入减去总成本的剩余部分，是市场价格高出平均成本的结果。

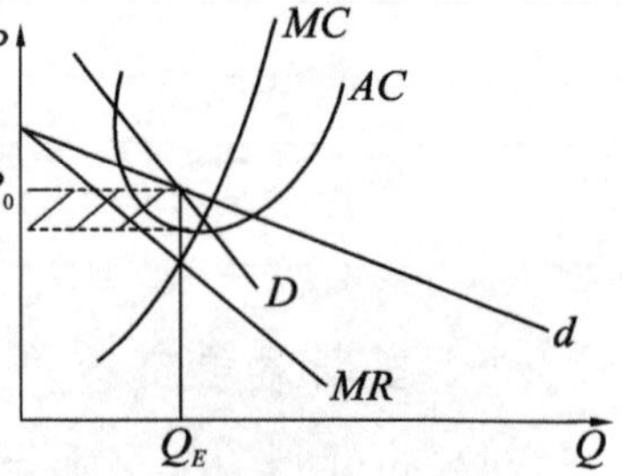

图 9.4　垄断竞争条件下的短期利润最大化

当然，垄断竞争企业在短期内可以获取经济利润，但也可能只得到正常利润，甚至可能蒙受亏损，这取决于价格是大于、等于或小于单位平均成本。

二、垄断竞争厂商的长期均衡

1. 垄断竞争厂商长期均衡的条件

垄断竞争厂商在短期内可能获得经济利润，但这只能是暂时的。由于不存在作用很大的行业壁垒，当有经济利润时，新企业会进入市场，原有的企业也会扩大生产规模，结果一方面使价格下降，价格从短期内大于平均成本下降到在长期内等于平均成本。另一方面新企业的出现必然会减少该行业中原有企业的市场份额。因而原先的市场份额需求曲线 D 以及企业自认的需求曲线 d 和边际收入曲线 MR 都将向左下方移动，企业进行价格和产量调整，当形成图 9.5 情况时，这个垄断竞争行业实现了长期均衡（当存在经济亏损时，调整过程相反）。

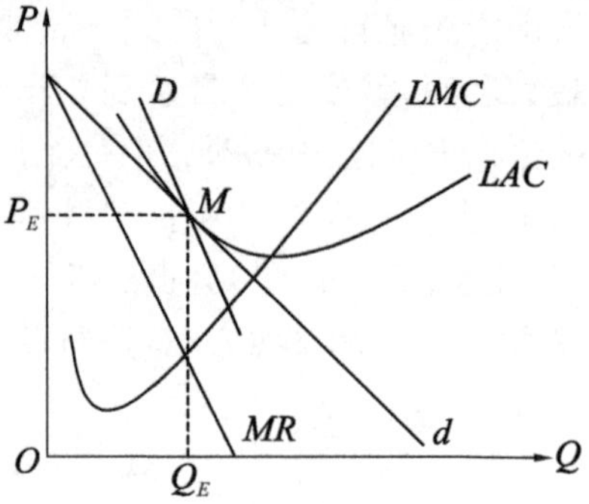

图 9.5　垄断竞争企业长期零利润均衡

在图 9.5 中，当企业达到 Q_E 产量时，$MR=LMC$，符合利润最大化要求；这一产量在需求曲线上的对应点是曲线 d 和曲线 D 的交点，因而企业将能以预期的价格 P_E 出售完所生产的全部产品 Q_E；同时在 Q_E 产量水平上，由于 $P_E=LAC$，使企业只能获得正常利润，于是垄断竞争企业达到了长期均衡。

【案例 1】国外经济学家①对宠物市场调查发现，芝加哥市的“狗去矣”公司是一家宠物殡仪馆，该馆的业务是为宠物的“后事”提供全部葬礼服务。在芝加哥市，宠物的葬礼服务属于垄断性竞争行业。

假设“狗去矣”公司的经理通过研究，估计出该企业的市场需求方程为

① 克雷格·彼得森，克里斯·刘易斯：《管理经济学》（第 4 版），第 296 页，中国人民大学出版社，2003

$$P=309.75-Q$$

并且长期总成本函数为

$$TC=400Q-20Q^2+Q^3$$

式中的 Q 为每月的葬礼数。问“狗去矣”公司的长期均衡价格和产量是多少？在长期，它能否获得经济利润？（提示：假设在长期厂商的主观需求曲线接近市场份额线）

解：在长期，垄断竞争厂商的产品市场价格等于平均成本，即

$$P=AC=TC/Q$$
$$P=309.75-Q=400-20Q+Q^2$$
$$Q^2-19Q+90.25=0$$

解得 $Q=9.5$。将此产量代入价格函数，得 $P=309.75-9.5=300.25$。因为价格等于平均成本，所以经济利润为零。

经检验，在最优产量下，边际收入也等于边际成本：$MR=309.75-2Q$，$MC=400-40Q+3Q^2$。把 $Q=9.5$ 代入这两个方程得 $MR=MC=290.75$。

另外需要说明的是虽然垄断竞争企业存在短期均衡和长期均衡，但很难说垄断竞争企业有供给曲线。其中一个重要原因是供给曲线表示生产同质产品并接受同一价格的条件下价格和产量之间的关系，而垄断竞争市场产品有差别。既然它们的产品不是完全同质的产品，因而价格也很难说是同一价格。

2. 理想产量和超额能力

在分析垄断竞争市场的长期均衡时，微观经济学有以下两个概念：一个概念是“理想产量”，它指的是厂商在长期平均成本最低点时所能够生产出来的产量。在该点进行生产的工厂被称为“理想工厂”，即其短期平均成本曲线相切于长期平均成本曲线的最低点。

如图 9.6 中的 OQ_1 就是理想产量，这时 SAC_1 相切于 LAC 的最低点。第二个概念叫做“超额能力”，它是指垄断竞争厂商长期均衡时的实际产量与理想产量之间的差额。图 9.6 中，E_3 为均衡点，超额能力就是（OQ_1-OQ_3），即 Q_3Q_1。

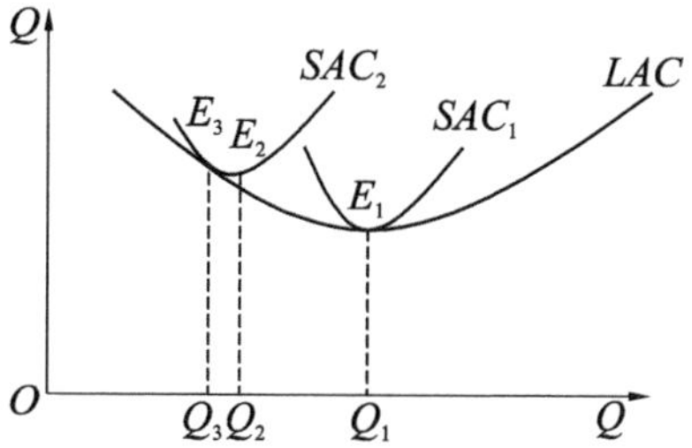

图 9.6

在垄断竞争情况下，总会出现“超额能力”的现象，这就是说，垄断竞争的厂商一定不会在长期平均成本的最低点进行生产。原因是“理想产量”的平均成本高于价格，厂商在这一点生产时会蒙受损失，这可以从图 9.5 中的长期均衡状态中看

出。图中,LAC 曲线的最低点为 LMC 曲线和 LAC 曲线的交点,显然,它高于理想产量的市场价格,却低于均衡点 M 的价格。同时,从该图曲线关系中可以看出,因为需求曲线 d 为一负斜率曲线,所以当长期均衡时,长期平均成本曲线 LAC 也必然是相切于 M 点的继续向下倾斜的曲线。由于 LAC 曲线在"理想产量"点之前均为一负斜率曲线,因此,长期均衡产量必定少于"理想产量"。

"超额能力"又分为两部分,如图 9.6 所示。SAC_2 为垄断竞争厂商长期均衡最佳规模,SAC_1 为社会最佳规模。"超额能力"的第一部分是 Q_3Q_2,即长期均衡产量到长期均衡最佳规模的平均成本最低点(E_2)部分。它表明,厂商按长期均衡最佳规模生产时,对社会资源利用不充分。"超额能力"的第二部分是 Q_2Q_1,即长期均衡最佳规模的平均成本最低点(E_2)到长期平均成本的最低点(E_1)的部分。它表明,这种"超额能力"是由于社会和个别厂商之间的最佳规模不一致所产生的,垄断竞争的厂商并没有最合理、最充分地使用社会资源,以使其产品的长期平均成本降到最低点。

从以上分析中可以看出,垄断竞争厂商的长期均衡生产规模总是小于"理想工厂"的生产规模。这意味着,就整个垄断竞争的产业来说,在长期均衡时,其生产设备和人数必然偏多。因为假如每个厂商都能够选择最佳生产规模,同时又能够最大限度地发挥这些生产规模的效能,那么每个厂商的产量均可大量增加,从而对于一定的市场供给量只要较少的厂商供给就够了。可是,实际上却不是这样,从经济效率的角度讲,垄断竞争的市场过多地使用了社会资源,造成了生产资源的浪费。

在实际生活中,也常常可以看到这种情况。例如加油站、杂货铺和食品站等,其设备能力一般并不需要充分利用,就能满足日常顾客的需要。如果充分利用全部生产能力,则产出一定过剩,销售不出去。可是,减少这些生产设备,靠这些设备充分发挥作用来增加供给事实上也是行不通的,因为人们对产品的需要除了对基本性质的需要以外,还有对其产品差异方面的需要,例如颜色、款式、大小、配套服务等等。

3. 垄断竞争厂商的供给曲线

在垄断竞争市场上,不存在具有规律性的供给曲线。其原因如上一章已经表述过的那样,在厂商所面临的需求曲线向右下方倾斜的情况下,厂商的产量和价格之间不存在一一对应的关系,因此,无法找到垄断竞争厂商和生产集团的具有规律性的供给曲线。

第三节　垄断竞争厂商的差异化战略

一、非价格竞争手段和垄断竞争市场的经济效率

1. 非价格竞争手段

垄断竞争厂商实现长期均衡后，企业只能得到正常利润，那么怎样才能改善利润状况呢？由于厂商影响价格，控制价格的能力相对较弱，因而会采取各种形式的非价格竞争手段，努力造成产品的差别，产品有了差别，就可以在一段时间内取得垄断的好处。产品的差别可以从两个方面来造成：一是从产品自身品质的变异上下工夫，这就是品质竞争；二是从消费者对产品的心理感觉上下工夫，这就是各种促销活动的竞争。

(1) 品质竞争。就是企业在产品上引进新的、与竞争对手不同的、能更加迎合顾客需要的特征，以吸引更多的消费者，它包括提高产品质量、改进产品性能和结构、增加产品用途，也可以从包装、售后服务上下工夫，千方百计制造产品差别来满足不同消费者的需要。较小的厂商还可以把产品设计为只为市场上某一特定顾客群的特定需要服务，而不是面向整个市场，以求至少在这一细分市场上取得自己的优势，从而在整个市场上为自己找到并占领适合的位置。

产品品质的变异自然会导致成本的增加，只有当因品质变异而增加的成本小于因变异而增加的收益，这样的变异，才是对企业有利的变异。

但要说明的是即使是有利的变异，也只是在短期内使垄断竞争企业取得经济利润，企业在产品变异后，可能更加吸引消费者，因此可以有更高的价格，更大的销量，在短期内取得较多的经济利润，但这会吸引新的企业进入这一行业，从而使经济利润消失。因此就需要企业不断展开品质竞争，使产品品质不断变异，以期获得短期的利益。但从长期看，若所有的企业都试图通过提高产品差别程度来增加市场份额，那么结果只能是使所有企业的成本同时提高，不过消费者可能愿意支付更高的价格来换取对品种繁多的产品的自由选择。

(2) 各种促销活动的竞争。在完全竞争市场，产品同质，厂商不需要做广告，只要按照市场价格，想卖多少就可以卖多少；但在垄断竞争市场，广告竞争、产品策划以及一些别的促销活动常常是品质竞争的重要补充。一般的消费者对于产品的结构、性能等品质差异的评价能力是有限的，通过广告等促销活动能向消费者提供产品信息，起到显示以致强化产品差异化的作用，当然广告费等的支出也并不是越多越好，因为边际收益递减规律对广告支出等也是适用的。此外从全社会看，广告宣传以及促销活动等的支出是否意味着资源的浪费也是经济

学家经常探讨的课题。市场上的大量广告,有的是有用的,因为它为消费者提供了信息,但过于庞大的广告支出会造成资源浪费和抬高价格,再加上某些广告内容过于夸张,这些都是对消费者不利的。

企业采用非价格手段进行竞争,也会引起对方的反应,但这种反应比起价格竞争引起的反应要慢得多。这是因为非价格因素的变化一般不易被对方发觉,即使对方发觉之后,到有所反应也要有一个过程(如设计新产品、训练推销人员等都需要时间)。此外,非价格竞争的效果比较持久。非价格竞争的效果集中到一点就是改善了消费者对于企业产品的看法,使本企业的产品在消费者心目中与别的企业的产品区别开来。一旦企业在竞争中取得了这种效果,对方要把顾客重新夺回去是不很容易的,因为这需要将顾客对产品的看法再扭转过来。

垄断竞争厂商进行非价格竞争,仍然是为了获得最大利润。进行非价格竞争是需要花费成本的。例如,改进产品性能会增加生产成本,增设售后服务网点需要增加投入,广告宣传的费用也是相当可观的。厂商进行非价格竞争所花费的总成本必须小于由此所增加的总收益,否则,厂商是不会进行非价格竞争的。很显然,边际收益等于边际成本的利润最大化原则,对于非价格竞争仍然是适用的。

【案例 2】四川海底捞餐饮股份有限公司成立于 1994 年,是一家以经营川味火锅为主,融汇各地火锅特色于一体的大型跨省直营餐饮民营企业。

公司确立服务差异化的战略,始终秉承"服务至上、顾客至上"的理念,以创新为核心,改变传统的标准化、单一化的服务,提倡个性化的特色服务,将用心服务作为基本经营理念,致力于为顾客提供"贴心、温心、舒心"的服务;在管理上,倡导双手改变命运的价值观,为员工创建公平公正的工作环境,实施人性化和亲情化的管理模式,提升员工价值。

十七年来,公司已发展成为在北京、上海、西安、郑州、天津、南京、沈阳等全国多个城市拥有五十多家直营店,四个大型现代化物流配送基地和一个原料生产基地,2009 年营业额近 10 亿元,拥有员工 10 000 多人。

位于成都的生产基地,其产品已通过 HACCP 认证、QS 认证和 ISO 国际质量管理体系认证。

公司曾先后在四川、陕西、河南等省荣获"先进企业"、"消费者满意单位"、"名优火锅"等十几项称号和荣誉,创新的特色服务赢得了"五星级"火锅店的美名。2010 年 2 月,获大众点评网 2010 年度"最受欢迎 10 佳火锅店。"

2. 对垄断竞争市场经济效率的评价

垄断竞争市场的经济效率低于完全竞争市场,但高于垄断和寡头垄断的市场。从长期看,垄断竞争厂商的经济利润趋于零,只获得正常利润,经济学家们认为这是这种市场模式的优点,说明它的分配是公正的,但从效率上看,经济学家们认为它存在着弊病。

(1) 垄断竞争企业达到长期均衡时，$P>MC$，这意味着多生产一单位产品的边际社会收益大于它的边际社会成本，因而从社会资源合理分配的角度看，企业生产不足。

(2) 垄断竞争企业在均衡时，虽然 $P=LAC$，企业只能获得正常利润，但企业并没有在长期平均成本曲线的最低点上进行生产，这说明它的生产能力没有得到充分利用，生产效率没有达到最高。

(3) 此外，垄断竞争企业进行的某些非价格竞争一定程度上是对资源的浪费。

和完全竞争企业相比，垄断竞争企业产量较低而价格较高；但和垄断企业相比，垄断竞争企业的产量较高，价格较低，利润也较低。

对于垄断竞争企业中存在过剩的生产能力而造成资源配置的低效，经济学家们有不同的看法，有人认为这未必是一种弊病，理由如下：

(1) 如果要求把所有企业的生产能力都充分利用起来，都在成本最低处生产，就必然要关掉一批企业。

(2) 过剩的生产能力的大小取决于企业需求曲线的弹性，若企业之间生产的产品替代程度高，企业的需求曲线就富有弹性，那么过剩的生产能力就会相对较小。但对于消费者来说，可能会欢迎因垄断竞争条件而造成的产品差别，因为这样消费者就能在品种繁多的替代产品中任意挑选，满足自己的特殊偏好，所以他们可能十分愿意为垄断竞争条件下的低经济效率付出代价，因此如果不是单纯从成本角度看问题，而是从消费者福利的角度看问题，垄断竞争企业的低生产效率并不能算是一种弊病。

关于广告作用的这一问题，经济学家们认为应该做具体分析。广告可以分为信息性广告和劝说性广告两大类，就信息性广告而言，它提供了关于商品的比较充分的信息，有利于消费者作出最佳的购买决策，且节约了消费者的信息搜寻成本；而且，信息性广告之间的相互竞争，有利于经济资源的合理配置。相反，劝说性广告却很少能提供对消费者来说真正有用的信息。尽管劝说性广告也会增加厂商的销售量，但被诱导的消费者往往并不能够购买到自己实际上需要且真正满意的商品，消费者为此需要增加消费支出。但在现实生活中，每一个广告宣传往往都是既带有提供信息的成分，又同时带有劝说的成分，所以对广告的作用应作具体分析。

(3) 此外在非价格竞争中，垄断竞争企业必须提高技术，改进产品，因而垄断竞争企业比完全竞争企业更有利于创新。

二、对垄断竞争模型的批评

自从 20 世纪 30 年代以来，西方经济学家已熟悉了垄断竞争的模型。但是，这一模型在经济分析上并不占据重要地位。其部分原因是由于在分析经济行为时，许多经济学家仍习惯采用完全竞争或完全垄断的模型进行解释。凡这两个模型不能解释的，常采用寡头模型（只有少数卖方）来解释。

另一方面，在理论本身方面，垄断竞争的模型遇到了有力的挑战。最有代表性的就是美国经济学家施蒂格勒教授对该模型提出的激烈批评。施蒂格勒认为，张伯伦关于“产品集团”的定义是不能成立的。他指出，每一个产品都有许多密切的替代品，而这些替代品都难以符合每一个产品集团的分类定义。施蒂格勒以纽约市的居民住宅和住宅设备为例，认为它们在地理位置上有差别，近的延伸几个州，远的延伸到全世界。因此他认为，所谓“产品集团”极可能只包括一个厂商，也极可能包括整个经济社会的全体厂商，所以，对“产品集团”的划分带有极大的任意性。既然“产品集团”的定义不能成立，因此垄断竞争模型中关于需求曲线的解释亦自然不能成立。

此外，一些经济学家对垄断竞争模型中关于“超额能力”的解释提出了质疑。例如，英国经济学家哈罗德认为，垄断竞争模型中采用短期边际收益曲线和长期边际成本曲线相交来确定厂商的最佳规模和产量是互相矛盾的。假如采用长期边际收益曲线来分析，则厂商的产量会增多，因为长期的需求曲线弹性较大，故长期边际收益曲线的弹性也较大，这样，哈罗德认为“超额能力”比张伯伦模型中所提出的要少得多。

有些西方学者认为，把与垄断的关系很少、甚至完全没有关系的“产品差别”当作导致垄断的决定性因素，这种对垄断形成原因的分析在很大程度上是违反事实的。例如，服装产品具有很大的差别，而服装行业的垄断现象却比较轻微。另一方面，不同品种的石油之间的差别较小，然而，在世界范围内，石油行业几乎毫无例外地为垄断集团所控制。事实上，垄断企业所生产的往往是标准化产品，因此，垄断程度越大，流行的产品之间的差别越小。强调“产品差别”导致垄断的说法至少起着误导的作用，使得人们对垄断产生的真正原因形成错觉。

还有一些西方经济学家认为，现实世界中像垄断竞争模型中提出的市场类型是极少的，因而对垄断竞争市场所作出的种种假设均不能令人信服。按垄断竞争理论假定：市场中存在如此多的厂商以致不考虑竞争对手的反应，所有厂商的活动同时进行而不是互相影响，因此像在完全竞争条件下那样，终于使厂商在长期中只获得正常利润。上述这种假定背离了市场的实际情况，而实际情况是厂商之间一般都互相影响，并预期竞争对手的行动而采取对策。

本章小结

1. 垄断竞争市场上既有竞争的因素，又有垄断的因素。垄断竞争市场具有两个特点：首先，由于企业之间的产品或服务是不同的，每一个企业在其产品特色、服务质量或品牌商标方面具有别的企业不具备的优势，所以，每个企业在市场上都具有一种有限的垄断势力；其次，毕竟不同产品之间的差异并不是根本性的差异，因此，企业之间仍是可以竞争的，而且，企业进入与退出市场都是自由的，这又类似于完全竞争的市场。上述两个特点的结合，使行业呈现出既垄断又竞争的性质，故称垄断竞争。

垄断竞争厂商有两条向右下方倾斜的需求曲线：d 需求曲线是单个厂商独自变动价格时的需求曲线，又称主观需求曲线；D 需求曲线是市场上所有的厂商都以相同的方式改变价格时的单个厂商的需求曲线，又称客观需求曲线。d 需求曲线和 D 需求曲线的相交点意味着商品市场的供求相等。

2. 在短期，当垄断竞争厂商实现 $MR=SMC$ 的短期均衡时，其利润可以大于零，或者小于零，或者等于零。当厂商的利润小于零(即亏损)时，厂商同样需要根据平均收益 AR 与平均可变成本 AVC 的比较，来决定是否继续生产。此外，在垄断竞争厂商的短期均衡产量上，一定存在 d 需求曲线和 D 需求曲线的一个相交点，以表示商品市场上的供求相等。

3. 在长期，垄断竞争厂商通过选择最优的生产规模来实现 $MR=LMC$ 的利润最大化原则。由于在垄断竞争市场上，厂商进出行业是比较容易的，因此长期均衡时厂商的利润一定等于零，即垄断竞争厂商的 d 需求曲线与 LAC 曲线相切。此外，在垄断竞争厂商的长期均衡产量上，同样一定存在着 d 需求曲线和 D 需求曲线的一个相交点，以表示商品市场的供求相等。

垄断竞争厂商长期均衡时的产量小于完全竞争厂商长期均衡时的理想的产量，这种现象被称为超额能力，即单个垄断厂商尚留有多余的生产能力没有得到利用。其原因在于：由于垄断竞争行业内的厂商的数量过多，每个厂商的规模都过小，因此，每个厂商都不能充分利用多余的生产能力。设想，如果垄断竞争行业内的厂商数量能够减少，每个厂商的规模能够扩大，即每个厂商能够充分利用多余的生产能力，那么，厂商的平均成本将会下降，产量将会提高。但事实上，垄断竞争行业的产品多样化，使得行业内厂商数量必然是很多的。

4. 垄断竞争厂商实现长期均衡后，企业只能得到正常利润，为了得到超额利润，垄断竞争厂商会采取各种形式的非价格竞争手段，努力造成产品的差别，产品有了差别，就可以在一段时间内取得垄断的好处。产品的差别可以从两个方面来造成：一是从产品自身品质的变异上下工夫，这就是品质竞争；二是从消费者对产品的心理感觉上下工夫，这就是各种促销活动的竞争。

5. 垄断竞争市场的经济效率低于完全竞争市场，但高于完全垄断和寡头垄断的市场。从长期看，垄断竞争厂商的经济利润趋于零，只获得正常利润，经济学家们认为这是这种市场模式的优点，说明它的分配是公正的。但从效率上看，经济学家们认为它存在着弊病。

6. 垄断竞争这一模型在经济分析上并不占据重要地位。其部分原因是由于在分析经济行为时，许多经济学家仍采用完全竞争或完全垄断的模型进行解释；另一方面原因是许多经济学家对垄断竞争模型提出了批评，例如对“产品集团”、“产品差别”、“超额能力”等都提出了不同的解释。

航空公司的领导们一般不互相谈其价格(这样做通常违法),但是他们却花了大量时间来研究对方价格。

——麦克尔·卡茨(美国经济学家)

第10章 寡头垄断与博弈论

本章重点提示

◇ 寡头垄断市场的主要特点
◇ 寡头垄断厂商之间的竞争形式
◇ 寡头垄断厂商的产量和价格确定
◇ 博弈的基本要素
◇ 占优策略均衡和囚徒困境
◇ 纳什均衡

第一节 寡头垄断市场的特征

在前面所讨论的市场结构中,其特点要么是只有一个生产者(完全垄断),要么是有大量的生产者(完全竞争和垄断竞争)。在前一种情况中,厂商没有竞争对手,因此不必考虑他的行为可能会对其竞争者产生的影响。在后一种情况中,厂商非常多,从而任一厂商的行为对其竞争者的影响都是微不足道的。

厂商数目很少但又多于一个的市场情况又不同了。由少数几个厂商提供整个市场所需的产品和服务的市场称为寡头垄断市场,只有两个厂商的市场称为双寡头垄断市场。"少数"意指少到如此程度,即每个生产者对市场均有较大影响力,每个厂商必须随时注意竞争对手的行动,同时还要考虑在他自己有何行动时,对手可能的反应。独立的行动是不可能的。具体地说,少数即可意指一、二十个厂商,也可以指两、三个厂商。普通的情形是在一个寡头垄断市场,有几个最大的厂商,加上一小批对大厂商无威胁的小企业。

在多种情形下,市场会形成寡头垄断的格局。一个是市场本身小,在一个小城镇里,常常只有两、三个百货店,几家电影院和剧场,等等。这种小范围的市场使寡头垄断成为可能。这种情形,在制造业中颇为普遍。比如机械加工行业,有数以千计的小部件、配件、工具、零件,这些东西生产出来,并不是卖给一般公众,而是卖给其他公司,某种机械零件可能很重要,然而少数几个工厂就足以应付整个国家的需求。还有许多高档消费品,其目标客户是少数高收入人群,这个市场如此有限,只够容纳少数生产者。因为这个原因,有许多小企业,因为他们供应有限的市场,具有寡头或者甚至完全的垄断地位。另一种情况,整个市场是大的,但是单个厂商也很大。少数大公司提供大部分产出,这种行业也很常见,包括飞机制造、汽车制造、能源、化工、通信、工程机械制造业等等。出现这种情况,主要是因为规模经济。在使用综合生产流程和大的机组的工业中,工厂的最优规模是大的。在统一管理下通过合并几个工厂,平均的生产成本会降低。

在厂商数目众多的完全竞争和垄断竞争市场中,每个厂商都不管别人而只顾追求自己的最大利润。从每个生产者要做什么,我们得出结论,整个市场会发生什么。但是,在厂商只有少数几个时,每个厂商不仅要自问"我该做什么?"而且要问"我的对手会做什么?"对第二个问题的回答将决定对第一个问题的回答。这种行动的相互依存,使得后果很难预料。

少数生产者,既可卖同质产品,也可卖异质产品。假定市场的产品是同质的,则消费者之间的竞争会使所有厂商都采取单一的价格,但是,每个厂商对市场来说产量都很大,因此他的行动会对其竞争者产生显著的影响。一个厂商改变他的产量会影响所有厂商收取的价格。个别厂商试图改变其价格的后果是不确定的。他的竞争者可能仿效他而改变价格,也可能不这样。他现在已不能再假定他的竞争者们不会注意到他的行为。寡头垄断者的任何变动的结果都取决于其竞争者的反应。由于通常其他竞争者的反应方式是未知的,因此对个别厂商就无法确立一般的价格—销售关系。无约束利润极大化是不可能的,因为个别厂商不能控制影响其利润的所有变量。寡头垄断市场上的其他厂商有许多种可能的反应方式,从而产生了许多寡头垄断理论。在本章中我们只讨论其中的几种反应方式。第二节讨论几种关于同质产品的双头垄断和寡头垄断理论并简要探讨异质产品市场的价格决定问题;第三节概要地论述博弈论在只有少数参与者的市场上的应用。第四节则把四种市场结构的经济效率进行比较。

第二节　几种常见的寡头模型

一、古诺模型

在寡头市场上，每个厂商在采取行动之前，必会先推测自己的行动对竞争对手的影响以及对手可能的反应方式，然后，基于这些可能的反应做出对自己最有利的行动选择。

根据竞争对手的反应方式的不同，我们可以建立起各种用于分析寡头垄断厂商行为的模型，古诺模型就是其中最基本的一种寡头垄断模型。它是法国数学家奥古斯丁·古诺(A. Cournot)1838 年提出的第一个也是迄今应用最广的非合作寡头垄断模型。

古诺模型的假定是：

1. 厂商生产相同的产品且都知道市场需求；

2. 各厂商必须决定生产多少，并且是同时作出决策；

3. 每个寡头都假定对于他的产量对策其竞争对手的产量是不变的来使自身利润最大化；

4. 在作出产量决策时，各厂商既会考虑他的竞争对手的反应，还认为他的竞争对手也会这样做。

这个假设的意思是，由于该厂商会在给定他的竞争对手的行为后采取最好的行为，很自然他将假设这些竞争对手也会在给定他的行为以后采取各自能采取的最好行为。

下面我们结合一个例子来介绍古诺模型。

假定有一个偏远小镇的樱桃市场，市场特征如下：

(1) 只有两家生产者，而其他厂商的进入是不可能的(镇子外面的厂商因路途遥远不会来，而这两家厂商拥有本镇唯一适合樱桃树生长的土地)。

(2) 同质性：各厂商生产完全相同的(同质)樱桃，这样，它们的产量加总等于行业产量：$Q=q_1+q_2$，这里厂商 1 生产 q_1，厂商 2 生产 q_2。

(3) 单时期：这一市场与两家厂商仅存在一个时期。樱桃不能储存，一旦生长成熟就须卖掉，否则会坏掉。

(4) 需求：市场需求曲线(见图 10.1)是价格的一个线性函数：

$$Q(P)=1\,000-100P \tag{10.1}$$

(5) 成本：每一厂商都有一个不变的边际成本 MC，即每公斤樱桃边际成本为 4 元，没有固定成本。这样，平均成本也是 4 元。每一厂商都能生产出足够数量的樱桃满足市场需求，如图 10.1 所示。

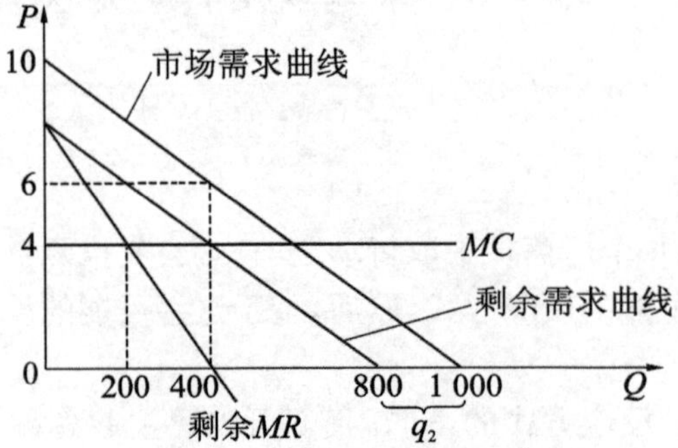

图 10.1　古诺厂商面临的剩余需求

厂商 1 在选择产出水平时应如何决策呢？这取决于它对厂商 2 行为的假定。如厂商 1 认为厂商 2 将销售 q_2 数量的樱桃，它就能决定可使其利润最大化的 q_1。厂商 1 能销售除 q_2 外的所有市场需求，即它面临的剩余需求曲线是：

$$q_1(P)=Q(P)-q_2 \tag{10.2}$$

这是由方程(10.2)所得的市场需求曲线减去厂商 2 的预期产量 q_2 后得到的。如图 10.1 所示，剩余需求曲线是通过将市场需求曲线左移 q_2 单位而得到的。这样，因市场需求曲线与横轴交于 1 000，剩余需求曲线与横轴(产量轴)交于 $1\,000-q_2$。在图 10.1 中，假定 q_2 为 200 单位。厂商 1 对需求不能在厂商 2 那里得到满足的那些消费者拥有垄断地位。为使自身利润最大化，它将产量设定在 q_1，在这一点上，该厂商从剩余需求曲线导出的边际收益曲线(即图 10.1 中的剩余 MR)与边际成本曲线相交。与不同的关于 q_2 的假定相对应的利润最大化的 q_1 见表 10.1。

表 10.1

厂商 1 认为厂商 2 销售的 q_2	厂商 1 使利润最大化的 q_1
0	300
100	250
200	200
300	150
400	100
500	50
600	0

如该表所示，若 $q_2=0$，厂商 1 生产 $q_1=300$，此为垄断产出水平，没有竞争的古诺厂商的剩余需求曲线就是市场需求曲线。在另一个极端，厂商 1 将在 $q_2=600$ 时停止生产。

我们可以将厂商 1 的利润最大化产量与厂商 2 的产量间的关系总结为一个方程：

$$q_1=R_1(q_2) \tag{10.3}$$

该方程称为最佳反应函数（或反应函数），它反映了当对手行动的信息给定时的厂商的最佳（利润最大）行动（产量）。为推导出最佳反应函数，必须用代数方法表示边际收益曲线与边际成本曲线的交点。下面我们就来推导厂商 1 的反应函数。

由市场需求函数导出反需求函数

$$P=10-0.01Q$$

然后导出厂商 1 的总收益

$$TR_1(q_1)=[10-0.01(q_1+q_2)]q_1$$

再导出厂商 1 的边际收益

$$MR_1(q_1)=10-0.02q_1-0.01q_2$$

由厂商均衡条件 $MR=MC$，得

$$10-0.02q_1-0.01q_2=4$$

整理上式得厂商 1 的反应函数为

$$q_1=300-q_2/2 \tag{10.4}$$

厂商 2 的最佳反应函数以同样方法导出。厂商是完全相同的（相同的成本、相同的产品），故而厂商 2 的最佳反应函数是厂商 1 函数的对称变形：

$$q_2=300-q_1/2 \tag{10.5}$$

厂商 2 的产量选择取决于它预期厂商 1 将生产的数量。

如图 10.2 所示，两个厂商的最佳反应函数在 $q_1=q_2=200$ 处相交。在两条最佳反应函数的交点处，如果每一厂商认为另一厂商将销售 200 个单位，它自己也将销售 200 单位。

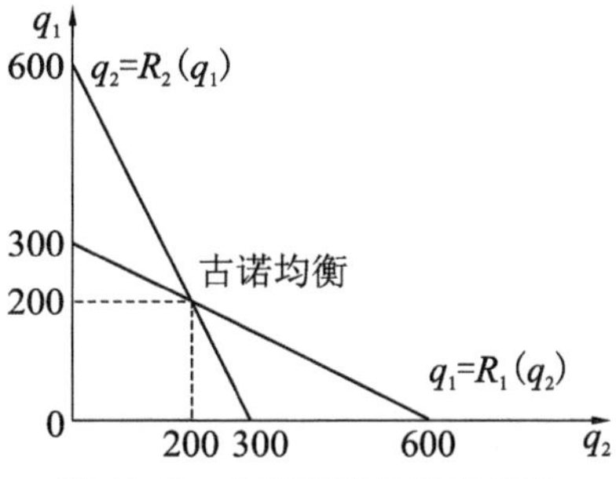

图 10.2　古诺厂商的反应函数

两个最佳反应函数的交点(200,200)被称作古诺均衡。在古诺均衡中,每一厂商在对另一厂商产量选择的(正确)假定给定的条件下,销售可使自己利润最大化的产量,即对另一厂商的产出水平作出的最佳反应。另外,在均衡中,每一厂商关于其对手产出的假定是得到确认的。

如果每一厂商相信另一家将生产 200 单位并且如果每一厂商生产 200 单位,没有厂商会想变更产量。厂商不愿在最佳反应函数以外的点上进行生产,因为这将导致利润下降。保证两家厂商都在自己最佳反应函数上的点只有一个,即两个最佳反应函数的交点。除此交点外的点不可能达到均衡;均衡点意味着在该点没有厂商希望改变行为。在古诺均衡中,总的市场产出为 200+200=400 公斤,樱桃的市场价格为 6 元/公斤。厂商 1 和厂商 2 的利润相等 $\pi_1=\pi p_2=400$ 元。

在厂商仅选择产出水平的单时期模型中,根据定义,古诺均衡是指这样的产出水平,在这一水平上没有厂商认为可通过增加或减少产出而提高利润,产出的组合除了古诺均衡外不可能再达到均衡。因此,在厂商独立选择其产出的单时期模型中,古诺均衡不仅是唯一现实的,而是唯一可能的均衡。

剩下的问题是厂商怎样形成自己的信念?它们都假定另一厂商将生产 200 单位,这有道理吗?如果厂商的初始产量水平不是在均衡产量,它们会调整自己的产量直至古诺均衡吗?遗憾的是,古诺模型并未涉及调整的动态过程。实际上,在调整的过程中,厂商假定其竞争对手的产量是固定的这样一个中心假设是不现实的。那么何种情况下才能假设竞争对手的产量是固定的呢?只有在古诺均衡的状态下这样假设才是合理的。因为当其他厂商在均衡产出水平上生产时,则没有厂商希望改变自己的产出水平。因为古诺均衡是纳什均衡在厂商设定产量策略情况下的一个特例,它也常被称为古诺一纳什均衡或产量的纳什均衡(纳什均衡是博弈论的重要概念,在下一节介绍。现在我们可简单理解为:在其竞争对手的行为给定后,各厂商采取了它所能采取的最好行为)。曾有经济学家使用“无限递进”推理模式描述了厂商可能会通过对竞争对手的行为分析得出古诺均衡。因为厂商 1 的行动取决于厂商 2 的行动,反之亦然。也就是说,厂商 1 的经理会考虑厂商 2 的经理的考虑:“我想厂商 2 的经理会认为我猜到了他对我的想法……”厂商 2 的经理也会以类似的方式来琢磨厂商 1 的经理的思路。基于这样的推理模式,其唯一可能的结果,就是达到古诺均衡。

二、斯坦克尔伯格领导者—跟随者模型

生于俄国的经济学家海因里希·冯·斯坦克尔伯格(H. V. Stackelberg)在 1934 年提出了另一种重要的寡头垄断模型。在斯坦克尔伯格模型中,厂商设定产量,并且其中一个厂商先于其他厂商行动。

领导厂商选定其产出水平,然后其他厂商在给定的关于领导厂商产出信息

的基础上，自由选择它们的最优产出。在某些行业中，历史的、制度的与法律的因素决定了哪一个厂商是率先行动者。比如在电信行业里，中国电信公司凭借多年计划经济体制下获得的政府扶持，即使在电信市场开放后仍然拥有压倒性的市场份额，因此与中国联通公司、网通公司、铁通公司相比，它将是当然的行业领导者，而余下的公司都只能在市场中扮演跟随者的角色。

下面继续用古诺模型里所举的樱桃市场的例子来说明斯坦克尔伯格领导者—跟随者模型。设想前面提到的两个樱桃生产商中，一个是跟随者(厂商 2)，一个是领导者(厂商 1)。厂商 1 意识到一旦自己设定产出 q_1，跟随厂商将用古诺反应函数选择其最优产出 $q_2=R_2(q_1)$。

因此，领导厂商选择 q_1，使得在跟随厂商将用古诺反应函数选择相应产出这一约束条件下利润达到最大。在斯坦克尔伯格均衡中，领导厂商的景况要优于古诺均衡，但跟随厂商的景况恶化了。总之，知晓竞争对手将采取的行动使得领导厂商在损害跟随者的情况下获益。

因为各厂商都具有相同的成本，厂商 1 知道厂商 2 的古诺反应函数 $R_2(q_1)$，如图 10.3 所示。也就是说，领导厂商知道在自己所选择的任一产出水平上跟随厂商将生产的产出。这样，领导厂商能计算出对应于自己所选择产出的行业总产出，从而选择使其利润最大化的产出水平。

通过从总需求中减去跟随厂商的产出(如图 10.3b 中由跟随厂商的反应函数所总结的)，领导厂商计算出自己的剩余需求曲线(图 10.3a)。领导厂商选择边际收益(由剩余需求曲线导出的剩余 MR)等于边际成本的产量 q_1。厂商 1 生产 300 公斤樱桃从而使自身利润最大化(图 10.3a)。厂商 2 仅生产 150 个樱桃，这是将 300 代入厂商 2 的最佳反应函数所得到的(图 10.3b)。下面用代数方法来说明。

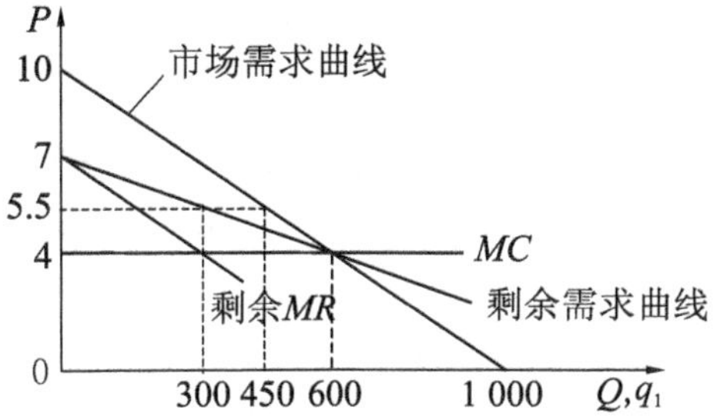

图 10.3a　领导厂商面临的剩余需求

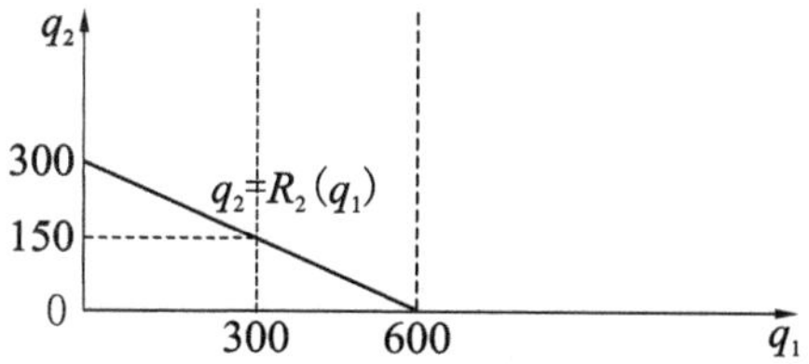

图 10.3b　跟随厂商的反应函数

厂商 1 为使利润最大化，将选择边际收益等于边际成本的产量水平。厂商 1 的总收益是 $TR_1(q_1)=10q_1-0.01q_1^2-0.01q_2q_1$。由于 TR_1 取决于 q_2，所以厂商 1 必须预测厂商 2 会生产多少，因为厂商 1 已知厂商 2 将根据反应函数 $q_2=300-$

$q_1/2$ 来确定自己的产量，故可将该反应函数代入厂商 1 的总收益方程中得到：

$TR_1(q_1)=10q_1-0.01q_1^2-0.01(300-q_1/2)q_1=7q_1-0.01q_1^2/2$

所以厂商 1 的边际收益为

$$MR_1=7-0.01q_1$$

令 $MR_1=4$，得到 $q_1=300$。而根据厂商 2 的反应函数，我们求得 $q_2=150$。厂商 1 的利润 $\pi_1=TR_1-TC_1=450$，厂商 2 的利润 $\pi_2=TR_2-TC_2=225$。由斯坦克尔伯格的均衡解可知，厂商 1 的产量和利润都是厂商 2 的两倍。率先行动给了厂商 1 更多的利润。为什么先行动会占据优势呢？这是因为先行动可以造成一种既成事实。即领导厂商率先使自己的产量达到一个较大水平，跟随厂商只能在此后的剩余市场需求中谋求一个较小的产量来实现利润最大化，它不能生产较大产量，如果它真的这样做，市场价格就会下降，最终导致包括它自己在内的所有厂商利润降低。除非它把抢占市场看得比利润还重要，否则放弃前面的双赢结果而寻求这种双输结果是非理性的（其实在力量对比悬殊的市场中，跟随厂商想与领导厂商争夺市场份额是不现实的，因为领导者可以凭借自身优势与跟随者竞争，其结果往往是跟随者血本无归，由于竞争导致这种结果的可能性极大，跟随者一般都会满足于领导者统治整个市场的现状）。

与古诺厂商（240）相比，斯坦克尔伯格领导厂商生产的产出较高（300）而跟随厂商产出较少（150）。从整个市场来看，斯坦克尔伯格的总产出（450）要比古诺产出（400）高，斯坦克尔伯格价格（5.5 元/公斤）低于古诺价格（6 元/公斤）。

三、伯特兰模型

古诺模型和斯坦克尔伯格模型都是假设厂商以竞争对手产量给定的情况下寻求自身利润最大化的，区别只是古诺模型是竞争双方同时选定产量，而斯坦克尔伯格模型是领导厂商先于跟随厂商选定产量。因此这两种模型都是产量竞争模型。而法国经济学家约瑟夫·伯特兰（Joseph Bertrand）在 1883 年建立的伯特兰模型却是假设厂商以竞争对手价格给定的情况下寻求自身利润最大化的。

在前面古诺模型和斯坦克尔伯格模型分析的市场，即产品同质、市场只持续一个时期、且任何厂商可以不变边际成本生产任意数量产品的市场上，如果厂商的竞争行为遵循伯特兰模型的假定，则市场达到伯特兰均衡时，所有厂商的价格都等于不变边际成本、利润为零。这种局面是很容易解释的，因为拥有完全信息的消费者知道厂商生产的产品是无差异，所以他们都会购买价格最便宜的厂商的产品，这样，市场只有在价格等于不变边际成本时才能实现均衡，比如前面所举的樱桃市场，只有在价格等于 4 元/公斤时才能实现伯特兰均衡，这时两家厂商平分市场总需求，没有哪个厂商能通过改变价格获益。如果一家厂商降价，那它将亏损；又或者它提价，那它将失去所有顾客。在上述同质产品市场上，按照伯特兰模型的分析，只要有两个以上的厂商，伯特兰均衡价格就等于完全竞争的市场价格(即价格等于不变边际成本)，这似乎与我们从现实的寡头垄断市场获得的经验是相悖的，因为厂商数目是如此之少，他们哪怕改变一下竞争策略，比如选择按古诺模型的产量竞争策略就都能获得丰厚的利润，为什么还要采取价格竞争拼个你死我活呢？尽管存在这些不尽合理之处，伯特兰模型还是有用的，至少，它表明了在一个寡头垄断市场里，均衡的结果是多么地取决于各厂商对竞争方式的选择(策略选择)。

上述伯特兰模型均衡结果的背后有一个决定性的假设条件：所有厂商的产品完全一样。因此，价格才成为了消费者唯一感兴趣的变量，没有哪个厂商能把价格提高到边际成本之上的同时还不失去市场份额。但是，现实中这一假设条件是很难满足的。一些消费者愿意多花点钱购买某个品牌的产品，这或者是由于它有优越的服务、或是由于它可以在较近的商场买到；另一些消费者会忠实于某个高价品牌，因为他们觉得其他品牌没有同样的品质或者不适合他们的偏好；还有些人只认某个品牌，是因为他们不知道有其他品牌的存在。总之，由于购买成本、产品品质、消费者偏好、信息不完全等等问题，产品是差异化的。下面我们就重点探讨一下，在差异化产品市场中，寡头垄断厂商的价格决定问题。我们举一个简单的例子，以静态价格竞争的伯特兰模型进行分析。

在某个寡头垄断市场上，有两个厂商，它们都只有 40 元的固定成本而没有可变成本。它们面临的反需求曲线为

厂商 1 的需求： $$P_1 = 15 - \frac{3}{8}q_1 - \frac{1}{8}q_2 \tag{10.6}$$

厂商 2 的需求： $$P_2 = 15 - \frac{3}{8}q_2 - \frac{1}{8}q_1 \tag{10.7}$$

在上式中，P_1 和 P_2 分别是厂商 1 和厂商 2 的产品的价格，q_1 和 q_2 是两厂商相应的销量。式(10.6)和式(10.7)表明了这是一个异质产品市场。如果两个厂商同时决定其产品的价格，我们可用伯特兰模型来确定相应的均衡。各厂商把竞争对手的价格当作是固定的情况下选择能使自身利润最大化的价格。现在考虑厂商 1，首先，将它的反需求函数式(10.6)变形为需求函数，即

$$q_1 = 30 - 3P_1 + P_2$$

厂商 1 的利润 π_1 就是它的总收入减去总成本，即

$$\pi_1 = P_1q_1 - 40 = 30P_1 - 3P_1^2 + P_2P_1 - 40$$

把 P_2 当作是固定的，则厂商 1 的利润最大化的一阶条件是

$$\frac{\partial \pi_1}{\partial P_1} = 30 - 6P_1 + P_2 = 0$$

解之可得厂商 1 的定价准则(容易证明利润最大化的二阶条件是满足的),即伯特兰最佳反应函数

$$P_1 = 5 + P_2/6$$

该函数表明厂商 1 在给定厂商 2 的价格后为自己产品的定价。按照同样的推导过程,厂商 2 的伯特兰反应函数为

$$P_2 = 5 + P_1/6$$

厂商 1 和厂商 2 的反应函数在图 10.4 中的交点 E 即为伯特兰均衡。在 E 点,可以证明各厂商在竞争对手价格给定的情况下都实现了自身利润的最大化,因此没有哪个厂商愿意改变自己的价格。由于产品具有差异性,所以均衡时的产品价格高于完全竞争价格,厂商有正的利润。在本例中,厂商 1 和厂商 2 的均衡价格相同为 6 元,均衡产量也相同各为 18,因此各获得 68 元的利润。

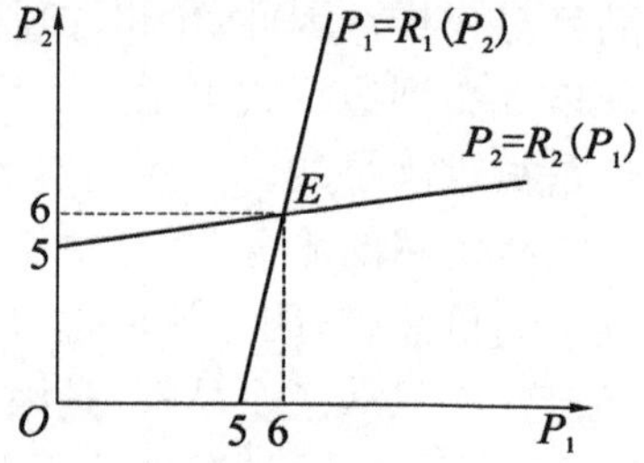

图 10.4　差异化产品生产者的伯特兰反应函数

四、拗折的需求曲线模型

许多寡头垄断行业存在一个现象,即使成本或者需求状况改变了,厂商也不太愿意改变价格,价格稳定性的这种现象也被称为价格刚性(Price Rigidity)。较先对此进行研究的是美国的马克思主义经济学家保罗·斯威齐(P. M. Sweezy),他于 1939 年在论文《卖方垄断条件下的需求》中提出了拗折的需求曲线模型(Kinked Demand Curve),用以分析寡头垄断市场的价格刚性问题。

该模型的基本假设是:寡头垄断厂商都相信,把价格降低到现行价格水平以下的做法,将被其竞争对手效仿,而提高价格则不会。

根据该模型,各厂商面临一条在现行价格 P^* 处拗折的需求曲线 D,如图 10.5 所示。在比 P^* 高的价格上需求曲线富有弹性。原因是厂商将价格提高到 P^* 以上时其竞争对手不会跟着提价,导致该厂商的原有客户中一部分人会减少消费量(但依然忠实于该厂商),另一部分人则转而购买其他厂商的产品,这样,提价厂商不仅销售量锐减,连市场

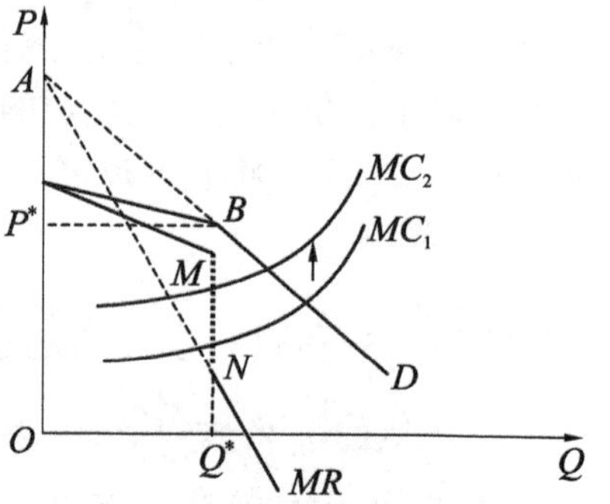

图 10.5　拗折的需求曲线

占有率都会缩小。另一方面，在比 P^* 低的价格上需求曲线缺乏弹性。原因是厂商将价格降低到 P^* 以下时其竞争对手也会跟着降价，这使得该厂商不能通过降价把竞争对手的客户抢过来，因此它的需求量的增加部分只是由原有客户创造的，从而降价并不能提高市场份额，该厂商产品销量的增加与市场价格降低引起的市场需求量的增加幅度是一样的。由于厂商的需求曲线是拗折的，因此它的边际收益曲线是间断的，结果该厂商的成本变化可以不引起价格的变化。

假定厂商的目标是利润最大化，当边际成本发生大幅变化，如图 10.5 所示从 MC_1 变动到 MC_2，按照利润最大化条件 $MC = MR$，则产出水平应该依然保持在 Q^*。因此无论成本条件如何变化，只要不使新的边际成本曲线处于边际收益曲线的间断区域(即图 10.5 中的 M 和 N 点之间)以外，则价格保持不变为 P^*。从而出现了价格刚性现象。

拗折的需求曲线模型非常简单，可惜这种模型不能解释初始价格 P^* 是如何确定的，所以它并没有真正弄清寡头垄断市场中价格刚性现象的本质，该模型的作用或许更多地在于描述价格刚性，而不在于解释它。

五、卡特尔模型

前面介绍的几种模型都属于非合作的寡头模型，即在考虑它的竞争对手的情况下，各寡头厂商独立做出会给自己带来最大可能利润的决策。现实的经济社会中，寡头厂商们有时也会公开同意在定价和确定产量水平方面合作，这种在寡头厂商之间达成了正式协议或建立了正式组织的形式被称为“卡特尔”。卡特尔为法语 Cartel 的音译，原意为协定或同盟。生产同类商品的企业为了垄断市场，获取高额利润而达成有关划分销售市场、规定产品产量、确定商品价格等方面的协议所形成的垄断性企业联合。它是资本主义垄断组织的一种重要形式。1865 年最早产生于德国。第一次世界大战后在各资本主义国家迅速发展。随着垄断资本的国际化产生了国际卡特尔，如国际原油市场上的欧佩克组织，它是产油国政府间的一个国际协定。该组织在十多年间成功地将世界石油价格提高到远远高于本来会有的水平。卡特尔的种类很多，下面介绍最基本的利润分配卡特尔。

利润分配卡特尔是把参加卡特尔的所有成员厂商看成是一个整体，即像一个完全垄断者那样行事，使各厂商的利润之和最大化。这种形式的卡特尔也被称作“集权卡特尔”。其价格和产量的决定过程是：先确定作为寡头厂商总体的最高利润组合点，并以最高利润点的价格作为其所有成员的统一价格，然后再将最高利润点的产量按各企业的边际成本都相等的原则，分配给每个成员厂商。

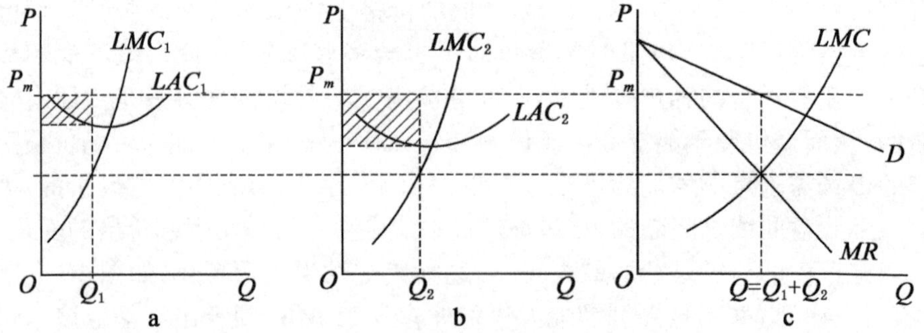

图 10.6

图 10.6 中,假定一个卡特尔中有两家寡头厂商:厂商 1 和厂商 2,两者的边际成本曲线分别为 LMC_1 和 LMC_2(见图 10.6a 和图 10.6b),据此可以求出卡特尔的边际成本曲线 LMC(等于 LMC_1 和 LMC_2 曲线横向相加 $\sum LMC_i, i=1,2$)。卡特尔的需求曲线为 D,相应的边际收益曲线为 MR,MR 与 LMC 的交点确定了卡特尔的最优产量 Q 和最优价格 P_m(见图 10.6c)。整个卡特尔的最优产量和价格确定之后,将按边际成本相等的原理进行产量分配,因为 P_m 和 Q 一旦确定,则 TR 就已确定,那么利润最大化就等同于成本最小化。具体来说,曲线 MR 与 LMC 的交点确定了相同的边际成本水平(水平虚线),再由这条虚线与各厂商的边际成本曲线的交点确定各厂商的产量配额(即图 10.6a 中的 Q_1 和图 10.6b 中的 Q_2)。这时两厂商分别能获得图 10.6a 和图 10.6b 中相当于阴影部分面积大小的经济利润。

容易证明,同一行业内的厂商由相互竞争转而联合成卡特尔,能提高该行业的总体利润水平。但卡特尔在许多欧美发达国家是违法的,因为这些国家认为卡特尔是一种不正当竞争行为,是违反"反垄断法"和"反不正当竞争法"的。除此之外,卡特尔往往是很不稳定的,卡特尔不能持久的原因除了许多国家通过立法禁止厂商间串谋或组建卡特尔外,关键在于其内在的不稳定性。

一方面,各成员在如何分配产量、利润方面总是矛盾重重,即使达成了协议,违背协议、单方面扩大产量对每个组成卡特尔的厂商都有极大的诱惑。卡特尔是通过限制产量来提高价格的,但每个成员都希望在享受高价格的同时能扩大产量。如果只有一个厂商偷偷扩大了产量,对价格不会产生显著影响,而它就能使利润大幅增长。每个成员厂商都这样做的结果是导致市场供给量激增,价格大幅下降,造成卡特尔的解体,回到各厂商追求利润最大化的竞争状态。上世纪 80 年代欧佩克石油卡特尔就曾出现过这种情况:生产国们(除沙特阿拉伯)故意地将各自的产量增加到原来分配的配额之上以获得更多的利润。由于不能依靠法律和契约对违反卡特尔协议的成员实施有效的惩罚,成员的欺骗行为几乎是不可避免的。

另一方面，卡特尔的高利润也会吸引新的厂商进入市场。如果卡特尔无法阻止新厂商进入，卡特尔限制产量的结果是使新厂商占据了剩余的市场份额，最后卡特尔也会失去其垄断利润。另外从长期来看，新的替代产品的出现也会降低卡特尔的垄断利润。

【案例 1】世界上最成功的卡特尔——石油输出国组织

1960 年 9 月，由伊朗、伊拉克、科威特、沙特阿拉伯和委内瑞拉的代表在巴格达开会，决定联合起来共同对付西方石油公司，维护石油收入。14 日，五国宣告成立石油输出国组织（Organization of Petroleum Exporting Countries, OPEC），简称“欧佩克”。随着成员的增加，欧佩克发展成为亚洲、非洲和拉丁美洲一些主要石油生产国的国际性石油组织。欧佩克总部设在维也纳。现在，欧佩克旨在通过消除有害的、不必要的价格波动，确保国际石油市场上石油价格的稳定，保证各成员国在任何情况下都能获得稳定的石油收入，并为石油消费国提供充足、经济、长期稳定的石油供应。根据欧佩克在 2011 年 7 月公布的统计数据手册，截至 2010 年末，全球石油储量为 1.46 万亿桶，其中欧佩克成员国占 81.3%，委内瑞拉在 2009 至 2010 的一年间，储量增长 40%，达到 2 965.01 亿桶，从而超越沙特成为石油储量最多的国家，沙特的石油储量为 2 645.16 亿桶，伊朗和伊拉克的石油储量分列欧佩克成员国第三和第四位，各为 1 511.7 亿桶和 1 431 亿桶。

欧佩克成员国的石油、天然气产量分别占世界石油、天然气总产量的 40% 和 14%。而欧佩克成员国出口的石油占世界石油贸易量的 60%，对国际石油市场具有很强的影响力，特别是当其决定减少或增加石油产量时。为了向消费者提供价格合理稳定的石油供应，兼顾石油生产国与消费国双方的利益，欧佩克通过自愿减少石油产量，或在市场供应不足时增加石油产量的方法来达成上述目标。例如，1990 年海湾危机期间，欧佩克大幅度增加了石油产量，以弥补伊拉克遭经济制裁后石油市场上出现的每天 300 万桶的缺口。

与其他的卡特尔不同，多年来欧佩克成功将油价保持在较高水平上。欧佩克的成功大部分都归功于沙特阿拉伯的弹性。该国容许其他参与协议国家的欺诈，更减少自己的产量来弥补其他成员超出配额的生产。当其他成员国均全力生产时，沙特阿拉伯是联盟内唯一拥有充裕的贮存空间，亦有在需要时增产的能力的国家，这给予它可靠的杠杆效应。这个联盟十分成功，导致原油价格一度上升至仅次于提炼油产品的水平。然而欧佩克提高价格的能力亦受一些限制。油价上升会使消费下跌及收益的净下跌。而且价格持续上升会鼓励根本性的行为转变，比如替代能源的利用，或者节约能源的推广等。

第三节　寡头垄断厂商的策略互动——博弈理论简介

一、博弈论的一些基本概念

我们所说的博弈论，是英文 Game Theory 的意译。之所以对 Game Theory 使用博弈论这个译名，是大陆管理学界和经济学界近几年的一种约定俗成；而数学界对此早有另一个较为学术化的名称，这就是对策论。二者应是同一学科，只是所谓的博弈论较倾向于应用而已。Game Theory 在国际学术界也作 Theory of Games。

所谓博弈(Game)，是指这样一种行为过程，在这一过程中，参与者要在某些不确定性条件下(这种不确定性既来自其他参与者的决策行为，也来自大自然的随机选择)，对自身可能采取的行动做出理性选择，以求实现最大化目标利益。

博弈论是关于博弈参与者策略互动的理论。这一理论解释并规范社会环境条件下每个参与者在博弈过程中的决策行为。所以，博弈论也可说成是博弈参与者基于对他们相互之间可能采取何种应对手段和策略的考虑，而对自身行动做出理性选择的一种理论。

在前面关于完全竞争市场理论的学习中，我们曾假设每个买主和卖主的规模相对于整个市场来说是非常小的，无人能通过自己的行为对现行市场价格和其他人产生任何影响，从而对每个个体而言，购买商品的价格和出售商品的价格是给定的。这就使个体的消费或生产成了一个独立的简单最大化收益问题。在商品经济还不发达时，由许多作坊式的小企业组成的各个行业，其市场结构特征确实接近于完全竞争。但是，随着商品经济的发展，现今很多行业都是由少数大企业起主导作用，它们在作出关于投资、产量、价格、广告等生产经营决策之前，必须考虑竞争对手的反应以及这些反应对自己造成的影响。事实上，在当今社会，不仅是经济活动，“所有社会活动都会涉及参与者的策略互动，这样，我们可以说要正确理解任何社会活动都必须进行博弈论分析”(J. C. Harsanyi)。

下面，我们介绍博弈论的一些基本概念。

1. 博弈结构要素

博弈及其过程，其构成应包括三个要素：局中人(Player)，策略(Strategy)，收益(Payoff)。博弈的参与者称为局中人。它可以指具体的个人或由个人组成的某个集团和集体，也可以指拟人化的大自然。大自然作为一种特殊的局中人来考虑，不仅仅为了处理一大类人与自然斗争的博弈问题，更为重要的，是当博弈中一旦存在非局中人的行动所能控制的随机选择时，我们必须要把这种随机选择定义为由大自然所控制的一种不依人的意志为转移的选择行为。所有局中人都被假设为理性的决策者。那种只有两个局中人参与的博弈被称为“二人博弈”;多于两个局中人的博弈则称为“多人博弈”。

局中人的策略,是指为该局中人在博弈的每个可能信息状态下都确定了一种应对手段(Move)的规则;在局中人拥有私人信息(Private Information)的博弈中,策略则是按局中人的可能类型(Type)而确定其行动(Action)的一种规则。不过,从数学上说,一个策略应当被理解为一个函数,这个函数将局中人的信息状态映射为其手段,或在不完全信息(Incomplete Information)状态下将局中人类型映射为其行动。局中人可能采用和实施的策略全体,称为该局中人的策略集。

在博弈中,收益(Payoff)概念是指效用(Utility),准确地说,是指我们在效用理论里介绍的 von Neumann-Morgenstern 期望效用,因为博弈中的收益特定地指局中人在各种可能的结局中将遭遇的不同结果的价值。当局中人为定常风险中立时,该效用值会退化为那种直接计量出来的支付值(以下不做特别说明时都假定局中人是风险中立的)。使用效用概念来作为收益价值的度量,其普遍性意义以及它的重要性和必要性等,因涉及一般价值判断和不确定性分析,在此不作论述。

我们以上节的樱桃市场为例来说明这三个要素,我们已知两个厂商的古诺均衡产量各是 200 公斤,利润各为 400 元。如果两个厂商合谋(Conspiracy),按垄断市场的标准产量各生产一半的樱桃,然后分享垄断利润,由已知条件易知此时各厂商的产量为 150 公斤(完全垄断的市场总产量为 300 公斤),各获得利润为 450 元(完全垄断的市场价格为 7 元/公斤,总利润为 900 元),现在我们假定这两个厂商(即两个局中人)都有两个选择:合谋或不合谋。从而他俩都只有两种策略,第一种是按古诺产出水平生产 200 公斤(简称为高产量策略),第二种是按合谋产出水平生产 150 公斤(简称低产量策略)。这两个厂商必须同时行动。它们的行为与收益,按照双方的策略选择,已经反映在图 10.7 中的收益矩阵(Payoff Matrix)里了。在图中,厂商 1 的两种策略写在左侧,厂商 2 的两种策略写在上侧。图中每一格表示对应于厂商 1 和厂商 2 的一个策略组合的收益组合,每格中的第一个数值表示厂商 1 的利润,第二个数值表示厂商 2 的利润。如图示,左上角的格子中的收益组合(400,400)指两个厂商都选择生产 200 公斤的策略时,这个策略组合带来的收益是它们将各获利 400 元;左下角的格子中的(375,500)指厂商 1 生产 150 公斤,厂商 2 生产 200 公斤,则厂商 1 获利 375 元,

		厂商 2: 200	厂商 2: 150
厂商 1	200	400,400	500,375
	150	375,500	450,450

图 10.7　厂商产量博弈的正规型表示

厂商2获利500元(此时的市场价格是6.5元/公斤);反之,右上角的格子中的(500,375)是指如果厂商1生产200公斤,厂商2生产150公斤,则厂商1获利500元,厂商2获利375元。如图10.7所示,这种将每个局中人所可能采取的策略一一列出,在静态条件下,考虑当不同局中人使用其策略集中的策略并相互交手后可能产生的后果的博弈表达式被称为策略型(Strategic Form)博弈或称为正规型(Normal Form)博弈。

2. 占优策略

由图10.7所表示的博弈中,作为竞争对手的厂商1和厂商2是如何选择其策略的呢?它们都会首先剔除那些严格劣于其他所有策略的策略。在剩下的策略中,有些策略在竞争对手采取某些行动时堪称上策,但当对手采取其他行动时则成了下策;而有的策略却是不管竞争对手采取何种行动都是上策,所谓上策意指比其他策略产生更高或至少相同的收益的策略。如果不管竞争对手做何选择,一种策略总是优于其他所有策略,则这种策略叫占优策略(Dominant Strategy)。

图10.7所表示的博弈中有占优策略,而且这两个厂商的占优策略相同,就是按古诺产出水平生产200公斤。这个高产量策略为什么是占优策略呢?就厂商1而言,若厂商2生产200公斤,则厂商1必然选择生产200公斤,这样就能获利400元,而生产150公斤只能获利375元;若厂商2生产150公斤,厂商1依然会选择生产200公斤,从而获利500元,而生产150公斤只能获利450元。总之,无论厂商2选择高产量还是低产量,厂商1选择高产量都将获得比低产量更多的利润。因此,高产量就是占优策略。由于此例中博弈的报酬是对称的,因此高产量策略对厂商2而言也是占优策略。

那么,当两个厂商都采用占优策略时,情况会怎样?容易看出,当博弈双方均采用占优策略时,这个博弈将处于一个均衡的状态,比如图10.7中,当厂商2选择高产量策略时,厂商1没有改变自己的高产量策略的动机,反之亦然。我们将博弈中所有参与者都不愿改变自己的既定策略的这样一种相对静止的状态称为博弈均衡,而由博弈各方的占优策略所构成的策略组合称为占优策略均衡,比如图10.7中左上角的格子中的收益组合(400,400)所对应的策略组合(200公斤,200公斤)就是该博弈的占优策略均衡。

这个占优策略均衡并未使参与者的集体收益达到最大。若两家厂商能合作采取低产量策略,它们的境况本来会更好(如果都生产150公斤,集体获利是900元;而占优策略均衡的集体获利是800元),显然,这一博弈均衡从整体来看不是最佳的。这类博弈被称为囚徒困境博弈①。

二、纳什均衡

并非所有博弈都有占优策略，请看下面这个例子。假设一个地区有两个饮用水生产企业，他们的生产设备既可生产纯净水也可生产矿泉水，然而一旦选定生产其中一种水就不能再生产另一种水了。现在，两个厂商都有两种产品策略：生产纯净水或生产矿泉水。图 10.8 中的收益矩阵是两个厂商的产品策略组合所对应的利润值，左上角和右下角的格子中两厂商的收益组合为(−10，−10)，这表明若它们产生同一种水则都会亏损 10；右上角和左下角的格子中两厂商的收益组合为(100，100)，这表明若它们产生不同的水则都会获利 100。收益矩阵表明，两个厂商的最优选择应该是生产和对手不同的产品。在这个例子中，两个厂商都没有占优策略。它们的最优策略取决于对手的选择。如果厂商 1 生产纯净水，则厂商 2 最好生产矿泉水；如果厂商 1 生产矿泉水，厂商 2 最好生产纯净水。那么，这个例子里是否存在博弈均衡呢？答案是不仅存在，而且有两个博弈均衡，它们就是收益矩阵右上角和左下角的收益组合对应的策略组合，即两厂商生产不同的水。这两个博弈均衡在博弈论里称为纳什均衡(Nash Equilibrium)②。

		厂商 2	
		纯净水	矿泉水
厂商 1	纯净水	−10，−10	100，100
	矿泉水	100，100	−10，−10

图 10.8　厂商产品选择问题

所谓纳什均衡，是指这样一个策略组合，没有任何一个参与者能在其他参与者策略保持不变的条件下，通过选择一种不同的策略而获得更高的报酬。显然，占优策略均衡是纳什均衡的特例。

纳什均衡的概念极其依赖个人理性。各局中人的策略选择不仅取决于自身的理性也取决于对手的理性。有时候，当局中人不能确定对手的理性程度时，为保险起见，他们也许会放弃纳什均衡。下面以图 10.9 为例说明这种情况。

---

① “囚徒困境”的例子最早是由经济学家 A. W. 塔克提出的，用以说明博弈论、纳什均衡和派生的非社会有利均衡的矛盾。在其原始版本里，有两个囚犯被指控犯了一项罪行，他们被关在两个屋子里，无法沟通。每个囚犯面临两个选择：坦白或不坦白。如果两人都不坦白，每人将被以一项较轻的罪名起诉，仅判 1 年徒刑。如果两人都坦白，每人将被判 5 年徒刑。如果一个人坦白，另一个人不坦白，则坦白的那人将获释放，而不坦白的那人将被判 10 年徒刑。两个人结果都选择了坦白，尽管如果都不坦白的话他们的处境会更好。“囚徒困境”的问题具有普遍性，如“公共地悲剧”等等。

② 纳什均衡是美国数学家约翰·纳什(1928 年—)于 20 世纪 50 年代提出的“均衡点”概念，被认为是迄今最具普遍意义的解概念。博弈论的目的在很大程度上是为了描述和预测博弈的结果，显然，对博弈均衡的形成条件进行分析，进而找到均衡状态下的策略组合，是博弈论研究的主题之一。通常把博弈均衡状态下形成的策略组合，称为博弈问题的解。所谓求解博弈问题，就是寻找均衡状态并确定相应的策略组合。在这种策略组合下各局中人所获收益构成的向量，便是博弈问题的解的值。

在图 10.9 所示的博弈中，采用“右”对厂商 2 是一个上策。因而厂商 1 可以预期厂商 2 采用“右”策略，在这种情况下，厂商 1 采用“下”(赚到 2)比采用“上”(赚到 1)要好。很明显策略组合(下，右)是这个博弈唯一的纳什均衡。

		厂商 2 左	厂商 2 右
厂商 1	上	1,0	1,1
厂商 1	下	−1 000,0	2,1

图 10.9　极大化极小策略

但要注意的是，厂商 1 一定要能肯定厂商 2 是了解这个博弈并且是理性的，因为万一厂商 2 错误地选择了“左”，那厂商 1 的损失就太大了。遇到这种情况时，厂商 1 应该怎么做呢？如果厂商 1 比较谨慎，或考虑到厂商 2 有可能不完全清楚该博弈又或者不一定理性，则厂商 1 可能会选择采取“上”，这样将保证赚到 1 并且不会有损失 1 000 的可能性。因为这种策略是最大化可能得到的最小收益，因此被称为极大化极小策略(Maxmin Strategy)。

【案例 2】我国应试教育体制下的囚徒困境

“身心疲惫的基层教育工作者，发展畸形的学生群体，高分低能者比比皆是”，“学生近视发生率高达 60%，位居世界第一”。关于我国应试教育的负面消息很多，从小学到初中再到高中，我国基础教育面临的一个老大难问题是如何摆脱应试教育的困境。学校不断给学生增加负担(增负)是目前教育的实际状况。

在现行教育体制下，学生有两个可选择的策略：“减负”和“增负”。人的精力是有限的，如果选择“减负”策略，意味着学生能腾出更多的时间学习课本外的东西，因此各方面素质能得到均衡发展；而如果选择“增负”策略，则意味着学生要花大量的时间做大量的习题，这种情况下学生没有时间学习课本以外与考试无关的知识。“减负”的结果是学生的全面发展；而“增负”的结果是学生获得高的考分。

在这样的博弈结构下，学生将如何选择呢？每个学生都会这样想：当其他人采取“增负”策略的话，若我采取“减负”策略，则我的考试分数不如他人，在求学方面我会落后，接受不了好的教育，在未来求职时也将处于劣势。因此在他人采取“增负”的策略下，我也必须采取“增负”策略。当其他人采取的是“减负”策略，则如果我采取了“增负”策略，我的考试分数会比其他人高，我会上好的学校，在未来的职业竞争中我将处于优势。因此，无论其他人采取的是什么策略，我采取“增负”策略都是最好的，这是一个占优策略！当每个学生都这样想的时候，全社会便进入了应试教育这样一个囚徒困境之中。目前的教育的博弈结构规定了各种行动或行为的收益或好处：获得高分的会进入好的初中、高中，进入好的初中、高中的学生可以考高分进入好的大学。我国基础教育的博弈与囚徒困境有共同的结构，大家均选择“增负”策略构成基础教育博弈的纳什均衡。纳什均衡是一个稳定的博弈结果。

而对于大力提倡教育改革，号召全国基础教育从应试向素质教育转变的教育管理部门来说，他们是否真心愿意改革呢？从个人和部门的经济利益来看，答案是否定的！虽然教育管理者口头上不得不说要大搞素质教育，但是他们的内心深处依然深深眷恋着应试教育。与素质教育相比，搞应试教育，一则工作好做：以分数为硬指标、铁证据，省心、省力，好做工作，搞素质教育则要麻烦很多。二则有些教育管理者在发应试教育之财：有应试就有重点学校，有重点学校，管理学校工作的人就能把权力变成商品和人情，就能收各类考试的费用，就能把升学率高的学校当作自己的权力特区。这也是为什么我国目前的应试教育难以改变的根本原因。

三、重复博弈

到目前为止，我们介绍的博弈都是静态和一次性的，厂商在作产量或定价决策时并不清楚其他竞争对手的选择，而且所有厂商只能有一次选择策略的机会。比如前面分析的一类囚徒困境博弈中，囚徒只有一次选择坦白或不坦白的机会。在这种一次性的博弈中，一旦每个局中人的策略选定，整个博弈的结果也就确定了，每个局中人不能再对博弈过程和结果产生任何影响。这类博弈被称为静态博弈。但是在现实中，大多数厂商的产量和定价却是反复变化的，今天他可以选择高价低产策略，根据对手的反应，明天又可换成低价高产策略，在反复的变化中，每个厂商都会形成关于自己行为的声誉，并且能研究其竞争对手的行为。这类可以反复进行的博弈被称为动态博弈。重复博弈(Repeated Game)是动态博弈的一种，在重复博弈中，一个结构相同的博弈被重复多次。

重复会使博弈的结果产生变化吗？我们来看图 10.10(图中收益矩阵里的数字表示两个厂商每月各自所获利润)。图中的厂商 1 若与竞争对手厂商 2 合作，双方的产品都定高价，那么大家会赚到比都定低价时更高的利润。可是厂商 1 却不敢定高价，因为对手定低价他就会亏损。如果这个博弈只进行一次，则双方都会选择不合作，博弈的均衡解是厂商 1 和厂商 2 都定低价，处于囚徒困境中。但如果这个博弈会一次次重复下去(假定该博弈会无限次地重复下去)，这时双方还应该定低价吗？或者是根据他的对手的行为不断改变他的价格呢？博弈论专家研究发现，最好的策略是一种所谓的“以牙还牙”策略：我从一个高价开始，只要你选择“合作”，就是说你也选择定高价，那么我就一直保持下去；一旦你降低你的价格，我马上也会降低我的价格；如果你以后决定合作并再次提高价格，我马上也会提高我的价格。

		厂商 2	
		低价	高价
厂商 1	低价	10,10	100,−50
	高价	−50,100	50,50

图 10.10　定价问题

为什么这种以牙还牙策略的结果是最优的呢？更重要的是，博弈的一方能期望在采取了以牙还牙策略后其对手就会保持合作吗？回答问题的关键是注意这个博弈是无限重复的，即博弈的双方都知道他们的定价行为要永远重复下去。这种情况下，合作行为（即定高价）是对以牙还牙策略的理性反应。为什么呢？我们做以下分析：假设一直以来厂商1和厂商2都采取定高价策略，但从某年的3月份开始厂商2定了一个低价，并在该月中赚到很多钱（这个月厂商1还是定的高价，故损失不少钱），按照以牙还牙策略，从4月份开始，厂商1也会以低价与厂商2竞争，从而使厂商2的利润下降，并且只要他们俩一直都定低价则双方的利润就一直都是低的。从双方都定高价变成都定低价开始，大家每个月都会比以前少赚一些钱（按图10.10所示，定高价时每月各得利润为50，定低价时每月各得利润为10），由于该博弈是无限重复的，使得少赚的钱累计起来必将超过厂商2在定低价的第一个月得到的短期收益，因此降价竞争是不理性的。以上分析说明，只要博弈是无限重复的，以牙还牙策略就能促使博弈双方走出囚徒困境，其博弈的均衡解将是厂商1和厂商2都定高价。

如果该博弈既不是一次性的，也不是无限次重复的，而是有限次重复的，其结果又会怎样呢？假定该博弈重复有限次——比如说 N 个月。如果厂商2是理性的，并且也相信厂商1是理性的，则厂商2会做如下推理："因为厂商1采取以牙还牙策略，我在第 N 个月之前不能降价，但可在第 N 个月降价，这样我在那个月就可赚到更多的钱，而且博弈接着就结束了，厂商1无法报复我"。基于这个推理，厂商2将在第 N 个月之前采取合作的策略（定高价），而在第 N 个月采取不合作策略（定低价）。

但是，由于厂商1也会做这样的推理，从而也打算在第 N 个月之前采取合作的策略而在第 N 个月采取不合作策略，并且厂商2知道厂商1会这样盘算（因为他相信厂商1是理性的），就是说厂商2能估计到厂商1会在第 N 个月定低价，所以厂商2会从第 $N-1$ 个月就定低价，因为第 N 个月反正是不会合作了。而厂商1也能估计到这点（只要他也相信厂商2是理性的），因此他也会从第 $N-1$ 个月就定低价。因为同样的推理适用于第 $N-2, N-3, \cdots, 2, 1$ 个月，则唯一理性的结果是双方从一开始就定低价。这似乎是一个出人意料的结果，但由于我们大多数人不指望永远活下去，在所有人都抱着"先下手为强，后下手遭殃"的态度进行博弈时，以牙还牙策略在无限次重复博弈中引导局中人走出囚徒困境的结果将无法实现。

在现实中，局中人之间的博弈总是有期限的。按照有限次重复博弈分析，寡头之间就不可能存在合作。然而，现实中大企业之间存在默契合作的例子比比皆是：在稳定的市场需求下，每个企业井水不犯河水地经营着自己的市场份额，并不以削价竞争战胜对手为能事，相反地，却常常以友好者的姿态与竞争对手共享市场。

那么，理论分析与现实的矛盾该如何解释呢？其实，大多数企业家并不知道自己与对手会相互竞争多久，虽然企业之间竞争的月数一般是有限的，但企业家很难确切知道这个数字 N 到底是多少，因此企业家们在每个月就自然认为下一个月还要继续打交道。这样一来，从在第 N 个月降价逐步推理到在第1个月就降价的论证方法就不再适用了，相反，不合作就会遭到以牙还牙报复的威胁使每个企业都会把合作局面维持下去。实际上，不能确定终止期的有限次重复博弈与无限次重复博弈没有什么差别。此外，现实中企业家对他自己和他的竞争对手在经营过程中有多理性也是怀疑的。结果，正如我们看到的，在那些厂商数目少、需求和成本条件相对稳定的行业里，合作会成为现实的选择。

四、策略性行动和威胁的可信性

在寡头垄断市场上，厂商为了获得竞争优势，有时需要采取策略性行动。所谓策略性行动，就是某人通过改变别人对他行为的预期，从而促使别人选择对他有利的行为。策略性行动是某人通过限制自己的行为来限制别人的选择的一种行动。限制自身的行为以获取优势的想法听起来似乎有点不可思议，我们还是来看一些例子。

我们回到图10.8的饮用水生产的例子上，现在把该图的收益矩阵做个小改动，变成图10.11的收益矩阵。按照新的收益矩阵，两个厂商都更想生产矿泉水，但又不能都生产矿泉水。如何才能让对方心甘情愿地去生产纯净水呢？这里有三个办法，一是游说行业主管部门请其以行政命令的方式强迫竞争对手生产纯净水；二是拼命缩短投产时间争取率先生产出矿泉水，这样既成事实后对手只能选择生产纯净水；三是设法让对手相信自己只会生产矿泉水，即使对手选择生产矿泉水也是这样。这三个办法里，第一个办法有行政干预之嫌，非市场竞争之道。第二个办法未必能使自己胜出，反而可能刺激对手也加快矿泉水投产准备结果造成骑虎难下的局面。第三个办法虽好，但实施起来并不容易。下面我们重点分析第三个办法。如果厂商1只是简单地宣布它将生产矿泉水，厂商2没有理由要相信它。而且厂商2也有生产矿泉水的愿望，它可以更大张旗鼓地做同样的声明。厂商1必须限制它自己的行为，从而使厂商2确信厂商1除了生产矿泉水以外已经没有了其他选择。具体来说，厂商1可以在推出矿泉水产品之前很早就签订很大数量的矿泉水供货合同，这些合同如果不能按期履行将使厂商1赔偿很多违约金，特别地，这些合同不要秘密签订，而要让大家都知

		厂商2 纯净水	厂商2 矿泉水
厂商1	纯净水	−10，−10	100，200
厂商1	矿泉水	200，100	−10，−10

图10.11　厂商产品选择问题

道(至少要让厂商 2 知道)。厂商 1 早早地就把自己束缚于矿泉水供货合同的行为就是一种策略性行动,它促使厂商 2 相信厂商 1 无论如何都会生产矿泉水,并使之作出对厂商 1 有利的选择——生产纯净水。

为什么厂商 1 不能简单地威胁厂商 2,发誓即使厂商 2 生产矿泉水自己也会生产矿泉水?因为厂商 2 没有多少理由相信这种威胁,而且它自己也能发出同样的威胁。一个威胁只要在它可信时才会有用,下面我们通过举例来分析威胁的可信性。

假定某个行业里只有厂商 1,由于垄断了整个市场,厂商 1 获得了丰厚的利润。现在,厂商 2 想进入这个行业分享垄断利润,假设为了进入该行业,厂商 2 必须付出 5 000 万元的沉淀成本建一个工厂。厂商 1 当然希望厂商 2 不要进入这个行业,因为厂商 2 若不进入,厂商 1 就能继续定高价,享受垄断利润,如图 10.12 中收益矩阵的右上角所示,厂商 1 能独享 1.2 亿元的利润。

		厂商 2	
		进入	不进入
厂商 1	定高价	60,10	120,0
	定低价	40,−10	80,0

图 10.12 进入者博弈(单位:百万元)

如果厂商 2 进入该行业,厂商 1 只有两种策略可选。一种策略是“合作”,即维持高价,同时希望厂商 2 也这样做,这样双方平分市场,厂商 1 将获得 6 000 万元利润。厂商 2 则可获得 1 000 万元利润(由6 000 万元收益减去 5 000 万元建厂成本)。另一种策略是“不合作”,即增加生产能力,扩大供给量,并制定一个低价。当然,增加生产能力就会产生建新厂的成本,降低价格又会减少收益,这样一来,厂商 1 的利润将下降到 4 000 万元,而厂商 2 将净亏损 1 000 万元(由 4 000 万元收益减去5 000 万元建厂成本)。

若厂商 2 认为在他进入后厂商 1 会保持高价,那他将选择进入该行业(因为可赚到 1 000 万的利润)。若厂商 2 预计自己进入后厂商 1 会扩大产量与他打价格战,那他就不会进入该行业(因为会亏损 1 000 万元)。那么,现在厂商 1 威胁要扩大产量并用价格战将厂商 2 赶出去,厂商 2 会害怕这种威胁吗?仔细研究图 10.12 后可知,厂商 1 的价格战威胁是不可信的,或者说,厂商 1 的威胁只是一个空头威胁。因为厂商 2 知道,一旦其真的进入该行业,厂商 1 采取合作的策略比采取非合作的策略更符合他自己的利益(与打价格战相比,维持高价获得的利润更大)。结果,厂商 2 将无视厂商 1 的威胁而进入该行业。

难道厂商 1 就真的没有办法阻止厂商 2 的进入吗?想想前面提到的策略性行动,如果厂商 1 采取这种行动,使自己在进入发生后除了定低价以外别无选择,那么他的价格战威胁还会像前面那样是一个空头威胁吗?

先考虑厂商 1 可以采取的策略性行动。假设厂商 1 在进入发生前,投资 3 000 万元用于扩大生产规模。这部分新增的生产能力平时处于闲置状态,只有在厂商1扩大产量打价格战时才会用到，如果厂商1今后维持高价(无论厂商2是否进入)，这笔花费将使厂商1的利润减少3 000万元。这项投资行为使图10.12中的收益矩阵改变，新的收益矩阵如图10.13所示。按照这个新的收益矩阵，厂商1对厂商2发出的一旦进入就会引发价格战威胁将是完全可信的。因为厂商1拥有额外的生产能力，这导致在进入发生后他采取降价策略比维持高价的策略更好。现在厂商2知道进入的后果只能是价格战，所以选择不进入。由于阻止了进入，厂商1就可以保持高价并赚到9 000万元的利润。

		厂商2	
		进入	不进入
厂商1	定高价	30,10	90,0
	定低价	40,－10	80,0

图10.13　进入者博弈(单位:百万元)

花3 000万元就为了万一打价格战时能迅速提高产量，这似乎太浪费了，但是理解策略性行动的意义之后就会明白这项投资的作用并非在于增加生产能力，而是使厂商1的价格战威胁具有可信性，这是至关重要的，因为它意味着多赚3 000万元的利润(与采取合作策略和厂商2分享市场的6 000万元利润相比)。

以上内容就是我们对博弈论一些基本概念和方法的介绍。博弈论的基本均衡概念是纳什均衡和占优均衡。在寡头垄断市场上，厂商们出于自身利益的考虑，会达成共谋即采取合作的策略。但是，同样是出于对自身利益的考虑，厂商们达成的合作协议往往是很不稳定的。"囚徒困境"的博弈深刻揭示了这一特征。在重复博弈中加入"以牙还牙"的策略，可以使厂商们维持合作的协议，摆脱相互间合作协议不稳定的困境，并使得个人理性和团体理性能够一致。此外，在进入者博弈中，我们说明了采取威胁策略的可信性的重要性。应该说博弈论是分析寡头垄断生产的重要理论和方法，我们这里介绍的都是最简单的内容，有兴趣对此做进一步了解的读者可查阅专门解释博弈论在经济学中应用的书籍。

第四节　不同市场的效率比较

下面我们对不同市场的经济效益进行比较。在此，经济效益是指利用经济资源的有效性。高的经济效益表示对资源的充分利用或能以最有效的生产方式进行生产；低的经济效益表示对资源的利用不充分或没有以最有效的方式进行生产。不同市场结构下的经济效益是不相同的，市场结构的类型直接影响经济效益的高低。西方经济学家通过对不同市场条件下厂商的长期均衡状态的分析得出结论：完全竞争市场的经济效益最高，垄断竞争市场较高，寡头市场较低，垄断市场最低。可见，市场的竞争程度越高，则经济效益越高；反之，市场的垄断程度越高，则经济效益越低。其具体分析如下。

在完全竞争市场条件下，厂商的需求曲线是一条水平线，而且，厂商的长期利润为零，所以，在完全竞争厂商达到长期均衡时，水平的需求曲线相切于 LAC 曲线的最低点；产品的均衡价格最低，它等于最低的生产的平均成本；产品的均衡产量最高。在不完全竞争市场条件下，厂商的需求曲线是向右下方倾斜的。厂商的垄断程度越高，需求曲线越陡峭；垄断程度越低，需求曲线越平坦。在垄断竞争市场上，厂商的长期均衡利润为零，所以，在垄断竞争厂商的长期均衡时，向右下方倾斜的、相对比较平坦的需求曲线相切于 LAC 曲线的最低点的左边；产品的均衡价格比较低，它等于生产的平均成本；产品的均衡产量比较高；企业存在着多余的生产能力。在垄断市场上，厂商在长期内获得利润，所以，在垄断厂商的长期均衡时，向右下方倾斜的、相对比较陡峭的需求曲线与 LAC 曲线相交；产品的均衡价格最高，且大于生产的平均成本；产品的均衡数量最低。设想，垄断厂商若肯放弃一些利润，价格就可以下降一些，产量就可以增加一些。在寡头市场上，没有统一的寡头厂商均衡模型。一般认为，寡头市场是与垄断市场比较接近的市场结构，在长期均衡时，寡头厂商的产品的均衡价格比较高，产品的均衡数量比较低。

除此之外，西方经济学家认为，一个行业在长期均衡时是否实现了价格等于长期边际成本即 $P = LMC$，也是判断该行业是否实现了有效的资源配置的一个条件。商品的市场价格 P 通常被看成是商品的边际社会价值，商品的长期边际成本 LMC 通常被看成是商品的边际社会成本。当 $P = LMC$ 时，商品的边际社会价值等于商品的边际社会成本，它表示资源在该行业得到了最有效的配置。倘若不是这样，当 $P > LMC$ 时，商品的边际社会价值大于商品的边际社会成本，它表示相对于该商品的需求而言，该商品的供给是不足的，应该有更多的资源转移到该商品的生产中来，以使这种商品的供给增加，价格下降，最后使该商品的边际社会价值等于商品的边际社会成本，这样，社会的境况就会变得好一些。

在完全竞争市场，在厂商的长期均衡点上有 $P = LMC$，它表明资源在该行业得到了有效的配置。在不完全竞争市场，在不同类型的厂商的长期均衡点上都有 $P > LMC$，它表示资源在这些非竞争行业生产中的配置是不足的。尤其在垄断市场，独家厂商所维持的低产高价，往往使得资源配置不足的现象更为突出。

以上是西方经济学家在不同市场组织的经济效益比较问题上的基本观点。此外，西方经济学家对这一问题的研究还涉及以下几个方面。

关于垄断市场与技术进步的关系。有的西方经济学家认为，垄断厂商会阻碍技术进步。因为，垄断厂商只要依靠自己的垄断力量就可以长期获得利润，所以，垄断厂商往往缺乏技术创新的动力，甚至为了防止潜在竞争对手的新技术和新产品对其垄断地位造成的威胁，还有可能通过各种方式去阻碍技术进步。但也有不少西方经济学家认为，垄断是有利于技术进步的。因为，一方面垄断厂商利用高额利润所形成的雄厚经济实力，有条件进行各种科学研究和重大的技术创新，并将成果运用于生产过程。另一方面，垄断厂商可以利用自己的垄断地位，在长期内保持由于技术进步而带来的更高的利润。这些经济学家还认为，关于垄断有利于技术进步的观点，在一定程度上对寡头厂商也是适用的。

关于规模经济。西方经济学家认为，对不少行业的生产来说，只有大规模的生产，才能收到规模经济的好处，而这往往只有在寡头市场和垄断市场条件下才能做到。不能设想，无数个如同完全竞争行业或垄断竞争生产集团内的企业，可以将钢铁生产和铁路运输等经营在有效率的水平上。

关于产品的差别。西方经济学家认为，在完全竞争市场条件下，所有厂商的产品是完全相同的，它无法满足消费者的各种偏好。在垄断竞争市场条件下，众多厂商之间的产品是有差别的，多样化的产品使消费者有更多的选择自由，可满足不同的需要。但是，产品的一些虚假的非真实性的差别，也会给消费者带来损失。在产品差别这一问题上，产品差别寡头行业也存在与垄断竞争生产集团相类似的情况。

关于广告支出。西方经济学认为，垄断竞争市场和产品差别寡头市场的大量广告，有的是有用的，因为，它为消费者提供了信息。但是，过于庞大的广告支出会造成资源的浪费和抬高销售价格，再加上某些广告内容的过于夸张和诱导，这些都是于消费者不利的。

本章小结

1. 在寡头垄断市场上，少数几个厂商占有整个市场。进入壁垒使厂商即使在长期里也能享有相当多的经济利润。厂商的决策包含策略性考虑即各厂商必须考虑到它的行为对它的对手有何影响，以及对手可能的反应。

2. 在寡头垄断的古诺模型中，各厂商同时作出产量决策，都将其他厂商的产量看作是固定的。在均衡时给定竞争者的产量，各厂商使自己的利润最大化，没有哪个厂商有改变产量的冲动因此均衡是稳定的。各厂商的利润比完全竞争时高，但低于合谋（勾结）时的利润。

3. 在斯坦克尔伯格领导者一跟随者模型中，有一个厂商先定它的产量。该厂商具有一种策略优势并能赚到较高利润。它知道它可以选择一个大的产量，而它的竞争对手只能选择小的产量。

4. 在伯特兰模型中，各厂商都将其他厂商的价格看作是固定的并同时作出价格决策。如果各厂商的产品是同质的，则市场达到伯特兰均衡时，所有厂商的价格都等于不变边际成本、利润为零。如果各厂商的产品是异质的，则市场达到伯特兰均衡时，各厂商的产品价格和利润都可比完全竞争时高。

5. 斯威齐模型利用弯折的需求曲线和间断的边际收益曲线解释了寡头垄断市场上的价格刚性。

6. 卡特尔是寡头垄断厂商用公开或正式的方式进行互相勾结的一种形式。它是一个行业的独立厂商之间通过对有关价格、产量和市场划分等事项达成明确的协议而建立的联盟组织。卡特尔是一个不稳固的组织，成员都有暗中违背盟约的冲动，他们都想偷偷降价扩大自己的产量，最终往往导致联盟自动瓦解。

7. 博弈结构的基本要素是局中人、策略和收益。

8. 寡头垄断厂商常常发现其处于一种囚徒的困境，虽然合作很吸引人，但各厂商都担心如果它很友好，它的竞争对手可能会很贪婪，从而夺走大部分的市场份额。从占优策略的角度分析各厂商的这种背叛合作和降价与其竞争对手竞争的冲动。

9. 一个纳什均衡就是各局中人所做的是在给定其他局中人的策略时所能做的最好的一组策略。占优策略均衡是纳什均衡的一种特例，无论其他局中人如何做，占优策略总是最优的。纳什均衡依赖各局中人的理性。

10. 在一次性博弈中不是最优的策略可能在一个重复博弈中是最优的。取决于重复的次数。一种“以牙还牙”策略，其中一方只要其对手合作就保持合作，可能是对重复的囚徒困境博弈是最优的。

11. 空头威胁就是作出威胁者没有实施意愿的威胁。如果威胁者的对手是理性的，空头威胁没有任何价值。为了使一个威胁可信，有时必须采取一种限制自己以后的行为，从而存在实施其威胁的愿望的策略性行动。为了阻止进入，原有厂商必须令任何潜在竞争对手确信进入将是无利可图的。这可以通过投资，从而给进入就会引起价格战的威胁以可信性而做到。

我们的晚餐并非来自屠宰商、酿酒师和面包师的恩惠，而是来自他们对自身利益的关切。

——亚当·斯密

第11章 生产要素市场的需求理论

本章重点提示

◇ 生产要素需求的特点

◇ 边际收益产品、边际产品价值的概念

◇ 掌握完全竞争厂商对生产要素的需求

◇ 了解卖方垄断厂商的要素需求

◇ 了解买方垄断厂商的要素需求

前面几章分析了产品市场的均衡价格和均衡产量的决定，回答了微观经济学生产什么、生产多少以及如何生产的基本问题。那些分析中是以生产要素的价格既定为前提条件的。比如，在讨论消费者的行为时，假定消费者的收入水平是既定的，并没有涉及消费者的收入来源；在论述生产者行为时，假定生产要素(Factors of Production)的价格为既定的，并没有说明要素价格是如何确定的。由于消费者的收入水平很大程度上取决于其拥有的要素数量及其价格，所以为了弥补这种分析环节中的不足，本章和下一章将研究生产要素市场，探讨生产要素价格是如何确定的。

由于生产要素价格直接影响消费者的收入，所以生产要素的价格决定问题就属于国民收入的分配问题。从微观经济学基本问题角度来说，即为谁生产的问题。要素市场价格的决定和前面讨论过的产品市场价格的决定一样，由供给和需求两方面力量决定。所以，本章将分析要素市场的需求理论，下一章分析要素市场的供给理论。

第一节　要素市场和要素需求

一、要素市场的特点

在生产过程中，企业需要投入各种经济资源。这种为了提供产品和服务而投入到生产过程中的各种经济资源称为生产要素，所以资源交易的市场也称为要素市场(Factor Markets)。

我们通常将生产要素分为两大类：中间生产要素(或者叫中间产品)和原始生产要素。原始生产要素的所有者是消费者。经济学上原始生产要素包括劳动、土地、资本和企业家才能。中间生产要素是指厂商生产出来又投入到生产过程中去的产品，比如，面包生产过程中需要投入的面粉，汽车生产过程中需要投入的钢材等等。这类要素的所有者是厂商，它对某一个企业来说可能是中间产品，而对另一个企业来说可能是产品。比如，钢铁对汽车厂而言是中间产品，但它对钢铁厂而言就是产品。对于产品价格决定的问题在前面的章节中已经讨论过。所以，本章在讨论要素市场时，所指的生产要素都是原始生产要素，不是中间生产要素。因而，一般要素市场就是包括四种原始生产要素的市场，即劳动(Labor)、资本(Capital)、土地(Land)和企业家才能(Entrepreneurship)。需要指出的是，在这里，土地是一个广义的概念，不仅包括土地，还包括江河、山川、海洋、矿藏等自然资源。与产品市场相比，生产要素市场具有以下特点：

1. 产品市场的需求源于消费者，供给源于生产者；而生产要素市场的需求源于生产者，供给源于消费者。

2. 在产品市场上，支付某一种产品的价格就能获得产品的所用权；而在生产要素市场上，支付某一种生产要素的价格就能获得生产要素的使用权。因此，在生产要素市场上分析的生产要素的价格和数量，是指生产要素的使用价格和数量，而不是生产要素的出售价格和数量。生产要素的使用价格被称作服务价格，生产要素的出售价格叫做源泉价格。例如，厂商投资于土地建厂，不论是买来的还是租来的，主要是考虑土地的使用价格(租金)，而不是买卖价格。再如，工人在生产过程中提供劳动能力，而不是工人本身，劳动的使用价格就是劳动的服务价格，工人本身不能作为买卖对象。

3. 产品市场和生产要素市场是相互依存。图 11.1 显示了产品市场和要素市场之间的联系。在产品市场，家庭需要商品，企业供给商品。而在要素市场，情况正好相反：企业需要土地、劳动和资本，而家庭拥有它们，则是以要素供给者的身份出现。

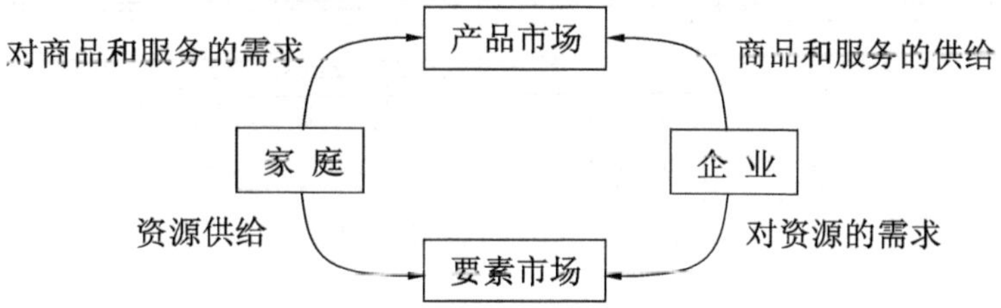

图 11.1　产品市场和要素市场

二、要素市场价格的决定

劳动、土地、资本和企业家才能，这四种要素的所有者为厂商提供这些生产要素而分别取得工资、地租、利息和利润，工资、地租、利息和利润就是这些生产要素的价格。生产要素价格决定的主要理论基础是边际生产力分配理论。该理论最早是由美国经济学家 J. B. 克拉克提出。他认为在其他条件不变和边际生产力递减的前提下，一种生产要素的价格取决于其边际生产力。后来的西方经济学家进一步指出，生产要素市场价格与其他商品一样都是由需求和供给两个方面共同决定。边际生产力只是决定生产要素的需求的一个方面。厂商在决定生产要素需求时，还要考虑到要素的边际成本。只有当使用要素的边际成本和边际收益相等时，厂商才在要素使用上达到利润的最大化目的。

三、生产要素需求的特点

产品市场的需求直接源于消费者的个人欲望与支付能力，属于直接需求；而生产要素市场的需求源于生产者的购买欲望和支付能力，这种购买欲望是因为生产者想通过生产活动满足消费者对产品的需求，这种需求与产品需求相比，具有以下特点：

第一，生产要素的需求是一种"派生的需求"(Derived Demand)。所谓派生的需求，是指由于人们需要某种产品而间接地产生出对某些生产要素的需要。这和对一般的最终产品的需要是不同的。例如，由于人们对衣服的需要而派生出对生产衣服的机器、设备、劳动和土地等生产要素的要求。因为没有这些生产要素，衣服就生产不出来。而机器、设备等生产要素，又需要使用其他生产要素来生产，因而又派生出对其他生产要素的需求。对生产要素的需求，归根到底，最后只会派生出对劳动、资本和土地等资源的需求。

第二，生产要素的需求是一种"联合的需求"(Joint Demand)。所谓联合的需求，是指同时对多种生产要素的需求。人们所需要的消费品，一般都不是由一种生产要素单独生产出来的，而需要把许多不同的生产要素组合在一起进行生产。各种生产要素之间存在着相互补充或相互替代的关系。也就是说，各种要素的需求相互依赖。因此，厂商对一种生产要素的需求不仅要受到该要素价格的限制，还要受到其他要素价格的限制。比如，使用昂贵的机器不如使用人工合算，厂商就会更多地使用人工来代替机器，反之亦然。所以，在分析生产要素需求理论时，不仅要考虑需求的价格弹性，而且还要考虑需求的交叉弹性。

四、影响生产要素需求的因素

在产品的需求分析中，曾利用弹性理论说明不同商品对价格变动的反应程度是不一样的，这种方法同样适用于对生产要素的需求进行分析。所谓生产要素的需求弹性是指要素价格的变动而引起的要素需求量的相应的变动率。一般来说，生产要素需求价格弹性的高低，取决于以下几个因素：

(1) 最终消费品的需求弹性。通常，以投入某种要素为主生产的消费品需求弹性越高，对该要素的需求价格弹性也就越大。因为生产要素的需求是由他生产的产品的需求派生出来的，最终消费品对价格的灵敏度越低，要素的需求弹性也就越小。因而，一般来说，生产生活必需品的要素需求弹性较低，而生产奢侈品的投入要素的需求弹性较高。

(2)生产要素之间的替代性。如果一种要素容易被其他要素替代，那么，这种要素的需求弹性就大；反之，需求弹性就小。例如，没有技术专长的简单劳动力容易被机器替代，所以这些劳动力的价格上升将导致其需求量的大幅下降，从而需求弹性较大。天生有一副好嗓子的歌唱家作为一种特殊类型的劳动者是不容易被普通人和机器替代的，因此，歌唱家的需求弹性较小，即使歌唱家出场费上涨幅度较大，对其需求减少仍然有限。

(3) 生产要素费用占总成本比重。如果某种生产要素的费用占产品总成本中比重很大，则生产此产品对该要素的需求弹性就高。反之，需求弹性就低。

(4) 时间的长短。一般来说，要素的需求弹性的长期水平高于短期水平。这是因为，生产要素需求量同生产技术结构有关，短期内要素价格的变动，生产者并不可能迅速改变生产方式，而在长期中生产者可以进行充分的调整，寻找替代的要素，选择最有利的生产要素组合。

(5) 其他要素的供给弹性越大，与他们有替代关系的要素的需求弹性也就越大。例如，机器与劳动具有替代性。如果代替劳动的这些机器很容易被生产出来，供给量对价格变化较为敏感，那么劳动价格即工资上升将会导致劳动需求的大幅度下降，因为厂商将转向对机器更多的购买，所以劳动的需求弹性就较大。

第二节　完全竞争厂商的要素需求

一、完全竞争厂商的含义

前面分析产品市场时，曾给完全竞争厂商下过定义。那里的完全竞争厂商只是指“产品市场”上的完全竞争厂商。当从产品市场的分析推广到产品市场加要素市场时，仅仅是产品市场完全竞争还不足以说明厂商的完全竞争，还必须要求要素市场也是完全竞争的。

完全竞争的要素市场和完全竞争的产品市场具有类似的性质，可以描述为：要素的供求双方人数都很多；要素没有任何区别；要素供求双方都具有完全的信息；要素可以充分自由地流动等。显然，满足这些要求的要素市场在现实生活中是不存在的。

本章把同时处于完全竞争产品市场和完全竞争要素市场中的厂商称为完全竞争厂商。按照这个规定，不完全竞争厂商就包含以下三种情况：第一，在产品市场上完全竞争，但在要素市场上不完全竞争；第二，在要素市场上完全竞争，但在产品市场上不完全竞争；第三，在产品市场和要素市场上都不完全竞争。

二、完全竞争厂商使用要素的原则

在要素市场上，追逐利润最大化的厂商，在决定要素使用数量时，也同样依据“边际收益”等于“边际成本”的原则。只不过在要素的使用中，所涉及的“边际收益”和“边际成本”与产品市场上略有不同而已。

下面先来考察厂商使用要素的边际收益。

1. 使用要素的“边际收益”——边际收益产品

厂商使用要素的边际收益称为边际收益产品。要素 i 的边际收益产品(Marginal Revenue Product，简写为 MRP)是指追加一单位可变要素 i 的投入所带来的收益增量。要素 i 的边际收益产品计算公式为：

$$MRP_i = \frac{\partial TR(Q)}{\partial i} = \frac{\partial TR(Q)}{\partial Q} \cdot \frac{\partial Q}{\partial i} = MR \cdot MP_i \qquad (11.1)$$

式中，MRP_i 代表某种可变要素 i 的边际收益产品；MP_i 是指在其他生产要素保持不变的条件下，增加该要素一单位的使用量所引起的总产出的增量，这种实物形态的边际生产力通常称为“边际产品”，或者“边际实物产品”。MR 是厂商产出的边际收益。

为了进一步理解这个概念，下面以劳动要素为例进行分析。

根据式(11.1)可知，厂商使用劳动要素的边际收益产品为：

$$MRP_L=\frac{\partial TR(Q)}{\partial L}=\left[\frac{\partial TR(Q)}{\partial Q}\right]\cdot\left(\frac{\partial Q}{\partial L}\right)=MR\cdot MP_L \qquad (11.2)$$

假设在现在的生产水平下，奶牛厂增雇一个挤奶工1天可以增加牛奶产出5升，出售1升牛奶的边际收益为2元。那么，一个挤奶工给奶牛场带来的额外收益就是10元，也就是劳动的边际收益为10元。即有：

$$MRP_L=MP_L\cdot MR=5\times 2=10\text{元}$$

完全竞争厂商在产品市场作为一个价格接受者出现，也就意味着无论它所提供的产品数量是多少，都可以按照市场所决定的产品均衡价格出售。在这种情况下，每增加一单位劳动使用量所带来的边际产品(MP_L)都按照市场价格 P 出售，即有 $MR=P$。于是，完全竞争厂商使用劳动要素的边际收益可以表示为：

$$MRP_L=MP_L\cdot P \qquad (11.3)$$

完全竞争厂商使用要素的边际收益(MRP)，我们通常用边际产品价值(Value of Marginal Product，VMP)来表示，则有：

$$VMP=MP\cdot P \qquad (11.4)$$

该式表示完全竞争厂商增加一单位要素使用所带来的收益增量。需要提醒的是，要特别注意边际产品价值(以及边际收益产品)和前面所学的产品的边际收益 M 的区别：产品的边际收益是对产量而言，指厂商增加一单位产品销量所带来的收益增加；而边际产品价值(以及边际收益产品)是对要素而言，是要素的边际产品价值。

由于边际产品价值 $VMP=MP\cdot P$，根据边际生产力递减规律，随着要素使用量的增加，其边际产品(MP)将不断下降。由于产品价格(P)为正的常数，所以边际产品价值 VMP 也随着要素使用数量的增加而递减。

现假设某完全竞争厂商再生产过程中劳动要素(L)的投入量、边际产品、产品价格、边际收益产品如表11.1。

表11.1　完全竞争厂商的边际产品和边际产品价值

要素 L 的使用量	边际产品 MP	产品价格 P	边际产品价值 VMP
1	6	5	30
2	5	5	25
3	4	5	20

续表 11.1

要素 L 的使用量	边际产品 MP	产品价格 P	边际产品价值 VMP
4	3	5	20
5	3	5	10
6	1	5	5

如表 11.1 所示，由于边际生产力递减规律的作用，随着生产要素使用量的增加，边际产品从最初的 6，逐渐降至 1。在既定的市场价格下，要素的边际产品价值 VMP 也随着要素 L 使用量的增加而递减。如果我们把要素的边际产品价值 VMP 视作要素的函数，则边际产品价值曲线和边际产品曲线一样向右下方倾斜（如图 11.2）。随着一种要素使用量的增加，由于边际生产力递减规律的作用，要素的边际产品价值曲线如图 11.2 显示的那样。但是，在一般情况下，随着某种可变要素投入量从零开始增加，它的边际产量并不是一开始就下降，而是当可变要素的投入量达到一定数量以后才会如此，所以，要素的边际产品价值曲线可以进一步描述成图 11.3 的形状。通过比较我们可以看出，图 11.2 中的 VMP 曲线实际是图 11.3 中 VMP 曲线达到顶点以后的下降部分。

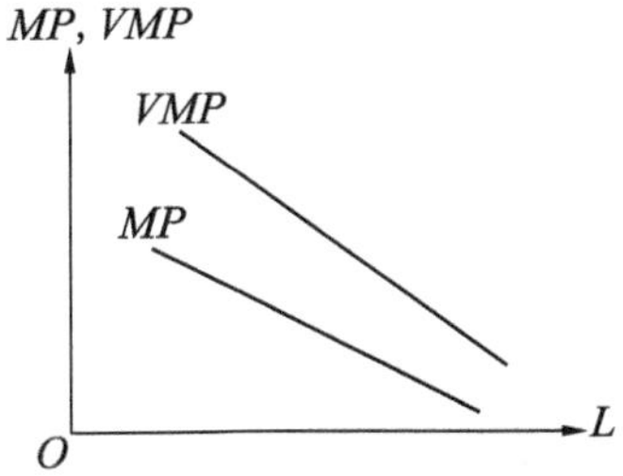

图 11.2　生产要素的边际产品和边际产品价值曲线

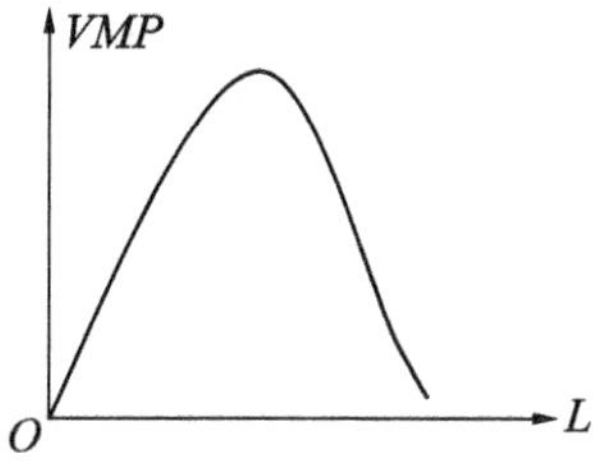

图 11.3　生产要素的边际产品价值曲线

2. 使用要素的边际成本——边际要素成本

边际要素成本（Marginal Factor Cost，MFC）是指每增加一单位可变要素 i 所带来的总成本（TC）的变化。边际要素成本计算的公式为：

$$MFC_i = \frac{\Delta TC}{\Delta i} \tag{11.5}$$

或者

$$MFC_i = \partial TC / \partial i \tag{11.6}$$

式中，MFC_i 代表某种可变要素 i 的边际要素成本。

以可变要素劳动为例，它的边际要素成本 MFC 即为厂商增加一单位劳动要素的投入，所引起的总成本的变化（$MFC_L=\Delta TC/\Delta L$）。在完全竞争的要素市场中出售和购买生产要素的人都很多，每一个购买者所购买的数量在全部生产要素中所占比例极小，因而不能影响生产要素的市场价格。而要素的市场价格是由整个要素市场的供需关系所决定的。单个厂商只能被动接受市场形成的要素价格。假设完全竞争厂商在生产过程中投入可变要素劳动 L，资本 K，劳动的价格即工资率为 w，资本的价格即利率为 v，则有：

$$MFC_K = \partial TC/\partial K = v \tag{11.7}$$

$$MFC_L = \partial TC/\partial L = w \tag{11.8}$$

上式表明完全竞争厂商使用要素的边际成本等于该要素的市场价格。

3. 完全竞争厂商使用要素的原则

在前面分析产品的均衡价格和产量的决定时已经指出，为了实现利润的最大化，厂商就会把它的产量调节到 $MR=MC$ 的水平。厂商对要素的投入是利润最大化的一个主要组成部分。所以同样的道理，在要素的使用上，厂商通过调整要素的投入量以实现利润最大化的条件，就是要求它所投入的最后一个单位的要素所带来的收益（即边际收益产品，MRP）恰好等于它投入最后一单位要素所带来的成本（即边际要素成本，MFC），即 $MPR=MFC$。原因是，当 $MPR>MFC$ 时，增加一单位可变要素投入量所带来的收益大于为此付出的成本，因而增加可变要素的投入量可以使利润总量有所增加；而当 $MPR<MFC$ 时，增加一单位可变要素投入量所带来的收益小于为此付出的成本，因而获得的利润总量必然较前有所减少。只有在 $MPR=MFC$ 时，总利润对要素投入量的变化率为零，即利润达到最大化，该赚得的利润一个没少赚，不该损失的利润一个也没损失。

上述厂商要素需求的均衡条件（$MRP=MFC$）也可以用数学方法加以推导，其推导过程如下：

任何厂商的利润（π）都可以表述为总收益（TR）与总成本（TC）之间的差额，而 TR 和 TC 又可以看作投入要素劳动（L）和资本（K）等的函数。则有：

$$\pi = TR(K,L) - TC(K,L) \tag{11.9}$$

利润最大化的一阶条件为

$$\partial\pi/\partial K = \partial TR/\partial K - \partial TC/\partial K = 0 \tag{11.10}$$

$$\partial\pi/\partial L = \partial TR/\partial L - \partial TC/\partial L = 0 \tag{11.11}$$

式(11.10)和式(11.11)也分别可以表述为式(11.12)和式(11.13)。

$$\partial TR/\partial K = \partial TC/\partial K \tag{11.12}$$

$$\partial TR/\partial L = \partial TC/\partial L \tag{11.13}$$

可以看出，式(11.12)和式(11.13)中的左项就是要素投入的边际收益产品，也就是增加一单位可变要素而通过产出增加所导致的收益增加。而式(11.12)和式(11.13)中的右项则是边际要素成本，即厂商增加一单位可变要素的投入所导致的成本增加。所以利润最大化的条件可以表述为：

$$MRP = MFC \tag{11.14}$$

对于完全竞争厂商而言，使用要素的边际收益为 VMP，使用要素的边际成本为该要素的市场价格，因此完全竞争厂商使用要素的原则可以表述为：边际产品价值等于该要素的市场价格。比如，假设完全竞争厂商生产过程中投入可变要素劳动，劳动的价格为 w，那么完全竞争厂商为了实现利润最大，可变要素劳动的投入量必须调整到 $VMP=w$ 的水平上。

三、完全竞争条件下对一种可变要素的需求曲线

关于生产要素的需求曲线，在不同的市场模型中，情况各不相同。即使在同一个模型中，又分为几种情况。例如在完全竞争市场模型中，就有单个厂商对某一种生产要素的需求曲线，单个厂商对多种生产要素的需求，整个行业对生产要素的需求等不同情况。下面分别介绍。

1. 完全竞争厂商对一种可变要素的需求曲线

假定一种生产要素是企业整个生产过程中唯一可变要素，研究单个厂商对该要素的需求曲线就是研究单个厂商在其他生产要素投入量固定不变时，对这种可变要素的需求曲线。在前面的分析中已经指出，完全竞争厂商要实现利润最大，对要素的需求必须遵循边际产品价值等于该要素市场价格的原则。完全竞争的要素市场上，单个厂商是市场形成的要素价格的被动接受者，无法影响要素的市场价格。这意味着无论单个厂商如何改变要素的需求量，要素的价格均不受影响。因此，对每个厂商而言，市场上要素的价格既定，他们面临着一条水平的要素供给曲线。如图 11.4(a)所示，假定某一种要素的市场价格为 P_1，完全竞争厂商能 P_1 的价格购买到任意数量的该要素，因此，该要素的供给曲线为一条水平线 S。按照 $VMP=MFC=P_1$的原则，完全竞争厂商使用要素的均衡点为边际产品价值曲线和 S 曲线的交点 E。此时，均衡的要素使用量为 Q_E，要素的价格为 P_1。

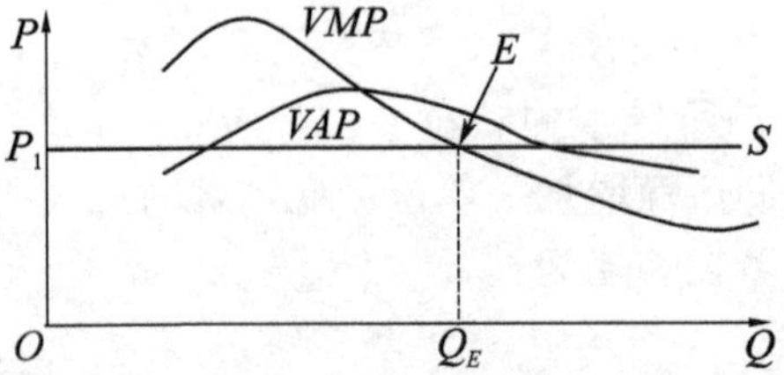

图 11.4(a)　完全竞争厂商的一种可变要素的 *VMP* 曲线和 *VAP* 曲线

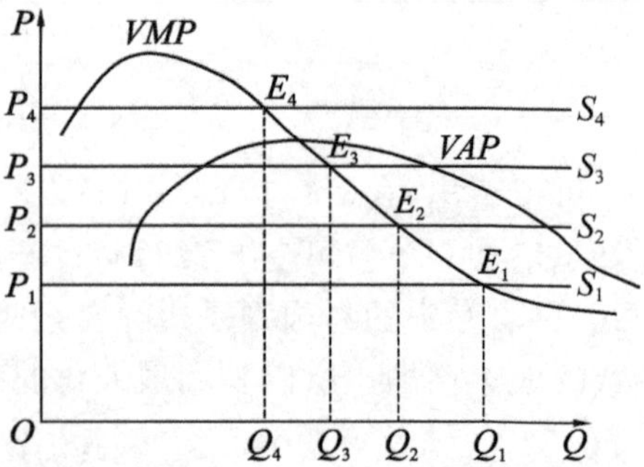

图 11.4(b)　完全竞争厂商的一种可变要素的 *VMP* 曲线和 *VAP* 曲线

如果生产要素的市场价格发生变化，则厂商对该生产要素的需求量将会发生变化，见图 11.4(b)。当要素的市场价格上升到 P_2，按上述均衡原理，均衡点为 E_2，厂商对要素的需求量减少到 Q_2；如果要素的市场价格上升到 P_3，则对要素需求的均衡点为 E_3，厂商对要素的需求量减少到 Q_3……依此类推。随着要素市场价格的不断上升，厂商对要素的需求量不断减少。将要素的不同价格线(S)与 *VMP* 曲线的交点连接起来，便形成一条向右下方倾斜的曲线。这就是完全竞争厂商对一种可变要素的需求曲线。显然，这条曲线与 *VMP* 曲线重合。但是需要指出的是，这条曲线只是 *VMP* 曲线的一部分。对此，需要作进一步分析。

在图 11.4 中，我们引入一条新的曲线——平均产品价值曲线 *VAP*（也可称为平均产值）。所谓平均产品价值（Value of Average Product，VAP）是指平均每单位要素使用量带来的产值。计算公式为：

$$VAP = AP \cdot P \tag{11.15}$$

在完全竞争市场中，产品的价格(P)不变，因而 *VMP* 曲线的变动边际产量 *MP* 的变动决定，*VAP* 曲线的变动由平均产量 *AP* 的变化决定。在生产理论中曾谈到，边际产量与平均产量的变动，一般要经历一个先逐渐上升到最高点后转为下降的过程，并在平均产量最高点两条曲线相交。所以，*VAP* 曲线先上升到最高点后再下降并与 *VMP* 曲线相交于自身的最高点。由图 11.4(*b*)可知，当要素的市场价格上升为 P_4时，由要素的价格线 S_4与 *VMP* 曲线的交点决定的均衡点为E_4，要素需求量为 Q_4。此时，尽管 $VMP=P$，但平均产品价值 *VAP* 低于生产要素的市场价格 P_4。这就是说，这时每单位的生产要素对厂商所创造的平均收益低于其平均成本，从而使总收益低于总成本，不仅无利可图，而且遭受损失。所以厂商不会在 E_4的情况下购买该生产要素，必须排除 E_4。因此，完全竞争厂商对一种可变要素的需求曲线就是低于平均产品价值曲线的边际产品价值曲线（如图 11.5）。

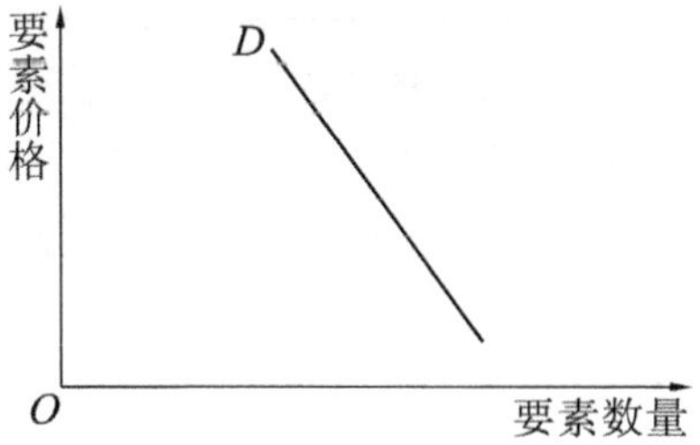

图 11.5　完全竞争厂商对一种可变要素的需求曲线

为了更清晰地阐述这一点，我们可以通过一个例子来论述这一问题。现在假定一种生产要素是某完全竞争厂商在整个生产过程中的唯一可变要素。该要素的投入量与其边际产量、边际产品价值之间存在着如表 11.2 的关系。

由于要素最优投入量发生在要素边际产量下降阶段上边际产品价值等于要素边际成本之处，所以不需要考虑要素边际产量递增阶段。所以表中列出的仅是边际产量发生递减阶段的状况。如果现在这一可变要素的价格为每单位 28 元，也就是说边际要素成本 MFC 为 28 元，那么完全竞争厂商将根据 $VMP=MFC$ 的原则把要素的投入量增加第 11 个单位；如果可变要素的价格变为每单位 26 元，为了追求更多的利润，厂商就会再增加一个单位可变要素的投入。因为第 12 个单位要素所带来的额外收益为 26 元，如果这时厂商仍停留在 11 个单位的投入量上，那么要素边际产品价值大于边际要素成本的差额 2 元就可赚而没赚到。为了得到一切可以得到的利润，厂商必然增加这一个单位的要素。总之，完全竞争厂商对可变要素的投入量或对可变要素的需求量总是按照边际产品价值等于该要素的市场价格的原则来决定的。如果生产要素价格发生变动，厂商就必然会调整要素投入量，使调整后的边际产品价值等于变动后的要素价格。所以随着要素价格的变动，我们就可以得到如图 11.5 那样的完全竞争厂商一种可变要素的需求曲线。

表 11.2　某厂商的可变要素投入量、边际产量和边际产品价值

可变要素投入量（个）	边际产量（公斤）	产品单价（元/公斤）	边际产品价值（元）
10	15	2	30
11	14	2	28
12	13	2	26
14	12	2	24
15	11	2	22

2. 完全竞争行业对一种可变要素的需求曲线

整个行业对某一种生产要素的需求曲线就是指该要素的市场总需求曲线。要素的市场总需求曲线，并不能直接将整个行业中所有的单个厂商的需求曲线简单相加。这和产品的市场需求曲线不一样。产品的市场需求曲线之所以可以由所有单个厂商的需求曲线简单相加，是因为对于产品而言，当消费者的收入等因素不变时，每个消费者的需求量唯一取决于该产品的价格，也就是，与每一个价格水平相对应，每个消费者都有一个确定的需求量。所以通过对给定价格的需求量加总的办法可以直接推出各个价格下的市场需求量，即得到产品的市场需求曲线。但是，在生产要素需求方面，厂商对生产要素的需求是一种派生的需求，产品价格或者要素价格的波动都会对要素的需求量产生影响。比如，如果生产要素的价格下跌，则所有厂商都会多购买该生产要素，以增加生产。当生产增加后，产品的总供给增加。假如消费者对该产品的消费偏好、收入等其他条件不变，产品的价格将会下跌。这时，厂商的供给数量必然会减少，这样就会派生出对生产要素需求的减少。这时，单个厂商对生产要素的需求曲线将会左移。因此，在新价格下，整个市场对该生产要素的总需求曲线，就是单个厂商左移后的需求曲线的总和。

下面借助图形来说明完全竞争行业对一种可变生产要素的需求曲线的形成。

在图 11.6 中，假定某市场中共有 100 家厂商需求 a 生产要素，每一家厂商对 a 生产要素的需求情况都完全相同，即为左图中 d_a 曲线，d_a 曲线为 100 家中的一家厂商对 a 生产要素的需求曲线。为求得整个市场需求曲线，不能简单地把 d_a 曲线乘以 100。例如当要素价格 $P_a=\$8$ 时，单个厂商的需求量为 A 点，即为 3 单位，整个市场的需求量则为 300 单位(3 单位×100)。当 P_a 下降到 \$4 时，由于整个市场产品过多而产生收缩，单个厂商对 a 生产要素的需求曲线也由 d_a 左移到 d'_a，\$4 的价格表示单个厂商对 a 生产要素的需求量为 E 点，即 6 单位，比原需求曲线的 C 点少 2 单位。而整个市场的需求量则为 600 单位(6 单位×100)，而不是 800 单位。这样，连接扩大 100 倍以后的 A、E 两点所形成的曲线，即为整个市场对 a 生产要素的总需求曲线，如右图中 D_a 曲线。上述情况表明，整个市场的需求曲线虽不能把所有个别厂商的需求曲线简单相加，但仍然是一条负斜率曲线。

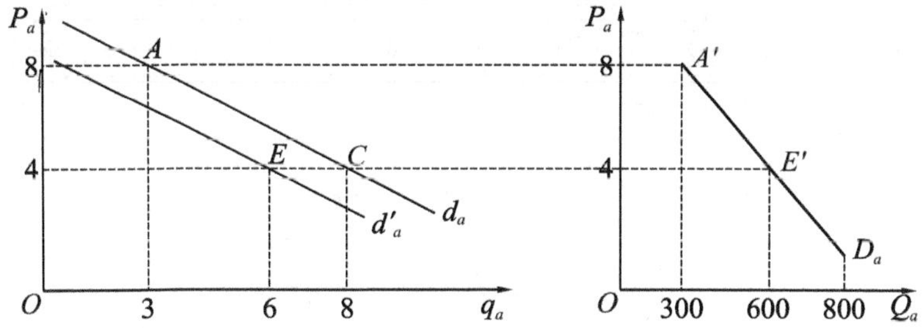

图 11.6　完全竞争行业对一种可变要素的需求曲线

四、完全竞争厂商在有多种可变要素情况下对各种要素的需求

前面对厂商使用一种可变生产要素原则的分析得出的结论是：当厂商投入一定数量的一种可变要素所带来的边际收益产品(完全竞争产品市场上称为边际产品价值)等于边际要素成本(完全竞争要素市场上它等于要素的价格)时，这一要素的投入量就是能使厂商获得最大利润的要素投入量。这个结论适用于多种生产要素变动时各种要素最优使用量的决定。假定存在 n 种可变生产要素，厂商对各种可变要素的最优使用量必须符合以下条件：

$$MP_a \times MR = MFC_a \tag{11.16a}$$

$$MP_b \times MR = MFC_b \tag{11.16b}$$

……

$$MP_n \times MR = MFC_n \tag{11.16c}$$

式中 $a,b,\cdots,n$ 表示 n 种不同的要素。上式表示当厂商所投入的各种要素的边际收益产品分别等于他们的边际要素成本时，厂商可以获得最大利润，这一组要素投入就是最优的要素组合。由式(11.16)可以推出下式：

$$\frac{MFC_a}{MP_a} = \frac{MFC_b}{MP_b} = \cdots = \frac{MFC_n}{MP_n} = MR \tag{11.17}$$

对于完全竞争厂商而言，上式中 MR 可以用产品的价格表示，MFC 可以用要素的价格表示。于是，式(11.17)便可以改写为：

$$\frac{P_a}{MP_a} = \frac{P_b}{MP_b} = \cdots = \frac{P_n}{MP_n} = MR = P \tag{11.18}$$

式中 $P_a,P_b,\cdots,P_n$ 表示各要素的价格，P 表示产品的价格。其中 $\frac{P_a}{MP_a}$ 意指增加一单位 a 要素所产一单位产品的成本，也就是边际成本，即

$$\frac{P_a}{MP_a} = \frac{P_b}{MP_b} = \cdots = \frac{P_n}{MP_n} = MC \tag{11.19}$$

因此,式(11.19)又可以写为:

$$\frac{P_a}{MP_a} = \frac{P_b}{MP_b} = \cdots = \frac{P_n}{MP_n} = MC = MR = P \tag{11.20}$$

上式表示完全竞争厂商对各种生产要素的使用量满足各种要素最后一单位所产产品的边际成本相等,且又等于产品的边际收益(即价格)这一条件时,厂商就能够实现利润最大化。这意味着厂商要实现最大利润,不仅要按边际收益等于边际成本的原则确定最优产量,而且要合理确定各种要素的使用量,使各种要素上所产最后一单位产品的成本相等。

现在再来分析完全竞争厂商对作为多种可变生产要素之一的生产要素 L 的需求曲线。前面已经介绍过,在 L 作为唯一的可变生产要素时,单个厂商对生产要素 L 的需求曲线就是低于其平均产品价值曲线(VAP_L)的边际产品价值曲线(VMP_L)。可是,在有多种可变生产要素时,厂商对其中的一种可变要素 L 的需求曲线就不再是这种情况。因为当生产要素 L 的价格发生变化时,其他生产要素的需求量将会因此受影响而发生变化。而其他生产要素的需求量的变化,又会反过来影响生产者对生产要素 L 的需求变化,使生产要素 L 的需求曲线 VMP_L 移动。这种影响就是生产要素之间对个别厂商的"内在效应"。因此,厂商对生产要素 L 的需求曲线就是从原来的 VMP_L 曲线,随着要素 L 的价格(W)变化,产生内在效应之后新 VMP_L 的变化轨迹(见图 11.7)。

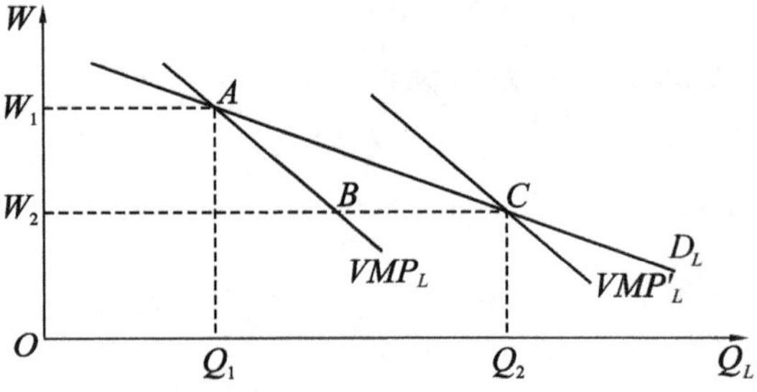

图 11.7　完全竞争厂商多种要素可变情况下对一种可变要素的需求曲线

图 11.7 中,假如某厂商最初在使用多种生产要素时,其成本最小和最优产量位于 A 点,这时生产要素 L 的价格为 W_1,厂商对生产要素 L 的需求量为 Q_1。如果生产要素 L 的价格降到 W_2,厂商对生产要素 L 的需求量会由于边际产品价值大于要素的价格而增加(即沿着原 VMP_L 曲线下移)。这时,会有两种可能性情况出现,第一种情况是,假如生产要素 L 和其他生产要素之间的关系为互

补性关系，则当生产要素 L 需求量因价格下降而增加时，对其他生产要素的需求量将会在既定的价格下增加，生产者均衡的重新调整，使 VMP_L 增加，VMP_L 曲线便右移到新的位置，比如图 11.7 中由原来的 VMP_L 右移到 VMP'_L。这样，由于生产要素 L 价格的下降，厂商对它的需求量不是仅增加到 B 点，而是增加到 C 点，即数量为 Q_2。第二种情况是，假如生产要素 L 的需求量因价格下降而增加时，厂商对其他生产要素的需求量会在它们的既定价格下减少。这时，厂商会更多的购买生产要素 L 以代替其他生产要素。这将会影响到 MP_L，从而使 VMP_L 曲线更加右移。这样，生产要素 L 的需求曲线就不能简单地看作是 VMP_L 或者 VMP'_L，而是通过 A、C 两点的 D_L 曲线。

经过以上分析，可以得出这样的结论：在多种可变要素情况下，完全竞争厂商对其中一种可变要素的需求曲线是该要素的水平价格线与发生相应变动后的该要素边际产品价值曲线的交点的轨迹。

第三节　不完全竞争厂商的要素需求

不完全竞争包括垄断、寡头和垄断竞争三种情况。这里主要分析垄断厂商的情况。和完全竞争厂商不一样，垄断厂商的情况更复杂，可分为三种类型：作为产品市场上的垄断卖方，作为要素市场上的垄断买方，作为产品市场上的垄断卖方并且作为要素市场上的垄断买方。下面集中讨论前两种情况。

一、卖方垄断厂商对生产要素的需求

卖方垄断厂商（Monopoly of Production）是指厂商在产品市场上（作为产品的卖方）是垄断者，但在要素市场上（作为要素的买方）是完全竞争者。而完全竞争厂商在产品市场和要素市场上都是完全竞争者，因此完全竞争厂商的要素使用原则在这里不再完全适用。

1. 卖方垄断厂商使用生产要素的原则

我们知道，任何一个厂商（无论其属于何种性质）使用要素的原则均是使使用要素的边际收益等于相应要素的边际成本。在卖方垄断条件下，由于厂商在产品市场上不再是完全竞争者，而是垄断者，他所面临的产品价格是取决于产量和销售量的一个变量，不像完全竞争厂商那样，价格为固定不变的常数。产品的边际收益也不再像完全竞争厂商那样与商品的价格相等，边际收益随销售量的增加而减少。因此，卖方垄断厂商使用要素的边际收益就不再是要素的边际产品价值 VMP，而是要素的边际收益产品 MRP，它是边际收益与边际产量的乘积，即

$$MRP = MR \cdot MP$$

要素的边际收益产品曲线如图 11.8 所示。

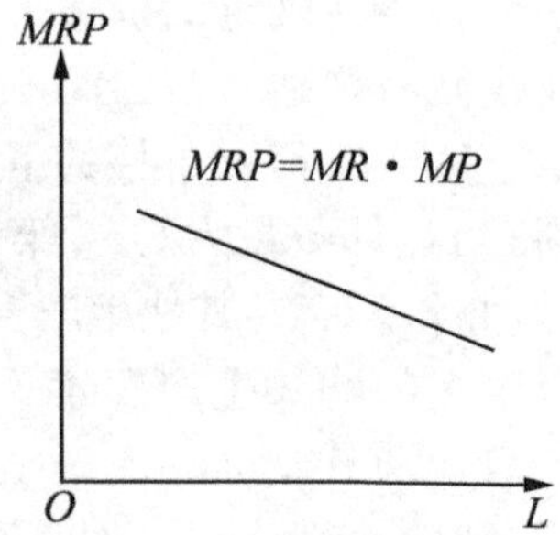

图 11.8　卖方垄断厂商的边际收益产品曲线

与完全竞争厂商的边际产品价值曲线一样，卖方垄断厂商的边际收益产品曲线也向右下方倾斜。但是，两条曲线下降的原因并不完全一致。在完全竞争条件下，要素的边际产品价值曲线向右下方倾斜是因为要素的边际产量随要素投入量的增加而递减，这是边际生产力递减规律作用的结果；在卖方垄断条件下，边际收益产品曲线向右下方倾斜除了由于要素的边际产量随要素投入量的增加而递减外，还由于产品的边际收益随产量的增加而递减，因此，一般而言，边际收益产品曲线要比边际产品价值曲线更加陡峭一些。

在卖方垄断条件下，由于卖方垄断厂商在要素市场上是完全竞争者，所以对他而言，要素价格仍然是固定不变的常数，使用要素的边际成本仍然等于不变的要素价格 P_i。

由于卖方垄断厂商使用要素的边际收益为要素的边际收益产品，使用要素的边际成本为要素的价格，因此，在卖方垄断的条件下，厂商使用要素原则 $MRP = MFC$ 可以进一步表示为：

$$MRP = P_i \tag{11.21}$$

或者

$$MR \cdot MP = P_i$$

其中，P_i 为某一种要素 i 的价格。如果要素的边际收益产品大于要素的价格，则增加使用要素所带来的收益就大于支出的成本，于是厂商就会扩大要素的使用量，以使利润最大化。随着要素使用量的增加，要素的边际产量和边际收益都在下降，从而使要素的边际收益产品也下降，最终下降到与要素的价格相等。反之，当要素的边际收益产品小于要素的价格，厂商就会减少要素的使用量，随着要素使用量的减少，要素的边际收益产品上升，直至与要素的价格相等。

2. 卖方垄断厂商对生产要素的需求曲线

根据卖方垄断厂商的要素使用原则，可以推导其要素的需求曲线。假设卖方垄断厂商在生产过程中只投入一种可变生产要素劳动 L，劳动的价格为 W，那么厂商对生产要素 L 的使用原则可以表示为：$MR \cdot MP = W$。此式可以进一步改写为：

$$MR \cdot MP(L) = W \tag{11.22}$$

式中，$MP(L)$ 表示要素的边际产品是要素的函数。在给定产品的需求函数以及要素的生产函数，从而给定产品的边际收益函数 MR 以及要素的边际产品函数 MP 的情况下，式(11.22)确定了从要素价格 W 到要素使用量 L 的一个函数关系：即给定一个要素价格，有唯一一个满足要素使用原则的最优要素使用量与之对应，这个最优的要素数量就是要素需求量。因此，卖方垄断厂商使用要素的原则确定了其对要素的需求函数，从而形成了向右下方倾斜的要素需求曲线。假定在初始状态时，要素的价格和要素的数量恰好使要素的使用原则成立。如果要素的价格下降了，要素的边际收益产品 $MR \cdot MP(L)$ 必须随之下降，而如果要素的边际产品函数和产品的边际收益函数均不变化，则只有要素的需求量增加才有可能达到目的。于是随着要素价格的下降，要素的需求量将上升。所以得到向右下方倾斜的要素需求曲线。在这种情况下，卖方垄断厂商对要素的需求曲线与其边际收益曲线完全重合，见图 11.9。

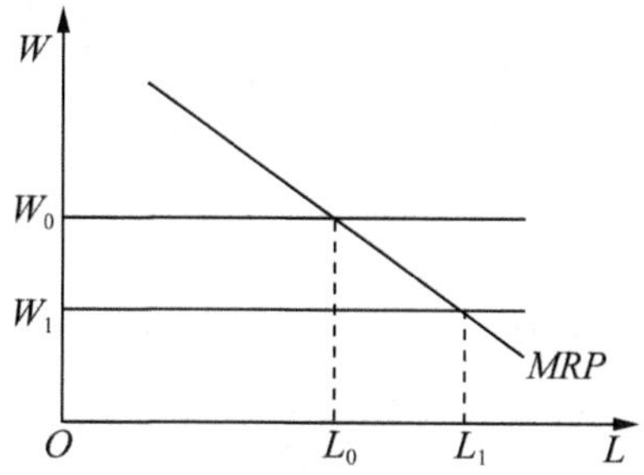

图 11.9　卖方垄断厂商的要素需求曲线

图中 MRP 为边际收益产品曲线。当要素价格为 W_0 时，根据要素使用原则，要素使用量必须调整到 $MRP = W_0$，这是要素使用量为 L_0。显然，点 (W_0, L_0) 位于 MRP 曲线上。如果给定另一要素价格 W_1，根据同样的道理，要素需求量必为 L_1。(L_1, W_1) 亦为 MRP 曲线上的一点。因此要素的需求曲线与边际收益产品曲线完全重合。由此可以得到结论：卖方垄断厂商的要素曲线与其边际收益产品曲线一样，也是由于边际生产力递减和产品的边际收益递减两个原因而下降。

下面分析存在卖方垄断条件下的要素市场曲线。当多个垄断厂商共同调整时，某卖方垄断厂商(例如厂商 r)的要素需求曲线仍然是厂商 r 的边际收益产品曲线。这是因为，多个厂商共同调整时，如果引起要素价格下降，将导致要素市场上所有厂商的要素需求量增加从而导致产量的扩大，但是由于：(1) 卖方垄断厂商 r 自己的产量的扩大不能改变它所面临的产品需求曲线；(2) 其余厂商的产品与厂商 r 的产品完全不同，所以他们的产量扩大也不能改变厂商 r 面临的产品需求曲线。由此得到结论：如果不考虑某些较小的间接影响，则要素价格的变化不能影响卖方垄断厂商的产品需求曲线。由于厂商的边际收益曲线由他所面临的产品的需求曲线决定，所以要素价格的变化不会影响他的边际收益曲线，边际产品曲线(MP)显然不会改变，因此要素价格的变化不会改变厂商的边际收益产品曲线。这就是说，如果假定只使用一种生产要素，则无论是否考虑多个厂商的调整，卖方垄断厂商的要素需求曲线都等于其边际收益产品曲线 MRP。于是，卖方垄断条件下要素的市场需求曲线可以由单个厂商的需求曲线水平加总得到。假设要素市场包括 n 个厂商，除了前面研究过的卖方垄断厂商

r外，还有 $n-1$ 个厂商。如果这其余的 $n-1$ 个厂商与卖方垄断厂商 r 一样，均是各自产品市场上的垄断者，则他们的行业调整曲线也等于各自的边际收益产品曲线。市场的需求曲线就是 n 个卖方垄断者的边际收益产品曲线的简单水平加总，即

$$D=\sum_{r=1}^{n} MRP_r \tag{11.23}$$

【案例 1】电力部门的高工资合理吗?

2010 年 4 月 27 日《广州日报》报道了网上流传"实拍某县电力局气势恢宏的别墅群叹为观止"的帖子。电力部门别墅群的背后，反映了垄断行业的高福利高收入，甚至有电厂抄表工"年薪 10 万"的消息。垄断行业职工的收入比我国职工平均工资水平高出数倍到 10 倍。行业收入差距仍有扩大趋势，而国际上公认的合理水平在 3 倍左右。

我国电力公司大多是国有企业，是供电市场上的垄断者，电力消费者很难有与之进行讨价还价的能力。但另一方面，电力公司在它所购买的要素市场(如煤、机器、人工等)上可看作是一个完全竞争者，因为需要这些要素的不仅仅是电力公司，属于卖方垄断的情形。在卖方垄断条件下，产品价格大于边际收益，所以边际产品价值大于边际收益产品，其中只有边际收益产品才代表增加一单位的生产要素而给卖方垄断厂商带来收益的增加，边际收益产品曲线代表卖方垄断厂商的要素需求曲线。由于边际产品价值大于边际收益产品，因此，与完全竞争条件相比，垄断厂商支付给要素的价格要低一些，而我国的电力公司却支付了一个高于当地企业平均水平的工资，电力企业没有按照利润最大化的原则确定工资水平及其相应要素的使用量。

二、买方垄断厂商对生产要素的需求

买方垄断厂商(Monopoly of Factor)是指厂商在要素市场上(作为要素的买方)是垄断者，但在产品市场上(作为产品的卖方)是完全竞争者。

1. 买方垄断厂商使用要素的原则

由于买方垄断厂商在产品市场上是完全竞争者，故其产品的边际收益与产品价格相等：$MR=P$，从而其使用要素的边际收益产品就等于要素的边际产品价值：$MRP=VMP=P\cdot MP$。但是，此时厂商在要素市场上不再是完全竞争者，其要素价格不再是固定不变的常数，其使用要素的边际成本(边际要素成本)不再等于要素价格。

对于买方垄断厂商使用要素的边际成本需做一个详细的讨论。在前面的分析中指出，厂商使用要素的边际成本 MFC 是成本对要素的导数，用 TC 表示成

本，L 表示一种要素，则 $MFC=\frac{\partial TC}{\partial L}$。

实际上厂商所使用的成本总额是所使用的要素数量 L 和要素价格 W 的乘积，而要素价格通常又是要素数量的函数，即 $W=W(L)$。于是，边际要素成本函数可用公式表示为：

$$MFC=[L\cdot W(L)]'=W(L)+L\times\frac{\mathrm{d}W(L)}{\mathrm{d}L} \tag{11.24}$$

边际要素成本由两个部分组成，第一部分是要素价格 $W(L)$，它是要素使用量的函数，随着要素使用量的变化而变化。它表示厂商为增加要素使用而必须支付给新增加要素的价格，这是由于要素增加而引起的成本增加；第二部分为乘积项，其中$\frac{\mathrm{d}W(L)}{\mathrm{d}L}$反映了由于增加要素使用而引起的要素价格的变动，它乘上所使用的要素数量 L 恰好是由于价格上涨而引起的成本增加。

由式(11.24)可以看到，如果厂商在要素市场上是一个完全竞争者，那么要素的价格 W 就是一个常数，也就是说他所面临的要素供给曲线就是一条水平线，即 $W(L)=W$，而$\frac{\mathrm{d}W(L)}{\mathrm{d}L}=0$，因此 $MFC=W$，也就是说在完全竞争的要素市场上厂商可以在固定的要素价格水平上雇佣任意数量的要素。这是完全竞争厂商所面临的情况。而对于买方垄断厂商，它在要素市场上是一个垄断者，因而所面临的要素供给曲线 $W(L)$，就是整个市场的要素供给曲线。由于随着要素价格的上升，要素供给量会增加，所以要素的市场供给曲线通常向右上方倾斜，从而其斜率$\frac{\mathrm{d}W(L)}{\mathrm{d}L}\geqslant 0$，则 $MFC\geqslant W(L)$，因此边际要素成本曲线应位于要素的供给曲线之上。

假定要素供给函数为线性的，即 $W(L)=a+bL$（a，b 均为常数，且 $b>0$），

$$\text{则 } MFC=W(L)+L\times\frac{\mathrm{d}W(L)}{\mathrm{d}L}=a+2bL \tag{11.25}$$

上式表明要素边际成本曲线与要素供给曲线的纵截距相等，但前者的斜率是后者的两倍。如图 11.10 所示。

边际要素成本还有另一种表达方式，由 MFC 的含义可以这样推导：

$$MFC=\partial TC/\partial L=\left(\frac{\partial TC}{\partial Q}\right)\cdot\left(\frac{\partial Q}{\partial L}\right)=MC\cdot MP_L \tag{11.26}$$

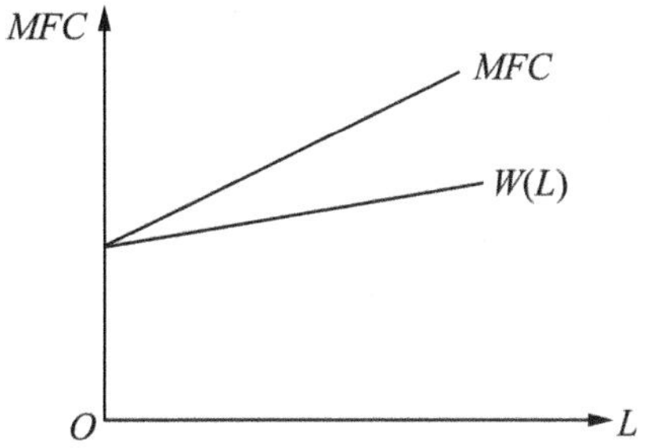

图 11.10　边际要素成本曲线和要素供给曲线

也就是说边际要素成本等于产品的边际成本与要素的边际产品的乘积。

买方垄断厂商使用要素的原则同样是要素的边际收益等于要素的边际成本,这样可以使利润达到最大。而买方垄断厂商使用要素的边际收益和边际成本分别等于要素的边际产品价值和边际要素成本,因此买方垄断厂商的要素使用原则可以写成:

$$VMP = MFC \tag{11.27}$$

用图形表示就是如图 11.11 所确定的最佳要素使用的价格 W_0 和数量 L_0。

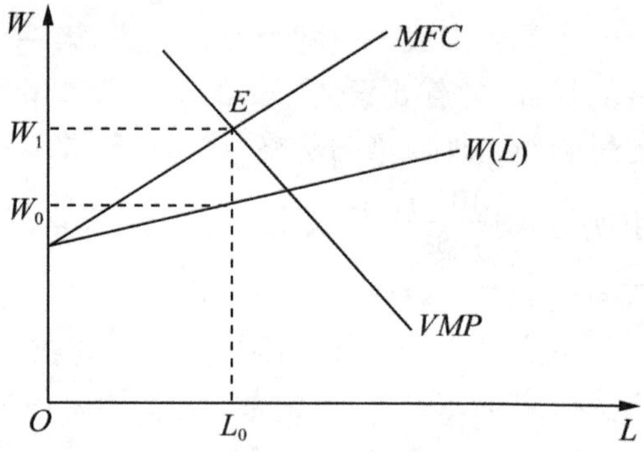

图 11.11　买方垄断厂商的要素需求

由边际要素成本曲线 MFC 和边际产品价值曲线 VMP 的交点 E 确定一个最佳的要素使用量 L_0,而要素的价格不是 W_1,而是由要素供给曲线 $W(L)$ 来确定,即为 W_0,如果要素价格低于 W_0,那么厂商无法得到足够的生产要素;要素价格也不会高于 W_0,因为既然厂商能以 W_0 的价格吸收到足够的要素量 L_0,它当然不会支付更高的价格。

2. 买方垄断厂商对生产要素的需求曲线

在完全竞争的要素市场上,厂商所面临的要素供给曲线是一条水平线,他无论购买多少要素,都不影响要素的价格。因此,我们可以通过改变要素的价格来确定一个唯一的要素需求量,因此要素的价格与要素的需求量之间有唯一的对应关系,即存在厂商的需求曲线。但是,在垄断性的要素市场上,厂商所面临的要素供给曲线是上升的。在这种情况下,表示要素价格与要素需求量之间函数关系的要素需求函数和要素需求曲线是不存在的。下面分两种情况来分析。

首先假定要素的供给函数不变。当要素市场为完全竞争(产品市场则可为完全竞争或垄断)时,我们通过改变要素价格来确定不同的要素需求量,这个办法在不完全竞争要素市场行不通。例如,在图 11.11 中,我们任意确定一个要素价格 W,只要不等于 W_0,则不存在对应于该价格下的最优要素使用量,因为在该要素价格上,厂商不可能找到某个要素量 L,使要素使用原则 $VMP=MFC$ 得到满足。在这种情况下,要素价格不可能为另外一个价格 W(W 不等于 W_0)。这是因为假如一开始时要素的价格为 W_0,则垄断买主为了利润最大化仍然决定使用要素量 L_0,一旦决定使用要素量 L_0,则根据要素供给曲线,垄断买主只能支付正好等于 W_0 的要素价格。因此,图 11.11 的模型本身只能决定一对要素的价格和要素需求量。

其次，假定要素供给函数发生变化，则边际要素成本函数亦将发生变化。也就是说，如果要素供给曲线移动，边际要素成本曲线也要相应地移动。此时，它与边际产品价值曲线的交点也会发生变化。于是，当要素价格变化时，可以得到一组新的要素价格和要素需求量的最优组合点。但是，按这个方法得到的所有这些要素价格和要素需求量的组合不能构成要素的需求曲线，也就是说不能得到要素需求量与要素价格之间的唯一对应关系，见图 11.12。

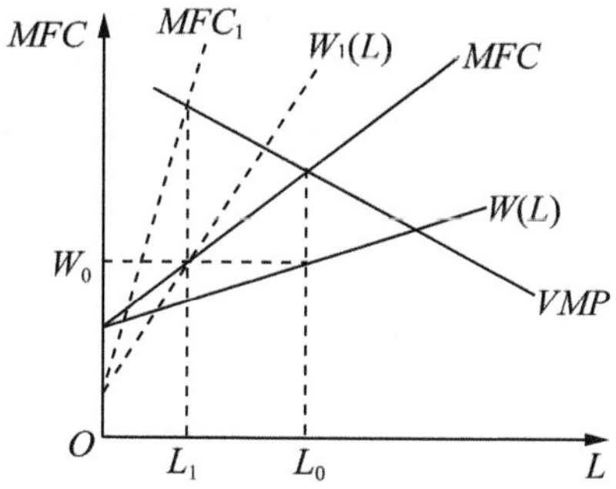

图 11.12　既定要素价格下的多种要素需求量

设图 11.12 中 $W(L)$和 MFC 是初始的情况，它们与 VMP 共同决定了要素价格 W_0 和要素需求量 L_0。现在，假设要素供给曲线变动到 $W_1(L)$，边际要素成本曲线相应地移动到 MFC_1，它与 VMP 相交于新的位置，确定了一个新的最优要素需求量 L_1。在这个新的均衡点上，均衡价格仍然为 W_0。由此可以看出，在同一要素价格上，出现了两个不同的最优要素需求量。可见，在要素市场垄断的情况下，不存在要素需求与要素价格之间的一一对应关系，即买方垄断厂商对生产要素的需求曲线不存在。

要素市场上垄断买方的要素需求理论与产品市场上垄断卖方的产品供给理论非常相似。在产品市场上，由于卖方垄断，产品的供给曲线不再存在；而在要素市场上，由于买方垄断，要素的需求曲线不再存在。

【案例 2】棒球队员市场的买方垄断势力

在美国，棒球联合总会不受反托拉斯法的制约，这是不把反托拉斯法应用于劳动市场的最高法院决定和国会政策的结果。这一反托拉斯法豁免使棒球队所有者(在 1975 年前)能操纵一个垄断买主卡特尔。像其他所有卡特尔一样，这个卡特尔也依靠所有者之间的协议。它包括队员的年度挑选以及一个保留条款，该条款有效地使队员一生限制在一个球队，从而消除了大多数球队间对球员的竞争。在这一保留条款下，一旦一个球员被一个球队挑中，他就不能为另一个球队打球，除非将权利转卖给那个球队。结果，棒球所有者在与他们的队员谈判新合同时具有垄断势力——球员不签协议的唯一选择就是放弃比赛，或者到美国之外去打球。

在 20 世纪 60 年代和 70 年代初期，棒球队员的工资大大低于他们边际产出的市场价值(这一价值部分地由较好的投手带来的注意力增加所决定)，例如，在 1969 年，球员得到的工资大约是 42 000 美元，但是如果市场完全竞争的话，他们会得到 300 000 美元的工资。

对球员来说幸运而对所有者来说不幸的是，1972 年，在一位球员（圣·路易斯卡狄纳斯队的柯特·富莱德）诉讼之后发生了罢工，并有了一项仲裁的劳动管理协议。这一进程最终在 1975 年导致达成一项协议，它使棒球队员在为一个球队打满六年之后能够成为自由代理人。保留条款不再有效，一个高度买方垄断的劳动市场变得更有竞争性了。

这一结果是劳动市场经济学的有趣试验。在 1975～1980 年之间，棒球队员市场调整到了一个新的后保留条款均衡。在 1975 年以前，队员合同上的支出占了所有球队大约 25%的支出，到了 1980 年，这些支出增加到 40%。而且，队员的平均实际工资增加了一倍。到 1992 年，棒球队员平均收入为 1 014 942 美元，与 60 年代后期买方垄断的工资相比，是令人不可置信的增长。（例如，在 1969 年，棒球队员的平均工资大约是 42 000 美元。经通货膨胀调整后，这一工资在 1992 年大约是 160 000 美元。）

本章小结

1. 要素市场与产品市场非常相似，都是由消费者和厂商的行为共同决定价格。不同的是在产品市场上，需求来自消费者，供给来自厂商；在要素市场上，需求来自厂商，供给来自消费者（即要素所有者）。厂商购买生产要素不是为了直接需要而是为了生产和出售产品以获得收益，这种需求被称为派生需求。

2. 在要素市场上，追逐利润最大化的厂商，在决定要素使用数量时，必须让自己使用要素的“边际收益”等于“边际成本”。

3. 对完全竞争厂商来说，使用要素的边际收益等于边际产品价值（要素的边际产量和要素价格的乘积），而使用要素的边际成本等于要素的价格。于是，完全竞争厂商使用要素的原则是：边际产品价值等于要素价格。完全竞争厂商对一种可变生产要素的需求曲线就是低于平均产品价值曲线的边际产品价值曲线，向右下方倾斜。完全竞争市场的要素需求曲线可以通过单个厂商的需求曲线（多个厂商同时调整后得到的需求曲线，不同于边际产品价值曲线）加总得到。

4. 卖方垄断厂商使用要素的边际收益等于边际收益产品（要素的边际产量和产品的边际收益的乘积），使用要素的边际成本等于要素的价格。卖方垄断厂商的要素需求曲线与边际收益产品曲线重合向右下方倾斜，卖方垄断市场的需求曲线是 n 个卖方垄断者的边际收益产品曲线的简单水平加总。买方垄断厂商使用要素的边际收益等于边际产品价值，使用要素的边际成本不等于要素的价格，而是等于边际要素成本。买方垄断厂商的要素需求曲线不存在。

平等和效率(的冲突)是最需要加以慎重权衡的社会经济问题,它在很多的社会政策领域一直困扰着我们。我们无法按市场效率生产出馅饼之后又完全平等地进行分享。

——阿瑟·奥肯(美国经济学家)

第12章 生产要素市场的供给理论

本章重点提示

◇ 了解消费者的要素供给原则,以及要素市场均衡下的一些基本概念

◇ 掌握个人劳动供给曲线的特殊形状及其成因

◇ 了解工资、地租和利率的形成,租金、准租金和经济租金

◇ 了解收入分配的均等程度、洛伦茨曲线和基尼系数

前一章分析了生产要素的需求理论,本章将从要素所有者方面来分析要素的供给。为了讨论方便,本章只讨论生产要素所有者为消费者、其行为目的为效用最大化这种情况,而排除要素所有者为生产者,其行为目的为利润最大化的情况。

第一节 生产要素供给概述

一、生产要素供给的含义

生产要素供给是指在各种价格水平下,要素所有者愿意并且能够提供要素的数量。

通过前一章的分析可知,所谓从要素使用者角度讨论要素需求,就是从要素使用者即生产者或厂商的利润最大化行为出发,来研究其对要素的需求量是如何随要素价格的变化而变化的。同样,可以把要素供给研究看成是从要素所有者的最大化行为出发来分析其对要素的供给量是如何随要素价格的变化而变化的。因此,首先要解决的问题是:谁是要素的供给者?什么是要素供给者的最

大化行为?

我们知道，在西方经济学的要素需求理论中，要素使用者是“单一”的，即是生产者或厂商，因而其行为目标也是“单一”的，即追求利润的最大化。转到供给方面之后，问题稍稍复杂一些：要素所有者既可以是生产者，也可以是消费者。生产者生产许多将要再次投入于生产过程的“中间产品”或“中间生产要素”(比如面包生产商使用的烤箱)，因而是中间要素的所有者；消费者则向市场提供诸如劳动等“原始生产要素”，因而是原始要素的所有者。由于要素所有者的身份不同，因而它们的行为目的也不相同。按照西方学者的假定，生产者和消费者的行为目的分别是利润最大化和效用最大化。

生产要素所有者及其行为目标的不一致必然会影响到对要素供给的分析。最重要的影响便是要素供给原则肯定不会再像要素需求原则那样一致，因为不同的行为目标将导出不同的行为原则，由此进而影响诸如分析的方法、形式甚至某些结论等等。因此，从理论上来说，要素供给理论须分成两个并列的部分分别加以讨论：根据生产者的利润最大化行为讨论其对中间要素的供给，根据消费者(或资源所有者，如劳动、土地和资本等的所有者)的效用最大化行为讨论其对原始要素的供给。

本章讨论的主要是原始要素，其行为目的为效用最大化这一范围之内，即是从消费者的效用最大化行为出发来建立其要素供给量与要素价格之间关系的理论。当专注于消费者时，要素供给问题就有一个明显的特点：消费者拥有的要素数量(简称为资源)在一定时期内总是既定不变的。比如，消费者拥有的时间一天只有 24 小时，其可能的劳动供给不可能超过这个数；再如，消费者拥有的收入每日为 100 元，则它不可能储蓄(即供给资本)比这更多，等等。

由于资源是既定的，消费者只能将其拥有的全部既定资源的一部分(这部分可以小到 0，也可能大到等于其资源总量)作为生产要素来提供给市场。全部既定资源中除去供给市场的生产要素外，剩下的部分可称为“保留自用”(或简称为“自用”)的资源。因此，所谓要素供给问题可以看成是：消费者在一定的要素价格水平下，将其全部既定资源在“要素供给”和“保留自用”两种用途上进行分配以获得最大效用。

二、生产要素供给原则

1. 效用最大化条件

怎样才能实现效用最大化呢？显然，必须满足如下条件：作为“要素供给”的资源的边际效用要与作为“保留自用”的资源的边际效用相等。如果要素供给的边际效用小于保留自用的边际效用，则可以将原来用于要素供给的资源转移一单位到保留自用上去从而增大总的效用。所以能够如此是因为，减少一单位要素供给所损失的效用要小于增加一单位保留自用资源所增加的效用；反之，如果要素供给的边际效用大于保留自用的边际效用，则可以反过来，将原来用于保留自用的资源转移一单位到要素供给上去。根据同样的道理，这样改变的结果亦将使总的效用增大。最后，由于边际效用是递减的，上述调整过程可以最终达到均衡状态，即要素供给的边际效用和保留自用的边际效用相等。

2. 要素供给的边际效用

剩下来的问题是：什么是要素供给的效用及边际效用？什么是自用资源的效用及边际效用？显然，把资源作为生产要素供给市场本身对消费者来说并无任何效用。消费者之所以供给生产要素是为了获得收入。正是这种要素带来的收入具有效用，因此，要素供给的效用是所谓"间接效用"：要素供给通过收入而与效用相联系。假设要素供给增量（例如劳动供给增量）为 ΔL，由此引起的收入增量为 Δy，而由收入增量所引起的效用增量为 ΔU，则：

$$\frac{\Delta U}{\Delta L}=\frac{\Delta U}{\Delta Y}\cdot\frac{\Delta Y}{\Delta L}$$

取极限即得：

$$\frac{\mathrm{d}U}{\mathrm{d}L}=\frac{\mathrm{d}U}{\mathrm{d}Y}\cdot\frac{\mathrm{d}Y}{\mathrm{d}L} \tag{12.1}$$

式中，$\mathrm{d}U/\mathrm{d}L$ 即为要素供给的边际效用，它表示要素供给量增加一单位所带来的消费者效用增量；$\mathrm{d}U/\mathrm{d}Y$ 和 $\mathrm{d}Y/\mathrm{d}L$ 则分别为收入的边际效用和要素供给的边际收入。因此，式(12.1)表示：要素供给的边际效用等于要素供给的边际收入与收入的边际效用的乘积。

一般来说，单个消费者不过是要素市场上众多要素所有者之一，即它是要素市场上的完全竞争者。它多提供或少提供一点要素供给量并不影响要素的市场价格。或者说，它所面临的要素需求曲线是一条水平线。在这种情况下，要素的边际收入显然就等于要素的价格，即有：

$$\frac{\mathrm{d}Y}{\mathrm{d}L}=W \tag{12.2}$$

于是(12.1)式简化为：

$$\frac{\mathrm{d}U}{\mathrm{d}L}=\frac{\mathrm{d}U}{\mathrm{d}Y}\cdot W \tag{12.3}$$

这便是完全竞争条件下消费者要素供给的边际效用公式。

如果消费者不是要素市场上的完全竞争者，则要素供给的边际效用表达式当然仍然为一般形式的(12.1)式。

3. 自用资源的边际效用

与要素供给提供间接效用相比，自用资源的情况稍稍复杂一些：它既可带来间接效用，亦可带来直接效用，而且更为重要的是带来直接效用。例如，拿消费者拥有的时间资源来说，如果不把时间用于劳动(即不作为劳动要素去供给市场)，则可以将它用来做家务、看电影或干脆休息。显然，自用时间在这里是通过不同的途径产生效用的。在第一种情况下，它节省了本来需请别人来帮忙做家务的昂贵开支，因而和要素供给一样，可以说是间接地带来了效用，即通过节约开支相对增加收入从而间接增加效用；在后两种情况下，它则直接地增加了消费者的效用，因为它直接地满足了消费者的娱乐和健康的需要。

为了分析的简单方便起见，以后假定自用资源的效用都是直接的，即不考虑类似于上述时间可以用来干家务这类现象。若用 L 表示自用资源数量，则自用资源的边际效用就是效用增量与自用资源增量之比的极限值 dU/dL，它表示一单位自用资源所带来的效用增量。

4. 要素供给原则

借助于上面指出的要素供给的间接效用和自用资源的直接效用概念，可以将效用最大化条件表示为：

$$\frac{dU}{dL}=\frac{dU}{dY}\cdot W \tag{12.4}$$

如果考虑有所谓“收入的价格”Wy，则显然有 $Wy=1$。于是可以将(12.4)式写成：

$$\frac{dU/dL}{dU/dL}=\frac{W}{Wy} \tag{12.5}$$

式左边为资源与收入的边际效用之比，右边则为资源和收入的价格之比。这个公式与产品市场分析中的效用最大化公式是完全一致的。

三、生产要素供给曲线

西方经济学认为，正如产品市场上的产品供给者一样，要素市场上的要素供给者追逐收益最大化的目标。一般来讲，生产要素的供给曲线同任何产品的供给曲线一样具有正的斜率。但是生产要素的供给，在不同的生产要素之间，性质上也有很大差异。例如，劳动的供给情况与土地的供给情况并不一样；而土地的供给情况与资本的供给情况又有差别。我们从市场的竞争性质来区分不同要素的供给。

1. 完全竞争市场中生产要素的供给

当产品市场和要素市场都是完全竞争时，个别要素需求者面临的是一条具有无限弹性的要素供给曲线。因为，在这种情况下，每个要素需求者购买的数量只占到整个市场需求量的微不足道的份额，所以它对要素的需求量的变动可以忽略不计，从而不会影响到要素的市场价格。

对于整个市场来说，它的供给曲线不再具有无限弹性。在很多情况下，整个市场的供给量在要素价格上升时增加，比如劳动要素市场；在有些情况下. 市场供给是完全没有弹性的，不论价格上升多少，供给量总是固定不变。比如短期内的自然资源市场。

2. 非完全竞争市场中生产要素的供给

分析了完全竞争市场中生产要素的供给我们来看非完全竞争市场的状况。如果在要素市场中，对于某种要素或者资源只有一个购买者，那就叫做买方垄断。要素市场的买方垄断是一个比较常见并且富有代表性，在一定程度上，这些分析也可以应用于买方寡头垄断和买方垄断竞争的情况。下面我们以要素市场买方垄断为例，来分析要素市场的供给。

因为一个垄断者代表了整个市场的买方，所以买方垄断者所面临的生产要素供给曲线就是市场供给曲线。一般来讲，市场的供给曲线大都向右上方倾斜。这条曲线表示，垄断买主若要增加要素的使用量，它就必须支付更高的价格。表 12.1 描述了这种典型的要素供给情况。

表 12.1　要素供给与边际要素成本表

要素数量(个)	要素价格(元)	要素总成本(元)	边际要素成本(元)
10	0.60	6.00	
11	0.65	7.15	1.15
12	0.70	8.40	1.25
13	0.75	9.75	1.35

单位要素价格为平均的要素成本，反映了要素价格与要素供给数量之间关系，所以要素的供给曲线就是平均要素成本曲线。如图 12.1 所示：

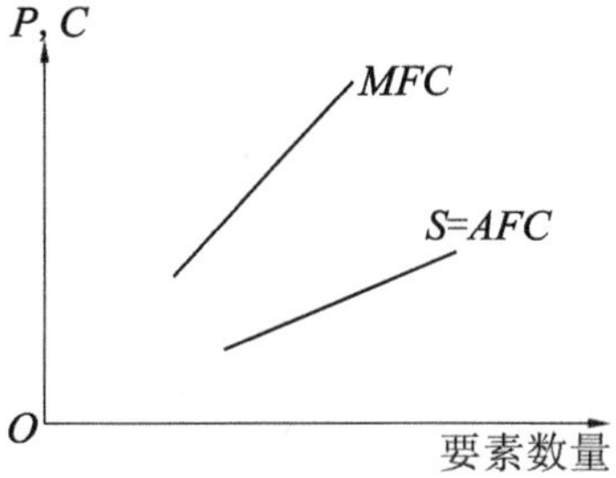

图 12.1　买方垄断厂商的要素供给曲线

第二节　工资、地租和利息的决定

一、工资理论

1. 完全竞争条件下工资的决定

通过前面的分析我们知道，在完全竞争劳动市场上，劳动的需求曲线就是劳动的边际收益产品的向下倾斜部分。而经济学家认为劳动的供给曲线是一条具有正的斜率然后又向后弯曲的曲线。如图 12.2 所示，图中纵坐标代表工资率，横坐标代表劳动的供给数量，曲线 S 为劳动的供给曲线。它表明在工资率比较低的时候，随着工资率的上升，劳动的供给量增加。但是当工资率高到一定程度以后，随着工资率的进一步提高，劳动的供给量不升反降。

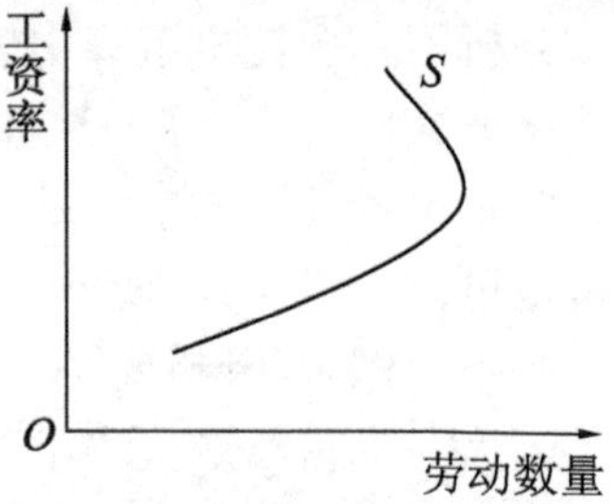

图 12.2　向后弯曲的劳动供给曲线

影响劳动供给的因素可以分两个方面，一是能够工作的总人数，这涉及人口的数量，人口中参加劳动的年龄、性别和教育程度等方面的因素，其二是劳动报酬率的高低，包括不同职业、行业和工种的不同工资率以及不同等级的劳动的不同工资率。

人们会根据工资的高低选择其工作的时数，实际上是表示人们正在劳动与闲暇之间进行选择。劳动的收入代表一定效用的商品和服务，但劳动就牺牲了闲暇。而闲暇则必须放弃从事劳动会取得的收入。所以人们在劳动与闲暇之间的选择实际上包含着两种效应，即替代效应和收入效应。替代效应表示，当工资率上升时，闲暇会造成的牺牲相对提高，因而人们愿意用劳动代替闲暇，从而增加劳动的时数。收入效应的作用则与替代效应相反。因此，工资率提高到底是刺激人们增加劳动时数还是促使人们减少劳动时数，取决于由此产生的替代效应和收入效应的共同作用。当工资比较低下时，供给曲线的斜率是正的，但是当工资提高到一定水平时，利用闲暇时间从事体育锻炼、娱乐、旅游所提供的效用和可能超过再增加的收入提供的效用，这时劳动的供给曲线就很可能向后弯曲，曲线的斜率由正数变成负数。

(1) 同一等级的劳动工资率的决定。根据劳动都是同质的假定，劳动都是同一等级的劳动。它的均衡工作水平和均衡劳动交换量，由劳动的需求曲线和劳动的供给曲线的交点决定。如图 12.3 所示，劳动需求曲线 D 和劳动供给曲

线 S 的交点 E 交点工资率 W_1 和劳动数量 Q_1，就是同质的单一等级的劳动价格与劳动的均衡量。

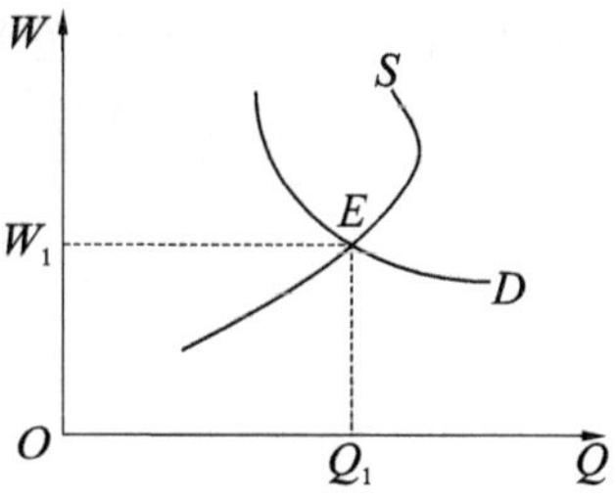

图 12.3　均衡工资的决定

(2) 完全竞争条件下工资率的差别。在完全竞争的劳动市场条件下，实际中存在的不同行业、不同职务、不同工种的劳动工资率之间的差别，一般认为主要是由以下两方面原因造成的：

首先，劳动质量的差别。这主要表现在劳动的熟练程度和技术水平上的差别。而这些差别又是由于劳动的训练时间和所需费用不同引起的。因而高质量的劳动比低质量的劳动的需求曲线和供给曲线处于更高的位置上，因而其均衡点也处于更高的位置，由该均衡点决定的工资率也就处于更高的水平。

其次，补偿性的差别。所谓补偿性的差别是指单纯用来补偿不同职业之间的非金钱的差异而形成的工资差别，各职业之间的非金钱的差异包括：行业的危险程度不同，就业的稳定程度不同，人们的厌恶程度不同，失败的风险程度不同，等等。因而对于那些人们不愿从事的劳动，就有必要提高工资补偿，以吸引人们从事该劳动。

2. 不完全竞争条件下工资的决定

在现实生活中，劳动市场存在不完全竞争，主要表现为：

(1) 自由进入某一职业劳动市场的条件受到限制。例如，接受训练的能力有限，工会的反对或其他的障碍，因而能够进入该市场的人，总比希望进入该市场的人少。

(2) 雇主的市场力量。当某一劳动市场的雇主只是少数几个厂商时，就会形成买方垄断。这些雇主可以通过协议或单方面行动，把工资压低到低于竞争性市场通常的水平。

(3) 工会的力量。通过组织工会，工人能够对抗雇主的买方垄断，使工资接近甚至高于竞争性的工资水平。

(4) 工资法律的限制。例如，政府实行的最低工资标准。

(5) 习惯的限制。例如，种族、性别等方面的歧视。

经济学认为工会可以从以下几个方面来影响工资水平：

(1) 限制劳动的供给。工会通过支持移民限制、缩短每周工时、延长休假期、限制雇佣童工和女工、降低劳动强度等办法可以限制劳动供给量，从而使劳动供给曲线沿劳动需求曲线上升，以提高工资水平。这种情况如图 12.4 所示。

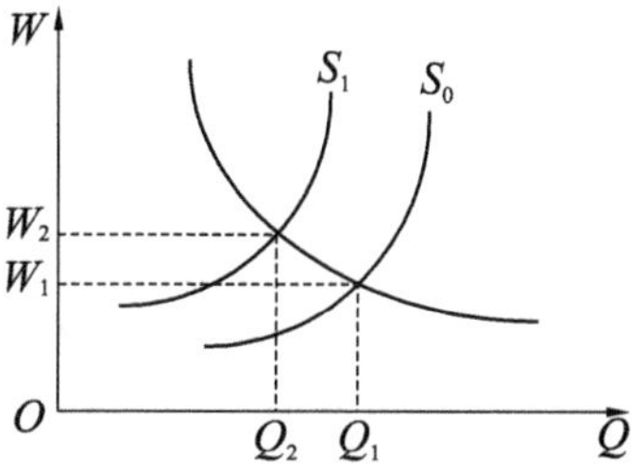

图 12.4　限制供给导致工资提高

由于工会对劳动供给的限制，使劳动供给曲线由 S_0 移到 S_1，从而使工资率由院里的 W_1 上升到 W_2。

(2) 向上移到劳动需求曲线。工会可以通过提高劳动生产率和帮助厂商改善管理来降低商品价格，要求政府提高进口税限制进口、扩大出口等办法，使劳动需求曲线向上移到，从而提高工资水平。如图 12.5 所示，由于劳动需求曲线由 D_1 向上移动到 D_2，使工资率由 W_1 上升到 W_2。

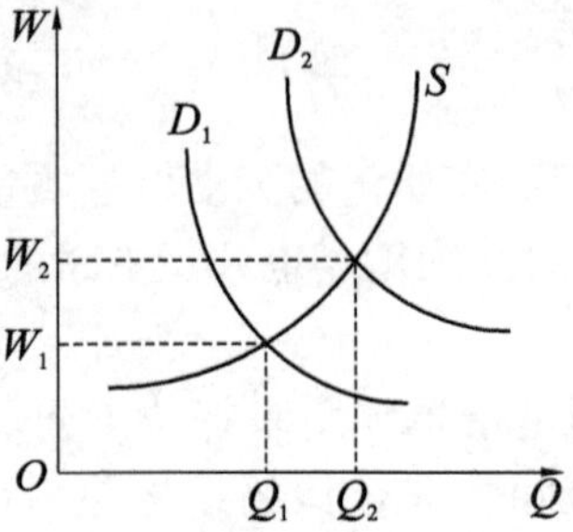

图 12.5　移动需求导致工资提高

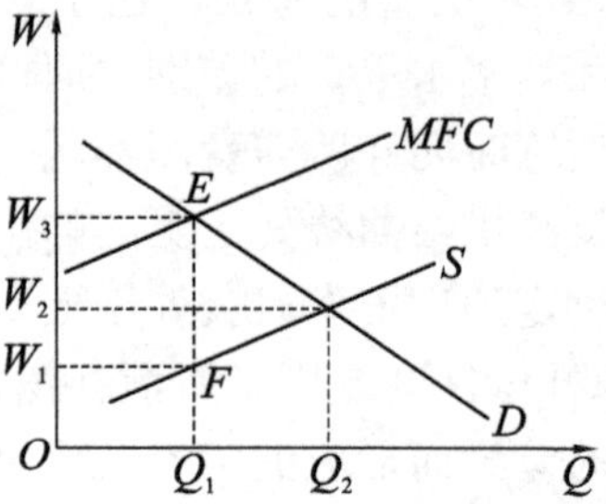

图 12.6　对买方垄断力量的消除

(3) 消除"买方垄断的剥削"。当劳动市场存在买方垄断时，垄断者会将工资压低到低于竞争性的工资率。西方经济学把这种情况叫做"买方垄断的剥削"，因为雇佣的工人创造的边际收益产量大于其所得的工资，如图 12.6 所示。

【案例】漂亮的收益

美国经济学家丹尼尔·哈莫米斯与杰文·比德尔在 1994 年第四期《美国经济评论》上发表了一份调查报告。根据这份调查报告，漂亮的人的收入比长相一般的人高 5% 左右，长相一般的人又比丑陋一点的人的收入高 5%～10%。为什么漂亮的人收入高呢？

经济学家认为，人的收入差别取决于人的个体差异，即能力、勤奋程度和机遇的不同。漂亮程度正是这种差别的表现。

个人能力包括先天的禀赋和后天培养的能力，长相与人在体育、文艺、科学方面的天才一样是一种先天的禀赋。漂亮属于天生能力的一个方面，它可以使漂亮的人从事其他人难以从事的职业(如当演员或模特)。漂亮的人少，供给有限，自然市场价格高，收入高。

漂亮不仅仅是脸蛋和身材，还包括一个人的气质。在调查中，漂亮由调查者打分，实际是包括外形与内在气质的一种综合。这种气质是人内在修养与文化的表现。因此，在漂亮程度上得分高的人实际往往是文化高、受教育程度高的人。两个长相接近的人，也会由于受教育程度不同表现出来的漂亮程度不同。所以，漂亮是反映人受教育水平的标志之一，而受教育是个人能力的来源，受教育多，文化高，收入水平高就是正常的。

漂亮也可以反映人的勤奋和努力程度。一个工作勤奋、勇于上进的人，自然会打扮得体，举止文雅，有一种朝气。这些都会提高一个人的漂亮得分。漂亮在某种程度上反映了人的勤奋，与收入相关也就不奇怪了。

最后，漂亮的人机遇多。有些工作，只有漂亮的人才能从事，漂亮往往是许多高收入工作的条件之一。就是在所有人都能从事的工作中，漂亮的人也更有利。漂亮的人从事推销更易于被客户接受，当老师更会受到学生热爱，当医生会使病人觉得可信，所以，在劳动市场上，漂亮的人机遇更多，雇主总爱优先雇佣漂亮的人。有些人把漂亮的人机遇更多，更易于受雇称为一种歧视，这也不无道理。但有哪一条法律能禁止这种歧视？这是一种无法克服的社会习俗。

漂亮的人的收入高于一般人。两个各方面条件大致相同的人，由于漂亮程度不同而得到的收入不同。这种由漂亮不同引起的收入差别，即漂亮的人比长相一般的人多得到的收入称为“漂亮贴水”。当我们从能力、努力与机遇的角度来解释“漂亮贴水”时，俊男靓女收入高也就不足为奇了。

二、地租理论

1. 土地的供给

西方经济学所讲的土地，是一个广义的概念，不仅包括土地，还包括江河、山川、海洋、矿藏等。土地这一生产要素是大自然所赋予的。西方经济学家把可以人为地进行再生产的物质称为资本，而把那些非人为因素的自然赋予称为土地。

马歇尔指出，土地有两点基本性质：

(1) 土地的地理位置是固定的，不能移动的。这样，就形成了土地在分布、天然肥沃程度等方面的各种不同的自然差别。土地的不流动性影响到人们生产活动的方便程度，进而影响到土地的收益。

(2) 土地的数量即供给量是固定的，与市场对土地的需求无关。由于土地是大自然所赋予的，因此它没有生产成本。

土地的肥沃程度可以分为两种特性：一种是自然所赋予的原有基本特性，这是指由于地理位置、阳光、空气、土质、降雨量等自然因素对生产物的影响；另一种是人们在土地上从事生产活动的人为追加特性，这是指由于人们在土地上进行改良土质活动而对生产物的影响。因此，土地的总收益也相应地分为两部分，而前者所获得收入是主要部分，是地租的真正了来源。

与供给劳动的情况类似，供给土地本身不直接增加效用。土地所有者供给土地的目的是为了获得土地收入，而土地收入可以用于各种消费目的，从而增加效用。因此，土地所有者实际上是在土地供给所可能带来的收入与自用土地之间进行选择。于是土地所有者的效用函数可以写为：

$$U = U(Y, q) \tag{12.6}$$

式中,Y、q 分别为土地收入和自用土地数量。

现在的问题是,自用土地是如何增加土地所有者的效用呢?显然,如果不用来供给市场的话,则土地可以用来建造花园或高尔夫球场等等。土地的这些消费性使用当然增加土地所有者的效用。就像劳动者场合的闲暇的作用一样。不过一般来说,土地的消费性使用只占土地的一个很微小的部分,不像时间的消费性使用占去全部时间的一个较大的部分。如果假定不考虑土地消费性使用这个微小部分,即不考虑土地所有者自用土地的效用,则自用土地的边际效用等于0,从而效用函数简化为:

$$U = U(Y) \tag{12.7}$$

换句话说,效用只取决于土地收入而与自用土地数量大小无关。在这种情况下,为了获得最大效用就必须使土地收入达到最大(因为效用总是收入的递增函数),而为了使土地所有者拥有的土地为既定的,例如为 $\bar{Q}$,故它将供给 $\bar{Q}$ 量的土地—无论土地价格 R 是多少。因此,土地供给将在 $\bar{Q}$ 的位置上垂直(参见图 12.7)。

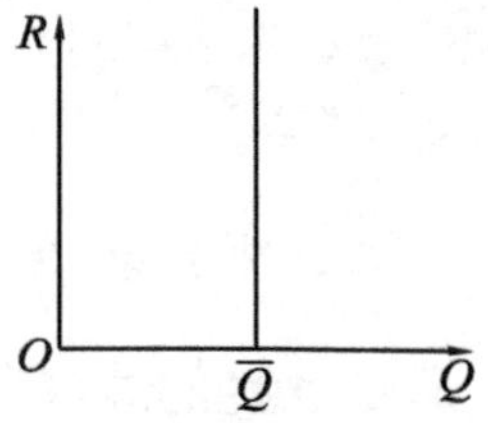

图 12.7　土地的供给曲线

2. **地租理论**

将所有单个土地所有者的土地供给曲线水平相加,即得到整个市场的土地供给曲线。再将向右下方倾斜的土地的市场需求曲线与土地供给曲线结合起来,即可决定使用土地的均衡价格,参见图 12.8(a)。图中土地需求曲线 D 与土地供给曲线 S 的交点是土地市场的均衡点。该均衡点决定了土地服务的均衡价格 R_0。特别是,如果假定土地没有自用价值,则单个土地所有者的土地供给曲线为垂直线,故市场的土地供给曲线亦为垂直线。

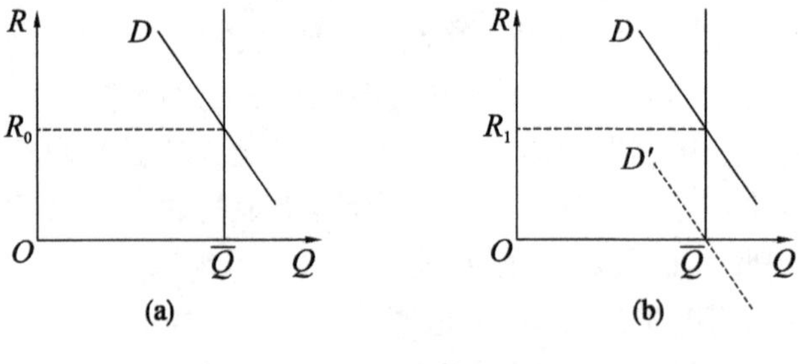

图 12.8　地租及其成因

当土地供给曲线垂直时,它与土地需求曲线的交点所决定的土地服务价格具有特殊意义：它常常被称为“地租”，参见图12.8(b)中的R_1。由于此时土地的供给曲线垂直且固定不变，故地租完全由土地的需求曲线决定，而与土地的供给曲线无关：它随着需求曲线的上升而上升，随着需求曲线的下降而下降。如果需求曲线下降到D'，则地租将消失，即等于0。

根据上述地租决定理论，可以给出一个关于地租产生的解释。假设一开始时，土地供给量固定不变为$\bar{Q}$，对土地的需求曲线为D'，从而地租为0；现在由于技术进步使土地的边际生产力提高，或由于人口增加使粮食需求、从而粮食价格上涨，对土地的需求曲线便开始向右移动，从而地租开始出现。因此，可以这样来说明地租产生的(技术)原因：地租产生的根本原因在于土地的稀少，供给不能增加；如果给定了不变的土地供给，则地租产生的直接原因就是土地需求曲线的右移。土地需求曲线右移是因为土地的边际生产力提高或土地产品(如粮食)的需求增加从而粮食提高。如果假定技术不变，则地租就由土地产品价格的上升而产生，且随着产品价格的上涨而不断上涨。

3. 租金、准租金和经济租金

(1) 租金

地租是当所考虑的资源为土地时的租金，而租金则是一般化的地租。如前所述，土地的供给曲线是固定不变的，由于需求的增加，土地所有者可以得到的收入叫做地租。我们看到，地租提高，土地的供给量也不会提高；地租降低，土地的供给量也不会减少。在经济中还存在着其他的一些要素，比如某些人的天赋才能，它们的供给数量也是不变的，不受价格涨落的影响，这些要素所得到的价格，我们统称为租金。可以看出，土地是一种特有的资源，所以地租只是租金的一个特例，是租金的一种，而租金是一般化的地租。

(2) 准租金

所谓准租金就是对供给量暂时固定的生产要素的支付，即固定生产要素的收益。

准租金可以用厂商的短期成本曲线来加以分析。如图12.9，MC、AC、AVC分别表示厂商的边际成本、平均成本和平均可变成本。假定产品价格为P_0，则厂商将生产Q_0。这时的可变总成本为面积$OGBQ_0$，它代表了厂商对为生产Q_0所需的可变生产要素量而必须作出的支付。固定要素得到的则是剩余部分GP_0CB，这就是准租金。

如果从准租金GP_0CB中减去固定总成本$GDEB$，则得到经济利润DP_0CE。可见，准租金为固定总成本与经济利润之和。当然，它可以大于、等于或小于固定总成本。

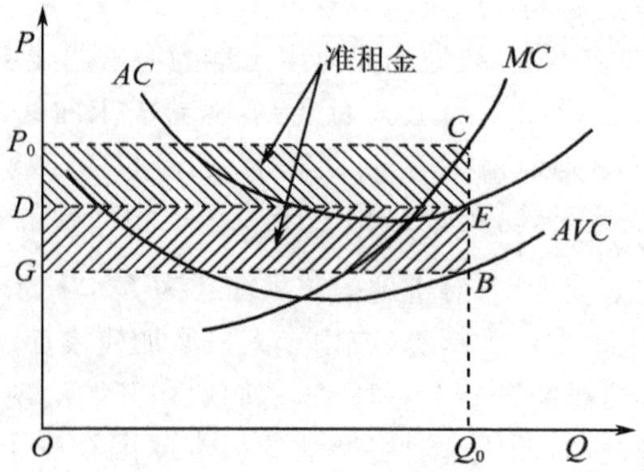

图 12.9 准租金

(3) 经济租金

经济租金为要素的当前收入超过其机会成本的部分，简言之，经济租金等于要素收入减去机会成本。

如图 12.10，图中要素供给曲线 S 以上、要素价格 R_0 以下的阴影区域 AR_0E 为经济租金。要素的全部收入为 OR_0EQ_0。但按照要素供给曲线，要素所有者为提供 Q_0 量要素所愿意接受的最低要素收入却是 $OAEQ_0$。因此，阴影部分 AR_0E 是要素的“超额收益”，即使去掉，也不会影响要素供给量。

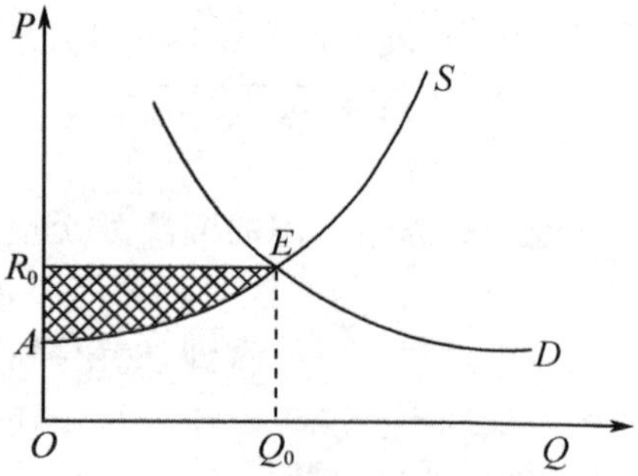

图 12.10 经济租金

经济租金的大小显然取决于要素供给曲线的形状。供给曲线愈是陡峭，经济租金部分就越是大。特别是，当供给曲线垂直时，全部要素收入均变为经济租金，它恰好等于租金或地租。

租金实际上是经济租金的一种特例，即当要素供给曲线垂直时的经济租金。经济租金是更一般的概念。

三、利息的决定

1. 早期的利息理论

利息如何被决定，关于这个问题西方经济学界曾经有过不过的认识，概括起来，主要有以下几种：

(1) 时间偏好论

认为人类的生命有限，而未来的情况不可测，因此人们对于目前所具有的财、物的估价，要比将来具有这些财、物的价值大。人们之所以借贷，是要在将来收回时的价值至少等于现在的价值。由于人们对未来财、物的估价比现在要低，所以就产生了利息。而利息的高低取决于时间偏好率的大小，如果时间偏好率大，利率则高，如果时间偏好率低，利率则低。

（2）节欲论

以西尼耳为代表，认为贷款者把自己的资金借出，就是牺牲了当前的消费。而人们在牺牲了当前的消费时，就等于牺牲了当前欲望的满足。有欲望不能得到满足，则必有痛苦。而利息则是对节制欲望所产生的痛苦的补偿。节欲过程中所产生的痛苦越大，利息越高，反之则越低。但是，也有些西方经济学家认为，能有钱借贷给别人者，其收入必然较高，当这些人把钱出借时，不会忍受欲望不能满足的痛苦。当这些人出借钱时，即准备等待将来能够得到应有的报酬。因而持有这种观点的人则把"等待"看成是经济活动中的重要因素，即利息是等待的报酬。

（3）投资和储蓄论

新古典经济学家认为，利息是对储蓄的报酬，利率的高低决定于投资与储蓄相等的一点。这就是说，投资是利率的函数，利率越低，投资量越大；反之亦然。而储蓄也是利率的函数，利率越高，则储蓄越多；反之则少。利率水平则取决于社会的投资量等于社会的储蓄量，即社会的投资曲线和社会的储蓄曲线相交的均衡水平。这和市场均衡价格取决于需求曲线和供给曲线相交的点一样。

2. 以均衡价格理论为基础的利息理论

这种理论是从资本的需求和资本的供给两方面来解释利息是如何决定的。将资本的需求曲线和供给曲线放在一起考虑，便可决定市场均衡利率。其原理同根据市场供给和市场需求曲线求出市场均衡价格理论一样。资本的需求曲线和供给曲线的交点便是均衡点。该点对应的利息率，便是均衡利息率。这时资本的需求量与资本的供给量一致。当资本的供给量大于其需求量时，利率必然下降，反之必然上升。只有当供给量党羽其需求量时，利息率才能稳定下来。

但是，当影响资本需求的因素或影响资本供给的因素发生变化时，资本的需求曲线或资本的供给曲线会发生移动，例如由于市场情况的变化，投资的预期收益增加；或由于战争，使政府对资金的需求增加，都可使资本的需求曲线右移。如果资本的供给不变，在新均衡点将会发生变化。同样，假如需求曲线不变，而供给曲线变化，例如政府采取放松货币政策，可使资本的供给曲线右移。如果货币需求曲线和货币供给曲线同时变动，其均衡点的求法同市场均衡价格的求法相同。

第三节　洛伦兹曲线与基尼系数

前面各节，我们分析了经济学分配理论中的要素价格决定理论。下面我们来学习分配论中的另一个重要组成部分——关于收入分配的不平等程度的衡量。本节我们主要来介绍洛伦兹曲线和基尼系数，它们都是经济学家常用来表示收入分配差别的方法。

一、洛伦兹曲线

现在西方经济学家在测定社会收入分配平均程度时，一般习惯把整个社会人口按收入的多少从低到高平均分为五档，每档人口均占全部人口的百分之二十，然后再看每百分之二十的人口的收入占总收入多少，即可比较出社会收入的差别。表 12.2 列出了收入分配绝对平均和收入分配不平均的举例比较。由于上述收入分配不平均的情况最先被统计学家洛伦兹(M. Lorenz)采用并以图形表示，因此形成了著名的“洛伦兹曲线”。洛伦兹曲线就是反映收入分配平均程度的曲线，如图 12.11 所示。

表 12.2

收入分组		占人口的百分比		绝对平均的情况		不平均的情况	
		百分比	累计	占收入的百分比	累计	占收入的百分比	累计
(最低) ↓ (最高)	1	20%	20%	20%	20%	4%	4%
	2	20%	40%	20%	40%	10%	14%
	3	20%	60%	20%	60%	20%	34%
	4	20%	80%	20%	80%	26%	60%
	5	20%	100%	20%	100%	40%	100%

图 12.11 中，OI 表示国民收入百分比，OP 表示人口百分比，连接两对角线的直线，是绝对平均曲线，因为该线上的任何一点到纵坐标和横坐标的距离都是相等的。对角线上的任何一点都表示：总人口中每一定百分比的人口所拥有的收入，在总收入中也占相同的百分比。如果社会收入是按这种情况分配，那就说明社会收入分配是绝对平均的。

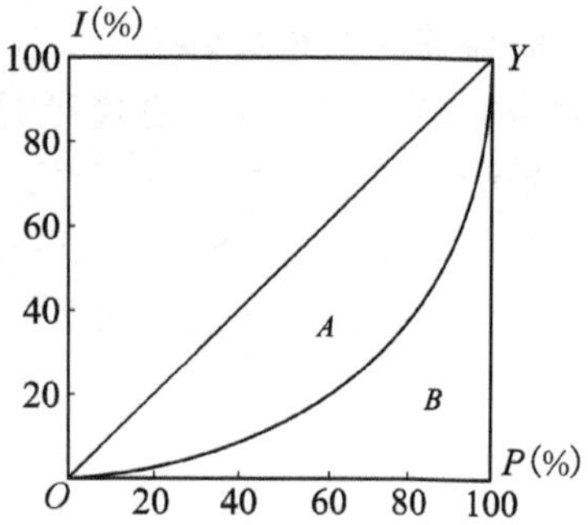

图 12.11　洛伦兹曲线

图 12.11 中,OPY 线是绝对不平均曲线。这条线表示：社会的全部收入都被一人所占有,其余的人收入都是零。

图 12.11 中介于上述两个极端之间的曲线则是实际收入分配线,即洛伦兹曲线。在这条曲线上,除了起点(O 点)与终点(Y 点)以外,任何一点至两坐标轴间的距离都不相等。每一点都表明：占总人口的一定百分比的人口拥有的收入在总收入中所占的百分比 。该图中的洛伦兹曲线是以上表中的数据为例的。

从洛伦兹曲线的形状可看出：实际收入分配线越靠近对角线,则表示社会收入分配越接近平均;反之,实际收入分配线越远离对角线,则表示社会收入分配越不平均。

二、基尼系数

上述反映收入不平均的情况还有另一种表示方法,是由 20 世纪初意大利经济学家基尼(G. Gini)于 1912 年首次采用的。他根据洛伦兹曲线图找出了判断收入分配平均程度的指标,这个指标被称为"基尼系数"。

在上图中,A 表示实际收入分配曲线与绝对平均曲线之间的面积;B 表示实际收入分配曲线与绝对不平均曲线之间的面积,则

$$\text{基尼系数} = \frac{A}{A+B} \tag{12.8}$$

如果 $A=0$,基尼系数$=0$,则表示收入绝对平均;如果 $B=0$,基尼系数$=1$,收入绝对不平均。可见,事实上基尼系数在 0 和 1 之间。基尼系数数值越小,越接近于收入平均;基尼系数数值越大,则收入越不平均。

基尼系数被西方经济学家普遍公认为一种反映收入分配平等程度的方法。也被现代国际组织(如联合国)作为衡量各国收入分配的一个尺度。据经济学家钱纳里等人在 20 世纪 70 年代初的计算,对收入分配高度不均的国家来说,基尼系数的数值在 0.5～0.7 之间;对于收入分配相对平等的国家,基尼系数的数值在 0.2～0.35 之间。

无论是采用洛伦兹曲线,还是基尼系数,都要注意一点,即西方国家的实际财产的分配和实际收入分配之间有所不同。根据美国、英国等资本主义国家的统计资料表明,这些国家的实际财产的分配要比实际收入的分配有较大的不平均程度。这是因为：虽然收入分配与财产分配之间有一定的联系,人们拥有的财产不同,收入状况也会有差异,但是某些人的收入并非来自财产,而是来自劳动,来自经营管理。加之由于各人能力不同,即使拥有同等数量财产的人也会有不同的财产收入,因此,收入分配与财产分配并不一致。还应该注意到,财产分配不平均有历史的、制度的原因。私有财产制度和私有财产继承权的存在,使得

财产分配的不平均这一社会既成事实不可能很快改变。所以财产分配的不平均程度大于收入分配的不平均程度。

本章小结

1. 要素供给问题

所谓要素供给问题是指消费者在一定的要素价格水平下，将其全部既定资源在“要素供给”和“保留自用”两种用途上进行分配以获得最大效用。

2. 单个消费者的劳动供给曲线

单个消费者的劳动供给曲线向后弯曲，原因主要取决于劳动的成本，具体说是心理成本和实际成本。

当工资增加到一定程度后，货币的边际效用递减，不足以抵消劳动的心理负效用，从而劳动就会减少。此外，劳动的供给还取决于人口增长率、劳动力的流动性、移民的规模等因素。

3. 土地价格的决定

土地的基本特征是：数量固定，对价格完全缺乏弹性，土地的租金是为在一定时期内使用土地而支付的价格。这一概念不仅适用于土地，同样也适用于任何一种供给固定的要素，如名画、古董等。

租金的高低取决于土地的供给与需求，随着经济的发展，社会对土地的需求增加，但土地的供给是不变的，因此租金的发展趋势是上升趋势。房地产从长期来看会增值正是这个原因。

4. 经济学家常常用洛伦兹曲线和基尼系数来度量一个经济体的收入分配不均等状况。洛伦兹曲线表示一个经济体按人口数量累计的百分比与该百分比人口所占有的国民收入比重之间的关系。洛伦兹曲线与 45 度线之间的面积称为不平等面积，45 度线以下部分为完全不平等面积。不平等面积与完全不平等面积之比就是基尼系数。基尼系数越大，说明收入分配越不均等。

社会的目的在于尽可能地给它自己每个成员以必要的福利，保证每个成员能够满足自己真正的需要，而每个成员对社会应尽的义务则是为大众福利贡献自己的全部能力，以报答自己所获得的福利。

——(法)皮佑

第13章　一般均衡和福利经济学

本章重点提示

◇ 一般均衡分析

◇ 福利经济学的产生、发展和研究范畴

◇ 帕累托最优及生产、交换以及生产和交换的帕累托最优的条件

在前面的大部分章节中，我们都是孤立地研究各个市场。这样做的优势在于可以单独地把影响特定市场的因素拿出来讨论，而舍弃一些次要的因素。这属于局部均衡分析的范畴。局部均衡分析所研究的是单个的产品或者要素市场。其方法是把所研究的特定市场从相互联系的整个市场体系中"抽取"出来单独加以讨论。该市场的需求和供给被视作是其本身价格的函数，而其他关联产品市场的价格则被视作不变的常量。这样一来，特定市场的供给和需求曲线共同决定了该市场的均衡价格和均衡数量。

但是，这样做的缺点也是明显的。现实生活中不同产品和要素市场常常是相互依存的——由于一种商品是另一种商品生产的投入品，或者由于两个商品是替代品或互补品，某一个市场中的变量变化会影响到另一些市场的商品价格和产出水平。在这一章，我们将引入一般均衡分析的概念，即把所有相互联系的市场作为一个整体来加以研究。在一般均衡分析中，每一种商品的价格等都将不能单独地被其自身的供给和需求水平决定，而必须和其他商品市场价格等变量联合决定。

我们还将进一步讨论经济效率的概念，描述一个经济要有效率地生产和分配商品所必须满足的条件。具体地通过帕累托最优、帕累托改进等概念的讨论来分析经济效率问题。并进一步通过交换的帕累托最优条件、生产的帕累托最优条件以及生产和交换的帕累托最优条件的讨论来论述达到帕累托最优状态所必须满足的条件。

第一节　一般均衡分析

一、一般均衡的性质

我们在前面的章节孤立地考察了单一市场实现均衡的状况，这种方法叫做局部均衡分析(Partial Equilibrium Analysis)。也就意味着我们所分析的市场只是整个经济的一部分。我们能从局部均衡分析中得到关于特定市场许多有价值的信息，尤其是当这种商品的供给和需求很大程度上与其他市场的活动关系不大时。不过，实践当中，商品市场之间常常是相互依赖的，一种商品的价格变动很可能会对其他联系紧密的商品市场产生明显的影响。

一般均衡分析(General Equilibrium Analysis)指的是同时研究多个市场的竞争均衡。相比于局部均衡分析，一般均衡分析能够让我们了解由于市场之间的相互依赖性所造成的后果。而因为市场之间波及效应和反馈效应的存在，使得一般均衡分析更有助于我们分析市场均衡。

第一，市场之间的相互依赖性会产生波及效应。影响特定市场供给和需求的因素，可能会对其他市场造成很大的波及效应，从而产生出乎人们意料之外的后果。

第二，市场之间的相互依赖性会产生反馈效应。特定市场的价格和数量出现的变动，会影响到联系紧密的其他市场；而另一个市场的价格和数量因此会出现的变动，又可能反过来影响到最初的那个市场。

不同的商品市场之间之所以产生相互依赖性，有时是因为某种商品的价格会影响到其他商品的需求，如替代品和互补品之间；有时是因为某种商品的产量会影响到另一种商品的生产成本。我们以汽车和汽油为例来说明需求方面的关联。由于这两种商品是互补品，因此汽车需求曲线的位置取决于汽油的价格，汽油需求曲线的位置又取决于汽车的价格。我们如果知道汽油的价格，就能通过寻找汽车市场供求曲线的交点，确定汽车市场的局部均衡；我们如果知道汽车的价格，就能通过同样的方法确定汽油市场的局部均衡。在一般均衡下，汽车和汽油的价格使得两个市场同时达到出清状态。

图 13.1 显示了汽车市场和汽油市场的一般均衡。汽车市场的情况如图 13.1(a)所示。假设汽油的价格是 P_2，汽车的月需求曲线为 D_c。汽车的价格为 P_1 时，汽车市场供求相等，达到出清状态。因此，当汽车的价格为 P_1，汽油的价格为 P_2 时，两个市场同时出清，达到一般均衡。在这一均衡状态下，两种商品的价格都不存在上涨或者下跌的压力。相反的，如果各市场没有达到一般均衡，商

品的价格就存在进一步调整的趋势，在需求大于供给时价格上涨，在供给大于需求时价格下跌，直到两种商品同时达到出清状态。

从上述例子中我们可以看出一般均衡分析和局部均衡分析的明显差异，那就是在一般均衡分析中，在分析某一商品市场的均衡状况的时候，必须考虑到关联商品市场的影响。

从理论上看，完整的一般均衡分析需要包括全球经济的每一个市场。但就大多数情况来看，这样的任务显然存在着较大的困难。因此，经济学家通常关注与存在明显关联的市场，而忽略联系度不高的其他市场。举例来说，我们如果想理解汽车市场供求的市场变动会造成什么样的效应，可能就需要考虑汽油市场的反馈效应，而不需要了解香烟市场的反馈效应。

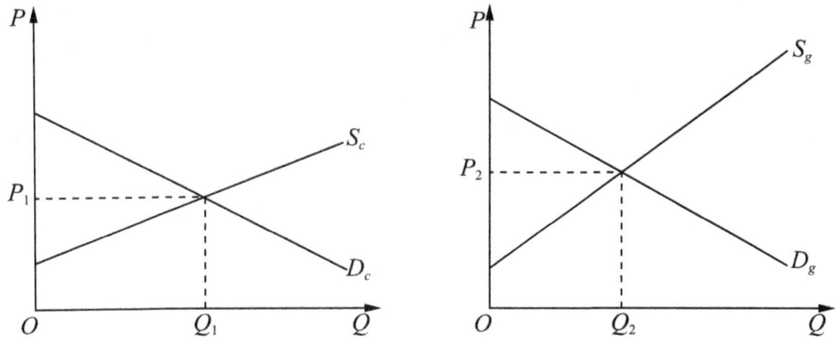

(a) 汽车市场　　(b) 汽油市场

图 13.1　汽车和汽油市场的一般均衡

二、一般均衡的实证分析

经济学家经常需要确定价格和数量对经济条件的变动会做出什么样的反应。以局部均衡分析为基础的研究常常忽略了市场之间的相互依赖性，因此是不完整的。我们将在这一节分析如何通过一般均衡分析，更加准确的描述经济学中的实证问题。

1. 市场出清曲线

商品的市场出清曲线表示的是使得商品供求平衡的包括该商品及其相关商品的价格组合。就每一种商品来看，寻求一般均衡的第一步，就是找出使得商品供求平衡的市场价格组合。而市场出清曲线则是用图形的方法来显示出这些价格组合。

下面我们以汽车市场为例来分析推导其市场出清曲线。图 13.2(a)显示了汽车市场的供给曲线 S_c和三条需求曲线 D_c^1、D_c^2和 D_c^3，每一条需求曲线对应着不同的汽油价格。由于汽车和汽油是互补品，随着汽油价格的上升，对汽油的需求会下降，同时，汽车的需求曲线也将会随之向下移动。当汽油价格从 P_{g1} 上升到 P_{g2}，再继续上升到 P_{g3} 时，对应的汽车市场需求曲线从 D_c^1 下移到 D_c^2 再到 D_c^3。也就是说，当汽油的价格为 P_{g1} 时，汽车市场在 A_1 点出清，均衡价格为 P_1，均衡数量为 Q_1；当汽油的价格为 P_{g2} 时，汽车市场在 A_2 点出清，均衡价格为 P_2，均衡数量为 Q_2；当汽油的价格为 P_{g3} 时，汽车市场在 A_3 点出清，均衡价格为 P_3，均衡数量为 Q_3。

图 13.2(b)显示了汽车的市场出清曲线。横轴标示的是汽油的价格，纵轴标示的是汽车的价格。E_1 点对应着图 13.2(a)中的 A_1 点，表示当汽油的价格是 P_{g1} 时，汽车市场在 P_1 的价格水平上出清；E_2 点对应着图 13.2(a)中的 A_2 点，表示当汽油的价格是 P_{g2} 时，汽车市场在 P_2 的价格水平上出清；E_3 点对应着图 13.2(a)中的 A_3 点，表示当汽油的价格是 P_{g3} 时，汽车市场在 P_3 的价格水平上出清。按照类似的方法，我们可以找到在不同的汽油价格下，汽车市场的出清状态，从而就可以画出如图 13.2(b)所示的汽车的市场出清曲线。在这条曲线上的任意一个价格组合，汽车的供求相等。

按照同样的思路，我们可以得到如图 13.3 所示的汽油的市场出清曲线。这条曲线上的任意一点代表的价格组合，汽油的供求相等，达到市场出清状态。

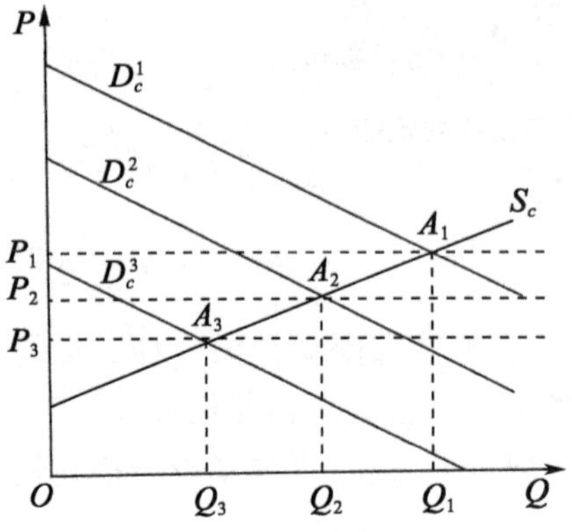

(a) 汽车市场

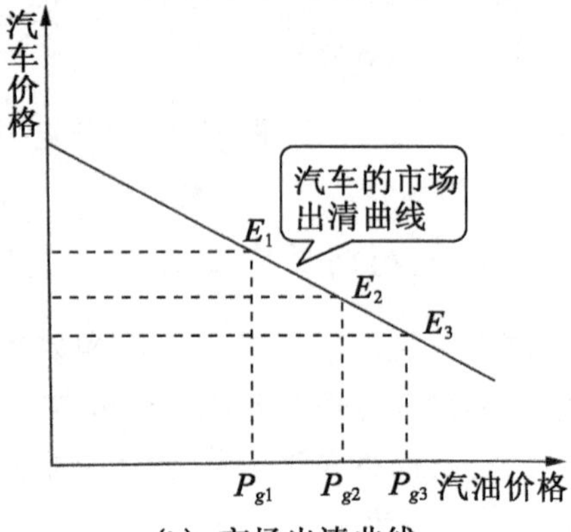

(b) 市场出清曲线

图 13.2　汽车的市场出清曲线

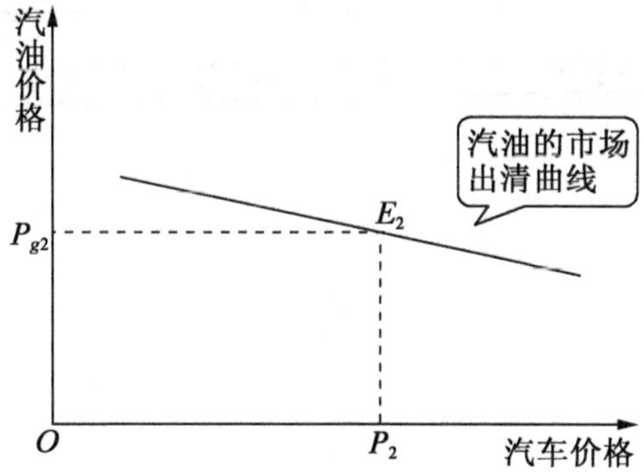

图 13.3　汽油的市场出清曲线

2. 两个市场的一般均衡

在图 13.2(b)中的汽车的市场出清曲线的任一价格组合上，汽车市场供求平衡，处于出清状态。在图 13.3 中的汽油的市场出清曲线的任一价格组合上，汽油市场供求相等，处于出清状态。按照这样的思路，如果能够找到一个价格组合，同时位于两条市场出清曲线上，那么在该价格组合上，两个市场将同时处于均衡状态，即达到一般均衡。

要找出两种商品的一般均衡价格组合，我们可以通过把两条市场出清曲线画在同一幅图中，然后通过两者的交点来确定这一价格组合。如图 13.4 所示，横轴标示的是汽车的价格，纵轴标示的是汽油的价格。对比图 13.4 和图 13.3 可以发现汽油的市场出清曲线变得更为陡峭，其中的原因在于两张图中坐标的变换。从图中可以看出，两条市场出清曲线只有一个交点，汽车市场出清曲线的 E_2 点，同时就是汽油市场出清曲线的 E_2 点。这时汽车的价格为 P_2，汽油的价格为 P_{g2}。这个价格组合(P_{g2}，P_2)就是两个市场的一般均衡价格组合。由市场出清曲线的性质可知，汽车市场和汽油市场在这组价格上出清。

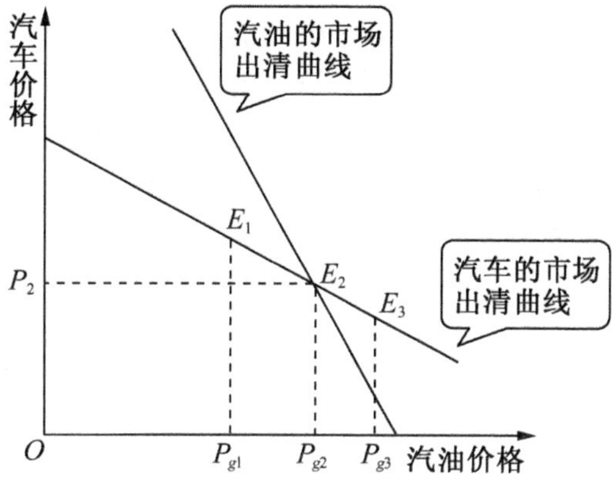

图 13.4　两个市场的一般均衡

第二节　福利经济学概述

一、效用、福利与社会福利

效用(Utility)是指个人需求得到满足的主观感受。福利(Welfare)是指个人生活的幸福满意程度。一般来说,二者可以相互通用,如福利大小可以用个人消费的效用量大小来衡量。但二者在使用上还是存在一定的差异,一般来说,"效用"一词用于个人消费时主观满足的评价,"福利"一词用于整个社会每个成员的生活状态的评价。

福利分为个人福利和社会福利。个人福利是指一个人获得的满足程度,它可以被看作是"幸福"或"快乐"的同义语,这种满足既包括个人物质生活需要的满足,也包括个人精神生活需要的满足。社会福利是指一个社会全体成员的个人福利的总和或个人福利的集合。在社会福利中,能够直接或间接用货币来衡量的那部分社会福利,叫做经济福利。经济福利就是福利经济学的研究对象。本书所说的社会福利是指一个社会的经济福利。

经济学家通常使用社会福利函数(Social Welfare Function)来归纳社会整体对于资源配置的评价。该函数对每一种可能的配置方式赋予一个数字,用以表示总的社会福利水平。和个人效用函数类似,数字越大,说明社会福利水平越高。经济学家有时分两步来计算社会福利。首先,他们利用表示消费者偏好的效用函数表示每一个消费者的效用水平。然后,利用函数 W 将这些效用水平转为化社会福利:

$$\text{社会福利} = W(U_1, U_2, \cdots, U_N) \tag{13.1}$$

公式(13.1)中,U_i表示第 i 个人的效用水平,N 表示个体数量。通常情况下,经济学家假设更高的个人效用水平意味着更高的社会福利水平。但是,对于如何来判定社会福利水平的大小经济学家之间存在着显著的差异。

以杰里米·边沁(Jeremy Bentham)及其同事,包括约翰·穆勒(John Stuart Mill)为代表的功利主义(Utilitarianism)哲学家认为:由于不同人的效用尺度是主观的,所以很难在不同的个人之间来比较效用,所以社会应该使得全体成员的效用总额最大化。他们提出的社会福利函数就是对社会各成员的效用进行简单加总得到。每个社会成员的效用被赋予同样的权重。即:

$$W = U_1 + U_2 + \cdots + U_N \tag{13.2}$$

这种社会福利函数的推广就是对不同的人的效用赋以不同的权重。若指定个人 i 的效用权重为 a_i，推广的社会福利函数公式为：

$$W = a_1U_1 + a_2U_2 + \cdots + a_nU_N \tag{13.3}$$

社会可以依照自身偏好基于不同标准给予不同的人的效用以不同的权重。如希特勒时代的德国给予"纯种的雅利安人"和犹太人不同的权重；种族隔离时期的南非给予白人的效用权重要高于有色人种。

当代著名的哲学家、来自哈佛的约翰·罗尔斯(John Rawls)则主张，社会应该使得福利状况最差的社会成员(效用水平最低的人)的福利水平最大化。在福利函数中，所有权重应该被赋予于效用水平最低者的效用水平之上。这时的社会福利函数为：

$$W = \min(U_1, U_2, \cdots, U_N) \tag{13.4}$$

上述社会福利函数反映了进行个人比较时的某种价值判断，正是因为它们反映的是不同的价值判断，所以我们无法在科学的基础上对这些函数做出判断和比较。

从图形上，则用社会无差异曲线来表示总的社会福利水平。如图 13.5 所示，U_1、U_2 和 U_3 代表了三种不同的社会福利水平。在任意一条社会无差异曲线上面的不同商品组合意味着同样的社会福利水平，离原点越远的社会无差异曲线则意味着更高的社会福利水平，即 $U_3>U_2>U_1$。

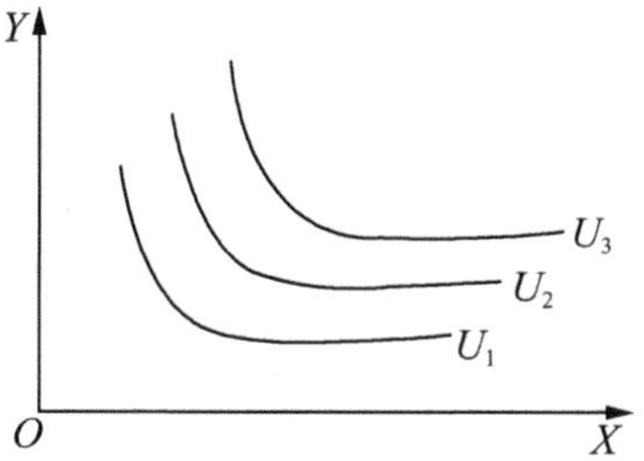

图 13.5　社会无差异曲线

二、福利经济学的概念及其研究范畴

早期的福利经济学家把福利经济学说成是研究社会幸福及其变化的经济原因的科学。福利经济学的代表人物之一庇古(A. C. Pigou)认为福利经济学是"研究增进世界的或某一国家的经济福利的主要影响"。后来的福利经济学家多从另一角度给福利经济学下定义。英国经济学家李特尔(I. M. D. Little)认为，"最好是把福利经济学看成是研究经济体系的一种形态比另一种形态是好还是坏，以及一种形态是否应当转变为另一种形态的问题。"美国著名经济学家萨缪尔逊(Paul A. Samuelson)给福利经济学下的定义是：福利经济学是一门关于组织经济活动的最佳途径，收入的最佳分配以及最佳的税收制度的学科。澳大利亚籍华人经济学家黄有光认为："福利经济学是这样一门学科，它力图有系统地阐述一些命题。依据这些命题，我们可以判断某一经济状况下的社会福利高于还是低于另一经济状况下的社会福利。”

尽管不同的经济学家给福利经济学下的定义具体内容强调的侧重点有所不同，但我们可以从这些定义中得出以下结论：福利经济学（Welfare Economics）是现代经济学的一个重要分支，它不是一般的政治经济学，也不是一种部门经济学，它是一种用于分析、评判现实经济状况的合意性的理论和分析工具，这套分析理论可以依不同的价值判断对现实经济状况及其变动做出评断，但它自身并没有绝对不变的价值判断。它的应用范围可以是对任何社会的任何经济状况，依不同标准做出判断。

福利经济学还包含对社会福利政策的分析。但并不是仅仅分析社会福利政策。福利经济学是依据功利主义哲学中的效用最大化原则对整个人类社会的经济活动进行的是否满意的规范分析，既包含对满足生活需求的分配和消费活动的分析，也包含提供物质资料的生产活动和交换活动分析。由此可见，福利经济学是社会福利政策的理论分析框架之一。

三、福利经济学的属性

福利经济学是规范经济学（Normative Economics），它以社会福利的增减为标准对经济运行或一种经济政策措施进行社会评价，试图证明完全竞争的市场经济可以达到最优状态。福利经济学是从一定的价值判断出发来研究资本主义市场经济应该怎样运行的规范经济学。

早期的福利经济学家使用的道德标准是：第一，个人行为的目的是为了求得最大满足；第二，社会福利是所有个人满足的总和。后来的福利经济学家把这两条标准修改为：第一，个人是他自己福利的唯一判断者；第二，社会福利取决于组成社会的个人的福利。福利经济学依据这些标准来研究个人经济活动和社会经济福利之间的关系，研究实现社会福利最大化所必须的条件以及如何才能达到这些条件，对市场经济的运行状况和市场机制的优缺点进行评价，为政府在经济活动中应当发挥什么样的作用和采用什么样的政策提供理论依据。

四、福利经济学的发展沿革

庇古在1912年出版的《财富与福利》一书中，第一次把福利经济学作为一门独立的学科看待。他在1920年出版的《福利经济学》一书中，第一次建立了福利经济学的体系。这本书的出版，标志着福利经济学的正式产生。庇古以马歇尔的基数效用论和局部均衡论为理论基础，讨论经济福利方面的有关问题，从而形成了一套较为完整的福利经济学体系。庇古的福利经济学的中心议题有两个：第一，如何衡量和增进社会经济福利，他由此得出“收入均等化”的观点；第二，如何才能实现生产资源的最优配置。通过这两方面的分析，庇古得出了政府应当干预经济的结论。

一般来讲，人们把庇古所代表的福利经济观点称为旧福利经济学。旧福利经济学一般主要有以下几个要点：(1) 以基数效用为基础；(2) 辨别出一般福利和经济福利两个不同概念，认为福利经济学着重分析经济福利；(3) 确立了外部性理论，认为外部性是指边际社会净产品和边际私人净产品的不一致。

20 世纪 30～50 年代，西方经济学在批判和吸收庇古的旧福利经济学的基础上形成了新福利经济学，即当代西方福利经济学。它的主要观点有：(1) 以帕累托提出的序数效用论为基础；(2) 创建社会福利函数，指出帕累托最优是社会福利最大化的必要条件而不是充分条件，要达到“最大福利”还必须满足其充分条件，即收入分配的合理性，但又认为收入再分配的好坏是个道德问题，难有最终标准；(3) 提出社会补偿原则，认为社会政策变动后必然导致社会成员有的受益，有的受损，而社会福利总量是增进还是减少了，取决于受益的人可否补偿受损的人以后还有剩余。

第三节　帕累托最优

一、帕累托最优的含义

1. 帕累托标准、帕累托改进

福利经济学主要考察的是效率与公平抉择问题，可知判断经济是否有效率即经济效率标准便是福利经济学的一个重要内容。我们可以通过一个通俗的例子来说明经济效率标准的意义。作为一个消费者，我们时常有这样一种亲身的体会，自己手里有一些以前买的商品如某些老歌专辑磁带，而别人(邻居或同宿舍的同学)手里有一些自己感兴趣的书籍。如果凑巧两个人都对对方拥有的物品的偏好大于自己手里已有的物品，那么两人就都想用自己的一部分物品去交换另外一个人的部分物品并且交换以后两人都觉得比以前更加满意。显然，对于上述的例子我们完全可以这样说：在交换之前，商品在两个人之间的配置并不是有效率的。对于经济效率，这种直觉理解是对的。但是我们的目的是用规范的经济学语言来讨论经济效率。

我们从交换的角度考察经济效率，并借此引出帕累托最优标准。假定资源的配置有两种状态 A 和 B，如果在一个经济社会里至少有一个人认为 A 优于 B，而没有人认为 A 劣于 B，那么就说从整个社会的角度看 A 是好于 B 的。这就是帕累托标准。

利用帕累托标准考察前面的例子，我们来讨论所谓的帕累托改进这一概念。

即一个人手里有过多的磁带和较少的书籍，而另一个人手里有过多的书籍和较少的磁带，那么将前者的一部分磁带交换后者的一部分书籍，两个人的福利(如不加特别说明，福利的增减都是以消费者个人效用水平的增减或生产者产量水平的增减来衡量)都会增加。这时，可以说两者之间资源的重新配置使得两个人的境况都变得更好。其实，可以用帕累托标准分析更加一般的情况。我们可以很自然地将两个人的情况推广到整个经济社会，并且将资源的配置推广到整个经济社会。帕累托改进是指，如果对于一个既定的资源配置进行改变，改变的结果使得至少有一个人的情况变得更好，而没有任何一个人的境况变得更差。显然，帕累托改进的概念是帕累托效率标准的一个自然的延伸。

2. 帕累托最优

由帕累托效率和帕累托改进的概念，我们可推知帕累托最优的含义。帕累托最优(Pareto Optimum)是指：社会经济达到了这样一种状态，不可能在至少使得某一个成员受益的同时，不使其他任何成员受损。这就是说，社会资源已得到最优配置，经济运行已达到最高效率，如果做任何改变使某一个成员受益，其他成员必然受损。

二、帕累托最优的条件

1. 交换的帕累托最优条件

假定一个社会的最终产品已经生产出来，并进行了某种初始分配，帕累托最优要求这些产品在消费者之间的分配，通过交换满足下述条件：对所有消费者来说，任何两种产品的边际替代率彼此相等。即

$$MRS_{xy}^{i} = MRS_{xy}^{j} P_x / P_y \tag{13.5}$$

式中，MRS_{xy}^{i}、MRS_{xy}^{j} 表示消费者 i、j 消费产品 X 与 Y 的边际替代率，P_x/P_y表示产品 X 与 Y 的价格之比，是与消费者无关的常数。

为简单起见，我们以两个消费者和两种产品为例加以说明。如果有消费者 A 和 B，产品 X 和 Y，而 A、B 对产品 X、Y 的边际替代率并不相等。例如，对消费者 A 来说，$MRS_{xy}^{A} = 1$，两种产品的边际效用相等。对消费者 B 来说，$MRS_{xy}^{B} = 2$，表示一个单位 X 的边际效用等于两个单位的 Y 的边际效用。因此，如果 A 一个 X 交换 B 的一个 Y，B 的境况得到改善，增加一单位 Y 的效用，而 A 的境况并没用变坏。如果 B 以 1.5 个 Y 交换 A 的一个 X，则双方境况得到改善，都增加 0.5 单位 Y 的效用。这表明，只要任何产品的 MRS 对不同的消费者不相等，便意味着尚未达到帕累托最优状态，从而存在着继续交换的可能。只有所有消费者对任何产品的边际替代率彼此相等时，才没有任何人能通过继续交换使自己境况变好而不使其他成员的变坏。

交换条件可以用图 13.6 埃奇沃思箱加以说明。

图 13.6 中任何一点表示产品 X，Y 在消费者 A，B 之间的一种特定分配，u_{A1}，u_{A2}……表示消费者 A 不断提高的等效用曲线，u_{B1}，u_{B2}……表示消费者 B 不断提高的等效用曲线。在这些等效用曲线的公切点 E，G，…，X，Y 的边际替代率相等。消费者 A 和 B 所有等效用曲线公切点的连线，就形成交换契约曲线，曲线上每一点都达到交换的帕累托最优状态，消费者 A 和 B 在商品和 Y 上的边际替代率相等。如果某种交换状态不落在交换契约曲线 $AEGB$ 上，则不属于帕累托最优状态。如点 H，如果通过产品 X，Y 的交换，点 H 移至点 E，则 A 效用不变，B 效用从 u_{B1} 增加到 u_{B2}，如果点 H 移至点 G，B 效用不变，A 效用从 u_{A1} 增加到 u_{A2}。

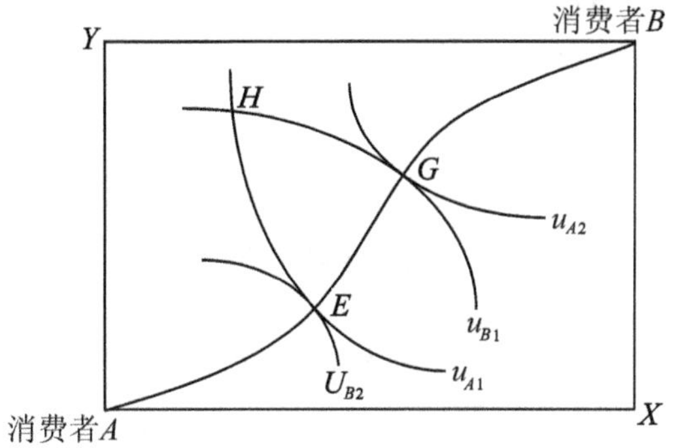

图 13.6　交换契约曲线

在交换契约曲线上的每一个最优产品组合，都有一个相应的效用水平。这些效用水平的轨迹，就形成效用边界曲线或福利边界曲线。

【案例】倒卖票有利于市场结果改善吗？

希望观看备受欢迎的比赛或文娱表演的人数，经常会超过体育场或娱乐场所能提供的有限的座位。如 2008 年北京奥委会组委会收到的奥运会开幕式门票申购数量为 551 017 张，与总共 2.6 万张的配额相比较，平均每 21 人中才能产生 1 位幸运者；闭幕式门票申购数量为 172 219 张，平均每 7 人当中有 1 人才能得到门票。原则上承办人可以提高票价以解决供不应求的问题，但仍然不能解决票数有限的问题。为了解决票额不足的问题，组织者常常通过抽签等方式公平、随机地发放有限的门票。这时候，票贩子也即我们耳熟能详的"黄牛"就应运而生了。

一般的大众对于各种黄牛的出现呈现一边倒的反对和谴责，许多城市的法律禁止这种活动，对这种行为的处罚是相当重的。但备受公众青睐的票仍被广泛地倒卖，为什么呢？

从这种门票的分配过程我们可以入手分析。由于这种紧缺的门票的分配是按照公平的、随机的方式分配的，而不是依据依据消费者对于这种门票的评价分配，这就使得这些票势必重复出售。因为这个重新出售的过程常常是因为不同消费者对于相同的门票的不同评价引致的。假如消费者 A 按照随机原则得到了一张门票，我们假设他对这张门票的评价等同于400元，而另一位没有他幸运的某项运动的狂热爱好者对这张门票的评价则在1 000元，这时候，通过门票的重新出售即黄牛的“倒卖”，以价格600元成交，这时候交易双方都会从中得益(当然，黄牛也从价差中得益)，这种有限的资源配置效率得到了改善，交易各方都从交易中得益。从这个角度来讲，大部分经济学家对这种市场自愿的交易并不持反对态度。

2. 生产的帕累托最优条件

帕累托最优状态的生产条件与交换条件相似。假定一个社会拥有一定禀赋要素，并存在某种初始分配，帕累托最优状态要求这些生产要素在生产者之间的配置通过调整满足下述条件：对所有生产者来说，任何两种生产要素的边际技术替代率相等。即

$$MRTS_{LK}^{X} = MRTS_{LK}^{Y} = w/r \tag{13.6}$$

式中，L、K 为任意两种要素；X、Y 为任意两个生产者，w/r 表示要素 L 和 K 的价格之比，是与产品无关的常数。

如果有 X 和 Y 两个生产者，都需要投入要素 L 和 K 进行产品生产。生产者 X 的两种要素的边际技术替代率 $MRTS_{LK}^{X}=1$，即减少投入一个单位的要素 L 需要增加一个单位的要素 K，才能维持产量不变；而生产者 Y 的两种要素的边际技术替代率 $MRTS_{LK}^{Y}=2$，即减少投入一个单位的要素 L 需要增加两个单位的要素 K，才能维持产量不变。显然，对生产者 X 和 Y 来说，边际技术替代率并不相等，不是帕累托最优状态。如果进行调整，生产者 X 以一个单位的要素 L 交换生产者 Y 的一单位 K，生产者 X 生产的产品产量不变，生产者 Y 的产品产量却增加了，这表明还存在着帕累托改进的余地。只有所有生产者边际技术替代率相等时，才没有任何生产者能通过继续调整使自己产量增加而不使其他人产量减少。

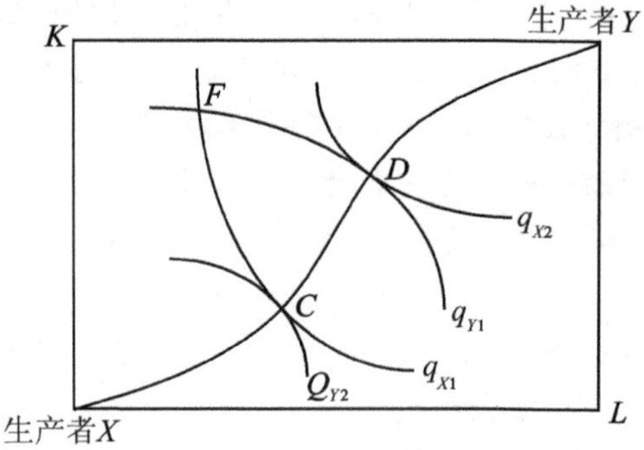

图 13.7　生产契约曲线

生产条件同样可以用图13.7埃奇沃思箱加以说明。箱中任何一点，表示生产要素 L，K 在生产者 X，Y 之间的一种特定分配。q_{X1}，q_{X2} …表示生产者 X 生产的产品不断提高的等产量线，q_{Y1}、q_{Y2} 表示生产者 Y 生产的产品不断提高的等产量线。从理论上说，箱中的任何一点，要么处于 q_X

和 q_Y 的交点，要么处于 q_X 和 q_Y 的切点。若处于交点，如点 F，则从点 F 到点 D，生产者 X 的产品数量从 q_{X1} 增加到 q_{X2}，生产者 Y 的产品数量则保持不变；从点 F 到点 C，生产者 Y 的产品数量从 q_{Y1} 增加到 q_{Y2}，生产者 X 的产品数量不变。可见，所有交点都存在帕累托改进余地，都不是帕累托最优状态。而在 q_X 和 q_Y 的公切点，如点 C，则从点 C 到点 F，生产者 X 的产品数量虽然保持不变，生产者 Y 的产品数量却从 q_{Y2} 降到 q_{Y1}；又如点 D，从点 D 到点 F，生产者 Y 的产品数量虽然保持不变，生产者 X 的产品数量却从 q_{X2} 降到 q_{X1}。在这些等产量线的公切点 C 和 D，要素 L，K 的边际技术替代率相等，都是帕累托最优状态。这些公切点的集合，形成生产契约线 $XCDY$。

3. 交换与生产的帕累托最优条件

符合交换的最优条件，只是说明消费最有效率；符合生产的最优条件，只是说明生产最有效率。但是，交换和生产分别达到最优，并不能说明整个资源配置也达到最优。帕累托最优的第三个条件是将交换与生产联系起来，称之为高级条件(Top-level Condition)。帕累托最优要求在生产可能性边界上的产品组合符合下述条件：对于任何两种产品来说，边际替代率与边际转换率相等。即

$$MRS_{xy} = MRT_{xy} \tag{13.7}$$

式中，MRS_{xy} 指产品 X，Y 的边际替代率，MRT_{xy} 指产品 X，Y 的边际转换率。对于任何产品来说，如果 MRT 不等于 MRS，我们就可以多生产一些产品而少生产另一些产品，从而社会成员的福利得到完善。例如，若所有成员对产品 X，Y 的边际替代率等于 1，$MRS_{xy}=1$，产品 X，Y 的边际转换率 $MRT_{xy}=2$，那么就可以多生产 Y 少生产 X，将一个 X 转换为两个 Y，从而增加社会成员的福利。

交换和生产的最优条件，可以通过图 13.8 进一步加以说明。

图 13.7 的生产契约曲线表示，产品 X，Y 生产者对要素 L，K 的最优组合。这些要素组合都有一个 X，Y 的最优产量，这些最优产量的轨迹便形成图 14.3 中的生产可能性曲线 PP。

图 13.6 的交换契约曲线表示，消费者 A，B 对产品 X，Y 的最优组合。将这个图的埃奇沃思箱 $AYBX$ 搬进图 13.8。可以看到，尽管从交换条件来看，交换契约曲线上任何一点都是帕累托最优，但只有 A，B 等效用曲线公切点切线的斜率与生产可能性曲线的边际转换率相等时，才符合生产与交换的最优条件。

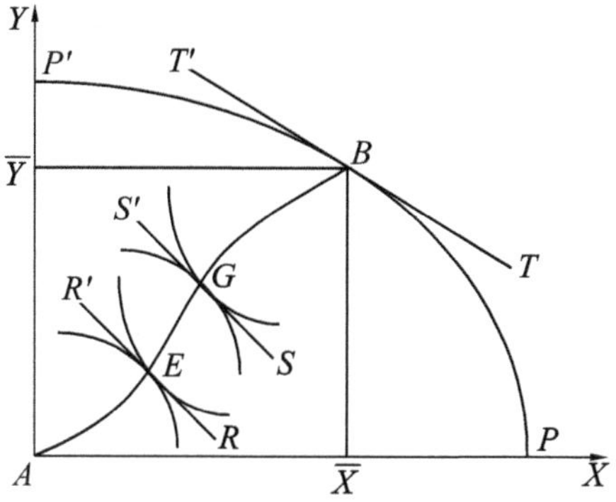

图 13.8　生产和交换的最优条件

假定在生产契约曲线上选定最优投入组合 G,其最优产量 $\overline{X}$、$\overline{Y}$ 的组合为生产可能曲线上的点 B。在点 E,A 与 B 的等效用线公切点切线 RR' 的斜率绝对值,即 $|MRS_{xy}| > |MRT_{xy}|$,就表示存在帕累托改进的余地。而在点 G,A 与 B 等效用曲线公切点切线 SS' 的斜率绝对值,正好等于生产可能性曲线在点 B 切线 TT' 的斜率绝对值,即 $MRS_{xy}=MRT_{xy}$,符合生产与交换的最优条件。

本章小结

1. 一般均衡分析指的是同时研究多个市场的竞争均衡。相比于局部均衡分析,一般均衡分析能够让我们了解由于市场之间的相互依赖性所造成的后果。而因为市场之间波及效应和反馈效应的存在,使得一般均衡分析更有助于我们分析市场均衡。

2. 帕累托最优(Pareto Optimum)是指:社会经济达到了这样一种状态,不可能在至少某一成员受益的同时,不使其他任何成员受损。这就是说,社会资源已得到最优配置,经济运行已达到最高效率,如果做任何改变使某一成员受益,其他成员必然受损。

3. 交换的帕累托最优条件:对所有消费者来说,任何产品的边际替代率彼此相等。即:

$$MRS_{xy}^{i} = MRS_{xy}^{j} = \cdots = P_x/P_y$$

4. 生产的帕累托最优条件:对所有生产者来说,任何生产要素的边际技术替代率彼此相等。即:

$$MRTS_{lk}^{x} = MRTS_{lk}^{y} = \cdots = w/r$$

5. 生产和交换的帕累托最优条件:对于任何产品来说,边际替代率与产品转换率相等。即:

$$MRS_{xy} = MRT_{xy}$$

亚当·斯密的看不见的手，就像皇帝的新装。之所以看不见，是因为本来就不存在。信息总是不充分的，市场总是不完全的，也就是说市场总是不具有受约束的帕累托效率的。

——约瑟夫·斯蒂格利茨

第14章 市场失灵与微观经济政策

本章重点提示

◇ 垄断

◇ 外部影响

◇ 公共产品和共有资源

◇ 信息不对称

通过前述各章的学习，我们论述了市场机制是如何有效的配置稀缺资源。但是实际的经济运行中，市场机制并没有亚当·斯密的“看不见的手”原理描述的那样完美。在某些情况下，市场机制并不能有效地进行资源的配置，帕累托最优状态就不能实现。这种情况就被称为“市场失灵”。美国经济学家斯蒂格利茨把市场失效（相对于市场有效性而言），即把市场失灵区分为两种情况，“新的市场失效是以不完全信息、信息有偿性以及不完备市场为基础的；而原始的市场失效是与诸如公共物品、污染的外部性等因素相联系的。”这两种市场失效之间主要存在两点差别：原始的市场失效在很大程度上是容易确定的，其范围也容易控制，它需要明确的政府干预。由于现实中所有的市场都是不完备的，信息总是不完全的，道德风险和逆向选择问题对于所有市场来说是各有特点的，因此经济中的市场失效问题是普遍存在的。

本章将分别论述导致市场失灵的四种情况，即垄断、外部性、公共物品与共有资源以及信息不对称，并对相应的微观经济政策予以讨论。

第一节 垄 断

在完全竞争市场中，由于存在着众多的买家和卖家，所以厂商都是价格的接受者。厂商如果想收取高于市场价格的价格，就会失去所有的顾客。因此，每一家厂商都将市场价格看作是给定的，并且将生产推进至边际成本与市场价格相等的数量。

但是，在许多情况下，完全竞争市场并非现实中的常态。有时候，某种商品可能只有为数不多的生产者，如中国的移动电话服务；或者某种商品只有唯一的卖家，而且缺乏近似的替代品，如某一城市或者区域提供的自来水业务。在这些情况下，厂商常常可以收取高于边际成本的价格，以赚取利润。这种情况下经济学家称厂商拥有市场势力(Market Power)。

大多数厂商都在一定程度上拥有市场势力。但是市场势力在两类市场中表现更为明显：只存在单个卖家的垄断市场和存在为数不多卖家的寡头垄断市场。我们以垄断市场为例，讨论垄断市场可能导致的资源配置无效率及其对应的微观经济政策。

一、垄断的无效率

首先我们来看一下，在垄断市场中，能够使得社会总剩余最大化的效率产量水平。根据前面的学习我们知道，总剩余等于生产者剩余加上消费者剩余，即商品对于消费者的价值减去生产者生产该商品的边际成本。

如图 14.1 所示，需求曲线反映的是物品对消费者的价值，这里用消费者对物品的支付意愿来度量。边际成本曲线则反映了垄断生产者的生产物品的成本。因此，可以知道，需求曲线和边际成本曲线的交点决定的产量就是总剩余最大化的产量，也就是社会的有效率的产量。如果实际产量小于这个产量，这时候新增一单位产品对于买者的价值(用需求曲线表示)要大于垄断者的边际成本，因此，增加产量将增加总剩余；如果实际产量大于该产量，由于该单位产品生产者的边际成本大于买者对其的评价，减少一单位产品将使得总剩余增加。

但是，垄断厂商生产的目的不是最大化社会总剩余，而是寻求自身利润最大化。垄断厂商选择的不是边际成本曲线和需求曲线交点对应的效率产量，而是边际成本曲线和边际收益曲线交点决定的可以实现利润最大化的产量，这就导致垄断厂商选择的产品生产数量和前面描述的社会效率产量存在差异，从而引致资源配置的无效率。

如图 14.2 所示，垄断者将选择生产并销售边际收益与边际成本曲线相交的产量水平，也就是图中所标示的垄断产量，通过与图 14.1 比较可以得出，垄断者生产的产量小于社会有效率的产量。我们也可以通过比较垄断者的价格来分析垄断的无效率。由于垄断者收取的价格高于产品的边际成本，这样就存在着一部分对物品的评价高于其边际成本，但低于垄断价格的潜在购买者。在垄断市场定价模式下，这部分消费者最终不能购买商品。由于这部分消费者对商品的评价高于生产这些商品的边际成本，这样就导致社会效率的损失。

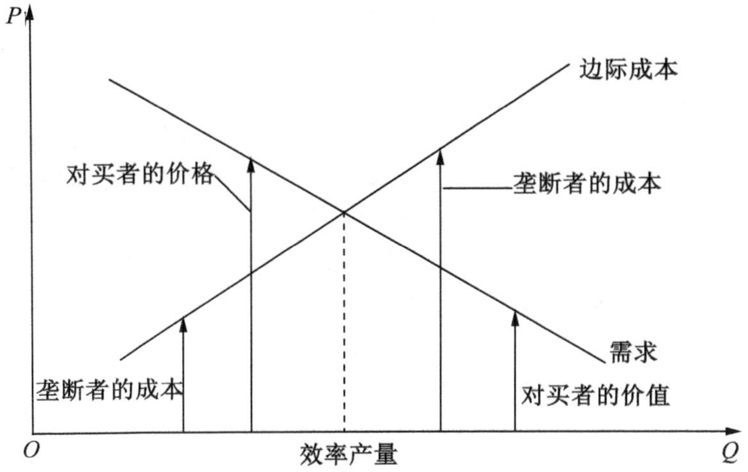

图 14.1　效率产量水平

如图 14.2 所示，由于垄断者收取的价格（垄断价格）高于资源配置达到最优状态的价格（效率价格），对比图 14.1 和图 14.2 社会福利状况可以发现，由于价格的上升，一部分消费者剩余现在转化为生产者剩余，消费者因为价格上涨福利水平下降，而生产者则福利状况上升。但是考察社会总剩余情况我们发现，总剩余也是下降的，下降的数量可以用$\triangle ABC$面积来表示。这就是因为垄断带来的社会福利水平的无谓损失（Deadweight Loss）。

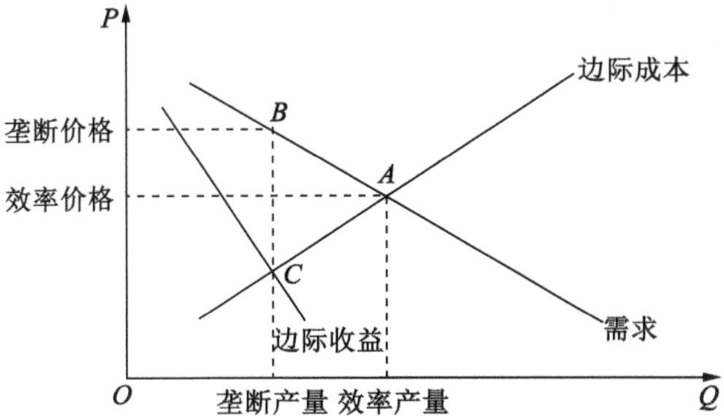

图 14.2　垄断的无效率

二、对垄断的公共政策

通过前面的分析，我们已经证明与竞争市场相比，垄断者没有能够有效的配置资源。垄断者生产的数量低于社会合意的产量，而且，收取的价格高于其产品的边际成本。特别地，如果垄断者为维持其垄断地位不得不支出额外的成本时，如通过游说立法机构或者政府保持其垄断地位，在这种情况下，垄断将带来更大的社会成本。一般的，政策制定者会以下列三种方式对垄断问题做出反应：

1. 通过反垄断法增强竞争

为了预防和制止垄断行为，并对合法产生的垄断企业进行监督，防止它们滥用市场优势地位，保护市场公平竞争，提高经济运行效率，政府制定了反垄断法。

第一个反垄断法是美国 1890 年通过的《谢尔曼法》(*Sherman Act*)。美国在 1914 年颁布了《克莱顿法》和《联邦贸易委员会法》作为对《谢尔曼法》的补充。二战结束后，日本、欧洲各国也出台了自己的反垄断法来限制垄断企业行为。2008 年 8 月 1 日《中华人民共和国反垄断法》也正式生效。

反垄断法主要通过对以下垄断行为进行限制以促进市场竞争：经营者达成垄断协议；经营者滥用市场支配地位；具有或者可能具有排除、限制竞争效果的经营者集中。

2. 政府管制

政府解决垄断的另一个方法就是管制垄断企业的行为。这种方法一般应用于存在自然垄断的情况下，例如自来水、电力以及城市的公共交通服务等。西方国家例如美国的解决办法是允许公用事业垄断经营，再由政府加以管制。政府往往采取直接管制的办法，例如价格管制——限制最高价格。目的不只是为了消除不合理的垄断利润，而且还着眼于资源利用效率的提高。

3. 对垄断企业的公有化

政府用来解决垄断问题的第三种方法就是公有制。这种解决方法在西欧国家较为常见。这些国家政府拥有并经营公用事业，如供水、电话和电力公司。在美国和日本，政府则经营邮政服务。

但是，这种解决方法常常在经济学家中间不受欢迎。因为在公有化的模式下，缺乏竞争市场的竞争和激励机制，企业缺乏降低成本的动力，常常导致资源的浪费和无效率。所以，大部分经济学家支持对这些国有垄断企业私有化以提升效率。

第二节　外部影响

一、外部影响的含义

所谓外部影响(Externality),又称外部性。指的是某一经济主体的活动对于其他经济主体所产生的一种未能由价格体系来反映的影响。换句话说,当经济中任一行为人的活动对其他行为人的利益产生了影响,而这种影响又未能正确地反映在市场价格体系运作与交换关系当中,这时便有外部性发生。外部性实际上所体现的不过是各经济当事人之间发生的一种未能通过市场价格机制来调节的相互关系和影响。这种关系或影响是经济主体在谋求自身利益最大化的过程中不知不觉地产生的。由于它对局外人造成了影响,并且这种影响又是外在于价格体系,即不能由价格来计量和调解,故称之为"外部性"。

按照实际影响所造成的经济与福利后果,通常可以将外部性划分为两大类,这就是消极的或负的外部性和积极的或正的外部性。所谓负的外部性,指的是某一经济主体对其他经济主体产生了负面经济影响,即对这些主体的利益与福利造成了损害而又未能通过价格机制运作提供补偿。在存在负外部性影响的情况下,产生外部负效应的经济主体从事经济活动所造成的全部社会成本将大于其实际支出的成本。换言之,社会为该主体的经济活动支付了部分成本。比如,某化工厂在生产化工产品时,向外排放大量的未经处理的工业废水,导致下游养殖场的鱼苗大量死亡。如果两者分属不同的实体,且没有相应的补偿,则化工厂生产产品的全部社会成本(包括造成的养殖场的损失)要大于化工厂本身生产的私人成本。

而所谓的正的外部性,指某一经济主体对其他经济主体产生了正面的经济影响,即对这些主体的利益与福利带来了增进而又未能通过价格机制运作得到报酬。显然,在有正的外部性存在的场合让该主体从经济活动中免费得到了部分收益。

二、外部性和市场无效率

外部性的存在将会影响市场机制对于资源的最优配置从而使实际经济效率偏离帕累托最优状态。之所以会如此,主要是因为在有外部性存在的场合,单个经济主体在从事一项经济活动时,其私人成本(或收益)与社会成本(或收益)并不相一致,故而导致经济效率偏离最优状态。

下面我们分别以生产中的负外部性和正外部性来讨论外部性导致的市场无

效率。

1. 生产中的负外部性

我们假设生产尿素的化工厂排放污染：每生产一吨尿素会有一定数量的污水排入附近水域。由于这种污水对河流中的鱼类养殖以及人们生活用水造成健康危害，所以存在负外部性。下面我们分析这种负外部性如何影响到市场效率。

如图 14.3 所示，当生产存在负外部性时，生产尿素的社会成本大于尿素生产者的生产成本，社会总成本等于尿素生产者的私人成本加上受到污染影响的第三方承担的成本，即污染成本。从图形上看，尿素的社会成本曲线在私人成本曲线之上，因为它包含因为尿素生产给第三方带来的污染成本。把尿素生产者的私人成本曲线 S_p 向上平移等同于污染成本距离就可以得到社会成本曲线 S_s，这两条曲线的差别反映了排放污染的成本。

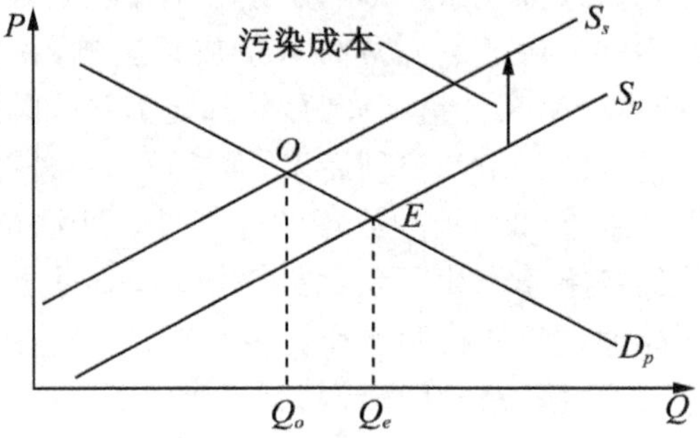

图 14.3　生产的负外部性

现在我们从不同的角度来考虑尿素的产量决定问题。如果从社会整体出发，我们可以得到一个社会合意的产量，这个产量就是反映社会成本的曲线和反映需求曲线的交点 O 对应的产量 Q_o。在这个产量下，社会的总剩余最大，也就是说社会福利水平最高。但是，从尿素生产者的角度出发，因为它依照的原则是利润最大化，而由于污染排放所造成的成本并不包含在其生产成本中，所以它生产反映其私人成本的曲线和需求曲线的交点 E 对应的市场产量 Q_e。对比尿素的市场均衡产量和社会合意产量我们可以发现，市场均衡产量要比社会合意产量大。这种资源配置无效率的状态是因为市场均衡仅反映了生产的私人成本，而没有把污染排放的成本计算在内。在市场均衡产量水平上，边际消费者对尿素的评价小于生产它的社会成本，因此，减少尿素的生产量将有助于社会福利水平提升。

2. 生产的正外部性

在有些情况下，生产存在正的外部性，也就是，生产的外部性使得第三方受益，这种情况下，生产的社会成本小于私人成本。工业机器人市场就是这样的一个例子。

企业生产工业机器人的同时会推进相关技术的进步，而这些技术进步带来的收益将不仅限于生产企业内部，而是对整个社会的知识储备带来正面影响，从而推进了社会整体的技术应用和技术进步，提高了生产效率。如图 14.4 所示。

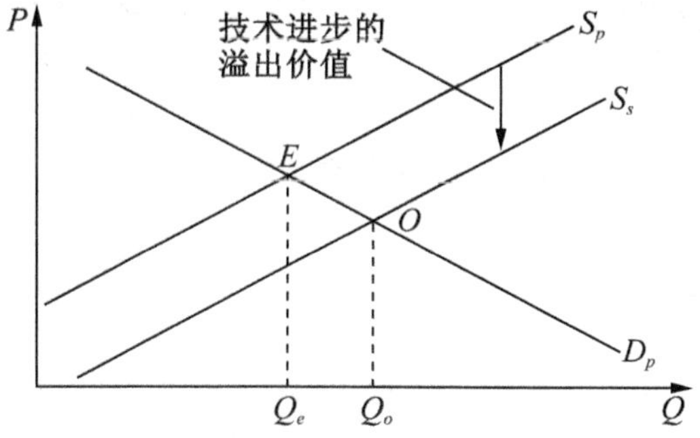

图 14.4　生产的正外部性

如图 14.4 所示，当生产存在正外部性时，生产工业机器人的社会成本小于工业机器人生产者的私人成本，就等于工业机器人生产者的私人成本减去由于技术进步对社会其他部门和企业产生的溢出价值。从图形上看，工业机器人的社会成本曲线在私人成本曲线之下，把工业机器人生产者的私人成本曲线 S_p 向下平移等同于溢出价值的距离就可以得到社会成本曲线 S_s，这两条曲线的差别反映了技术进步的溢出价值。

现在我们从不同的角度来考虑工业机器人的产量决定问题。如果从社会整体出发，我们可以得到一个社会合意的产量，这个产量就是反映社会成本的曲线和反映需求曲线的交点 O 对应的产量 Q_o。在这个产量下，社会的总剩余最大，也就是说社会福利水平最高。但是，从工业机器人生产者的角度出发，因为它依照的原则是利润最大化，而由于技术进步所带来的溢出价值并不包含在其生产成本中，所以它生产反映其私人成本的曲线和需求曲线的交点 E 对应的市场产量为 Q_e。对比工业机器人的市场均衡产量和社会合意产量我们可以发现，市场均衡产量要比社会合意产量小。这种资源配置无效率的状态是因为市场均衡仅反映了生产的私人成本，而没有把溢出价值计算在内。在市场均衡产量水平上，边际消费者对工业机器人的评价大于生产它的社会成本，因此，增加工业机器人的生产量将有助于社会福利水平提升。

【案例】煤炭价格与能源结构

作为全球第二大能源消费国，中国的能源生产结构中煤炭占到了 77%，石油占到了 10%，天然气占到了 4%，包括核能、风能在内的其他能源占到 9%；而能源消费结构中，煤炭也占到了 70%，石油占到 18%，天然气占到 4%，其他能源则占剩下的8%。而同期全球能源消费结构中，煤炭占比约为28%，石油占不到40%，天然气占比约为25%。而其中的发达国家石油和天然气加起来超过了60%，煤炭在发达国家能源消费中的比例只有20%左右。美国、加拿大、法国和俄罗斯2006年能源消费中煤炭的占比分别为24.4%、10.7%、15.5%和16%。煤炭和天然气相比起来，使用效率比较低，同时在开采和利用过程中带来的环境影响，也比石油和天然气大，那什么原因造成中国能源结构中煤炭占比如此之高呢？

除了长期以来国内能源供给主要依赖自有资源的原因外，天则经济研究所在其研究报告《煤炭成本、价格形成及其外部成本内部化报告》给出了解释，认为由于煤炭的外部成本未能内部化导致的煤炭价格偏低是造成能源消费中煤炭占比过高的原因之一。

天则的研究报告指出，如果不考虑煤炭的下游市场和替代产品市场的影响，不考虑煤炭的要素的定价和配置的非市场因素，仅仅局限于各类煤炭产品本身，几乎在所有的环节，煤炭价格都是在完全竞争市场上由供求关系决定。然而，由于我国还处于向市场经济过渡过程中，我国还存在着“价格扭曲的外部成本”，“产权缺陷的外部成本”和“司法缺陷导致的外部成本”等第二类外部成本。

按2007年煤炭的价格和产量水平，煤炭造成的直接外部损失约17 903亿元，相当于当年GDP的7.3%；将这些外部成本内部化，相当于增加了同等数量的社会财富。对于第一类外部成本，主要是通过“广义的政府手段”，包括征税、数量控制、创设排放权及其交易实现内部化。对于第二类外部成本，主要是通过“广义的市场手段”，即当事人之间的交易或互动实现内部化。

如果将现有的煤炭外部成本全部内部化，煤炭价格将上升23.1%。煤炭外部成本内部化的成本约为8 218亿元，因而这种内部化的社会财富净增量约为9 685亿元。煤炭外部成本内部化将会使国内生产总值减少约0.07%。

三、外部影响的矫正

西方学者认为：既然外部影响使市场机制不能到达有效率的帕累托最优状态，国家必须执行政策来对付这一市场失灵的情况。他们所建议的政策大致有三种类型：

第一，使用税收和津贴。对带来正外部性的个人或企业，如对那些在荒山植树造林、有利于水土保持和改善气候的人，政府采取予以补贴、减免税等鼓励措施，使私人收益低于社会收益的部分得到补偿。对带来负外部性的个人或企业，如对那些排放废气、废水的企业，政府采取罚款、征收特别税等惩罚措施，使私人成本上升到与社会成本一致。

第二，使用企业合并的方法。例如，对于排放污水的化工厂和受到其影响而受损的养鱼场来说，可以把两个企业合并成一家企业。合并以后，为了自己的利益，合并的企业会把化工厂产量推进到使上游化工厂的边际利益等于下游养鱼场的边际损失时为止。这样可以使经济社会处于有效率的状态，这种办法被称为“外部影响内部化”。

第三，使用规定产权的办法。在研究外部性的理论中，英国经济学家罗纳德·H. 科斯提出的“科斯定理”有着重大影响。科斯认为，在一个完全竞争的经济社会里，如果人们对财产权有明确的界定，在发生重大的外部效应时，人们可以用较低的成本或不费成本地进行谈判协调，那么有关的方面将会适当地考虑自己的行为给他人带来的影响，资源有效配置仍是可能的。只要交易成本为零，不管初始的财产权是如何分配的，都不会影响社会达到帕累托最优状态。仍以上游化工厂和下游养鱼场为例。经济学家认为：在这种情况下，国家可以把水的质量规定为一种财产权并把它给予(譬如说)养鱼场。这就是说，养鱼场不但可以在河的下游养鱼而且有权利在一定纯净量的河水中养鱼。在规定产权后，化工厂对河水的污染便侵犯了养鱼场的财产权利，从而必须赔偿后者的损失。因此，科斯认为在产权明晰的前提下，政府不需要制定微观经济政策，市场机制能通过自我调节，使克服负外部性的成本降到最低限度。

以上原理就是著名的科斯定理，该定理概括起来说就是：只要把财产权妥善地加以规定，只要财产权的交易费用为零，那么，不论财产权在开始如何分配，市场机制所导致的均衡状态必然符合最有效率的状态。

第三节　公共物品与共有资源

公共物品(Public Goods)是外部性的一种极端表现形式。外部性概念的引入使我们对社会上各种消费品的认识，不再局限于理想的假设而更具有现实性。从现实来看，正如外部性概念所揭示的那样，我们所面对的各种物品是有着本质性区别的。在前面章节我们讨论市场机制如何实现稀缺资源的有效配置时，我们实际上是围绕私人商品市场展开的。在私人商品市场上，反映商品生产成本的供给曲线和反映商品对消费者价值的需求曲线共同决定了商品的均衡价格和数量，实现了资源的有效配置。其中，价格机制是关键因素。但是，在公共物品和共有资源等产品市场中，情况常常变得较为复杂。在这一节，我们将依据竞争性和排他性来划分商品的种类，并进一步讨论不同种类的商品在供给方面存在的差异。

一、排他性和竞争性

一般说来,我们从以下两个特性来区分不同的物品:其一是排他性,如果某人在使用某种物品时,其他人就不能再使用它,那么这种物品就具有排他性;其二是竞争性,如果一个人对某种物品的使用减少了其他人对该种物品享用的数量或程度,那么这种物品就具有竞争性。物品的这两个特性都与它的外部性程度有关,具有完全排他性和完全竞争性的物品就没有外部性,而随着物品的排他性和竞争性的逐渐减弱,它的外部性则会逐渐增强。

		是否存在竞争性	
		是	否
是否存在排他性	是	私人物品	自然垄断
	否	共有资源	公共物品

图 14.5　商品种类的划分

如图 14.5 所示,经济学家根据物品在这两个方面表现的不同,可以把物品分为四大类,一为私人物品,这类物品既具有排他性,又是竞争性的。二为公共物品,这类物品与私人物品正好相反,它们既不具有排他性,也不具有竞争性,国防便是其中典型代表。三为共有资源,它们没有排他性,但却具有竞争性。绝大多数不具备私有产权的自然资源都属于这类物品,如公共农场、公海里的鱼类资源等等。四为自然垄断物品,它们具有排他性,但没有竞争性。

在这四类物品中,私人物品的外部性较小,而公共物品的外部性最大。从前面的分析已知,市场机制在配置具有外部性的物品方面是失灵的,即不存在可以交易这类物品的完全市场。

二、搭便车行为

公共产品的存在给市场机制带来了严重的问题。例如,在某一地区修建一个防洪堤坝能降低该地区遭受水灾的可能性,即使为此所需费用小于社会由此得到的好处,但这样的公共产品往往无法依靠市场机制得到解决。原因很简单,由于公共物品具有非排他性和非竞争性。这就使得产品的供给存在很强的"搭便车"问题。

所谓“搭便车者”(Free Rider)是指那些从某种产品的提供中受益但却避免支付相关费用的人。之所以在公共产品中存在“搭便车”问题是因为公共产品具备非排他性，或者说即使在技术上可以做到排他，但所花费成本太高，实际上不值得这样做，这就使得人们存在既想享受公共产品的收益，却又不愿意自己支付任何成本的状况。以前面的防洪坝修建为例，大家都想别人出钱来修建大坝，而自己则坐享其成，也就是说，每个人都想不付出任何代价来享受公共产品提供的服务。一般来说，公共产品覆盖的人数越多，免费搭车问题就越严重，公共产品由私人市场提供出来的可能性就越小。在有正外部性的不完全市场下，由于购买商品的消费者的个人收益小于社会收益，那么就必然会有其他消费者从他的消费中获得收益，但却可以不为此收益的获得付费。正是由于这种行为的存在，使得具有外部性的物品的市场供给规模要小于有效的规模水平。

三、公共物品的提供

1. 政府提供公共物品

既然公共物品造成市场机制失灵，政府介入就成为一种必然。如果说一般企业是生产私人品的组织，那么政府则应该是提供公共物品的机构。政府的主要职责就是提供社会所需要的公共物品，创造社会经济正常而又有效运行的基本条件，而不是去经营一般企业能够生产的私人品。

但是，政府提供公共物品绝不等于政府生产全部公共物品，更不等于完全取代公共物品。单纯由政府生产和经营公共物品，由于多种原因往往缺乏效率：第一，政府在生产和经营公共物品时，没有私人部门与之竞争，处于垄断地位，容易造成效率低下；第二，从政府部门生产和经营公共物品的非营利性来看，缺乏利润动机的刺激，因而不可能实现高效率；第三，政府部门生产和经营公共物品的支出来自预算，不同的部门为了各自的利益，往往强调本部门公共物品的重要性，尽可能地扩大预算比例，结果势必造成某些部门的过度供给，损害效率。因此，要区别“政府提供”和“政府生产”这两个概念：后者是政府对公共物品进行直接生产，而前者是通过某种适当方式，也许是自己直接生产某些公共物品，也许是将某些公共物品委托给其他组织包括私人企业进行间接生产。政府的职能应该是“提供”，而不是自己“生产”全部的公共物品。

2. 公共物品的成本补偿

公共物品的有偿消费还是无偿消费，一般是就消费者是否直接以价格形式支付来说的。纯公共物品根本无法定价和收费，而准公共物品由于具有排他性，因而是可以制定价格和收费的。但无论怎样，公共物品的生产或供给总是要花费成本的。这些成本支出最终也都是要补偿的，只不过补偿的形式不同而已。大致说来，公共物品的成本补偿有三种形式：

(1) 以税收形式补偿。由政府承担公共物品供给的条件下，有一部分是无需消费者直接支付代价的纯公共物品，如国防、立法、环保、新闻、天气预报等。这些公共服务的消费表面上看是免费的，而且是所有人共享的。但是，政府可以通过征税的形式获得提供这类公共服务所需要的经费，因此消费者实际上还是支付了代价。

(2) 以价格形式补偿。有一部分准公共物品是由政府或其他公共部门提供的，但却可以通过市场并按照市场机制获得它们的价格，像邮电、交通、供水、供电、供气等就是如此。

(3) 补贴加收费形式的补偿。在由政府管理的公共物品供给部门中，有时考虑到社会公平、政治安定等因素，往往也采取一种部分由政府给予补贴、部分按较低的价格收费的成本补偿形式，比如教育、医疗等。

经济学理论认为公共物品的最优供给，应为公共物品消费的边际效用等于政府对其税收的边际负效用，或者消费者的边际替代率等于生产者的边际转换率。

第四节 不完全信息

一、不完全信息

在前面的分析中，我们的讨论都基于一个假定，即消费者和生产者拥有完全的信息，他们掌握了面临的各种经济变量的完全信息，并在此基础上做出消费决策和生产决策。

然而，完全信息的假定并不符合现实。一方面，在现实生活中，生产者和消费者掌握的信息往往是不完全的。比如一个生产者根本无法准确了解并预测市场上各种产品需求和要素供给变动的情况；消费者也不可能完全了解所有商品市场上待售商品的质量和价格等情况；在劳动市场雇佣工人时，雇主们只能靠工人的自我介绍或工作经历等来了解某个工人的一些状况，而无法做到对每个工人的技术和能力等都有充分了解。另一方面，由于信息的获取和分析本身是有成本的。这就使得即使假设可以通过耗费一定资源来获取完全的信息，理性的个体也不会试图去获取全部信息。

在有些情况下，信息的不完全也表现为信息不对称。所谓信息不对称(Asymmetric Information)，是指在经济事件的参与者中，一部分人掌握着比其他人多的信息，这部分人能够利用信息上的优势获得经济上的更大利益。我们可以观察到生活中一些信息不对称的例子：消费者对产品的质量、功能等情况往往不如企业和销售人员清楚；工人们对自己的技术、能力和工作表现等情况了解得比雇主更加真实；与卖主相比，二手车市场上的买者显然掌握着更少的关于车况的信息；购买健康保险的人对于自己的健康状况比出售保险的保险公司知道得更多。

市场经济不能保证信息的完全性，也不能保证对信息进行有效的配置。这是因为，信息是一种有价值的经济资源，经济社会中拥有更多信息的人往往比其他人能够获得更多好处。信息的经济价值在于能够减少决策过程中的不确定性，从而减少决策者的决策风险。信息不对称的情况既可以是卖者比买者具有信息优势也可以是买者比卖者具有信息优势。它突出地表现在以下两个方面：

逆向选择(Adverse Selection)。简单地讲，逆向选择就是指在信息不对称的情况下，由于交易的一方无法观察到另一方重要的外生特征，交易市场上出现的劣币驱逐良币或劣质品驱逐优质品的现象。现实生活中有很多逆向选择的例子，比如信贷市场上银行对所有借款人都制定统一的贷款利率，这样就会吸引一些低质量的借款人排挤走一些高质量的贷款人，由此引发利率的上升，又进一步驱逐了高质量的借款人。这时借款方处于信息优势的地位。

道德风险(Moral Hazard)。所谓道德风险是当信息不对称时，交易的一方无法观察到另一方所采取的行动，由此所发生的具有私人信息或信息优势的一方故意不采取谨慎行动的情况。

逆向选择其实只是信息不对称情况下的一种现象，道德风险是信息不对称的另一种情况。逆向选择是属于事前(Exante)非对称信息下的情况，所谓事前非对称信息情况是指信息的不对称发生在市场交易双方签约之前，比如就业市场上当工资为平均值时，那么在招聘实际完成之前就已经发生了逆向选择(能力低的工人留在招聘市场而能力高的人却不得不离开)。而道德风险问题是属于事后(Expost)非对称信息下的情况，即当交易双方订立合约后拥有私人信息的一方(即信息优势方)的损人利己的行为。

二、不完全信息的矫正

信息不完全带来许多问题，市场机制本身可以解决其中的一部分。例如，为了利润最大化，生产者必须根据消费者的偏好进行生产，否则生产出来的商品就可能卖不出去。生产者显然很难知道每个消费者偏好的具体情况。不过，在市场经济中，这一类信息的不完全并不会影响他们的正确决策。因为他们知道商品的价格，商品价格反映了消费者偏好。只要知道了商品的价格，生产者就可以由此计算出生产该商品的边际收益，从而就能够确定它的利润最大化产量。信息不对称也会引起管理中的监督效率问题。由于实行有效监督的成本通常很高，这可能会导致受委托经营企业的管理人员出现追求个人目标的现象，或工人在工作中偷懒的现象。这类问题可以通过合同约束和效率工资等手段加以解决。

但是,在很多情况下,市场的价格机制并不能够解决或者至少是不能够有效地解决不完全信息问题。下面以商品市场上消费者对商品的质量具有不完全信息为例,具体说明在此种情况下的市场失灵问题。

现在假定,在某商品市场中,商品的质量不一,有的好些,有的差些。如果消费者具有完全的信息,则不会有什么影响,消费者会把不同质量的商品看成是不同的商品,对于不同质量的商品,消费者愿意支付的价格当然不同。例如,对高质量商品愿意支付较高的价格。对于同一质量的商品,如果价格越高,则显然消费者将购买得越少。因此,消费者对任意一种质量的商品的需求曲线仍然是向下方倾斜的。这就是说,即使考虑不同质量的商品,但只要消费者的信息是完全的,我们的分析就不会与以前的完全竞争模型有什么不同。

现在来看不完全信息的后果。假定消费者只知道商品有不同的质量,但并不具体知道其中哪一个质量高,哪一个质量低。在这种情况下,消费者如何进行判断呢?

首先,消费者可以根据生产者的商品保修期限的长短来判断,保修期限长常常意味着产品质量高。因为对于低质产品来说,较长的保修期是不划算的,它会大大提高维修成本。其次,消费者也可以根据生产者的生产规模的大小来判断。大规模生产者的产品似乎更加可靠一些,不会像"小本经营"者那样可能突然"消失"。再次,消费者还常常根据商品的价格来判断商品的"平均"质量。我们知道,随着某种商品的价格下降,市场上该商品的供给量就会减少。但是,在减少的供给量中,主要是那些质量较高的商品,而不是质量较低的商品,因为生产高质量产品在较低价格之下将不再划算,其结果是,剩下来的商品的平均质量就会下降;另一方面,随着价格的上升,供给将增加,但主要增加的是那些质量更高一些的商品,因为现在生产它们也变得有利可图。其结果是,商品的平均质量上升了。总之,消费者有理由相信,随着某种商品价格的上升,该商品的平均质量也将上升,反之亦然。

如果消费者对市场价格或产品质量没有准确的信息,那么市场体系就不可能有效运作。信息不对称会给拥有信息优势的一方以激励,采取诱导措施来扩大其产品的市场或获取高价格。缺乏信息的一方则可能采取过分谨慎的行为以防范风险,或盲目地购买使其利益受损的产品。任何一种这样的信息问题均会导致竞争性市场出现效率损失。

从以上的分析可以看出,由于信息不对称,在市场中消费者是弱小的。尤其是面对厂商的不同程度垄断,消费者在竞争中往往是处于不利地位的。对于单个消费者来说,难以保护自己,更谈不上效用最大化了。所以,为了纠正信息不对称给消费者可能造成的损害，指导消费者的消费行为，并保护消费者的利益，各国一般都采取以下这样一些措施：

第一，保证商品的质量。由政府及有关组织颁布商品的最低限度的质量标准，规定任何商品都必须符合相应的质量标准，并由政府的有关机构对商品进行检验。同时，要求厂商把商品的成分和商品可能的效用向消费者公布，不得保密。这样，使消费者能在相对公开的信息下进行消费决策。

第二，正确的消费宣传。这首先要求商品广告和商品说明书必须真实可靠，对广告要有一定的限制，例如，烟和烈性酒等不利于健康的商品不得进行广告宣传，广告要对商品做如实的介绍等。

第三，严厉的法律措施。针对出现的欺诈和质量低劣问题，课以数额巨大的处罚，并追究相关企业和个人的责任。通过严厉的处罚，可以增加违规者的违规成本，一定程度上降低违规行为的发生。

产品质量信息不对称广泛存在于各种市场。就像中国一句俗语讲的那样"买的没有卖的精"。通常的情况下，商品出售者比购买者掌握更多的有关产品质量的信息。在销售者无须向购买者提供产品质量信息的情况下，可能会出现低质量商品或服务将高质量商品或服务逐出市场这样一种市场失灵的现象。解决这一问题，一方面可以通过政府干预，另一方面则需要形成要求卖方提供充分信息的制度，或厂商通过自己的努力在消费者心目中建立起信誉。

本章小结

1. 由于现实中垄断、外部影响、不完全信息的存在以及公共物品的特性使得市场机制在资源的配置中常常难以达到理论所描述的最有效率的情况，这就是市场失灵。

2. 垄断是造成市场失灵的一个重要原因。垄断超额利润的存在说明在行业中配置太少。政府对付垄断的办法包括限制垄断价格和反垄断法等等。

3. 外部影响是造成市场低效率的另一个重要原因。对付外部影响的办法通常有三个：一是税收和补贴；二是企业合并；三是明晰产权。

4. 由于免费搭车等现象的存在，市场机制在提供公共物品方面存在着失灵。

5. 信息的不完全和不对称现象的存在，使得市场机制的作用受到了很大的束缚。所以，政府以及各种各样的中介机构在信息的提供方面扮演的角色极其重要。

后　记

本书是南京航空航天大学和南京工业大学从事经济学教学的教师在多年教学实践的基础上编著而成的。这些年来，我们在教学和研究过程中，除在学生中大量使用国内教科书，还主动学习和阅读国外原版教材，与学生共同钻研，由浅入深，大量做题，取得了一定的知识积累和教学经验。长时间的知识储备为我们编写和编好这本教材奠定了基础。

参加本书编写的教师及其分担各章的任务是：

江可申、许春、曾小舟：第 1 章；

刘碧云、杜芸：第 2、3 章；

邓晶：第 4 章；

王英：第 5、6 章；

姜树元：第 7、10 章；

刘瑛：第 8、9 章；

符晓燕：第 11 章；

王荣：第 12 章；

陈其霆：第 13、14 章。

在重编本书时，我们不仅增加了新的作者，从而扩展了思想视野，而且在保持前版风格的基础上扩展了其内容。原版内容共 12 章，本版内容扩大到 14 章。现在我们把市场供求和弹性理论分成两章安排，删除了原来的定价理论，同时增加了微观经济政策理论一章，而且在每章的内容中加入了发生在现实经济生活中的真实生动案例，从而体现了经济学与时俱进的学科精神。

本书的编写，得到江苏省外国经济学研究会大力支持，南京大学刘厚俊教授、南京师范大学卜海教授和南京审计学院汪祖杰教授为本书的框架设计提供了可行思路，东南大学出版社刘庆楚教授和顾金亮教授为本书的修订和再版提出了宝贵意见。在此，我们编写组对上述单位和同行表示诚心感谢。

书中难免有错误、遗漏和不足之处，敬请读者批评指正。

编著者

2011 年 8 月